계몽의 주체로서 근대 지식인과 유학생

이 연구는 한국학중앙연구원이 지원하는 2014년 한국학총서(한국 근현대 총서) 개발 사업 (AKS-2014-KSS-1230003)에 따라 이루어진 것입니다.

지은이

허재영: 단국대학교 교육대학원 교육학과 부교수. 일본연구소장. HK+ 사업 책임자.
『일제 강점기 교과서 정책과 조선어과 교과서』, 『우리말 연구와 문법교육의 역사』 외 다수의 논저가 있음.

김혜련: 성신여자대학교 조교수.
『일제 강점기 조선어과 교과서와 조선인』, 『근대 국어교과서를 읽는다』(공동) 외 다수의 논저가 있음.

윤금선: 동덕여자대학교 교양교직학부 조교수.
『경성의 劇場漫談』, 『우리 책읽기의 역사』(1~2), 『그림연극에서 뮤지컬 대본까지』, 『우리말 우리글 디아스포라의 언어』 외 다수의 논저가 있음.

서민정: 부산대학교 국어국문학과 강사.
『근대 매체에 실린 언어지식』, 『현대 사회와 인문학적 성찰』 외 다수의 논저가 있음.

한국 근현대 학문 형성과 계몽운동의 가치 03

계몽의 주체로서 근대 지식인과 유학생

© 허재영·김혜련·윤금선·서민정, 2019

1판 1쇄 인쇄__2019년 2월 01일
1판 1쇄 발행__2019년 2월 10일

지은이__허재영·김혜련·윤금선·서민정
펴낸이__양정섭

펴낸곳__도서출판 경진
　　　　등록__제2010-000004호
　　　　이메일__mykyungjin@daum.net
　　　　블로그(홈페이지)__mykyungjin.tistory.com
　　　　사업장주소__서울특별시 금천구 시흥대로 57길(시흥동) 영광빌딩 203호
　　　　전화__070-7550-7776　팩스__02-806-7282

값 23,000원
ISBN 978-89-5996-598-4 93300

계몽의 주체로서 근대 지식인과 유학생

허재영·김혜련·윤금선·서민정 지음

　학문은 어떤 현상에서 문제를 발견하고 그것을 해결하는 논리적인 사고 과정과 그로부터 이론이나 법칙을 산출하는 과정을 말한다. 학문의 목적이 진리를 탐구하는 데 있다는 말은 학문적 성실성을 의미할 뿐 아니라, 학문적 진리가 곧 지식 또는 이론이나 법칙을 탐구하는 데 있다는 말과 같다. 학문의 본질이 합리성과 실증성에 있다는 데카르트나 베이컨적 사고 역시 학자라면 누구나 공감하는 바이다.

　학문의 발달, 곧 지식과 이론의 발달은 한 사회와 역사의 발달을 의미한다. 특히 전근대의 '수기치인(修己治人)'을 목표로 하는 학문과는 달리, 지식 산출을 목표로 하는 근대의 학문 발달은 한 사회의 발전뿐만 아니라 역사적 진보를 기약하는 전제가 된다. 이 점에서 최근 한국의 근대 학문 형성과 발전 과정에 대한 관심이 높아진 것도 자연스러운 현상일 것이다.

　이 총서는 2014년 한국학중앙연구원이 지원하는 한국학 총서 개발 사업 '근현대 학문 형성과 계몽운동의 가치'의 결과물이다. 연구를 처음 시작할 때, 연구진은 근현대 학문사를 포괄할 수 있는 지식 기반 데이터 구축과 근현대 분과 학문의 발전 과정을 기술하고자 하는 거시적인 목표를 세우고 출발하였다. 그 과정에서 근현대 한국 학문사의 주요 정신적 기반이 '계몽'에 있었음을 주목하였다.

　지난 3년간의 연구 과정에서 연구진은 수많은 자료와 씨름하였다. 출발 당시 1880년대의 자료를 기점으로 1945년까지 각종 신문과 잡지,

교과서류의 단행본 등을 수집하고, 이를 주제별로 분류하는 작업을 진행하였다. 그 가운데 근대 계몽기 잡지의 경우 '학문 분야별 자료'를 분류하여 9종의 자료집을 발간하기도 했다. 자료집은 학회보(잡지)에 수록된 논설·논문 등을 학문 분야별로 나누어 8종으로 출판하고, 권9는 분류 기준과 결과를 별도로 편집하였다. 연구 과정에서 시행착오를 줄이기 위해 지속적으로 월례발표회를 가졌으며, 연구진 각자 개별 논문을 쓰기도 하였다. 그러면서도 근현대 학문 형성과 발전, 계몽운동의 전개 과정 등과 관련된 자료가 수없이 많음을 확인하게 되었다.

총서는 제1권 '한국 근현대 지식 유통 과정과 학문 형성 발전', 제2권 '한국 근대 계몽운동의 사상적 기반', 제3권 '계몽의 주체로서 근대 지식인과 유학생', 제4권 '학문 사상과 근현대 계몽운동의 지향점', 제5권 '계몽의 이데올로기와 대상', 제6권 '일제 강점기 계몽운동의 실제', 제7권 '계몽의 수단: 민족어와 국어'로 구성되었으며, 집필 과정에서 통일성을 기하기 위해 집필 원고에 대하여 각 연구원의 동의를 얻어 연구 책임자가 일부 가감하기도 하였다.

이처럼 3년이라는 짧지 않은 기간 연구진 모두 최선을 다해 연구에 매진하고자 하였으나, 아직까지 다루지 못한 자료가 적지 않고, 또 정치한 해석이 필요한 자료도 많음을 고려할 때, 근현대 학문사상과 분야별 이론 발전 과정에 대한 연구는 끊임없이 지속되어야 할 것이라는 결론을 얻었다.

다행히 3년의 연구 기간을 거쳐 제출한 결과물에 대해 익명의 심사자들께서 '수정 후 출판' 판정을 해 주셔서, 수정 의견을 반영하여 책을 출판할 수 있게 된 것을 기쁘게 생각한다. 여전히 아쉬움이 많지만, 이번에 다루지 못한 내용은 후속 연구를 기약하며 총서 집필을 마무리한다. 과제 심사를 맡아 주신 심사위원 여러분과 책의 출판을 맡아 주신 양정섭 경진출판 사장님께 거듭 감사의 말씀을 올린다.

2018년 12월 연구 책임자 씀

목차

제1장 근대 지식과 계몽정신

허재영

1. 근대 이전의 지식인

전통적인 한국의 교육사상의 기반을 이룬 것은 유가사상이다. 유가
(儒家)의 교육설을 요약한 『대학(大學)』의 '경일장(經一章)'은 "큰 학문의
도리는 명덕(明德)을 밝히는 데 있으며, 백성을 새롭게 하는 데 있으며,
지극한 선에 이르게 하는 데 있다."라고 시작한다. 이른바 삼정도 팔덕
목이라고 하는 것은 전통적인 선비들의 큰 학문의 목표였다.[1] '군자(君

---

[1] "大學之道 在明明德 在親(新)民 在止於至善. 知止而后有定 定而后能靜 靜而后能安 安而后能
慮 慮而后能得. 物有本末 事有終始 知所先後 則近道矣. 古之欲明明德於天下者 先治其國 欲
治其國者 先齊其家. 欲齊其家者 先脩其身 欲脩其身者 先正其心 欲正其心者 先誠其意. 欲誠
其意者 先致其知 致知在格物. 物格而后知至 知至而后意誠 意誠而后心正 心正而后身脩. 身脩
而后家齊 家齊而后國治 國治而后天下平(대학의 도는 명덕을 밝힘에 있으며, 백성을 새롭
게 함에 있으며, 지선에 머물게 함에 있다. 그칠 데를 안 뒤에 정함이 있으니, 정한 뒤에
능히 고요하고, 고요한 뒤에 능히 편안하고, 편안한 뒤에 능히 생각하고, 생각한 뒤에
능히 얻는다. 사물에는 본말이 있고, 일에는 끝과 시작이 있으니, 먼저 할 바와 나중에
할 바를 알면 도에 가까운 것이다. 예로부터 밝은 덕을 천하에 밝히고자 하는 자는 먼저
그 나라를 다스리고 그 나라를 다스리려는 자는 먼저 그 집안을 가지런히 하고, 그

子)’, ‘선비’, ‘유자(儒者)’, ‘사(士)’라는 표현은 전통적으로 학식이 있는 사람, 한 사회를 이끌어가는 사람의 뜻으로 쓰인 말들이다. 큰 학문, 또는 성인의 학문을 뜻하는 ‘대학(大學)’은 신분상의 군자가 아니라 한 사회를 이끌어가는 지도자로서의 ‘군자’를 양성하는 전통 교육의 목표이자 수단이었다. 실제로 『대학』에는 ‘군자’가 갖추어야 할 덕목이 곳곳에 제시되어 있다. 이 책에는 ‘군자(君子)’라는 표현이 11곳에 등장한다. 그 가운데 ‘전지십장(傳之十章)’의 ‘평천하(平天下)’와 관련된 덕목은 고전적인 지도자상을 반영한 것이라고 할 수 있다.

【 『대학』의 ‘군자’ 】

ㄱ. 所謂平天下在治其國者 上老老而民興孝 上長長而民興弟 上恤孤而民不倍 <u>是以君子有絜矩之道也.</u> 所惡於上 毋以使下 所惡於下 毋以事上 所惡於前 毋以先後 所惡於後 毋以從前 所惡於右 毋以交於左 所惡於左 毋以交於右 <u>此之謂 絜矩之道也.</u>

번역 이른바 천하를 다스리는 것이 치국에 있다 함은, 위에서 노인을 노인으로 대접하면 백성들에 효도가 흥성하며, 위에서 어른을 어른으로 대접하면 백성들에게 제가 일어나며, 위에서 외로운 이들을 불쌍히 여기면 백성들은 배반하지 않게 된다는 것이다. <u>이로써 군자의 ‘혈구지도(絜矩之道)’라고 한다.</u> 위에서 싫어하는 것으로 아랫사람을 부리지 말 것이며, 아래에서 싫어하는 것으로 윗사람을 섬기지 말 것이며, 앞에서 아첨하는 바로써 뒤에 먼저 하지 말 것이며, 뒤에 아첨하는 바로써 앞에

집안을 가지런히 하고자 하는 자는 먼저 그 몸을 닦고, 그 몸을 닦으려 하는 자는 먼저 그 마음을 바루고, 그 마음을 바루고자하는 자는 먼저 그 뜻을 성실히 하고, 그 뜻을 성실히 하고자 하는 자는 먼저 그 지식을 지극히 하였고, 지식을 지극히 함은 사물의 이치를 궁구함에 있다. 사물의 이치가 이른 뒤에 지식이 지극해지고 지식이 지극해진 뒤에 뜻이 성실해지고, 뜻이 성실해진 뒤에 마음이 바루어지고, 마음이 바루어진 뒤에 몸이 닦아지고, 몸이 닦아진 뒤에 집안이 가지런해지고 집안이 가지런한 뒤에 나라가 다스려지고 나라가 다스려진 뒤에 천하가 평해진다).”(『대학』‘경일장(經一章)’)

따라가지 말 것이며, 오른편에서 싫어하는 바로써 왼편과 교제하지 말 것이며, 왼편에서 싫어하는 바로써 오른편과 교제하지 말 것이니, 이러한 것을 '혈구지도(絜矩之道)'라 하는 것이다.

ㄴ. 詩云 樂只君子 民之父母 民之所好好之 民之所惡惡之 此之謂民之父母, 詩云 節彼南山 維石巖巖 赫赫師尹 民具爾瞻 有國者 不可以不愼 辟則爲天下僇矣. 詩云 殷之未喪師 克配上帝 儀監于殷 峻命不易 道得衆則得國 失衆則失國. 是故君子先愼乎德. 有德此有人 有人此有土 有土此有財 有財此有用.

번역 시경에 이르기를 '즐거워라 군자님이여. 백성들의 부모이라.' 하였으니, 백성들이 좋아하는 바를 좋아하며, 백성들이 싫어하는 바를 싫어하는 것이다. 이래서 백성들의 부모라 말한 것이다. 시경에 이르기를 '절의(節義)롭다. 저 남산이여, 오직 바위만 울퉁불퉁하네, 혁혁하신 사윤(師尹)이여, 백성 모두 당신을 우러르네.'라고 하였으니, 나라를 맡은 사람은 삼가지 않을 수 없는 것이다. 편벽되면 곧 천하를 욕보이는 바가 될 것이다. 시경에 이르기를 '은나라가 백성을 잃지 않았을 적엔 상제에게 짝될 수 있었으니, 마땅히 은나라를 거울삼을 지어다. 큰 명은 쉽지 않다' 하였으니, 무리를 얻으면 곧 나라를 얻게 되고, 무리를 잃으면 곧 나라를 잃게 됨을 말 한 것이다. 이러므로 군자는 먼저 덕을 쌓아야 한다. 덕이 있으면 이에 사람이 있게 되고 사람이 있으면 이에 땅이 있게 되고, 땅이 있으면 이에 재물이 있게 되고, 재물이 있으면 이에 쓰임이 있게 된다.

ㄷ. 見賢而不能擧 擧而不能先 命也 見不善而不能退 退而不能遠 過也. 好人之所惡 惡人之所好 是謂拂人之性 菑必逮夫身. 是故君子有大道 必忠信以得之 驕泰以失之.

번역 어진 사람을 보고도 등용하지 못하고, 등용하되 먼저 하지 못하는 것은 태만함이며, 착하지 못한 것을 보고도 물리치지 못하고, 물리치되 멀리하지 못함은 허물인 것이다. 남이 싫어하는 것을 좋아하며 남이 좋아하는 바를 싫어하는 것, 이것을 사람의 본성을 어기는 것이라 하는 것이니, 재앙이 반드시 자신에게 미치고야 말 것이다. <u>이런고로 군자에게는 큰 도가 있으니 반드시 충성과 믿음으로써 그것을 얻고, 교만함과 건방짐으로써 그것을 잃게 될 것이다.</u>

—'전지십장(傳之十章)', 『대학』

'평천하'의 도리를 말한 『대학』 제10장에 제시된 군자의 도리는 집주(集註)의 풀이대로 '상행하효(上行下效)', 곧 윗사람의 행실을 아랫사람이 본받는 것을 의미한다. '수신'이 '제가'의 근본이 되고, '제가'는 '치국'과 '평천하'의 근본이 된다. 이것이 곧 '혈구지도(絜矩之道)', 곧 법도를 헤아려 행하는 것을 의미한다. '군자'가 '백성의 부모'가 된다는 말도, 자신을 삼가고 편벽되지 않게 백성의 모범이 되어야 함을 강조하는 말이며, 덕으로써 세상을 이끌어 가야 함을 강조한 표현이다. 이러한 군자에게 필요한 것이 충신(忠信)이며 경계해야 할 것이 '교태(驕泰)'이다.

율곡의 『격몽요결(擊蒙要訣)』이나 『성학집요(聖學輯要)』의 학문 이념도 '수기치인(修己治人)'을 근본으로 하는 데는 차이가 없다. "신이 살피건대 '대학'에 이르기를, 천자에서 서민에 이르기까지 한결같이 모두 몸을 닦는 것(修)을 근본으로 삼을 것이니, 그 근본이 어지러우면 말단(末端)이 다스려지지 않는다고 하였습니다. 그러므로 제왕의 학문에는 몸을 닦는 것보다 앞서는 것이 없사옵니다.", "신이 살피건대, 몸을 닦는 공부에는 지식을 넓히는 것도 있고, 행하는 것도 있사옵니다. 지식은 착한 것을 밝히는 것이요, 행하는 것은 몸을 성실하게 하는 것이니, 이제 지식과 행하는 것을 종합하여 첫머리에 드러냈습니다."[2]라는 서술은 『성학집요』 제2 수기(修己)의 시작 부분이다. 여기에 나타난 '제

---

2) 민족문화추진회(1968), 『율곡집』 II, 민족문화추진회. "臣按大學曰. 自天子以至於庶人 一是皆以修身爲本, 其本亂而末治者否矣. 是故帝王之學, 莫先於修己. 第一章 摠論修己. 臣按, 修己工夫, 有知有行, 知以明善, 行以誠身, 今取合知行而言者, 著于首."

왕의 학'은 '군자의 학'과 같은 의미를 갖는다. 그렇기 때문에 율곡의 '수기'에서는 "군자는 덕성을 높이고 학문으로 말미암으며, 광대한 것을 이루고 정밀한 것을 다하며, 높고 밝은 것을 지극히 하고, 중용을 행하며, 옛것을 익히고 새것을 알며, 두터운 것을 돈독히 하여 예의를 높인다."3)라는 『중용(中庸)』의 구절을 '수기'의 본질로 해석하고 있다.

　성리학적 질서 속에서 '군자가 되는 일'은 교육의 목표이자 이상이었다. '지기(志氣)'를 기르는 '양기(養氣)'나 '올바른 도리'를 닦는 '양정(養正)'은 유가에서 빈번히 쓰는 용어인데, 우복(愚伏) 정경세(鄭經世, 1563~1633)의 『양정편(養正編)』도 그 중 하나이다. 저자의 발문(跋文)에 의하면, 양정(養正)의 길은 소학(小學)의 수신으로부터 군자의 도리에 나아가는 것이니, '검속신심(檢束身心, 자신의 몸과 마음가짐을 추스르는 일)'이나 '쇄소(灑掃)', '응대(應對)'와 같이 부모를 섬기고 나아가 스승과 어른을 공경하는 일, 서당에서 학업을 하는 일 등이 모두 군자의 도와 관련을 맺고 있다.

【 養正編 原跋 】

　余 旣悲且懼 欲依先訓 課以小學則 又慮其懵於文字 不可以猝語也 遂就明儒所撰 鄕校禮輯童子禮篇中 稍加刪改 令稚騃者 易曉手寫以敎之 名之曰養正篇. 蓋 冀其涵揉於此 而不至於驕惰 壞了也 嘗聞程子之言曰 灑掃應對 形而上者也 夫灑掃應對 人事之至近者也 形而下者之 至粗淺者也 然而其中 自有至理 而爲仁之本 在焉故曰 形而上者也 下學人事 乃上達天理之階級 君子之道 孰先傳焉 孰後倦焉 則是篇之言 雖甚淺近 而作聖之功 實基於此 其可忽之而不勖耶 若夫 修身大法 備在小學書 此特 爲之路逕而已 非欲 其安於此而不求進於 小學也 其勖之哉 甲辰季夏上澣 垂涕以書.

번역 내가 죄스럽고 송구하여 선대의 가르침에 따라 과제로써 소학(小學)을 가르치고 싶으나 문자를 모르는 것이 염려되고 갑자기 말로써는 불가능하다. 그러므로 명나라 학자가 지은 『향교례집동자례편(鄕校禮輯童子禮篇)』 중에서 조금 고쳐서 어린아이로 하여금 쉽게 깨닫고 손으로 베끼도록 가르치고자 하니 이름 하여 『양정편(養正篇)』이라 하였다. 대저 이것으로 자연스럽게 젖어 익히고, 교만과 게으름에 빠지지 않고 떨쳐버리기 바란다. 일찍이 정자(程子)의 말씀을 듣자니, 쇄소(灑掃)와 응대(應對)는 형이상자(形而上者, 정신적인 것)이라 하였다. 사실 쇄소와 응대가 사람 생활에 가장 가까운 것이며 몹시 잡스럽고 천박한 형이하자(形而下者, 물리적인 것)인데, 그 가운데 스스로 이치에 이르면 '위인(爲仁)'의 근본이 여기에 있으므로 형이상자(形而上者)라 말했으리라. 아래로 사람이 하는 일을 배우는 것은 곧 위로 하늘의 이치에 다다르는 단계이니 군자의 도(君子之道)를 누가 먼저 전하며 누가 나중에 지치는가 하는 것인즉 이 양정편의 말이 비록 너무 천박하고 가까운 것이라 해도 성인이 지은 공적은 실로 여기에 바탕을 둔 것이니 어찌 가히 소홀히 할 수 있겠는가. 무릇 수신(修身)의 대법이 소학(小學)에 마련되어 있고 이것은 이행하는 지름길일 뿐이니 이것에 안주하여 소학에 나아갈 길을 태만히 하지 말도록 당부하노니 노력할지어다.

—우복 정경세, 『양정편』[4]

조선 중기 대표적인 성리학자인 우복 정경세의 '양정편'에서도 '형이하자(形而下者)'인 '쇄소(灑掃, 물뿌리고 청소하는 일)', '응대(應對, 사람을 대하는 일)'로부터 '인(仁)'을 이루는 '형이상(形而上)'의 '군자지도(君子之道)'가 '소학(小學)'의 '수신(修身)'으로부터 시작된다고 하였다.

---

[4] 우산동 진양정씨 어사공파 카페(http://cafe.daum.net/WooBok)의 정문진 선생님의 번역문을 사용하였음.

이러한 차원에서 전통적인 학문은 수신(修身)을 근본으로 하였고, 수신의 요결(要訣)은 입지(立志)와 검신(檢身)을 기본으로 하였다.[5]

전통적 지식인의 자질을 보여주는 또 하나의 사례로는 신현국(1869~1949)의 『학례유범(學禮遺範)』[6]을 참고할 수 있다. 근대의 유학자였던 신현국은 을사늑약 당시 일본을 꾸짖는 글을 쓰고, 량치차오의 논설을 통렬히 비판하면서 경전과 이기설(理氣說)을 중시하며 학문 예법과 관련된 『학례유범』을 저술하였다. 이에 따르면 학례는 '학궁(學宮)', '거가(居家)', '거향(居鄕)', '거관(居官)' 등으로 구성되는데, '학궁'은 '사도(師道)', '학술(學術)', '종사(從師)' 등의 학업 과정을 의미하며, '거가'는 '윤리(倫理)', '봉선(奉先)', '사친(事親)' 등의 제가(齊家)의 원리, '거향'은 마을 공동체인 '계(契)'나 '향약(鄕約)' 등과 관련된 원리, '거관'은 '경근봉상(敬勤奉上, 임금을 받드는 원리)', '애민(愛民)', '처사(處事)' 등과 같은 관료로서 갖추어야 할 자세를 의미한다. 이러한 자료를 종합해 볼 때, 근대 이전의 지식인, 곧 선비나 군자는 한 사회의 지도자로서 수기치인(修己治人)의 원리를 실천하고자 했던 사람들로 규정할 수 있다.

이러한 차원에서 근대 이전의 학문은 현실적인 문제보다는 '의리(義理)'의 문제를 중시하고, '이해(利害)'의 문제는 포기하고, '도리(道理)'를 추구하는 데 집중하였다. 이는 17세기 실학서 『성호사설』에서도 걱정했던 문제이다.

---

5) 이는 『율곡전서(栗谷全書)』의 '학교모범(學校模範)'의 '몸가짐과 일해 나가는 규범'을 통해서도 확인할 수 있다. 이 규범은 '입지 → 금제 → 글 읽기 → 말을 삼감 → 마음속에 간직하여 잊지 않음 → 어버이를 섬김 → 스승을 섬김 → 벗을 택함 → 가정생활 → 사람을 대함 → 과거 응시 → 의를 지킴 → 충직함을 숭상함 → 공경을 돈독히 함 → 학교에 거처함 → 글 읽는 방법'의 16개 조항으로 이루어져 있다.

6) 『학례유범』은 1963년 신현국의 손자인 신동호, 신동희에 의해 편집된 『직당집』의 별책으로 3권 1책이다. 책의 편집 출판은 후대에 이루어졌으나 『직당집』의 주된 정신적 기반이 근대 계몽기 척사(斥邪)의 차원에서 개화 지식인을 비판하는 데 있고, 『학례유범』의 7항목 63조목 가운데 전통적인 서원(書院), 서사(書社), 여숙(閭塾)의 학규(學規)나 의례(儀禮)를 다수 수록하여, 근대 이전의 교육 제도를 이해하는 데 중요한 의미를 갖는다.

【 爲學治生 】

布衣之士爲學者 每爲飢寒所逼其道不終 惟生知之外道必由學而成 未至於
成未必皆純如也. 萬永未入困苦先剝如何能專一心力耶. 余見今世善士 或一意
文學荒棄家務 至無可收拾不能奉先食親妻子凍餒 志隨而遷變雖悔無及也. (…
中略…) 爲學者十分義理中物 治生者利害上事 利害者人各自得不待于獎勸 爲
學雖賴於治生而若爲先務則不可. (…中略…) 汎顏路在堂簞食不繼 則顏子豈
不欲竭力以來免乎 此耶其安貧之意包在庶乎之中 而屢空一句 其嗟傷之辭乎
至於衆人奔走行乞救死 不瞻者豈不妨學 今之人士若此者亦多 可哀也已.

번역 가난한 선비들은 학문할 뜻이 있어도 언제나 배고프고 추위에 구
애되어 그 공부를 마치지 못한다. 오직 생지(生知, 나면서부터 아
는 자)한 사람 이외에는 반드시 학문으로 말미암아 완성하는 것인데, 완
성에 도달하지 못하면 모두 순수하다고 할 수 없다. 맛있는 음식을 먹지
못하고 곤고(困苦)한 것이 먼저 침노하는데 어떻게 학문에 정신을 집중
할 수 있겠는가? 내가 보니, 요즘 세상의 훌륭한 선비들이 한결 같이 문
학에만 뜻을 두고, 집안 살림살이를 버려서 어떻게 수습할 수 없는 지경
에까지 조상을 받들고 부모를 봉양하지 못하여 아내와 자식들이 헐벗고
굶주리게 되면 뜻마저 따라 변하니, 비록 후회하나 미칠 수 없다. (…중
략…) 학문을 하는 것은 십분 의리(義理)에 맞는 일이요, 살림살이를 하
는 것은 이해에 관계되는 일이니, 이해란 사람마다 제각기 스스로 얻으
려 하기 때문에 굳이 권장할 필요가 없으며, 학문을 하는 것은 비록 살림
에 의뢰하지만 만일 살림으로 급선무를 삼는다면 옳지 않다. (…중략…)
안노가 집에 있는데 한 공기 밥도 잇기 어려웠다면 안자(顏子)인들 어찌
힘을 다해 이것을 면하려 하지 않았겠는가. 그가 가난을 편안히 여긴 뜻
은 '도에 가깝다'는 한 구절에 포함되어 있으며, '여러 번 끼니를 굶는다'
고 한 것은 공자가 딱하게 여긴 말일 것이다. 일반 대중으로서는 달려가
길거리에서 구걸하여 죽음을 면하기에도 부족하니, 어찌 학문에 방해가
되지 않겠는가. 요즘의 선비는 이와 같은 사람이 또한 많으니 애처로울

뿐이다.

―이익, 『성호사설』권7, 인사문, '위학치생'7)

이 글에 나타난 바와 같이 근대 이전의 선비들은 '위학(爲學)'을 근본으로 하고, '치생(治生)'을 도외시하였다. 가난한 선비가 문학(文學)을 할 때, '치생'의 곤고함을 이겨내기 어려우니 그것이 안타깝다는 입장에서 선비의 학문에 방해되는 살림살이의 문제를 이겨낼 수 있어야 한다는 의미를 담고 있다. 이처럼 정도의 차이는 있지만, 실학시대에도 학문의 목적을 수기치인에 둔 점은 크게 달라지지 않았다. 다산의 『목민심서(牧民心書)』의 '서문'에도 수기치인의 도는 목민관의 덕목이었다.

【 牧民心書 自序 】

昔舜紹堯。咨十有二牧。俾之牧民。文王立政。乃立司牧。以爲牧夫。孟子之平陸。以芻牧喩牧民。養民之謂牧者。聖賢之遺義也。聖賢之敎。原有二途。司徒敎萬民。使各修身。大學敎國子。使各修身而治民。治民者。牧民也。然則君子之學。修身爲半。其半牧民也。聖遠言湮。其道寢晦。今之司牧者。唯征利是急。而不知所以牧之。於是下民羸困。乃瘰乃瘝。相顚連以實溝壑。而爲牧者。方且鮮衣美食以自肥。豈不悲哉

> 번역　옛날에 순(舜) 임금은 요(堯) 임금의 뒤를 이어 12목(牧)에게 물어, 그들로 하여금 목민(牧民)하게 하였고, 주 문왕(周文王)이 정치를 할 제, 이에 사목(司牧)을 세워 목부(牧夫)로 삼았으며, 맹자(孟子)는 병륙(平陸)으로 가서 추목(芻牧)하는 것으로 목민함에 비유하였으니, 이로 미루어 보면 양민(養民)함을 목(牧)이라 한 것은 성현이 남긴 뜻이다. 성현의 가르침에는 원래 두 가지 길이 있는데, 하나는 사도(司徒)가 만백성을 가르쳐 각기 수신(修身)하도록 하고, 또 하나는 태학(太學)에서 국자(國子)를

---

7) 번역문은 민족문화추진회(1976), 『국역성호사설』(민족문화추진회)을 사용하였음.

가르쳐 각각 수신하고 치민(治民)하도록 하는 것이니, 치민하는 것이 바로 목민인 것이다. 그렇다면 군자(君子)의 학은 수신이 그 반이요, 반은 목민인 것이다. 성인의 시대가 이미 오래되었고 그 말도 없어져서 그 도가 점점 어두워졌다. 요즈음의 사목(司牧)이란 자들은 이익을 추구하는 데만 급급하고 어떻게 목민해야 할 것인가는 모르고 있다. 이 때문에 백성들은 곤궁하고 병들어 줄을 지어 진구렁이에 떨어져 죽는데도 그들 사목된 자들은 바야흐로 고운 옷과 맛있는 음식에 자기만 살찌고 있으니 어찌 슬픈 일이 아니겠는가.

—정약용, 『목민심서』, '자서'[8]

실학을 집대성한 학자로 평가받는 다산의 경우도 "군자(君子)의 학은 수신이 반이요, 치민(治民)이 반"이라고 하였다. 목민(牧民)은 '양민(養民)'과 같은 의미를 갖는 말인데, 전통적 지식인의 덕목은 군자의 학을 이루고 목민을 하는 데 있었음을 확인할 수 있다.

2. 지식 개념의 변화와 근대 지식인

2.1. 지식의 개념의 변화

근대 계몽기 지식 개념의 변화는 '지(知)'의 성질에 대한 자각과 관련된다. 양명학에서 양지(良知)는 마음의 본성을 의미하는 개념이며, 양능(良能)은 타고난 재능을 가리키는 말이다. 홍대용(洪大容, 1731~1783)의 『담헌서(湛軒書)』에서는 다음과 같이 말한다.

---

8) 정약용, 『목민심서』, '자서(自序)'. 한국고전번역원의 '한국 고전 종합 DB'에서 옮김.

【 杭傳尺牘 與筱飮書(항전척독, 소음에게 보내는 편지) 】

陽明之背朱子大要在於格物致知. 朱子謂人心之靈莫不有知 而天下之物莫不有理 使人卽物窮理以致其知 陽明則以爲理在吾心不可外索 惟以致良知爲主. 夫 良知者 孟子之說也. 苟其致之大人之心 乃赤子之心也 誰曰不可. 然其所以致之者不先之以窮理之功. 其不至於指東爲西 認賊爲子乎.

번역 양명(陽明)이 주자(朱子)와 배치되는 것은 대체로 격물(格物)·치지(致知)에 있습니다. 주자는 이르기를, "인심(人心)은 허령(虛靈)하여 지(知)를 가지지 않음이 없고 천하의 사물은 이(理)가 있지 않음이 없으니, 사람으로 하여금 사물에 즉(卽)하여 이(理)를 궁구(窮究)해서 그 지를 다하게 한다."라고 하였고, 양명은 말하기를, "이(理)는 내 마음에 있는 것이어서 밖에서 구할 것이 아니니, 오직 양지(良知)를 다하는 것으로 주(主)를 삼아야 한다."라고 하였습니다. 대저 '양지'란 것은 맹자(孟子)의 말입니다. 진실로 이를 다할 것 같으면, 대인의 마음[大人之心]이 바로 어린 아이의 마음[赤子之心]인 것이니, 대저, 누가 옳지 않다고 하겠습니까? 그러나 그 다함이라는 것이 궁리하는 공부를 먼저 하지 않으면, 동쪽을 가리키어 서쪽이라 하고, 도적을 자식으로 오인하는 데 이르지 않겠습니까?
—홍대용, 『담헌서 외집』 권1 '항전척독, 여소음서'9)

양지(良知)는 『맹자』가 말한 "사람이 배우지 않고도 잘하는 것이 양능(良能)이고, 생각하지 않고도 잘 아는 것이 양지(良知)"라는 말에서 비롯된 표현으로, 주자와 양명의 견해차가 있을지라도 성리학적 전통의 '앎'의 성격을 드러내는 말이다. 홍대용의 표현대로라면 '지(知)'는 '나의 마음(吾心)'과 밀접한 관련을 맺는 개념으로, 사물의 이치를 다하게 하는 것이 마음에서 비롯된 것으로 보는 주자의 견해이든, 이치를 마음 안에서만 구해야 한다는 양명의 설이든, 앎은 인간 자신, 곧 자기 자신

---

9) 번역문은 한국고전번역원 '한국고전종합 DB'의 이상은 역(1974)을 다듬었음.

과 관련된 문제로 귀결된다. 이러한 전통은 성리학적 전통을 탈피하여
근대의 지식 개념의 변화 모습을 보여주는 최한기(崔漢綺, 1803~1877)[10]

---

10) 최한기의 탈성리학, 서양 과학 수용 과정, 윤리 철학설 등에 대해서는 그동안 학계의
큰 관심이 있었다. 한국학술정보서비스에서 '최한기'에 대한 연구 경향을 검색하면 학위
논문 156편이 나타나는데, 그 가운데 24편은 박사논문이다. 주요 논문과 분야는 다음과
같다.

필자	연도	제목	분야
강원모	1999	「혜강 최한기(惠岡 崔漢綺)의 윤리 교육론(倫理敎育論) 연구」, 충남대학교 박사논문	교육
구자익	2010	「최한기의 기학에 있어서 소통과 통합의 사회론」, 경상대학교 박사논문	사회
구태환	2006	「최한기의 운화론적 인체관과 변통의 윤리론」, 숭실대학교 박사논문	사상
권오영	1994	「혜강 최한기의 학문과 사상 연구」, 한국정신문화연구원 박사논문	사상
김병규	1997	「혜강 최한기의 경장사상(更張思想) 연구」, 한국교원대학교 박사논문	사상
김숙경	2013	「혜강 최한기(惠岡 崔漢綺)의 기학(氣學)에 나타난 사학 수용(西學 受容)과 변용에 관한 연구」, 성균관대학교 박사논문	철학(학문)
김용현	1995	「최한기의 서양 과학 수용과 철학 형성」, 고려대학교 박사논문	철학(학문)
김인석	2001	「최한기의 기학(氣學)에 관한 연구: 이학(理學) 극복의 측면을 중심으로」, 건국대학교 박사논문	철학(학문)
노혜정	2003	「최한기의 지리사상 연구: 『지구전요(地球典要)』를 중심으로」, 서울대학교 박사논문	사상
류생진	2005	「혜강 최한기(惠岡 崔漢綺)의 추측론(推測論) 연구」, 강원대학교 박사논문	사상
류형만	1986	「최한기의 사회개혁사상과 복지사상에 관한 연구」, 대구대학교 박사논문	사회
방경곤	2009	「볼츠만(Boltzmann)과 최한기(崔漢綺)의 물질관 비교 연구: 엔트로피와 氣」, 경북대학교 박사논문	사상
서욱수	2000	「혜강 최한기의 인식 이론(認識 理論) 연구」, 부산대학교 박사논문	사상
손병욱	1993	「혜강 최한기 기학의 연구」, 고려대학교 박사논문	사상
신원봉	1993	「혜강의 기화적 세계관(氣化的 世界觀)과 그 윤리적 함의(倫理的 含義)」, 한국정신문화연구원 박사논문	사상
이주석	1997	「혜강 최한기(惠岡 崔漢綺)의 기일원설(氣一元說) 중심(中心)의 교육사상(敎育思想)」, 전남대학교 박사논문	교육
이지	2012	「최한기의 기학(氣學): 유가 형이상학의 실용론」, 이화여자대학교 박사논문	사상
이행훈	2004	「최한기의 운화론적 세계관(運化論的 世界觀)과 근대성(近代性)에 관한 연구」, 성균관대학교 박사논문	철학(학문)
이현구	1993	「최한기(崔漢綺) 기학(氣學)의 성립(成立)과 체계(體系)에 관한 연구: 서양 근대과학의 유입과 조선 후기 유학의 변용」, 성균관대학교 박사논문	사상
임준환	1999	「혜강 최한기의 운화적 교육사상(運化的 敎育思想) 연구」, 단국대학교 박사논문	교육
정화영	1986	「최한기의 실학적 교육사상」, 한양대학교 박사논문	교육
조동섭	1995	「최한기의 『인정(人政)』의 구조(構造)와 인사행정(人事行政) 논리(論理)」, 서울대학교 박사논문	행정
채석용	2006	「최한기 사회철학의 이론적 토대와 형성과정: 유교적 사회규범의 탈성리학적 재구성」, 한국학중앙연구원 박사논문	철학(학문)
황경숙	1993	「혜강 최한기의 사회사상 연구」, 성신여자대학교 박사논문	사회

의 '추측록'에도 이어진다. 최한기의 '양지'와 '양능'은 '애경(愛敬)'의 근원이었으며, '앎'은 '애경'을 헤아리는 전제였다. 다음은 이를 반영한다.

【 推測提綱 】

所謂愛敬出於良知良能者。特擧其染習以後而言也。非謂染習以前之事也。若謂愛敬之理素具於心。爲氣質所蔽。不能呈露。則習染之前。愛敬素具。無所指的。只將習染後推測。溯究習染前氣像。有何痕蹟之可論。

번역 이른바 양지(良知)·양능(良能)에서 나온 사랑과 공경이라는 것은 특히 그 앎이 생긴 뒤를 가지고 말하는 것이요, 앎이 생기기 전의 일을 말하는 것이 아니다. 만약 사랑하고 공경하는 이(理)가 본디 마음에 갖추어 있지만 다만 기질(氣質)에 가리어져 드러나지 못한다 하더라도 앎이 있기 전에 사랑과 공경이 본디 갖추어 있다는 것을 확실히 지적할 수 없고, 다만 앎이 있은 뒤를 미루어 앎이 있기 전의 것을 헤아리게 되는 것이니, 무슨 자취를 증거삼아 논하겠는가.

—최한기, 『기측체의(氣測體義), 추측록(推測錄)』 권1,
'추측제강(推測提綱)'[11]

'추측론'은 '사랑과 공경'이 '앎'에 선행한다는 성리학적 양지·양능설을 비판한 이론이다. '앎' 먼저인지, 아니면 태어나면서부터 '사랑'과 '공경하는 마음'을 갖는 것인지는 사유와 논리의 관점으로 볼 때, 쉽게 증명할 수 있는 영역은 아니다. 그러나 최한기의 논리 체계에서 주목되는 것은 전통적인 이기(理氣) 문제보다 '경험적인 접근', 곧 근대 과학적인 사고가 등장한다는 점이다. 이 점은 신원봉(1993), 이주석(1997) 등과 같은 혜강의 '기화(氣化)' 또는 '기일원설(氣一元說)'을 규명한 학위 논문에서도 언급된 바 있다. 최한기는 '신기통서(神氣通序)'에서 다음과 같이

---

11) 한국고전번역원 '한국고전DB' 정연탁(1979) 번역문을 사용함.

논증하였다.

【 神氣通序 】

天民形體。乃備諸用。通神氣之器械也。目爲顯色之鏡。耳爲聽音之管。鼻爲嗅香之筒。口爲出納之門。手爲執持之器。足爲推運之輪。總載於一身。而神氣爲主宰。從諸竅諸觸。而收聚人情物理。習染於神氣。及其發用。積中之人情物理。從諸竅諸觸而施行。卽踐形之大道也。色從目通而天下之色。皆爲神氣之用。聲從耳通而天下之聲。皆爲神氣之用。臭味諸觸。具通於口鼻手足。而事物之運動。皆爲神氣之用。閱歷經驗。推移變通。源於形體。委於事物。若不修明發用之源。何以整頓發用之委哉。(…中略…) 專攻心學之人。以諸竅諸觸爲卑屑。而貪究性命之理。淸淨守眞之人。以視聽爲耗精。而甘作聾瞽之事。醫書辨說。以發外之疾病。附會於臟腑穴脈。相書所言。以形局色態。欲占窮達壽夭。俱未免乎過不及之差也。耳目口鼻。豈徒爲耳目口鼻。必有函體之神氣。通於耳目口鼻。爲神氣之耳目口鼻。推達於天地人物所同之聲色臭味。內外相應。彼此參驗。(…中略…) 是以。有是器者。捨是器而求用。則乃非是器之爲用也。用與不用。何關於是器。有形體者。捨形體而求學。則乃非形體之爲學也。學與不學。無關於形體。索隱行怪。由此而興。故用以器械爲本。學以形體爲本。

번역 하늘이 낸 사람의 형체(形體)는 모든 수용(須用)을 갖추고 있는데, 이것이 신기를 통하는 기계(器械 귀·눈 등 신체의 기관)이다. 눈은 색을 알려주는 거울이고, 귀는 소리를 듣는 대롱이고, 코는 냄새를 맡는 통(筒)이고, 입은 내뱉고 거둬들이는 문(門)이고, 손은 잡는 도구이고, 발은 움직이는 바퀴이니, 통틀어 한몸에 실려 있는 것이요, 신기(神氣)는 이것들의 주재(主宰)이다. 제규(諸竅 인체에 있는 외부와 통하는 아홉 구멍)와 제촉(諸觸 인체에 있는 여러 촉감 또는 그 기능)으로 인정(人情)과 물리(物理)를 거두어 신기에 습염(習染)하고, 그것을 발용(發用)할 때에는 속에 쌓인 인정과 물리를 제규·제촉을 통하여 시행하는 것이 비로 천형(踐形

부모와 하늘로부터 받은 본성과 형체의 바른 기능을 어김없이 실현하는 것)하는 대도(大道)이다. 빛이 눈을 통해야 천하의 빛이 모두 신기의 용(用)이 되고, 소리가 귀를 통해야 천하의 소리가 모두 신기의 용이 되고, 냄새와 맛과 모든 촉감은 모두 입과 코, 손과 발로 통해야 사물의 운동이 모두 신기의 용이 된다. 열력(閱歷)하고 경험(經驗)하며 추이(推移)하고 변통(變通)하는 것이 모두 형체에 근원하여 사물에서 끝나는 것이니, 만약 발용의 근원을 닦아 밝히지 아니하면 어찌 발용의 끝을 정돈할 수 있겠는가. (…중략…) 저 심학(心學)을 전공하는 사람은 제규 제촉을 비루하고 지엽적인 것으로 생각하여 성명(性命)의 이치를 탐구(貪究)하며, 청정 수진(淸淨守眞)하는 사람은 보고 듣는 것을 정기를 소모하는 것이라고 생각하여 귀머거리나 소경의 행세를 기꺼이 하며, 의서(醫書)의 변설(辨說)에는 외부에 나타난 질병을 장부(臟腑)나 혈맥(穴脈)에서 일어난 것이라고 서로 맞지도 않게 억지로 끌어다 대며, 상서(相書 관상서)에서 말하고 있는 형모(形貌)와 격국(格局 사람 몸의 모양을 오행(五行)으로 나눈 것)이나 혈색과 태도로 그 사람의 곤궁·영달과 장수·단명을 점치고자 하는 것 등등은 모두 지나치거나 미치지 못하는 잘못을 면할 수 없다. 이목구비(耳目口鼻)가 어찌 한갓 그 이목구비의 외형만을 이야기하는 것이리요. 반드시 형체에 들어 있는 신기가 이목구비에 통한 신기의 이목구비이다. 그러므로 천지와 인간 만물이 한가지로 통하는 소리와 빛과 냄새와 맛에 미루어 나가면, 안과 밖이 서로 응하고 저것과 이것이 서로 비교되고 증험될 수 있는 것이다. (…중략…) 이런 까닭에 이 그릇[器]을 가지고 있는 사람이 이 그릇을 버리고 다른 것에 쓸 것을 구하면 이는 바로 이 그릇의 용(用)은 되지 않는다. 그러므로 쓰거나 쓰지 않는 것이 어찌 이 그릇에 관계되는 것이랴. 또 형체를 가지고 있는 사람이 형체를 버리고 다른 것에서 학문을 구하면 이는 형체의 학문은 되지 않는다. 그러므로 배우거나 배우지 않거나 형체에 아무런 관계도 없다. 은벽한 것을 탐색하고 괴이한 일을 행하는 것이 이것으로 말미암아 일어나는 것이므로, 쓰는 것은 기계(器械)

로 근본을 삼고 학문은 형체로 근본을 삼는다.

—최한기, 『기측체의』 신기통 권1 '신기통서'12)

'앎'과 '학(學)'의 본질에 대한 최한기의 논의는 '이목구비(耳目口鼻)'의 형체를 통한 경험을 기반으로 한 것이었다. 비록 서구 과학에서 눈앞에 보이는 현상에 대해 관찰하고 실험하여 결론을 추출하는 방법론까지 논의된 것은 아니지만, 전근대적 양지·양능을 경험적 차원으로 해석하고자 한 시도는 학문사의 진보임에 틀림없다. 더욱이 '통색을 따라 말을 취사선택함'을 논한 다음 글에서는 사람마다 전문적으로 행해야 할 학문이 존재함을 논의한 것으로 해석할 수 있다.

【 隨通塞而取捨言論 】

人之營綸事業。各有所主。而取捨在於聽聞。優劣在於通塞。王政師道。君子之所講究。以待問焉。洪量周通。無可無不可者。所能爲也。或高尙。或撟激。或刻深。或巧勝者。非所能也。以其擧大體而統纖微。聚纖微而成大體也。歷象數學。典禮刑律。知人用氣。農工商賈之事。學者之所講究。以待證驗。通達者。遵軌而順行。偏滯者。緣習而杜撰。以其天人攸宜。可奉事而勿失。以至於心學理學文章詞藻書畫技藝一切術業。各有通塞利害之別。而自初擇定所主事業。由於言論之取捨。通達偏滯。亦由於言論之取捨。成敗利鈍。亦由於言論之取捨。其所取捨。有由於神氣而取捨者。有由主事而取捨者。先神氣而後主事。則可周通於餘事。先主事而後神氣。則易自陷於偏滯。而取擇於言論。幷捨其所偏滯。探取其所遍通。穿鑿益深。造詣轉狹。縱有自覺而自得。只爲一身說道之資。通達者。取諸言論。從無用。而取有用。以無用。爲有用之基址。從虛妄。而取眞實。以虛妄。爲眞實之外患。以其有用眞實。發言行事。無非通於物。聽言觀行。皆是通於人。

---

12) 한국고전번역원 '한국고전DB', 이종술 역(1979).

24

번역 사람이 사업을 경영함에 각각 주장하는 바가 있지마는, 취사(取捨)는 청문(聽聞)에 달려 있고 우열(優劣)은 통색(通塞)에 따라 결정된다. 왕정(王政)과 사도(師道)는 군자가 강구(講求)해서 물음을 기다리는 것이, 도량이 크고 두루 통하여 가함도 가하지 않은 것도 없이 의(義)로운 사람만이 능히 할 수 있는 것이요, 혼자 고상한 체하거나 교격(矯激)하거나 심각하거나 기교만 승(勝)한 자가 능히 할 수 있는 바가 아니다. 대체(大體)를 들어서 세밀한 것을 거느리며, 세밀한 것을 모아서 대체를 이루기 때문이다. 역상(曆象)과 수학, 전례(典禮)와 형률(刑律), 지인(知人)과 용기(用氣), 농공 상고(農工商賈)의 일은, 학자(學者)들이 강구하여 그 증험을 기다릴 것들이다. 통달한 자는 궤도를 따라 순행(順行)하고, 치우치고 막힌 자는 버릇을 인연하여 두찬(杜撰)하되, 하늘과 사람의 마땅한 바는 받들어 섬기고 잃지 말아야 한다. 심학(心學)·이학(理學)·문장(文章)·사조(詞藻)·서화(書畫)·기예(技藝) 등 일체의 술업(術業)에도 각각 통색(通塞)과 이해의 구별이 있다. 그러나 처음부터 주장할 사업을 골라 정하는 것은 언론의 취사에 따라 정해지는 것이고, 통달(通達)과 편체(偏滯) 또한 언론의 취사에 따라 생기며 성패와 이둔(利鈍)도 또한 언론의 취사(取捨)에 따라 생긴다. 그 취사가 신기(神氣)로 말미암아서 취하고 버리는 자도 있고, 주장하는 일로 말미암아 취하고 버리는 자도 있다. 그러나 신기를 우선하고 주장하는 일을 뒤로 하면 스스로 편체에 빠지기 쉽다. 언론을 골라 취하고 아울러 편체한 것을 버리고 두루하고 통한 것을 취하라. 천착이 더욱 깊어지고 조예(造詣)가 점점 좁아지면, 비록 스스로 깨닫고 스스로 얻은 것이라도 다만 한 몸을 위해서 말하는 자료가 될 뿐이다. 통달한 자는 언론에서 취하되 쓸모없는 것에서 쓸모있음을 취하며, 쓸모없는 것으로 쓸모있는 것의 자료를 삼으며, 허망함을 좇아 진실을 취하고, 허망함으로써 진실의 외환(外患)을 삼는다. 쓸모있고 진실한 것으로 말을 하고 일을 행하면 물(物)에 통하지 못하는 것이 없으며, 말을 듣고 행실을 관찰하면 다 남을 통할 수 있다.

—최한기, 『신기통(神氣通)』 권2 '이통(耳通)',
'수통색이취사언론(隨通塞而取捨言論)'13)

이 글은 '청문(聽聞)'과 '통색(通塞)'에 따라 '취사'와 '우열'이 달라진다는 논리이다. 달리 말해 문견(聞見)과 '재능'에 따라 '통달(通達)'하는 바가 달라질 것이니, 그것은 곧 학문하는 사람이 선택해야 할 일을 정하는 기준이 된다. '역상(曆象), 수학(數學), 전례(典例), 형률(刑律), 지인(知人), 용기(勇氣), 농공상고(農工商賈), 학구(學究), 심학(心學), 이학(理學), 문장(文章), 사조(詞藻), 서화(書畵), 기예(技藝)' 등의 제반 학술이 통색에 따라 취사해야 한다. 이와 같이 경험을 중시하고 재능에 따라 학술에 임해야 한다는 사상은 근대 지식 산출의 토양이 될 수 있다.

그럼에도 최한기의 근대 사상은 방법론의 차원이나 분야별 학문의 체계화에 이르지 못한 한계를 갖는다. 그렇기 때문에 근대의 지식 체계는 1880년대 이후에 본격적인 논의가 이루어진 것으로 볼 수 있다. 특히 수신사(修信使)의 견문(見聞)과 양학(洋學)의 도입이 학문 근대화의 중요한 요인으로 작용했는데, 이러한 모습은 김기수의 『일동기유(日東記游)』의 다음 장면에도 나타난다.

【 問答九則 】

文部省之文學寮 大丞 九鬼隆一 申勤待余酒. 次問余曰 貴國學則全尙朱子耶. 抑有他所尊尙也. 余曰 我國學則五百年來 只知有朱子 背朱子者 直以亂賊誅之 至於應擧文字 用佛老語者 竄謫不宥 國法截嚴 故上下貴賤 只有朱子 所以君君臣臣父父子子兄兄弟弟夫夫婦婦 一遵孔孟道理 無他岐可錯 無他術可衒也.

---

13) 한국고전번역원 '한국고전DB', 권영대 역(1979).

번역 문부성의 문학 관료 대승(大丞) 쿠키 류우이치(1850~1931)는 나를 극진히 접대하였다. 술자리에서 내게 묻기를, "귀국의 학문은 전적으로 주자만 숭상합니까? 아니면 다른 학문도 숭상하는 것이 있습니까?" 하였다. 나는 대답하기를, "우리나라의 학문은 오백 년 동안 다만 주자만 숭상하였습니다. 주자를 어기는 사람은 바로 난적으로 주살되었으며, 과거(科擧)의 문자도 불가나 도가의 말을 쓰는 사람은 귀양을 보내고 용서하지 않았습니다. 그러므로 군주는 군주답게, 신하는 신하답게, 아버지는 아버지답게, 형은 형답게, 동생은 동생답게, 남편은 남편답게, 아내는 아내답게 하는 것으로 오직 공맹의 도리만 존중하고, 다른 갈림길이 없으며, 다른 술수로 현혹시킬 수도 없습니다." 하였다.[14]

이 기록은 수신사로 일본에 갔던 김기수가 일본의 교육 제도를 시찰하고, 다수의 서양 학문을 접한 뒤, 일본 관료 쿠키 류우이치와 나눈 대화의 일부이다. 이 대화에서 알 수 있듯이, 1876년 당시 조선의 학문 세계는 주자학적 전통을 벗어날 수 없었다. 이러한 상황에서 수신사를 통해 들어온 양학(洋學) 관련 지식은 '시무(時務)', '양생(養生)'에 필요한 학문 연구의 필요성을 자각하게 하는 계기가 되었다.

이러한 자각은 이른바 '동도서기론(東道西器論)'으로 나타나는데, 이에 대해서는 이광호·신용하 편저(1984)의 『사료로 본 한국 문화사: 근대편』(일조각)에서 비교적 자세히 논의한 바 있다. 이 책에 따르면 1881년 6월 8일 위정척사파를 비판한 '곽기락(郭基洛)의 상소'(『승정원일기』 고종 18년 6월 8일조), 1881년 12월 22일자 '윤선학(尹善學)의 상소'(『승정원일기』 고종 18년 12월 22일조), 1882년 8월 23일자 '지석영(池錫永)의 상소'(『승정원일기』 고종 19년 8월 23일조), 1882년 9월 22일자 '고영문(高潁聞)의 상소'(『승정원일기』 고종 19년 9월 22일조) 등의 상소문에는 '동도서

---

14) 민족문화추진회(1977), 『국역해행총재』 5(『일동기유』 권2), 민족문화추진회.

기'에 대한 논의가 빈번히 등장한다.

【 개화사상 상소문15) 】

ㄱ. 서양 기계의 기술과 농업과 임업의 서적들과 같은 것은 나라와 백성에 이익이 될 수 있는 것으로, 역시 택하여 시행해야 할 것입니다. 반드시 그 사람으로 말미암아 그 <u>양법(良法)</u>을 배척할 필요는 전혀 없는 것입니다.

—곽기락의 상소문에서

ㄴ. 이제 우리나라의 세 가지 큰 정사는 5백 년 간 시행되어 오는 중에 폐단 위에 폐단을 낳고 시들고 시들어서 개혁되어 다스려지지 않으면 비록 지자(智者)라도 능히 어떻게 할 수 없게 되었습니다. 오호라. 서법(西法)이 나오자 그 기계(器械)의 정밀함과 부국(富國)의 기술인즉 비록 주나라를 일으킨 여상과 촉나라를 다스린 제갈공명이 있다 할지라도 다시 더불어 그 사이에서 논할 수 없습니다. (…중략…) <u>신이 변혁을 꾀하고자 하는 것은 기(器)이지 도(道)가 아닙니다.</u>

—윤선학의 상소문에서

ㄷ. 오늘날 나라의 정치에서 민심을 안정시키는 것이 무엇보다 먼저 해야 할 일인 줄 아옵니다. 왜냐하면 우리나라는 동쪽 귀퉁이에 위치하고 있어 지금까지 외교를 해 본 일이 없었으므로 견문이 넓지 못하고 시국에 어두워 이웃나라와 사귀며 조약을 맺는 것이 모두 무엇 때문에 하는 일인지 몰라 외무(外務)에 마음을 쓰는 사람을 보기만 하면 대번 사(邪)에 물들었다 비방하며, 더럽다고 욕하여 왔습니다. 이는 백성이 서로 쉽게 동요되고

---

15) 이광린·신용하 편저(1984), 『사료로 본 한국문화사: 근대편』, 일지사, 89~94쪽. 원문 한문은 인용하지 않았으며, 번역문만 옮겼음.

의심하며 꺼리고, 시세(時勢)를 알지 못하기 때문입니다.

—지석영의 상소문에서

ㄹ. 목하 급히 힘써야 할 일에 다음의 일곱 가지가 있습니다. 첫째는 서양 각국에 사절단을 파견하여 먼저 그 나라 풍물(風物)을 살펴서 우의(友誼)를 신장하고, 다음으로 정밀하게 학습한 각예(各藝) 교사를 초청하여 우리나라 전지역의 상하 백성으로 하여금 신무(新務)를 학습케 해서 야(野)에 현인(賢人)을 남기지 않는 것이 나라를 잘 다스리고 개명(開明)의 한 방법이 될 것입니다. 둘째는 정부 외에 공의당(公議堂) 한 곳을 특별히 설치하여 시무(時務)를 아는 인사를 널리 구하여 뽑아 쓰되, 선진이 후진을 교도(敎導)케 하고, 상하가 간격이 없도록 하며, 전국적으로 의론을 통일케 한다면, 이것이 용인(用人)을 넓히는 방법이 될 것입니다.

—고영문의 상소문에서

이들 상소의 주된 내용은 '동도서기'의 차원에서 시무를 익히고, 서양 기술을 배워야 한다는 것이다. '동도'를 고수하는 차원에서 이 시기의 학문과 지식이 전근대성을 쉽게 벗어날 수 없는 한계가 있지만, 시무(時務)와 양생(養生)의 차원에서 논의된 다수의 지식 담론은 근대 학문의 형성으로 이어질 수 있었다.

2.2. 근대의 지식인

한국 근대의 지식인에 대해 '최제우: 김옥균, 신채호: 이광수, 염상섭: 김팔봉' 등과 같이 대립적 시각으로 근대 지식인의 삶과 사상을 평가하고자 했던 최영(1997)의 『근대 한국의 지식인과 그 사상』(문학과 지성사)에서는 "누가 지식인이냐. 칼 만하임은 모든 계급과 계층에 구애받지 않고 이들 모두의 머리 위를 훨훨 날아다니는 자유로운 사람들을 지식인!이라고 높이 평가하고 있다. 말하자면 한 시대의 방향을 점지하고 국민과 인민들을 인도하는 향도(嚮導)로서의 지식인에게 커다란 희망을 걸고 있다.”라는 말로 지식인에 대한 논의를 시작하고 있다. 이 책에서 논점으로 삼는 것은 근대 지식인이 과연 참된 지식인이냐 아니면 지적 기술자에 불과한 존재들이었느냐 하는 문제이다.

사전적 의미에서 ‘일정한 수준의 지식과 교양을 갖춘 사람’을 의미한다. 이 말은 지식인이라는 용어가 단순히 ‘지식을 소유한 사람’이라는 뜻 이외에 ‘교양’이라는 자질을 요구함을 의미한다. 최영(1997)의 ‘향도(嚮導)’ 개념이나 사전적 의미의 ‘교양’ 개념은 특정 사회에서 지식인이 담당해야 할 역할이 적지 않음을 의미하는 것이기도 하다. 이 점은 계몽시대를 연구할 때 주목해야 할 문제이다. 사회철학의 관점에서 지식인의 역할에 대한 논의는 1920년대의 ‘지식사회학’ 출현으로부터 본격화된 것으로 알려져 있다.16) 카를 만하임의 『이데올로기와 유토피아』에서는 한 사회 계급이나 시대의 사유 양식을 지칭하는 개념으로 ‘총체적 이데올로기’라는 용어를 사용했다. 이에 따르면 모든 사유는 사회적으로 결정되어 있고, 이러한 사유는 비평가적 개념으로 인식된다.

그렇다면 한국 근대 지식인들이 공유했던 사유는 어떠한 것일까? 논자마다 해답을 달리할 수 있겠지만, 개항 직후 성리학적 지식 체계와 근대 지식을 어떻게 융합하는가를 중요한 과제로 생각했음은 틀림없다. ‘동도서기론’도 이를 반영하며, 이른바 ‘수구파 지식인’들의 사유 체계도 이를 반영한다.

---

16) 앨런 스윈지우드 저, 박성수 역(1987), 『사회사상사』, 문예출판사, 제11장 지식과 문화의 사회학 참고. 이 책에서는 ‘지식사회학’이라는 용어가 1924년 막스 쉘러(1874~1928)에 의해 처음 만들어졌고, 1920년대 칼 만하임(1893~1947)에 의해 본격화되었다고 서술하였다. 지식사회학은 지식의 집합적, 사회적 본성, 학교와 신문과 같은 특정 사회제도를 통한 지식의 사회학적 분배, 상이한 종류의 지식 형성에서 사회적 관심의 현실성 등을 고찰하는 학문으로 규정된다.

【 蒙語類訓 】

ㄱ. 聖王立政: 受天之命ᄒᆞ야 爲萬民所君을 曰皇이며, 曰帝ㅣ며, 曰王이니 是曰天子ㅣ오 受天子之命ᄒᆞ야 各君其國은 曰公侯伯子男이니라. 其建官은 代有其制ᄒᆞ니 統百官曰相이오 統諸軍曰將이오 百官은 各治其職이니라. (…中略…) 士以明道ᄒᆞ며 農以養生ᄒᆞ며 工以利用ᄒᆞ며 商以通貨ᄒᆞ니 是爲正民이오 (…中略…) 小子之學은 以愛親敬兄과 隆師親友로 爲本ᄒᆞ며 業必以時니라. (…中略…) 大人之學은 致知ᄒᆞ며 正心ᄒᆞ며 修身ᄒᆞ며 齊家ᄒᆞ야 治國ᄒᆞ며 平天下ㅣ니, 卽物則察其本末ᄒᆞ고 遇事則思其始終은 致其知也오

번역 하늘의 명을 받아 만민의 임금이 되면 황이라 하며, 제라 하며, 왕이라 하니, 이를 천자라 부르고, 천자의 명을 받아 각자 그 나라의 임금은 공후 백자남(公侯伯子男)이라 부른다. 관리를 세워 대신 통제하니 백관을 통솔하는 자를 재상이라고 하고, 모든 군사를 통제하는 자를 장군이라 하고, 백관은 각각 그 직책을 맡는다. (…중략…) 선비는 도를 밝히며, 농부는 양생하며, 공인은 이용(利用)하며, 상인은 물화를 유통하니 이것이 정민이다. (…중략…) 어린이의 학업은 부모를 사랑하고 형제를 공경하며 스승을 섬기고 벗을 가까이 함을 본으로 하며, 업은 반드시 때가 있다. (…중략…) 성인의 학문은 치지하며 정심하며 수신하며 제가하여 치국하며 천하를 평정하니 곧 사물의 본말을 관찰하고 어떤 일을 만나면 처음과 끝을 생각하는 것은 치지이다.

ㄴ. 三才之會: 中國西境은 曰印度ㅣ라. 多黃種ᄒᆞ고 髻而裹首ᄒᆞ고 諸國이 分據ㅣ라. 上世에 有婆羅門敎ᄒᆞ야 願死歸梵天이러니 後에 有釋迦牟尼倡佛敎ᄒᆞ야 以空無로 爲宗ᄒᆞ야 去父母ᄒᆞ고 棄妻子ᄒᆞ고 削髮出家ᄒᆞ야 修養靈魂ᄒᆞ야 與一切衆生으로 避地獄ᄒᆞ고 免世世回生ᄒᆞ야 共升天堂ᄒᆞ야 爲人祈禱ᄒᆞ야 滅罪資福이러라. 印度ᄂᆞᆫ 今爲英國領地ᄒᆞ니라. 中國東南諸島ᄂᆞᆫ 多棕色[灰色]人이오 有一大陸曰濠太利ㅣ니 人稀俗蠻이러니 近有歐人이 競占이라. 極西大陸은 曰歐羅巴ㅣ니 白種이 居之ᄒᆞ고 間有黃種이라. 髡而戎服ᄒᆞ고 列

國이 分據학니 中古에 有羅馬ㅣ 最大학고 其文字는 槩用方音分合학고 始有
猶太國[屬亞細亞]人 摩西ㅣ 立天主之敎학야 以天主로 爲靈魂父母학야 不察
父母학고 惟祈禱天主학고 亦主堂獄禍福이러니 後에 有耶蘇ㅣ [亦猶太人]
自稱天主子라 학고, 明一神之義학야 名曰救世敎ㅣ라 학니, 羅馬ㅣ 宗之학
야 立敎皇학야 頗專制列國이러니 有路得馬丁이 [德國人] 倡人權自主之論학
니 是曰新敎라. 其俗이 尙氣義학고 崇功利학고 巧思ㅣ 絶倫학야 作汽電諸機
학니 車船器械ㅣ 精新日加라. 今英德法俄 諸國이 雄覇列陸학고 英國이 爲最
ㅣ라. 設上下議院학야 號曰立憲이라 학고, 法國은 去君主학고 選大統領학
야 [歐羅統領自雅典國 古世而有之] 七年一遞학고 號曰共和ㅣ러라.

번역 중국 서쪽 지방은 인도라 부른다. 황인종이 많고 터럭을 드리우고
머리털을 세우며 여러 나라가 분거하였다. 상고시대에 바라문교
가 있어 죽으면 범천에 돌아가기를 소원하더니 후에 석가모니가 불교를
세워 공과 무로 종지를 삼고, 부모를 떠나 처자를 버리고 삭발하며 출가
하여 영혼을 수양하고 일체 중생과 더불어 지옥을 피하고 대대로 회생하
는 것을 면하여 함께 천당에 오르고자 사람이 기도하여 죄를 멸하고 복을
빈다. 인도는 지금 영국의 영토이다. 중국 동남 여러 섬은 종색인(회색인)
이 많고, 오직 한 큰 대륙을 오스트레일리아라 부르니 인종이 희귀하고
풍속이 야만스럽더니 근래 구주 사람이 다투어 점경하였다. 극서 대륙은
구라파라 부르니 백인종이 거주하고 간혹 황인종도 있다. 머리를 깎고
오랑캐 복식을 하고 열국이 분할 점거하니 중고시대에 로마가 가장 크고
그 문자는 대개 소리를 합하여 사용하였고, 유태국[아세아에 속함] 사람
모세(摩西)가 천주의 교를 세워 천주로 영혼의 부모를 삼고 부모를 돌보
지 않으며 오직 천주에게 기도하고 또한 천주가 지옥과 화복을 담당한다
고 하니, 후에 예수가 (또한 유태인이다) 자칭 천주의 아들이라 하고, 유일
신의 의미를 밝혀 이름하여 구세교라 하니, 로마가 이를 받들어 교황을
세우고 드디어 열국을 전제하더니, 마틴 루터(路得馬丁)(독일인)라는 사
람이 인권의 자주론을 부르짖으니 이를 신교라고 부른다. 그 풍속이 의기

를 숭상하고 공리를 높이며 정교한 사유가 절륜하여 전기와 모든 기계를 만드니 수레 선박 기계의 정밀함이 날로 더하고 있다. 지금 영국, 독일, 법국, 러시아 여러 나라가 여러 대륙의 패권을 다투는데, 영국이 가장 으뜸이다. 상하 의원을 설립하여 '입헌'이라 부르고, 법국은 군주를 쫓고 대통령을 선출하여 (구라파 통령은 아테네국 고대부터 있었다.) 칠년에 한 번 갈리니 이를 공화라고 부른다.

　　　　　　　　　　　　　　　—대계 이승희(1888), 『몽어유훈』

대계 이승희(1847~1916)는 조선 말 성리학자로 1908년 이후에는 블라디보스토크로 망명하여 독립운동을 전개했던 유학자이다. 『몽어유훈』은 그가 남긴 아동용 교과서인데, 개항 직후인 1888년 쓰인 것으로 확인된다. 이 책에서는 그 시대의 서양 지식을 다수 소개하면서도, 성리학적 질서를 포기하지 않았다. 인도의 불교와 영국령이 된 사실, 서양 종교인 천주교와 신교의 유래, 영국의 의회제도, 프랑스의 공화제도 등에 대한 견문이 충분했음에도, 그의 사상 속에는 전통적인 '정민(正民)'의 개념이 자리잡고 있다. 곧 선비는 도를 밝히는 사람이며, 농부는 양생하는 사람, 공인은 이용(利用), 상고(商賈)는 물화를 유통하는 사람일 뿐이다. 곧 '치국의 도'는 이 시대 지식인들의 우선적인 사유 방식이었던 셈이다. 이는 개항 직후의 다수 문헌에서 쉽게 확인할 수 있다.

【 이언 서문 】

나라 다스리미 쏘흔 이 굿트니 셰샹은 고금이 다르고 시셰ᄂᆞᆫ 강약이 이시며 경ᄉᆞᄂᆞᆫ 득실이 잇고 다스리ᄆᆞᆫ 셩쇠 이시니 만일 시셰를 인ᄒᆞ야 구폐ᄒᆞ기를 도모ᄒᆞ지 아니ᄒᆞ죡 이ᄂᆞᆫ 화완[녯젹 용렬ᄒᆞᆫ 의원 일홈]이 요힝 명의로 득명ᄒᆞ고 당우 삼ᄃᆡ에 신하와 쇼하 조참 졔갈량과 방현령 두여회와 한긔 범즁엄의 무리ᄂᆞᆫ 죡히 더브러 공렬을 닷톨 사름이 업스리라. (…중략…) 방금의 죠뎡의셔 졍신을 가다듬어 다스리기를 도모ᄒᆞ시고 당도 제공이 다 그룩희 큰 직죠를 가져 텬하 일노 몸의 담당호 소임을 숨으니 이 글의 말호 바를 일마다 가히 드러 시힝호야 그 공효를 거둘 만흔지라. 만일 긔우싱으로 호야곰 일죠의 쓰이믈 만나 쳔거호고 승탁호야 일노써 발신호야 시폐를 바로잡으며 일편된 일을 고치며 폐단을 구원호면 나는 쟝춧 눈을 벗고 그 뒤흘 보와 나라 졍시 태평호믈 일위여 희희호호호야 국개평안호고 늬외 복을 누리는 양을 쟝춧 볼 거시니 이는 텬하에 근심을 몬져호는 졔 뭇춤늬 텬하의 질거오믈 나죵홀지라. 긔우싱은 그 힘써 세샹의 호 번 나와 텬하의 긔약호고 바라는 바를 맛쵸게 홀진져.

——『이언언해』 '서'

『이언(易言)』은 1871년 청나라 정관응(鄭觀應, 1841~1923)이 지은 시무책으로, 1880년 수신사로 일본에 갔던 김기수가 황준헌으로부터 받아온 책이다. 이 책은 1883년 국내에서 한문본이 간행된 후 언해가 이루어졌는데, 권1에 '공법, 세무, 아편, 상무, 개광, 화거(火車), 전보, 개간(開墾)', 권2에 '기기(機器), 선정(船政), 주은(鑄銀), 우정(郵政), 염무(鹽務), 유력(游歷), 의정(議政), 고시(考試), 이치(吏治)', 권3에 '변방(邊防), 교섭(交涉), 전교(傳敎), 출사(出使), 수사(水師), 화기(火器), 연병(練兵)', 권4에 '민단(民團), 치하(治河) 부모군의(附某君議), 허비(虛費), 염봉(廉俸), 서리(書吏), 초공(招工), 의도(醫道), 범인(犯人), 서류(棲流), 차관(借款), 과족(裹足)' 등의 문제를 논한 글로 이루어져 있다. 이 책은 중국에서 저작된 시무책이지만 1880년대 우리나라에서 다시 간행되고 언해될 정도로 많은 영향을 끼쳤으며, 개항 직후 지식인들의 사유 방식을 짐작할 수 있는 책이다.

전통적인 교육의 목적 가운데 하나는 선비로서 관직에 나아가는 일이었다. 『소학(小學)』 '입교(立敎)'에서 사십에 벼슬을 시작하고, 오십에 대부가 되며, 칠십에 정사(政事)를 맡는다는 '내칙'의 원리[17]는 성리학적 사유 체계 속에서 선비들이 학문하는 근본적인 목적의 하나였던 셈이다. 『이언』은 '논고시(論考試)'는 '과거제도', 곧 '선비를 등용하는 일'을 내용으로 한다. 이 점에서 기우생(杞憂生, 정관응의 필명)은 중국의 허문 숭상(虛文崇尚)을 비판한 뒤, 목민관을 선발할 때 다음과 같은 자질을 고려해야 함을 말한다.

【 論考試 】

千古綱常名教經濟學問 皆從經史 而出悉由文義所生 惟須分列四科 拔尤表薦 一曰考證經史 以覘實學, 二曰策論時事 以觀卓識, 三曰 兼試詩賦 以驗其才華, 四曰 博詢政事 以考其吏治. 拔眞材以資實用 不愈於空言無補之帖括乎.

언해문　천고에 강상명교와 경졔 학문이 다 경셔와 ᄉᆞ긔로 좃ᄎ 나며, 또 문의로 말ᄆᆡ암아 아ᄂᆞᆫ 빅로디 오직 네 가지 과거를 난호와 우등을 ᄲᅡ혀 쳔거홀 거시니 하나혼 굴온 경셔와 ᄉᆞ긔를 고강ᄒᆞ야 진실ᄒᆞᆫ 학업을 ᄉᆞᆲ히며, 둘혼 굴온 시폐를 칙문으로 의론ᄒᆞ야 탁이ᄒᆞᆫ 지식을 보고, 셰혼 굴온 시부를 시험ᄒᆞ야 그 ᄌᆡ화를 ᄉᆞᆲ히고, 네혼 굴온 졍ᄉᆞ를 널니 무러 그 리치 [원 노릇ᄒᆞᄂᆞᆫ 법이라]를 샹고ᄒᆞ며, 진덕ᄒᆞᆫ 인ᄌᆡ를 ᄲᅡ혀 졍실이 ᄡᅵ일 바를 ᄌᆞ뢰ᄒᆞ면 빈 말노 유익ᄒᆞ미 업시 ᄌᆞ모듬ᄒᆞᄂᆞᆫ 되셔 낫지 아니ᄒᆞ랴.
—『이언언해』 권2 '론고시'

성리학적 전통에서 학문의 목적이 '경세제민(經世濟民)'에 있고, 이를 위해 관직에 나아가야 한다는 사유 방식은 근대 계몽기에도 변화가 없

---

17) "內則曰, 凡生子, 擇於諸母與可者, 必求其寬裕慈惠溫良恭敬愼而寡言者, 使爲子師. (…中略…) 四十始仕, 方物出謀發慮, 道合則服從, 不可則去. 五十命爲大夫, 服官政, 七十致事. 女子十年不出, 姆敎婉娩聽從, 執麻枲, 治絲繭. 織紝組紃, 學女事, 以共衣服, 觀於祭祀, 納酒漿籩豆菹醢, 禮相助奠. 十有五年而笄, 二十而嫁. 有故二十三而嫁. 聘則爲妻, 奔則爲妾. (언해문) 닉측(內則)에 ᄀᆞ로디 믈읏 ᄌᆞ식 나호매 모든 어미와 다믓 가(可)ᄒᆞᆫ 이예 굴히오디 반드시 그 어위크고 누그러오며 ᄌᆞ샹ᄒᆞ고 인혜로오며 온화ᄒᆞ고 어딜며 공슌ᄒᆞ고 조심ᄒᆞ며 삼가고 말솜젹ᄀᆞ니를 구ᄒᆞ야 ᄒᆡ여곰 ᄌᆞ식의 스승을 사몰디니라. (…중략…) 마은애 비르소 벼슬ᄒᆞ야 일에 마초와 계교를 내며 ᄉᆞ려를 베퍼 도(道)ㅣ 맛거든 일을 ᄒᆞ야 좃고 가(可)티 아니커든 나갈디니라. 쉰에 명(命)으로 태위되여 구읫 졍ᄉᆞ를 맛다 ᄒᆞ고 닐혼에 이룰 도로 드릴디니라."(『소학언해』 권1 '입교')

었다. 이러한 전통에서 '치국(治國)'을 위한 '변법(變法)'의 방책을 추구하는 것이 지식인들의 사유 방식이었음을 확인할 수 있다. 그렇기에 『이언』'론고시'에서는 "어린 아이가 만 리에 스승을 따라 업을 배우는 것이 스스로 정통하기를 다하려니와 오직 어려서 외국 사람의 기풍과 습속에 물들어 성정이 혹 변할 수 있으니, 또한 정도(正道)로 가르쳐야 한다. 진실로 능히 옛 법을 변통하여 인재를 교육하여 국가를 위하여 수고를 베풀고 바다 지경을 안보하여 방비할진대 크게 쓰면 크게 효험이 나타나고 적게 쓰면 적게 효험이 나타날 것이니, 어찌 특별히 문장이 한 나라에 빛나 봉황이 날아가는 듯한 재주를 자랑하며, 무예가 초등하여 장수될 만한 재주뿐이겠는가."라고 끝맺는다. '론고시'와 함께 덧붙인 '양학(洋學)'을 논한 것도 그 맥락이 같다.

【 論洋學 】

夫設科選士 本有定程 而濟世求才 難拘成例 必推廣中西之學 宏開等進之途 使世人 和指歸 期於實用 而後習文者 不專求諸詩賦文字 習武者 不徒事於弓馬刀石也.

언해문 대뎌 과거를 베퍼 션비를 씬는 거시 본릭 뎡흔 공졍이 잇스나 세상을 건지며 지죠를 구흐는 거슨 일원 젼례를 구이흐기 어려오니 이 반두시 즁국과 셔국의 학교 마련흔 법을 미루여 널니고 인지를 쓰고 벼슬 시기는 길을 널니 여러 세상 사름으로 흐야곰 귀쇽홀 바를 아라 실샹으로 쓰기를 긔약흔 연후의 글을 닉이는 쟈는 시부와 문즈만 젼쥬흐야 구흐지 아니흐며 무예를 닉이는 쟈는 궁마지지와 칼 쓰기와 셕젼흐기만 흔깃 일숨을 거시 아니라.

—『이언언해』 권2 '부론양학'

『이언』에서 양학(洋學)을 논의하는 목적도 '선사(選士)'를 전제로 한다. 이 글에서는 '포르투갈', '미국'의 교육 제도와 학문 기관, 분야별 학문 등이 간략히 소개되었는데, 미국 대학원의 '경서학', '법학', '기예학', '의학', 학문 연구 기관인 '기예원, 격물원, 선정원, 무학원, 통상원, 농정원, 단청원, 율악원, 사도원' 등의 교육 기관과 심지어는 '인서회(인쇄하는 곳)', '신문관(신문사)'까지도 정부의 기관처럼 인식하고 있는 셈이다.

지식인으로서 선사(選士)가 되어 경세제민(經世濟民)에 힘써야 한다는 사유 방식은 『한성주보(漢城周報)』 제1호~제3호(1886.1.25~2.15)에 연재된 '논학정(論學政)'에도 이어진다. 교화(教化)의 차원에서 학정을 논한 이 글에서는 '치국의 도'가 '교화'에 있고, '교화'는 학교를 세우는 것에 있으며, 학교는 민생(民生)의 심지를 개명하는 기관이라는 점을 명시한다.

【 論學政 】

ㄱ. 夫治國之道莫先於敎化. 敎化之道莫先於立學. 學者所以牖民生之心志開. 民生之耳目使之有知覺. 知覺明於內則万事應於外如鑑之造物妍媸自形如衡之稱物輕重自衒.

> **번역** 나라를 다스리는 방법은 교화(敎化)를 먼저 하는 것이 제일이고, 교화의 방법은 먼저 학교를 세우는 것보다 더 중요한 것은 없다. 학교는 민생의 심지를 유도(牖導)하고 백성의 이목을 열리게 하여 민생으로 하여금 지각(知覺)이 있게 하는 곳이다. 마음속에 지각이 밝아지면서 밖에서 오는 만사(萬事)에 대응하는 것이 거울에 물건을 비추면 물건의 미추(美醜)가 절로 드러나고 저울로 물건을 달면 경중(輕重)이 절로 나타나는 것과 같이, 선악(善惡)과 사정(邪正)에 대한 구분이 분명하여지는 것이다.

— '논학정(1)', 『한성주보』, 1886.1.25

ㄴ. 夫敎民之道在於使民有恒産 孟子曰明君制民之産 必使樂歳終身飽 凶年免

於死亡. 然後驅而之善 故民之從之也輕, 若腹飢不得食 膚寒不得衣 雖慈父慈
母 不能保其子 君安能以敎其民哉. 盖制民之産之法 有四焉, 曰農 曰桑 曰工
曰商. 農者勤於服田, 桑者勤於蠶織, 工者勤於製造, 商者勤於貿遷. 各執其業
以殖貨財利 其用厚其生則民以之給足 國以之富强矣.

번역 대저 백성을 교화시키는 방법은 백성으로 하여금 일정한 산업을
가지게 하는 데 달렸다. 맹자는 "현명한 임금은 백성의 산업을 제
정해 줌에 있어 반드시 백성으로 하여금 풍년이 들면 그 해가 다 가도록
배불리 먹을 수 있고, 흉년이 들어도 죽음을 면할 수 있게 한다. 이렇게
한 뒤에 백성을 이끌어 선한 일을 하게 하기 때문에 백성이 쉽게 따라오
게 된다. 만약 배가 고파도 음식을 구할 수 없고 추위도 옷을 구할 수가
없다면 자부와 자모라 할지라도 자기의 자식을 돌볼 수 없는데 임금이
어떻게 그 백성들을 교화시킬 수 있겠는가."라고 하였다. 대체로 백성의
산업을 제정하는 방법은 네 가지가 있다. 즉 농업, 상업, 공업, 상업이다.
농(農)은 농토에서 부지런하며, 상(桑)은 잠직에 부지런하고, 공(工)은 제
조에 부지런하며, 상(商)은 무천(貿遷)에 부지런하여, 각기 자신의 업을
가지고 재화를 증식함으로써 이용후생을 누리게 해야 한다. 그렇게 하면
백성도 이것에 의하여 넉넉하여지고, 나라도 이것에 의하여 부강하여질
수 있다.

―'논학정(2)', 『한성주보』, 1886.2.1

ㄷ. 然則我國設立學校 亦當以諺文敎習學生 自孔孟聖賢之書以至歐人殖貨之
術 皆用諺文繙譯之 數十年就學無累於家計者則傍令學習漢交可做鴻儒. 如是
則學校普便敎化周洽矣. 我國素無分類學科之制 況於近時 始開之學術敎之 以
諺書則學士大夫擧皆恥於入學矣. 惟願秉軸諸公議 自政府特設繙譯處 盡以諺
文記述 各種學科另成一冊頒布國內 使士民周知其便 且自政府補助學費激勸
奬厲則學將不日而大張矣. 西語曰朝鮮有邦文 比於東洋各國 尤爲簡便 若朝鮮
士民利用邦文 咸得其宜則其政學政必冠於東洋.

번역 그렇다면 우리나라에서도 학교를 설립하여 의당 언문으로 학생들을 교습하여, 공맹 성현의 책으로부터 구주의 식화술에 이르기까지 모두 언문으로 번역하여 가르쳐야 한다. 그리고 수십년을 공부해도 가계에 군색함이 없는 사람일 경우에는 부차적으로 한문(漢文)을 학습시켜 홍유(鴻儒)를 만들도록 해야 한다. 이렇게 하면 학교가 보편화되고 교화가 두루 흡족하게 될 것이다. 우리나라는 본래 학과를 분류하는 제도가 없는 데다가 근세에 비로소 개발된 학술을 언문 책으로 가르치므로 학문이 있는 사대부들이 거개 입학하는 것을 수치스럽게 여기고 있다. 원컨대 요직(要職)에 있는 제공(諸公)들께서는 정부 차원에서 의논하여 특별히 번역처(繙譯處)를 설치하고, 각종 학과의 기술을 모두 언문으로 번역해 주기 바란다. 그리하여 번역된 것을 책자로 만들어 국내에 반포(頒布)하여 사민들로 하여금 이것이 편리하다는 것을 주지시켜야 한다. 그리고 정부에서 학비를 보조하고 격려 권장한다면 학문이 머지않아 대대적으로 확장될 것이다. 서어(西語)에 "조선에는 그 나라의 말(邦語)이 있는데 동양 각국의 글자 가운데 더욱 간편하다. 만약 조선의 사민들이 그 나라 문자(邦文)를 이용하여 모두 그 편의함을 체득한다면, 정치와 학정이 틀림없이 동양에서 으뜸이 될 것"이라는 말이 있다.

―'논학정(3)', 『한성주보』, 1886.2.15

'논학정'은 근대 계몽기 한국적 상황의 계몽 논리를 잘 보여준다. 서양의 계몽 사상가들이 '이성(理性)'의 원리를 바탕으로 어떠한 의상이라도 걸칠 수 있었다고 한 프랭크 매뉴얼(Frank E.Manuel, 1951)의 지적과는 달리 한국의 계몽주의는 전통적인 성리학적 정치 질서 속에서 백성을 교화하고 양민(養民), 양생(養生)에 필요한 실사구시의 서구식 기예(技藝)를 도입해야 한다는 믿음을 갖고 있었던 셈이다. 그렇기 때문에 한 사회를 이끌어 가는 선비나 정부 관원, 정치적 지도자들 모두 '경세제민의 학'에 관심을 기울였다.

이러한 사유 방식은 1896년 재일 유학생들의 지도자론에도 등장한다. 다음은『친목회회보』제3호에 실려 있는 윤세용(尹世鏞)[18]의 '정치가 언행론(政治家 言行論)'이다.

【 政治家 言行論 】

余 愚義의 意見을 由ᄒ야 論ᄒ진ᄃᆡ 一國 人民이 元氣 消長과 敎化 盛衰가 各根으로 有ᄒᄂ 就中의 第一이 至大至貴히 關係ᄒᆷ은 卽 政治家의 言語 及 品行이라 ᄒ노니 是何誼耶오. 國의 細民은 恒心과 正義가 少ᄒᆷ이오 다만 在上者의 敎養과 指導를 由ᄒᆷ이니, 然則 政治家의 一言의 能히 國民의 元氣를 或 勃興ᄒ며 或 摧抑(최억)도 ᄒ며 政治家의 一行이 能히 或 敎化를 養成ᄒ며 或 廢絶도 ᄒᆷ이니 此를 由ᄒ야 觀ᄒ면 卽 政治家ᄂ 國家 元氣의 代表가 아니며 指導의 機樞가 아닐ᄀ. 是故로 執政의 責任된 者ᄂ 오즉 事를 當ᄒ야 愼重ᄒ며 物을 應ᄒ야 果斷ᄒᄒᆨ 國民의 元氣ᄂ 自然 勃興ᄒ며 智識이 能히 開明ᄒ리니 若 元氣가 勃興ᄒ며 智識이 開明ᄒ면 此 文明의 世局을 當ᄒ야 엇지 卓然히 冠ᄒᆷ이 아닐ᄀ. 然則 執政者의 言과 及 行이 何如ᄒᄒᆨ 可ᄒ리오. 반ᄃᆞ시 忠을 由ᄒ야 事君ᄒ며 信을 由ᄒ야 交人ᄒ며 篤을 以ᄒ야 遠近을 和ᄒ며 敬을 以ᄒ야 尊貴를 事ᄒᆯ지니 萬一 在上者의 言行이 此 數者의 注意ᄒ야 在下者를 御ᄒ면 在下者ᄂ 自然히 忠君愛國으로 歸ᄒ리니, 萬一 廟堂의 居ᄒ야 一言一行도 可히 標準될 者 無ᄒ고 다만 旅進旅退ᄒ며 無害無益으로 注意ᄒ면 此ᄂ 尸位와 同ᄒ며 諂諛(첨유)의 近ᄒᆷ이라. 如此ᄒᄒᆨ 國民이 準式ᄒᆯ 바ㅣ 無ᄒ야 愚蠢을 免치 못ᄒ야 頑悖(완패)에 近ᄒ리니, 此ᄂ 엇지

---

18) 윤세용(尹世鏞)은 친목회 통상 회원으로 1896년 11월 시즈오카(靜岡) 사범대학에서 지방행정(地方行政)을 전공한 것으로 보인다.『친목회회보』제4호의 '제2학기 보통 졸업자 명단'에 그의 이름이 등장하며, '통상회원동정'에 "본년(本年, 건양 원년, 1896) 11월 시즈오카교에서 지방행정을 공부하고, 시즈오카 시 오우테마치(追手町) 85번지에 거주"하는 것으로 기록되어 있다.『친목회회보』제6호(1897.12)에서는 본년 11월 졸업하고 내무성에서 실제 행정법을 연구한 것으로 나타난다. 1911년 2월 1일 일제로부터 훈5등에 서임되었다. 독립운동가 백암 윤세용과는 다른 인물이다.

國家의 不幸홈이 아니리오. 大抵 執政者로 以ᄒ야 細民에 比ᄒ면 尊貴의 等이 有ᄒᄂ 君子 養小人이라 ᄒ니, 在上者가 敎養치 못ᄒ면 在下者와 在上者가 反對의 至ᄒ리니, 是ᄂ 下民의 反對가 아니라, 在上者의 不察이니 然則 上下의 一致和合홈은 다만 政治家의 一言一行을 由ᄒ야 忠義奮發ᄒ며 知識 廣明홈이니 愼哉 愼哉이다. 政治家의 責任이 至重홈이여.

내가 어리석은 의견을 말미암하 논할진대, 한 나라의 인민의 원기가 소장하고 교화가 융성 쇠퇴하는 것은 각각 근원이 있으나, 그 중 가장 크고 귀한 것은 곧 정치가의 언행과 품행이라고 할 만하니, 그것은 과연 무엇인가. 나라의 일반 백성은 항심(恒心)과 정의가 적으며 다만 윗사람의 교양과 지도를 받을 뿐이니, 그런즉 정치가의 일언이 능히 국민의 원기를 발흥하며 혹은 억누르기도 하며, 정치가의 일행이 능히 교화를 양성하며 혹은 폐절하기도 하니, 이로 말미암아 본다면 곧 정치가는 국가 원기의 대표가 아니며 지도의 중심 기관이 아니겠는가. 그러므로 집정의 책임을 진 자는 오직 일을 맡아 신중해야 하며, 사물을 대하여 과단해야 국민의 원기가 자연히 발흥하며 지식이 능히 개명할 것이다. 만약 원기가 발흥하고 지식이 개명하면 이는 문명의 세태에서 어찌 으뜸이 되지 않겠는가. 그러므로 집정자의 언과 행이 어떠해야 되겠는가. 반드시 충(忠)으로 말미암아 사군(事君)하며 신(信)으로 말미암아 사람과 교제하며, 독(篤)으로써 원근을 화합하게 하고, 경(敬)으로써 존귀(尊貴)한 사람을 섬길 것이니, 만일 윗사람의 언행이 이 몇 가지에 주의하여 아랫사람을 다스린다면 아랫사람은 자연히 충군애국(忠君愛國)에 귀화할 것이니, 만일 묘당에 거처하여 일언일행도 가히 표준할 것이 없고, 다만 나아가고 물러나며 해도 없고 이익도 없게 되면 이는 죽은 자와 동일하며 아첨하는 유에 가까울 것이다. 이러하면 국민이 준거할 바 없어 어리석음을 면하지 못하여 완고하고 패악한 데 가까워질 것이니, 이 어찌 국가의 불행이 아니겠는가. 대저 집정자를 세민(細民)과 비교하면 존귀의 차등이 있으나, 군자는 소인을 교육한다 하니, 윗사람이 교양하지 못하면 아랫사람과 윗사람이 상반되는 데 이를 것이니, 이는 하민의 반대가 아니라 윗사람이 살피지 못한 것이다. 그러므로 상하의 일치 화합은 다만 정치가의 일언일행으로 말미암아 충의분발하며 지식을 넓히는 것이니 삼갈지어다. 삼갈지어다. 정치가의 책임이 지중함이여.

—윤세용, '정치가 언행론', 『친목회회보』 제3호

윤세용의 '정치가 언행론'은 근대 계몽기 유학생들의 의식을 잘 보여준다. 관비 유학생 선발 기준이 명료하지 않기 때문에, 이 시기 선발된 유학생들의 출신 성분을 이해하는 데 한계는 있으나, 『친목회회보』 제6호(1897.12) 신해영(申海永)의 '무신경 계약(無神經契約)의 결과(結果) 불선변(不善變)'에 소재한, 학부와 게이오 의숙(慶應義塾)이 체결한 '계약(契約)'19)이나 『관보』의 1896년 예산안20)을 살펴볼 때, 이 시기 파견된 유

---

19) 이 글은 신해영이 병자수호조규 이래 서양이나 일본과 체결한 불평등 조약의 성격을 논하면서, 근본적으로 '해외 유학생'과 관련된 계약 체결의 문제점을 밝힌 글이다. "우리 政軆는 元來 立憲이 아니라 這箇 斷案을 議會에 經ᄒᆞ야 大公議 大制限으로 成立치는 못ᄒᆞ얏스나 當時에도 萬人을 感動ᄒᆞᆯ 勢力者는 有ᄒᆞᆯ 듯. 今에 至ᄒᆞ야 人에 關ᄒᆞᆫ 契約으로 認ᄒᆞᆯ가. 事에 關ᄒᆞᆫ 契約으로 認ᄒᆞᆯ가. 詐欺 手段으로 歸ᄒᆞᆯ가. 政軆 變更ᄒᆞᆯ 時를 期ᄒᆞᆯ가. 無神經으로 結ᄒᆞᆫ 約은 맛당히 有神經으로 改ᄒᆞ지는 余는 아즉 容易히 自說노 社會에 向ᄒᆞ야 公言치 못ᄒᆞ고 杞天의 墮落ᄒᆞᆷ을 憂할 ᄲᅮᆫ이로라. 今日에 또ᄒᆞᆫ 一種 疑問이 現出ᄒᆞ야 決코 泯黙지 못ᄒᆞᆯ 事件이 有ᄒᆞ니 곳 海外 留學者 一部分에 關ᄒᆞᆫ 바ㅣ라. 最初 當局 大臣이 留學生을 海外에 派遣ᄒᆞᆷ애 一時 風聲이 宇內에 轟動ᄒᆞᆷ으로 同時에 應選被遣者 多數額에 至ᄒᆞᆯ지라. 當局者의 設心과 留學生의 志氣가 國計를 爲ᄒᆞᆷ인지 大勢에 驟ᄒᆞᆷ인지 下回에 可見ᄒᆞᆯ지ᄂᆞ 確乎堂堂ᄒᆞᆫ 우리 政府의 擧措를 玆에 擧ᄒᆞ야 一世 衆瞻公聆에 供ᄒᆞ노라. (번역) 우리 정체는 원래 입헌이 아니라, 저 몇 개 단안이 의회를 거쳐 대공의, 대제한으로 성립되지는 못했으나, 당시에도 만인을 감동할 세력자가 있었을 듯. 지금에 이르러 사람에 관한 계약으로 인정할 수 있는가, 사건에 관한 계약으로 인정할 수 있는가. 사기의 수단이 될 것인가, 정체를 변경할 때를 기약할 것인가. 무신경으로 체결한 계약은 마땅히 유신경으로 고쳐야 할 것이나, 나는 아직 쉽게 내 말로 사회를 향해 공언하지 못하고, 하늘이 무너지는 것을 걱정할 따름이다. 금일에 또한 일종 의문이 있으니 결코 명묵적으로 침묵하지 못할 사건이 이니 곧 해외 유학생과 관련된 것이다. 최초 당국 대신이 유학생을 해외에 파견할 때 한때의 풍성이 우내에 진동하여 동시 응선 피선자가 다수에 이르렀다. 당국자의 마음 씀과 유학생의 지기가 국가의 대계를 위함인지, 대세가 그러하여 취한 것인지 다음번에나 볼 수 있을지나 확호하고 당당한 우리 정부의 조치를 이에 들어 일세 여러분들이 함께 볼 수 있도록 제공한다."

20) 『관보』 건양 원년(1896) 1월 20일 제226호. 이 예산안에서 유학생비는 법부 소관과 학부

학생들은 대부분 왕실 관련자나 정부 관료의 자제였을 가능성이 높다. 윤세용의 행적을 자세히 논구하기는 어려우나, 그도 1896년 의화군 유학 중 파견된 관비 유학생으로, 유학 중 행정법을 전공한 것으로 보아 관료 자제 출신의 한 사람으로 추정된다. 그렇기 때문에 유학 중 정치가의 자질로 '사군이충(事君以忠)'을 본으로 하는 '애국론(愛國論)', '교도론(敎導論)'을 피력한 것으로 보인다. 이 점에서 근대 계몽기 한국적 시민사회가 형성되는 과정에서 계몽을 주도한 지식인들은 전통적인 사회질서의 기반 위에 경세제민을 위한 학문론을 피력하는 경우가 많았다.

3. 근대 지식과 계몽의 관계

3.1. 서양 지식에 대한 지식인들의 태도

서양사에서 계몽시대를 논의하는 대부분의 저술에서 강조하고 있듯이, 서양 계몽사상의 특징은 이성주의, 과학주의를 기반으로 한다. 중세의 종교적 권위를 부정하고, 어떤 사상이나 현상도 합리적으로 증명하기를 요구하는 계몽 사상가들의 신념은 '이성(理性)'을 기반으로 한 것이었다. 이 점에서 서양 계몽철학은 구시대를 '미신, 비합리의 시대'로 인식하고, 이를 탈피하여 '자유, 진보, 정의, 행복'을 추구할 것을 주장하였다. 이른바 '자유, 평등, 박애'는 계몽사상의 영향이 정점에 이른 상황에서 발생한 프랑스 대혁명의 중심 이데올로기이다. 그런데 초기의 계몽사상을 이끌었던 이른바 '부르주와 계몽철학자들'은 정치적인 문제를 민감하게 여기지 않았던 것으로 나타난다.

소관 두 곳에 나타난다. 법부 소관 예산은 제3관 제1항에 '일본 유학생비'로 1320원이 책정되어 있고, 학부 소관 예산은 제5관 유학생비로 제1항 의화군 유학비 5천 원, 제2항 전 의관 이준용 유학비 4천 원, 제3항 학자금 29,426원, 제4항 여비 2천 원으로 나타난다.

이을호 편(1988)의 『계몽주의 시대의 서양철학』(중원문화)에서는 18세기 전반기 프랑스의 '부르주와 계몽철학자'로 볼테르(1694~1778), 몽테스키외(1689~1755), 콩디악(1715~1780)의 역할을 검토한 바 있다. 흥미로운 것은 프랑스 혁명을 이끈 것으로 알려진 세 사람의 사상가가 공통으로 문제 삼은 것이 '종교'에 관한 것이라는 점이다. 볼테르는 봉건적 횡포와 맞서 사운 확고한 투사이자 부르주와 민주주의적인 자유주의자로 신의 존재를 이성적으로 해결해야 한다는 믿음을 갖고 있었으며, 봉건 질서를 부정하고 학문의 자유를 강조했던 몽테스키외도 이신론자(理神論者)였다. 또한 인간의 감각(感覺)과 인식의 기원 등을 중시했던 콩디악도 본질적으로는 이신론자였다. 이처럼 서양 계몽철학자들이 '이성'과 '종교', 현실 세계와 관련된 지식 원천으로서의 감각과 경험 등에 관심을 갖고 있었음에도 정치제도에 대해서는 명확한 입장을 내놓지 않았다. 프랭크 매뉴얼(1951)의 저서에서 언급된 것처럼 '과거의 미신과 속박'에서 사회를 해방하고 합리적 기구를 마련해야 한다는 믿음을 갖고 있으면서도 정치 제도에 대한 관심을 기울이지 않은 것[21]은 점진주의(漸進主義)로서 계몽사상이 갖는 특징이기도 했다.

흥미로운 것은 서양의 학문 발달이 정치적 발전보다 종교와의 관계에서 비롯된 면이 많다는 점이다. 르네상스 이후 16~17세기의 물리학, 천문학, 수학, 역학을 종합한 뉴턴(1642~1727)의 사유 방식은 서양 기독교인들에게 안정감과 명료성을 부여해 준 것으로 평가된다. 이로부터 과학과 종교의 충돌이 거세지고 '합리성'을 기본으로 한 지식 산출이 본격화되었다. 뉴턴의 전시대 인물인 데카르트(1596~1650)와 프랜시스 베이컨(1561~1626)의 합리론과 경험론은 일상세계와 일치하지 않는 모

---

21) 프랭크 E. 매뉴얼(1951), 차하순 역(1976), 『계몽사상시대사』, 탐구신서, 55쪽. 이 책에서는 알랙산더 포프(1688~17744)가 쓴 '인간에 관한 에세이'의 한 구절 "정부의 형태에 관해선 바보들이나 말하라고 하자. 높이 찬양 받는 건 무엇이든 최선의 것이라 하자."라는 구절을 인용하면서, 계몽사상가들이 정치 형태에 대해 논쟁하지 않았음을 강조하였다.

든 것을 불신하고, 합리적인 우주의 자연법칙의 탐구를 가능하게 하였다. 이러한 흐름 속에서 서양의 학문이 발달하고, 그 영향 아래에서 계몽(啓蒙)의 지평이 확산되었다.

서양의 계몽사상이 종교로부터의 해방에 뿌리를 두고 있다면, 성리학적 기반이 확고한 동양의 학문이 추구하는 바는 '술이부작(述而不作), 신이호고(信而好古)'[22]의 태도였다. 서양과의 접촉이나 새로운 학문의 유입이 있을지라도, 그것은 '기(器)'의 일부이지 그 자체가 본질을 바꾸는 것은 아니다. '변법'과 '변통(變通)'은 실리적인 차원에서 추구해야 할 바로서, 성리학적 질서를 변혁시키는 것은 아니다. 『이언』의 '논공법'에서 "비록 풍속은 각각 같지 않으나 의리는 혹 다름이 없으니"라는 주장이나, "물이 극진한즉 변하고 변한 지 오래면 통하는 줄 알 것이니 비록 성인으로 성인을 이어 흥왕할지라도 또한 능히 변하지 아니하지 못할 일도 있고, 부득별 변할 일도 있으니"[23]라는 말과 같이 불변하는 도에 변통의 방법을 추구하는 것이 근대 계몽기 학문의 출발점이었다. 천하의 '의리(義理)'는 모두 같으나, 천도(天道)·세운(世運)·인사(人事)가 변했으니, 변통을 위한 학리가 필요한 것은 자연스러운 일이다. 따라서 새로운 학리 자체가 의리의 본질인 성리학적 전통과 질서와 어긋나는 것은 아니다. 이러한 태도는 『한성순보』의 필자에게도 나타난다.

---

22) "述而不作, 信而好古(옛 것을 풀어 창작하지 않고, 믿어서 옛 것을 좋아하는 것)"(『논어』 제7편 '술이(述而)').

23) 『이언』 권1 '논공법(論公法)'. "泰西有君主之國, 有民主之國, 有君民共主之國, 雖風俗各有不同. 而義理未能或異. (…中略…) 是知物極則變 變久則通 雖以聖繼聖而興 亦有不能不變 不得不變者 實天道世運人事 有以限之也 (언해) 태셔에 인군이 쥬쟝ᄒᆞᆫ 나라(君主之國)도 잇고 빅셩이 쥬쟝ᄒᆞᆫ 나라(民主之國)도 잇스며 인군과 빅셩이 흠긔 쥬쟝ᄒᆞᆫ 나라(君民共主之國)도 이시니 비록 풍쇽은 각각 ᄀᆞᆺ지 아니ᄒᆞ나 의리는 혹 다르미 업스니 (…중략…) 이러므로 물이 극흔즉 변호고 변흔 지 오린즉 통ᄒᆞᆫ 줄 알 거시니 비록 성인으로 ᄡᅥ 성인을 이어 홍왕홀 비라도 ᄯᅩ흔 능히 변치 아니치 못홀 일도 잇고 부득불 변홀 일도 잇스니 실노 텬도와 시운과 인스에 한뎡흔 빅 잇스미라."

【 伊國日盛 】

夫 天筭格致諸學 乃天下之公學非西人之獨私也. 且天筭溯始於羲和格致著
訓於大學特世置而不講 西人得其餘緒精心以求之 成其技器之巧獲其富强之效
也. 若是學一盛 而彝倫斁傷四維不張則宜乎諱 而避之驅而逐之 不使接目不令
存心正如氷炭水火之相反 亦非太甚. 若使是學一興 而其國必强 從無傷於彝倫
亦能張 其紀綱則雖刺股沃面 惟日不足不知老之將至不可目之以西學 其必曰
天下之志士亦可謂忠君愛國之徒也. 故吾謂天筭格致 乃天下之公學非西學也.
亦當今切用之學非異端左道之比也. 東人反以西學目之 抑何悖歟. 至繙譯一端
併舉各國語言文字而言 非全指西國 傳曰能知四國之爲孔子曰專對四方 當時
言四國不過齊秦吳楚而已. 今萬國混同如英法俄美等國 卽今之齊秦吳楚也. 通
材碩學正宜講求以裕專對之材以輔同文之化 豈溺於所聞不事所以濟之者乎.

번역 저 천문(天文)과 산학(筭學) 격치(格致)의 모든 학문은 비단 서양
인의 전유물이 아니다. 또한 천산학은 소급하면 희화씨(羲和氏)가
창시하였으며, 격치학(格致學)도 대학(大學)에 나타나 있는데 특히 후세들
이 등한히 여겨서 강구(講求)치 않았으니 저들 서인(西人)은 이쪽의 자료
에서 단서를 얻어서 마음을 가다듬어 실리(實理)를 구해서 기술의 정교함
을 완성하고 부강(富强)의 실효를 거두게 되었다. 만약 이 학문이 한번
성해져서 인륜(人倫)이 막혀서 사방에 퍼지지 못한다면 마땅히 꺼리고 피
할 것이며 또 몰아서 쫓아내어 거기에는 눈도 돌리지 못하게 할 것이며
마음조차 두지 못하게 하여 마치 빙탄(氷炭)과 수화(水火)가 서로 반대되
듯 한다 해도 도한 아주 심한 표현이 아닐 것이지만 만약 이 학문이 한번
번창하여 국가가 부강해지고 인륜(人倫)에도 손상됨이 없고 또한 기강(紀
綱)이 퍼질 수 있다면 허벅지를 찌르고 얼굴에 물을 뿌려가면서 하더라도
오히려 날짜가 부족하여 늙음이 닥쳐오는 것도 알지 못할 것이다. 이렇게
되면 서학(西學)을 한다는 지탄은 옳지 않으며 오히려 천하의 뜻 있는 학
자라 할 것이며 충군애국(忠君愛國)하는 무리라고 말할 수 있을 것이다.
때문에 나로서는 천문(天文) 역산(曆筭) 격치학(格致學)은 곧 천하의 공학

(公學)으로 서학(西學)이 아니며 또한 오늘날 절실히 쓰이는 학문이며 도(道)를 해치는 이단(異端)에 비할 것이 아니라고 말하고 싶지만, 동인(東人)들은 도리어 서학(西學)이라고 지목하고 있으니 대관절 얼마나 잘못된 것이겠는가. 번역(繙譯) 한 가지만 하더라도 각국의 언어문자(言語文字)를 함께 열거해서 말한 것이고 서학(西學)만 완전히 지목한 것은 아니다. 전(傳)에서도 사방국가에서 하는 것을 알아야 한다고 말했으며 공자(孔子)도 사방 모든 곳을 한결같이 상대해야 한다고 말했으니 그 당시에 4국이라 말함은 제진오초(齊·秦·吳·楚)에 불과했을 뿐이지만 오늘날은 세계 만국이 혼동되어 있으니 영국(英國)·프랑스·러시아·미국 같은 나라들이 바로 오늘날의 제진오초(齊·秦·吳·楚)라고 할 수 있을 것이다. 석학(碩學)들은 재주를 통해서 마땅히 강구하고 빠짐없이 상대(相對)하여 재주를 넓히고 같은 문학의 문화를 받아들일 것이지 어찌 소문에만 빠져 구제해야 할 것에 힘쓰지 않을 수 있겠는가.

—'이태리가 날로 성해지다', 『한성순보』, 1884.3.27

근대 지식과의 접촉에서 지식인들은 천산 격치 등의 서학(西學)이 동양에서 원류(源流)한 천하의 공학(公學)으로 이단의 학문이 아니라는 점을 강조하고 있다. 특히 서학을 강구하는 일이 충군애국의 성리학적 질서와 어긋나지 않으며, 석학(碩學)들이 애써 강구하는 일은 문(文)의 교화(敎化)를 돕는 일이 된다. 이 점에서 1880년대 이후 서학 수용은 계몽적인 차원에서 변통의 수단을 획득하는 일이며, 기존의 질서를 개혁하는 도구인 셈이다.

3.2. 계몽의 주체

유길준(1895)의 『서유견문』 제3편 '방국(邦國)의 권리(權利)'에서는 일국의 권리를 '현존 자보(現存自保)의 권리'와 '독립(獨立)하는 권리'로 나누고, "인민의 지식이 고명(高明)하며 국가의 법령이 균평(均平)하여 각인(各人)의 권리를 위호(衛護)한 연후에 만민(萬民)의 각수(各守)하는 의기(義氣)를 거(擧)하여 일국의 권리를 시수(是守)한다."라고 하였다.

【 邦國의 權利 】

外交ᄒᆞᄂᆞᆫ 權利ᄂᆞᆫ 內治를 由ᄒᆞᆫ야 其保守ᄒᆞᄂᆞᆫ 方策과 形勢가 立ᄒᆞᄂᆞ니 人民의 知識이 高明ᄒᆞ며 國家의 法令이 均平ᄒᆞ야 各人의 一人 權利를 衛護ᄒᆞᆫ 然後에야 萬民의 各守ᄒᆞᄂᆞᆫ 義氣를 擧ᄒᆞ야 一國의 權利를 是守ᄒᆞᄂᆞᆫ지라. 人民이 權利의 重大홈을 不知ᄒᆞᆫ 則 他國의 侵越을 見ᄒᆞ야도 憤激ᄒᆞᆫ 怒氣가 不作ᄒᆞᄂᆞ니 政府의 二三 官吏가 雖其心力을 費ᄒᆞ야 保守ᄒᆞᄂᆞᆫ 道를 極備ᄒᆞ야도 影響의 應從이 無ᄒᆞ야 其成效의 實行이 漠然ᄒᆞᆫ지라. 古語에 云호ᄃᆡ 人이 衆ᄒᆞ면 天도 勝ᄒᆞᆫ다 ᄒᆞ니, 全國의 人民이 各其國의 重으로 自任ᄒᆞ야 屹然히 山立ᄒᆞᆫ 氣勢를 成ᄒᆞᆫ 則 天下에 是를 摧抗ᄒᆞᄂᆞᆫ 者가 豈有ᄒᆞ리오, 是故로 人民의 知識을 要ᄒᆞᄂᆞ니 知識은 敎育 아니면 不立ᄒᆞᄂᆞᆫ 者라. 乃 敎育ᄒᆞᄂᆞᆫ 規模를 明定ᄒᆞ야 權利의 本을 誨홈이어니와 法律이 不明ᄒᆞᆫ 則 人民이 其 權利를 相犯ᄒᆞ야 一國의 權利를 共守ᄒᆞ기ᄂᆞᆫ 姑舍ᄒᆞ고 是를 因ᄒᆞ야 他邦의 侵奪을 受호ᄃᆡ 備禦ᄒᆞ기 不能홀 ᄲᅮᆫ더러, 其慢侮ᄒᆞᄂᆞᆫ 階를 成ᄒᆞᄂᆞᆫ지라. 是以로 國家의 法令은 嚴明ᄒᆞ기를 求ᄒᆞᄂᆞ니 此ᄂᆞᆫ 貴賤과 貧富를 勿論ᄒᆞ고 一視ᄒᆞᄂᆞᆫ 公道를 行ᄒᆞ기에 不出ᄒᆞᆫ지라. 乃 法律의 公道를 務守ᄒᆞ야 權利의 用을 定ᄒᆞ니 此를 由ᄒᆞ야 論ᄒᆞ건ᄃᆡ 敎育과 法律이 乃 邦國의 權利를 保護ᄒᆞᄂᆞᆫ 大本이라.

> **번역** 외교하는 권리는 내치로 말미암아 보호하는 방책과 형세가 확립되니, 인민의 지식이 고명하며 국가의 법령이 평등하여 각각의 사람이 권리를 지킨 연후에 만민이 각자 지키려는 의기를 근거하여 일국의 권리를 보호할 수 있다. 인민이 권리의 중대함을 알지 못하면 다른 나라의 침탈을 보아도 격분한 노기가 작동하지 않으니, 정부의 한두 관리가 그 심력을 다해 지키려는 도를 극력 준비해도 영향이 따르지 않아서 그

성과의 실현이 막연하다. 고어에 이르기를 사람이 모이면 하늘도 이긴다 하였으니 전국 인민이 각자 그 나라의 중대함을 자임하여 흘연히 산처럼 선 기세를 이루면 천하에 이를 항거하고자 하는 자가 어찌 있을 수 있겠는가. 그러므로 인민의 지식을 필요로 하니, 지식은 교육이 아니면 확립하기 어려운 것이다. 이에 교육하는 규모를 바르게 확립하여 권리의 근본을 가르칠 것이며, 법률이 명확하지 않으면 인민이 그 권리를 서로 침범하여 일국의 권리를 함께 지키기는 고사하고, 이로 인해 다른 나라의 침탈을 당하되 방어하기 어려울 뿐만 아니라, 그 만모하는 지경을 이룰 것이다. 그러므로 국가의 법령은 엄명함을 구해야 하니, 이는 귀천과 빈부를 물론하고 모두 공도를 행하는 데에 지나지 않는다. 이에 법률의 공도를 힘써 지켜 권리의 사용을 정해야 하니, 이로 말미암아 논하면 교육과 법률이 곧 나라의 권리를 보호하는 근본이다.

—유길준(1895), 『서유견문』 제3편 '방국의 권리'

이 논설은 근대 계몽기 교육 만능설의 한 단면을 보여준다. 인민의 지식을 고명하게 해야 타국으로부터 국가의 권리를 지킬 수 있으며, 지식 고명은 교육으로부터 시작되어야 한다는 논지이다. 이로부터 계몽(啓蒙)을 이끌어 가는 주체가 누구인지를 추론할 수 있는데, 인민 지식을 고명하게 하는 전제로서 '교육 제도'의 개선을 촉구한다. 특히 '빈궁무지(貧窮無知)한 자의 자제를 교육하는 일'과 '인세(人世) 공동(公共)'에 보탬이 될 행실을 가르치기 위해서는 '국민교육의 법(法)을 설정'해야 함을 강조하고 있는데, 이로 본다면 인민 교육의 주체는 국가가 되어야 하며, 이를 실행하는 사람은 위정자이다.

【 人民의 教育 】
　教育은 人의 心을 導ᄒ며 人의 身을 利ᄒ난 本意에 出ᄒ니 其行ᄒ기에 何等의 障碍가 有ᄒ리오. 人世의 公共ᄒᆫ 大補益을 起ᄒᆯ딘디 設令 人의 身上

에 苦楚 痛瘰을 轉及ᄒ야도 必行홈이 可ᄒ지라. 是故로 國民 敎育ᄒᄂ 法을 設定ᄒᄂ 一事ᄂ 政府의 威令으로 逼行ᄒ든지 勸誘ᄒ든지 博施ᄒᄂ 規制 를 主홈이 可ᄒ니 人의 邪惡을 矯正ᄒ기와 人의 貧困을 救給ᄒ기 爲홈인 則 敎育을 受ᄒᄂ 者의 利益되기에 不止ᄒ고, 此를 爲ᄒ야 費財ᄒᄂ 者도 其利를 受홈이 自多ᄒ나 其事實이 政府의 力으로 人마다 諭ᄒ며 戶마다 說ᄒ야 行ᄒ기ᄂ 亦難ᄒ 則 政府ᄂ 惟學校를 建ᄒ고 敎師의 職責에 合當ᄒ 人材를 養成ᄒ며 其他 各般 事務에 至ᄒ야ᄂ 平人의 難辨홀 冗費를 支出홀 ᄯ름이 亦可홈이라.

번역 교육은 사람의 마음을 이끌며 사람의 몸을 이롭게 하는 본 뜻에서 나온 것이니 그 행동하기에 어떤 장애가 있겠는가. 세상 사람들의 공공에 큰 보익을 일으키고자 하면, 설령 사람의 신상에 고통과 통환(痛瘰)을 줄지라도 반드시 행해야 한다. 그러므로 국민을 교육하는 법을 설정하는 일은 정부의 위엄 있는 법령으로 급히 시행하든지, 권유하든지 널리 베푸는 법규 제도를 위주로 하는 것이 필요하니, 사람의 사악함을 교정하고 빈곤을 구제하기 위함은 곧 교육을 받는 자의 이익에 그치지 않고 이를 위해 재물을 낭비하는 자도 그 이익을 얻고자 함이 많으니, 사실 정부의 힘으로 사람마다 깨우치며 집집마다 설득하여 행하기는 또한 어렵다. 그러므로 정부는 오직 학교를 건립하고 교사의 직책에 합당한 인재를 양성하며 기타 각각 사무에 이르러서 일반인이 변통하기 어려운 쓸데없는 비용을 지출해야 할 따름이다.

—유길준(1895), 『서유견문』 제3편 '인민의 교육'

『서유견문』은 갑오개혁 이전에 쓰인 책으로 1895년 일본 교순사(交詢社)에서 출판되었다. 이 책은 갑오개혁 직후 근대식 학제가 도입된 이래로 한동안 각 학교의 교과서로 사용되었다. 따라서 이 책의 계몽 담론은 이 시기 지식인들에게 직접적인 영향을 준 것으로 볼 수 있는데, 서구식 시민 계급의 형성이 미흡한 상태에서 교육을 통한 인민 지식 개명 활동은 근대 계몽기의 '애국 담론'을 형성하는 계기가 되었을 것으로 판단된다. 특히 '균형한 법령'과 올바른 '정부의 직분' 등에 대한 논의는 유길준의 계몽사상이 단순히 성리학적 전통의 '충군애국론'이 아니라 근대 사상가로서의 애국론을 환기하고 있음을 보여준다.24) 그는 '정부(政府)의 종류'를 '군주(君主)가 천단(擅斷)하는 정체', '군주가 명령(命令)하는 정체(압두정체)', '귀족이 주장하는 정체', '군민이 공치하는 정체(입헌정체)', '국민이 공화(共和)하는 정체(합중정체)'로 구분하고, 군민공치의 정체가 가장 좋은 정체라는 설을 제시하면서 각국의 역사와 상황에 따라 정체가 다를 수 있음을 주장한다.25) 특히 주목할 점은 '인민을 교육하여 국정 참여의 지식을 갖춘 후'에 정체(政體) 결정에 대한 논의가 이루어져야 한다는 논리인데, 이는 교육을 통해 시민을 양성하고, 시민 각자가 애국성을 가져야 한다26)는 근대 계몽기의 계몽 담론이 형성되고 있음을 의미한다.

이와 같이 근대 계몽기의 애국론은 성리학적 전통을 탈피하여 '국가'

---

24) 유길준의 학문과 사상에 대해서는 비교적 많은 선행 연구가 있다. 그 가운데 유동준 (1987)의 『유길준전』(일조각), 허동일(2005)의 『유길준의 사상과 시문학』(한국문화사)는 애국계몽운동가로서의 유길준의 모습을 잘 설명한 책이다. 한때 유길준은 친일파인 조진태와 함께 '한성부민회' 활동을 하기도 하여 비난을 받기도 했는데, '제국실업회'의 회장 제의를 거절하고, 일진회가 합방 찬성서를 제출할 때, 한성부민회장으로서 일진회 해산을 정부에 건의하기도 하였다(『대한매일신보』, 1909.12.5, 잡보). 이로 볼 때 유길준의 행적에서 다소 혼란스러운 점이 없지 않으나, 그가 애국계몽운동 담론을 이끌어 간 대표적인 지식인의 한 사람이었음을 부정하기는 어렵다.

25) 유길준(1985), 『서유견문』 제5편 '정부의 종류'. "各國의 政體를 相較ᄒ건티 君民의 共治ᄒ ᄂ 者가 最美ᄒ 規模라 ᄒ니, 然ᄒ 則 何國이든지 其 人民의 風俗과 國家의 景況을 不問ᄒ 고 卽 其 政體를 取行홈이 可홀 듯ᄒ나, 然ᄒ나 決斷코 不然ᄒ 者가 有ᄒ니 凡 國의 政體ᄂ 歷年의 久長홈으로 人民의 習慣을 成홀 者라. (번역) 각국의 정체를 비교하면 군민이 공치하는 것이 가장 좋은 규모라 하나 어떤 나라든지 그 인민의 풍속과 국가의 경황을 불문하고 곧 그 정체를 취하여 행해도 될 듯하나, 결단코 그렇지 않은 것이 있으니 무릇 국가의 정체는 지내온 역사가 오래됨으로 인민이 습관을 이룬 것이다."

26) 유길준의 애국 담론은 『서유견문』 제12편의 '애국하는 충성'에 잘 나타나 있다. 이 글에서는 '국가는 일족의 인민이 모여 언어, 법률, 정치, 습속, 역사'를 공유하는 단위로 규정하고, 동일한 제왕과 정부에 복종하여 이해와 치란을 함께 하기 위해 인민 각자가 애국심을 가져야 한다는 논리를 펼치고 있다.

의 본질이 무엇인지를 일깨우고, 국가의 주인으로서 '인민'의 역할을 논의하는 상황에 이르게 되었다. 그럼에도 이 시기의 애국계몽 담론에서 혁명적인 시민 계급의 형성을 논하지는 않았다. 1905년 국권 침탈기 이후 홉스의 정치설이나 루소의 민약설이 번역 소개되기도 하였지만, 그것을 바탕으로 정체의 변혁을 꿈꾸거나 반봉건·반제국주의의 이론을 전개한 경우는 거의 찾기 어렵다. 이 점은 한국의 계몽시대가 일제의 국권 침탈이라는 위기 속에서 반봉건의 문제보다 외세에 대응하는 방식이 더 시급한 문제로 인식되었기 때문일 것이다. 이는 갑오개혁 이후의 각종 학문론이나 유학 담론, 애국계몽기의 애국 담론이 '교육 보급', '지식 보급'을 주요 내용으로 하는 배경으로 볼 수 있다.

4. 결론

근대 지식 형성 과정에서 '국가'에 대한 인식, '인민' 또는 '국민'에 대한 자각이 이루어진 것은 의미 있는 일이다. 이 과정에서 당시의 지식인들이 어떤 역할을 했는지를 규명하는 문제는 계몽 운동의 주체가 누구인지, 그것이 어떤 의미를 갖고 있는지를 이해하는 데 중요한 문제가 된다.

이 책에서는 근대 이전의 지식과 계몽 정신의 성격을 바탕으로 제2장에서는 근대 지식인을 유형화하고, 개항 직후 형성된 유학생 담론을 분석하는 데 목표를 둔다. 이 장에서는 이른바 개화 지식인과 보수적인 지식인의 정신세계를 살피는 데 중점을 둘 것이며, 성리학적 전통이 개신 유학파의 애국계몽론으로 이행되는 과정을 논의할 예정이다.

제3장에서는 근대 계몽기의 유학생 관련 담론의 성격을 규명하는 데 중점을 둔다. 김기주(1994), 차배근(2000) 등에서 논의된 바와 같이, 한국의 해외 유학생 역사는 '관비 유학생 파견 이전(1880~1894)', '관비 유학

생 시대(1895~1905)', '국권 침탈기의 유학생 시대(1905~1910)', '국권 상실기의 유학생 시대(1910~1945)'로 나눌 수 있다. 흥미로운 점은 각 시기별 유학생 담론의 성격이 달라진다는 점이다. 이를 고려하여 제3장에서는 근대 계몽기(1880~1910)의 유학생 역사와 유학생 담론을 기술하는 데 중점을 둔다.

제4장에서는 근대 계몽기 유학생 단체와 계몽 활동을 좀 더 객관적이고 구체적으로 분석하는 데 목표를 둔다. 이 장에서는 유학 지역에 따른 특성, 유학생들의 학문 활동, 계몽 활동, 사회 활동을 좀 더 자세히 살핌으로써, 계몽시대를 이끌어 간 주체로서 유학생이 갖는 의미를 규명하는 데 중점을 둔다.

제5장에서는 국권 상실기 유학생 실태와 유학 담론의 변화, 그 의미와 한계 등을 검토할 예정이다. 식민 통치하의 유학생은 대부분 일본으로 간 유학생들이지만, 전시대에 비해 다양한 경로로 구미에 유학한 학생들이 늘어났다. 구미 유학생 가운데 상당수는 선교사들의 도움을 받았는데 그들과 재일 유학생 사이에는 계몽을 바라보는 시각에도 상당한 차이가 있었던 것으로 보인다. 이를 고려할 때, 일제 강점기의 유학생 실태와 계몽 담론을 살피는 일은 한국 계몽 운동의 주체와 의미, 그 한계를 고찰하는 데 중요한 과제가 된다.

제2장 근대의 지식인 유형과 유학 담론의 형성

허재영

1. 근대 계몽기 지식인의 사회관

1.1. 지식인의 사명

역사학과 사회학의 발전 과정에서 지식인의 역할에 관한 가치 있는 고민은 1920년대 활발했던 지식사회학 분야에서 이루어진 것으로 알려져 있다. '지배, 이데올로기, 지식인'을 키워드로 한 전국태(2013)에서는 마르크스주의 지식사회학자로서 루카치의 지식인이 '계급의식', 곧 프롤레타리아트의 대변인이로서 기능한다는 입장을 설명하고, 이와 대립되는 차원에서 셸러와 만하임의 지식사회학을 소개한 바 있다. 지식인의 사명과 역사의식이 어떠해야 하는가와 실제로 어떠한가를 구분하는 문제는 쉽지 않다. 루카치의 인식처럼 지식인이 '사회적 사고의 주체', 특히 프롤레타리아트의 대변인으로서 철학자가 혁명적 노동자에게 가담하는 것인지, 아니면 만하임처럼 계급을 초월하여 '진실한 사회적 이해를 종합하는 자유 부동적 지식인'[1]인지 그 성격을 논의하는 것은 지식인 각자의 의식에 내재되어 있는 문제일지도 모른다. 특히 서구의 계몽시대와 같이 시민사회가 형성되지 않았던 한국 개화기의 경우, 지식인들의 자기 인식 문제는 루카치나 만하임 모델로 분석하기에는 적합하지 않은 면이 있다.

근대 계몽기 지식인의 책임의식 관련 담론은 재일유학생 친목회의 『친목회회보』에서 빈번히 찾아볼 수 있다. 앞서 살펴본 바와 같이, 윤세용(1896)의 '정치가 언행론'에서는 정치가로 대표되는 '재상자(在上者, 윗사람)'의 책임이 중요함을 강조한다. 이처럼 『친목회회보』에는 이 논설처럼 '정치가의 책임'을 논한 논설이 다수 등장하는데, 제3호 김용제(金鏞濟)의 '국민지원기소마방금대우환(國民之元氣銷磨方今大憂患, 국민의 원기가 소마한 것은 지금의 큰 걱정거리임)', 제4호(1896.12) 김기장(金基璋)의 '정치본원(政治本原)', 유창희(劉昌熙)의 '정치가의 직책론(職責論)' 등이 그것이다. 특히 유창희는 '광대(廣大)의 충의(忠義)를 요(要)함', '정직(正直)의 언행을 요함', '총명(聰明)의 혜안(慧眼)을 요함', '과감(果敢)의 용기를 요함', '발군(拔群)의 위신(威信)을 요함'이라고 하여, 정치가가 갖추어야 할 자질을 제시하고 있다.

이와 같은 정치가의 책임론은 전통적인 '사(士)'의 역할과 크게 다르지 않다. 증자가 "선비는 책임을 맡아 관대하지 않으면 도에서 멀어진다."[2]라고 한 것이나, "선비는 자기의 행실에 부끄러움으로 사방 백성으로 하여금 임금의 명을 욕되게 하지 않는 것"[3]이라고 하는 『논어』의 선비나 근대 계몽기 충군애국, 인민 교화의 역할을 담당하는 '정치가'

---

1) 전국태(2013), 『지식사회학』, 한울아카데미.

2) 『논어』 '태백(泰伯)'. "曾子曰士不可以不弘毅任重而道遠. [집주] 寬廣也毅强忍也非弘不能勝其重非毅無以致其遠."

3) 『논어』 '자로(子路)'. "子貢問曰何如斯可謂之士矣子曰行己有恥使於四方不辱君命可謂士矣. [집주] 此其志有所不爲而其材足以有爲者也子貢能言故以使事告之蓋爲使之難不獨貴於能言而已."

의 책임이 크게 다르지 않다.

서구의 계몽사상은 이성을 원리로 인간의 평등성과 구질서를 해체하는 데서 출발했다. 자연법사상이나 사회계약설, 합리주의가 시민사회를 형성하는 데 중요한 역할을 했으며, 그 과정에서 계몽철학자로 대표되는 지식인들의 역할이 컸음은 부정하기 어렵다. 이는 곧 계몽사상이 사회공동체와 불가분의 관계를 맺고 있음을 의미한다. 가치관의 차원에서 사회공동체의 가치를 탐구한 고범서(1992)에서는 '사회공동체와 가치'를 분석하면서 '강제론적 사회관'과 '가치론적 사회관'이 존재함을 밝힌 바 있다. 전자는 흡스, 마르크스, 다렌도르프와 같이 사회적 통합을 강제력에 의해 추구하는 것을 말하며, 후자는 막스 베버, 에밀 뒤르케임, 탈코트 파슨즈와 같이 사회의 구성원이 공유하는 가치가 사회의 유지와 통합을 위해 본질적인 역할을 한다는 주장이다.[4]

한 사회에서 지식인의 역할은 본질적으로 사회 구성원들을 계도(啓導)하는 데 있다. 그것이 루카치처럼 계급의 대표자로 인식되든, 만하임처럼 자유 부동적 지식인이든 지식인이 한 사회를 계도하는 역할을 담당한다는 데는 차이가 없다. 이 점에서 계몽운동은 지식인의 자기의식, 또는 자기반성에서 출발한다고 보아야 할 것이다. 이 입장에서 한국의 계몽운동은 최기영(1997)의 연구처럼 1900년대 이후 본격화된 것으로 볼 수 있다. 다수의 역사학자들이 1905~1910년 사이를 '애국계몽시대'로 명명하는 것도 그 때문이다. 특히 최기영(1997)에서는 『황성신문』의 역사 관련 기사, 『국민수지』와 입헌군주론, 국역 『월남망국사』, 『유년필독』, 『교육월보』, 공진회와 반일진회, 헌정연구회, 국민교육회, 미주의 대동보국회 등에 주목했다. 이 점은 계몽운동의 본질적 가치를 전제로 한 연구라는 점에서 탁월한 견해이다.[5] 이 책에서 저자는 국권 침탈

---

4) 고범서(1992), 『가치관 연구』, 나남출판.
5) 최기영(1997), 『한국 근대 계몽운동 연구』, 일조각.

기 계몽운동에 대한 연구 경향을 "사례 연구에 집착하여 개별적인 사실은 상당량 축적되었지만, 그것을 종합하는 작업은 이루어지지 않았다."라고 평가하면서, 개별 연구의 심화와 종합화가 중요한 작업이라고 지적하고 있다.

계몽운동의 주체를 연구하는 차원에서도 이 지적은 상당한 충고가 된다. 왜냐하면 계몽운동이 본격화된 시점이 1900년대 전후라고 할 때, 이 운동이 갑작스럽게 출현할 수 있는가의 문제가 남기 때문이다. 서재필의 민권 운동이나 박은식, 신채호의 애국계몽운동이 1900년 전후로 갑작스럽게 출현한 것은 아니다. 이 점에서 한국의 계몽운동은 개항 이후의 지식장(知識場), 또는 근대 계몽기 지식인의 자기반성이라는 차원으로부터 고찰해야 할 필요가 있다.

1.2. 개화기 지식인의 자기 인식

한국의 근대사상을 연구하는 다수의 학자들은 1876년 개항 이후의 한국 지식인을 '개화사상가'와 '위정척사파'로 구분하는 데 익숙해져 있다.

먼저 개화사상을 연구하는 사람들은 이 시기 지식인들의 서양 인식에 초점을 맞추고, 그들의 의식이 실학사상을 계승한 것임을 강조한다. 유형원(1622~1673), 이익(1681~1763), 정약용(1762~1836)으로 이어지는 실학사상, 오경석(1831~1879), 유홍기(1831~1884?), 박규수(1807~1877) 등의 개화사상, 김옥균(1851~1894), 박영효(1861~1939), 윤치호(1865~1945), 서재필(1864~1951), 유길준(1856~1914) 등이 대표적인 인물들이다. 다음으로 이항로(1792~1868), 최한기(1805~1877), 이건창(1852~1898), 황현(1855~1910), 김택영(1850~1927), 박은식(1859~1925), 신채호(1880~1936) 등의 유학자들이 대표적이다. 또 하나의 흐름으로 동학(東學)과 천주교(天主敎)와 같은 종교 사상도 선행 연구에서 비교적 많이 다루어졌다.

이러한 연구는 대부분 서양 세력과의 관계를 고려한 연구였으며, 지식인의 자기인식과 관련된 문제는 아니었다. 이 점에서 근대 계몽기 개화사상가와 보수성을 띤 유학자, 위정척사운동, 개신 유학자를 중심으로 한 애국계몽운동가들의 자기인식과 사회관을 살펴볼 필요가 있다.

　선행 연구를 종합해 볼 때 개화사상가들은 실학의 전통을 이어온 것으로 볼 수 있다. 한국의 실학 연구는 1970년대부터 활발하게 이루어진 것으로 볼 수 있는데, 황원구(1976)에서는 그 시기 연구 경향을 종합하여 '성호학파(星湖學派)', '연암학파(燕巖學派)', '추사학파(秋史學派)'의 세 분류가 가능하다고 하였다. 용어 사용에서는 다소 차이가 있지만, 실학사상에서 중농주의, 중상주의(북학파), 고증주의를 주장하는 주요 흐름이 있었다는 사실은 상당수의 연구자들이 공감하는 것으로 보인다. 이 가운데 이른바 북학파들은 대청관계(對淸關係)를 중시했으며, 상업의 발달과 서학 수용의 필요성을 빈번히 제기했던 것으로 보인다. 이러한 흐름에서 19세기 중반 오경석, 유홍기, 박규수 등에 의해 개화사상이 형성되기 시작했다.

　오경석은 널리 알려진 바와 같이 위창 오세창(葦滄 吳世昌)의 아버지이다. 오세창은 『한성순보』 기자, 독립협회 간사, 대한자강회 조직, 『만세보』 사장, 3.1운동 당시 민족대표 33인 등으로 이름을 남겼듯이, 한국 근대 계몽기를 이끌어 온 대표적인 지식인이다. 신용하(2005)에서는 오세창의 회고담을 인용하고, 그가 중국에서 가져온 서적과 유홍기(대치)와의 관계를 비교석 자세히 분석하였다. 이 인용문은 1944년 하야시 기로쿠(林毅陸)이 편찬한 『김옥균전(金玉均傳)』(상)6)의 '김옥균의 사상 계로(思想系路)'을 번역한 것으로, 이광린·신용하 편저(1984), 『사료로 본 한국문화사 근대편』(일조각)에도 수록되어 있다.

---

6) 林毅陸, 『金玉均傳』(上), 東京: 慶應出版社.

【 김옥균(金玉均)의 사상 계로(思想系路) 】

① 지금 김옥균의 사상 계로를 설명하고자 오세창(吳世昌)의 회고담을 게재하여 청년 김옥균의 약진(躍進) 계통을 밝히고자 한다. 오세창이 말하기를,

② 나의 아버지 오경석(吳慶錫)은 한국의 역관(譯官)으로서 당시 한국인으로부터 중국에 파견되는 동지사(冬至使) 및 기타의 사절의 통역으로서 자주 중국을 내왕하였다. 중국에 체재 중 세계 각국이 각축(角逐)하는 상황을 견문하고 크게 느낀 바 있었다. 뒤에 열국(列國)의 역사와 각국 흥망사(興亡史)를 연구하여 자국 정치의 부패와 세계의 대세에 뒤떨어지고 있음을 깨닫고, 앞으로 언젠가는 반드시 비극이 일어날 것이라 하여, 크게 개탄하는 바가 있었다. 이로써 중국에서 귀국할 때 각종의 신서(新書)를 지참하였다. 아버지 오경석은 일찍이 강화조약(江華條約)의 체결 시에도 신헌대신(申櫶大臣) 밑에서 크게 활동하였다. 아버지 오경석이 중국으로부터 신사상(新思想)을 품고 귀국하자 평상시에 가장 친교가 있는 우인(友人) 중에 대치(大致) 유홍기(劉鴻基)란 동지가 있었다. 대치는 학식·인격이 모두 고매(高邁)·탁월하고 또한 교양이 심원(深遠)한 인물이었다. 오경석은 중국에서 가져온 각종 신서를 그 사람에게 주어 연구를 권하였다.

그 이래 두 사람은 사상적 동지로 결합하여 서로 만나면 자기 나라의 형세가 실로 바람 앞의 등불처럼 위태하다고 크게 탄식하고 언젠가는 일대 혁신을 일으키지 않으면 안 된다고 상의하였다. 어느 때 유대치가 오경석에게 우리나라의 개혁은 어떻게 하면 성취할 수 있겠는가 하고 묻자, 오는 답하여 말하기를 먼저 동지를 북촌(北村, 서울 북부로 당시 상류 계급이 거주하던 곳)의 양반 자제 중에서 구하여 혁신의 기운을 일으켜야 한다고 하였다.

이렇게 한 얼마 후, 한국 개조의 목탁(木鐸) 오경석은 병을 얻어 노사(老死)하였다.

유대치는 오경석보다 조금 나이가 어리지만, 오가 서거한 이래 북촌 방면에 교제를 넓혀 노소(老少)를 묻지 않고 인물을 물색하여 동지를 모았다. 얼마 후 우연히 청년 김옥균과 서로 만나, 세간의 이야기를 하는 사이에 이 청년의 비범함을 알게 되었으며, 사상·인격·학재(學才)가 단연 빼어나 장래 반드시 대사를 도모하기에 족한 인물임을 통찰하고, 오로부터 얻은 세계 각국의 지리, 역사 역본(譯本)이며, 신서사(新書史)를 김옥균에게 읽도록 제공하였다. 또한 열심히 천하의 대세를 설파하고, 한국 개조의 급한 뜻을 역설하였다.

오경석이 중국에서 느껴 얻는 신사상은 이를 유대치에게 전하고, 유는 이를 김옥균에게 전하여 이에 김옥균의 신사상을 낳기에 이른 것이다. 오는 한국 개조의 예언자이며, 유는 그 지도자이다. 김옥균은 그 담당자라고 할 수 있다.

유대치가 김옥균과 서로 안 것은 김옥균이 20세 전후의 무렵이다. 김옥균은 유대치로부터 신사상을 교육받음으로부터, 한편으로는 세간의 교유에 널리 구하고, 또한 장년과거(壯年科擧)에 응시하여 문과(文科)에 등제하고, 관장(官場)에 올라 새로이 관도(官途)에 나아가서 동지들을 구하기에 흡흡히 노력하였다.

김옥균은 그 후에 일본 유람에 올라서도 구국개조(救國改造)의 목적을 달성하기 위하여, 신흥 일본의 형세를 시찰한 일이 있음은 물론이었다. 그러나 그 일본행을 권한 것도 유대치임이 명백하다. 후일 갑신정변의 거사에 제(際)하여 김옥균은 유대치를 방문하였고, 개혁의 실행을 꾀하여 대치는 단행속결(斷行速決)을 권고하였다. 김옥균이 그 사상에서도, 또한 그 실행을 당해서도 유대치에게 진 빚이 큼을 알 수 있다.

김옥균이 유대치로부터 배운 사상 감화 중에 특히 기술해야 될 것은, 대치의 불교 신앙의 일사(一事)이다. 대치는 조선 학사(學士)들이 의례(儀禮)에 뛰어나지만, 도념(道念)에는 얕음을 탄식하고, 김옥균에게 권하기를 불교를 연구하게 하였다. 대치의 불교 신앙은 실로 돈독하여,

그의 인물이 욕심이 없고, 쾌담한 것 등은 신앙의 힘이라고 생각된다. 김옥균이 다른 사람과 달리, 청년 무렵부터 불전(佛典)의 문구나 불설(佛說)을 자주 이야기한 것은 유대치의 감화에 기초한 것이었다.

③ 이상의 기록으로부터 김옥균이 후일 일국 개조의 대임을 맡아, 한국의 자주독립에 온몸을 바치고 나아가 일한청(日韓淸) 삼국 화합의 정국을 목표로 행동한 이유가 우연이 아님을 알 수 있다.

—고균기념회(古筠紀念會, 1944), 『김옥균전(金玉均傳)』(상),
게이오출판사(慶應出版社), 동경

하야시의 『김옥균전』은 김옥균에 대한 전기로서는 최초의 단행본으로 보인다. 근대 계몽기나 일제 강점기 김옥균에 대한 단편적 회고문이 매우 많으나, 그의 생애와 사상 전반에 걸친 체계적 분석이 이루어진 것은 하야시의 저서이다.[7] 위의 사상 계보에서 오세창의 회고담은 ②에 일부 포함되어 있다.[8] 이에 따르면 김옥균의 사상은 오경석에서 유래했으며, 그 사상을 가르쳐 준 사람은 유대치였다. 이 점은 신용하(2005)에서도 비교적 상세히 고증했는데, 오경석이 네 차례 중국을 다녀오면서 구입해 온 신서(新書)의 영향이 컸음은 틀림없다.[9]

오경석은 연암의 손자인 박규수와도 친교가 있었는데, 박규수는 정

---

[7] 일제 강점기 일본인에 의해 김옥균의 전기가 쓰인 것은 김옥균의 정치사상이 그만큼 일본인의 사상과 부합했기 때문일 것이다. 이 점에서 일제 강점 직후부터 김옥균에 대한 회고담은 『매일신보』에도 빈번히 등장한다.

[8] 이광린·신용하 편저(1984)와 신용하(2005)에는 ②만 소개되어 있기 때문에, 어디까지가 오세창의 회고인지 구분되지 않는다. 하야시의 원전을 대조하면 ①, ③의 해석이 부가되어 있는데, 이를 고려하면 ②도 하야시의 입장에서 오세창의 회고담을 재해석한 글임을 알 수 있다.

[9] 신용하(2005)에서는 오경석이 구입해 온 신서 10종을 자세히 풀이했는데, 위원(魏源)의 『해국도지(海國圖志)』, 서계여(徐繼畬)의 『영환지략(瀛環志略)』, 영국인 합신(合信) 저술과 중국인 역의 『박물신편(博物新編)』, 요척산(姚滌山)의 『월비기략(粤匪紀略)』, 하추도(何秋濤)의 『북요휘편(北徼彙編)』, 작자 불명의 『양수기제조법(揚水機製造法)』, 서양인 저서 편역 『지리문답(地理問答)』, 빈춘(斌椿)의 『해국승유초(海國勝遊草)』, 빈춘의 『천외귀범초(天外歸帆草)』, 프라이어(傅蘭雅)의 『중서견문록(中西見聞錄)』 등이다.

조 때 북학파의 거두였던 연암의 손자였다. 양반가 출신인 박규수와 역관 출신인 오경석은 신분상 차이가 있었지만, 오경석이 동지사로 중국에 갔던 1860년 10월부터 3월과 박규수가 위문사로 중국에 파견되었던 1861년 1월 사이에 북경에서 두 사람이 만났을 가능성이 제기될 정도[10]로 사상적 교류가 깊었음은 틀림없다. 이 점은 하야시의 저서에도 나타나는데, 박규수는 연암의 손자로 한말 명외교가(名外交家)였던 김윤식(金允植)의 스승이었다. 수어지교(水魚之交)로 불린 오경석과 유대치, 개화사상을 이끌어간 박규수, 유대치로부터 지도(指導)를 받은 어윤중(魚允中) 등은 개항 이전 개화사상을 형성한 중심 인물들이었으며, 유대치의 제자였던 김옥균, 박규수의 제자였던 김윤식 등이 1876년 개항 이후 개화사상을 실천하고자 한 중심 인물이었던 셈이다.

중국의 신서(新書)를 통한 개화사상가들의 세계관이 변모하는 과정에서 이루어진 개항은 당시 지식인들의 세계관을 급격하게 바꾸어 놓았다. 흥미로운 것은 이 시기 위정자(爲政者)들의 상황 인식이다. 『승정원일기』 1876년 2월 6일자에는 강화도조약 체결 직후 접견대신 신헌(申櫶)과 부관(副官) 윤자승(尹滋承)을 수정전(修政殿)에 소견(召見)한 장면을 다음과 같이 기록하였다.

丙子二月初六日□時, 上御修政殿, 大官·副官入侍時, 左副承旨李世用, 假注書洪淳謨, 記注官金英烈·許綸, 大官申櫶, 副官尹滋承, 以次進伏訖。

번역 병자 2월 초6일 □시, 상이 수정전(修政殿)에 나아가, 대관(大官)과 부관(副官)이 입시하였을 때, 좌부승지 이세용, 가주서 홍순모(洪淳謨)와 기주관 김영렬(金英烈)·허윤(許綸)과 대관 신헌(申櫶), 부관 윤자승(尹滋承)이 차례로 나와 엎드렸다.

---

10) 이에 대해서는 신용하(2005: 21)를 참고할 수 있다.

上曰, 史官分左右, 上曰, 大官進前。櫶等進前, 上曰, 無事往還乎? 櫶曰, 王靈攸曁, 無事往返矣。滋承曰, 憑仗王靈, 臣等無事往返矣。上曰, 今番多有勞勩矣。櫶曰, 王事靡盬, 臣等何敢言勞乎? 上曰, 彼船皆已退去, 實爲幸。櫶曰, 當初有安危攸關, 今已退去, 實爲國家之洪福矣。上曰, 見其問答狀啓, 則果善爲說辭矣。櫶曰, 幸仗王靈, 仰成廟籌, 免于辱命矣。(…中略…) 上曰, 宮本小一何如耶? 櫶曰, 臣等適有疾, 黑田淸隆, 送人傳語曰, 將欲躬來問病云, 故答以體重之地, 不必往來私見云矣, 因委送其隨員宮本小一·野村靖, 傳語官最助等來見, 兩人頗穎悟, 仍與論其使事, 除去大字與皇帝陛下字外, 多少略有改正者, 頗有其力, 所謂最助, 自十五歲, 來留萊館, 最習譯語, 居間酬酢, 然而言外之旨, 亦難見矣, 彼酬此酢, 中間傳說, 亦不無疑訝矣, 今之譯員, 亦無解習其國文與譯語者, 當此多事之會, 實爲可悶, 必當另飭學習精通, 亦是急務矣。上曰, 從今國書無之乎? 櫶曰, 然矣, 我國政府, 與彼太政府, 禮曹與外務省, 互相往復, 已爲敦定矣, 彼敎人之法, 八歲入學, 至十六歲讀書, 而以後則專尙名物度數之學, 故漢文, 從此漸至眛方云矣, 至於條規中, 漢文繙語, 止十年爲限, 然則十年之後, 莫可曉解, 實非細事, 必當嫺習彼文, 可通其情而論其事矣。上曰, 又有聞者乎? 櫶曰, 淸隆之言, 六個月內, 卽爲送使, 一以爲回謝, 一以爲採其謠俗, 一以爲遊覽似好, 而自釜山, 乘赤間關火輪船, 自赤關, 至東京, 可以七八日卽達, 別無勞苦云矣。上曰, 然則此是通信使乎? 櫶曰, 不拘品秩常例, 只以解事人送之云, 從此, 彼我使, 竝除禮幣, 到彼, 給房貰而居接, 買飯供而吃喫, 此與信使不同矣。仍奏曰, 宮本小一·野村靖曰, 日本兵農之器, 甲於天下, 貴國若有意貿取, 亦送匠人倣製, 則俱當到底周旋矣, 若得其妙法, 可行於貴國, 則實多收效云矣。上曰, 可以有益於農務乎? 櫶曰, 器械之精利, 耕作之便宜, 其所收功, 比前倍利云矣。上曰, 進獻兵器, 果精利乎? 櫶曰, 所謂回旋砲云者, 卽古法之所無, 合銃身十一爲一位, 而載之車上, 從其銃身之後而裝放, 轉幹其機, 如彈綿之練車, 左旋則連放不絕, 右旋則出其裝藥之銅筩, 裝藥之法, 鑄銅如筆管, 二寸許, 空其中貯藥, 上加銅火帽, 納如筆管, 二寸許, 空其中貯藥, 上加銅火帽, 納丸其上, 不限其數, 以手納於銃筒之後, 連續不絕, 其製甚巧, 果爲禦賊之好器械也。

상이 이르기를, "사관은 좌우로 나누어 앉으라." 하였다. 상이 이르기를, "대관은 앞으로 나오라." 하니, 신헌 등이 앞에 나아갔다. 상이 이르기를, "무사히 다녀왔는가?" 하니, 신헌이 아뢰기를, "임금의 영위(靈威)가 미치는 바이므로 무사히 다녀왔습니다." 하고, 윤자승이 아뢰기를, "임금의 영위에 의지하여 신들이 무사히 다녀왔습니다." 하였다. 상이 이르기를, "이번에 노고가 많았다." 하니, 신헌이 아뢰기를, "왕사(王事)에는 소홀함이 없는 법인데, 신들이 어찌 감히 노고를 말할 수 있겠습니까." 하였다. 상이 이르기를, "저들의 배가 다 물러갔으니, 참으로 다행이다." 하니, 신헌이 아뢰기를, "당초에 안위(安危)에 관계되는 것이 있었는데 이제 물러갔으니, 참으로 국가의 큰 복입니다." 하였다. 상이 이르기를, "문답장계(問答狀啓)를 보니, 과연 말을 잘하였다." 하니, 신헌이 아뢰기를, "다행히 임금의 영위에 의지하고 묘당의 계책에 힘입어 명을 욕되게 하는 것을 면하였습니다." 하였다. (…중략…) 상이 이르기를, "궁본소일은 어떠한가?" 하니, 신헌이 아뢰기를, "신들이 마침 병이 있었는데 혹 전청륭이 사람을 보내어 말 전하기를, '몸소 문병하러 오겠다.' 하므로, '체통이 귀중한 처지이니 왕래하여 사사로이 만날 것 없다.' 대답하였습니다. 그래서 그 수행원 궁본소일·야촌정과 전어관(傳語官) 최조(最助) 등을 전위하여 보내어 보러 왔는데, 두 사람은 자못 영리하였습니다. 이어서 함께 사사를 논하여 대(大)자와 황제폐하(皇帝陛下)라는 자를 제거하고 그 밖에 조금 개정한 것이 있는데, 자못 그의 힘이 있었습니다. 최조라는 자는 15세부터 동래 왜관에 와서 머물렀으므로 역어(譯語)를 가장 잘 익혀 중간에서 수작하였으나, 말 밖의 취지는 또한 알기 어렵고 피차 주고받는 것을 중간에서 전하는 말에도 의아한 것이 없지 않았습니다. 지금 역원(譯員)에는 또한 그 나라의 글과 역어를 잘 익힌 자가 없어서 이처럼 일이 많을 때를 당하면 참으로 민망스러우니, 반드시 각별히 신칙하여 배워 익혀서 능통하게 해야 할 것이고 또한 이것이 급한 일입니다." 하였다. 상이 이르기를, "이제부터는 국서(國書)를 없애는가?" 하니, 신헌이 아뢰기를, "그렇습니다. 우리나라의 정부와 저들의 태정부(太政府), 예조와 외무성이 서로 왕복하기로 이미 도타이 정하였습니다. 저들의 사람을 가르치는 법은 8세에 입학하여 16세까지 글을 읽고 그 뒤에는 오로지 명물(名物)·도수(度數)의 학문을 숭상하므로, 한문은 이때부터 점점 어두워진다 합니다. 조규(條規) 가운데에 한문으로 말을 번역하는 것은 10년 동안만 한다고까지 하였습니다. 그러면 10년 뒤에는 알 수 없을 것이므로 참으로 작은 일이 아니니, 반드시 저들의 글을 익혀서 그 정상을 통하고 그 일을 논할 수 있어야 할 것입니다." 하였다. 상이 이르기를, "또 들은 것이 있는가?" 하니, 신헌이 아뢰기를, "흑전청륭의 말은, '여섯 달 안에 곧 사신을 보내어 한편으로 회답사례하고 한편으로 그 풍속을 알아보고 한편으로 유람하는 것이 좋을 듯한데 부산에서 적간관의 화륜선을 타고 적간관에서 동경까지는 7~8일에 곧 다다를 수 있으므로 별로 노고가 없습니다.' 하였습니다." 하였다. 상이 이르기를, "그러면 이는 통신사(通信使)인가?" 하니, 신헌이 아뢰기를, "품질(品秩)의 상례(常例)에 구애받지 말고 다만 일을 아는 사람을 보내라 합니다. 이제부터 피아의 사신은 모두 예폐(禮幣)를 없애고 저곳에 가면 방세를 주고서 거처하고 밥을 사서 먹으니, 이것은 통신사와 같지 않습니다." 하고, 이어서 아뢰기를, "궁본소일·야촌정이 말하기를, '일본의 병기·농기는 천하에서 으뜸인데, 귀국에서 살 뜻이 있고 또 장인(匠人)을 보내어 본떠 만든다면 모두 힘껏 주선할 것이고, 그 묘법(妙法)을 알아서 귀국에서 행할 수 있다면 참으로 보람을 거두는 것이 많을 것이다.' 하였습니다." 하였다. 상이 이르기를, "농사에 유익할 수 있겠는가?" 하니, 신헌이 아뢰기를, "기계가 정리(精利)하고 경작이 편의하여 그 보람을 거두기가 전보다 곱으로 이롭다 합니다." 하였다. 상이 이르기를, "진헌(進獻)한 병기는 과연 정리한가?" 하니, 신헌이 아뢰기를, "회선포(回旋砲)라는 것은 옛 방법에 없던 것인데, 총신(銃身) 열하나를 합하여 1위(位)를 만들어 수레 위에 싣고 그 총신 뒤에서 장전하여 쏘며 그 기계를 솜 타는 씨아처럼 돌리되, 왼쪽으로 돌리면 끊임없이 잇달아

나가고 오른쪽으로 돌리면 화약을 장전하는 구리통이 나오며, 화약을 장전하는 방법은 구리로 붓대처럼 두 치쯤 그 안을 비게 주조하여 화약을 담고 위에 동화모(銅火帽)를 얹고 그 위에 탄환을 넣는데 그 수를 한정하지 않고 총통(銃筒) 뒤에서 손으로 넣어 끊임없이 연속하니, 그 제도가 매우 공교하여 과연 적을 막는 좋은 기계입니다." 하였다.

—『승정원일기(承政院日記)』고종 13년(1876) 병자 2월 6일
(한국사데이터베이스에서 옮김)

이 기록에서는 고종이 접견대신 신헌과 부관 윤자승을 불러 노고를 치하하고, 조약 체결 과정에 대해 질의하고 있다. 대화 내용에서 고종이 일차적으로 안도한 것은 일본이 물러간 사실이며, 접견대신이 조약 체결 과정에서 경험한 어려움 가운데 가장 대표적인 것은 '의사소통'이었다. 일본어에 능통한 통역관이 없었으며, 따라서 동래 왜관에 머물러 있던 최조(最助)라는 자가 통역을 담당했음을 알 수 있는데, 이로부터 일본어 학습의 필요성, 유학생 파견의 필요성이 제기된다. 이 자료에서 '유학생'이라는 표현이 등장하지는 않았지만, 미야모토(宮本小一)·노무라(野村靖)가 조선인을 일본에 파견하여 병기와 농기를 사거나 본 떠 만드는 것을 배우고자 한다면 힘껏 주선하겠다는 뜻을 피력한 부분이 나온다. 이광린(1986: 40)에서는 이러한 의식이 유학생 파견의 동력이 된 것으로 해석하고 있는데, 이는 자연스러운 해석으로 보인다.[11] 그런데 이 장면에서 고종이 관심을 기울인 일차적인 문제는 역시 '농사에 유익한 것'이었다. 다음으로 '병기'와 '화륜선'에 관심을 기울이는데, 이러한 의식은 이 시기 위정자의 세계관과 일치하는 것이었다.

세계관의 변화는 개항과 함께 일본에 파견된 수신사(修信使)로부터 본격화된다. 강화도조약 체결 직후 수신사로 일본에 다녀온 김기수의

---

11) 이광린(1986), 『한국 개화사의 제문제』, 일조각.

『일동기유(日東記游)』(1877)는 일본의 정치, 문물, 풍속, 학술 등을 사실적으로 기록한 책이다.12) 이 책은 수필(手筆)로 원본은 후손이 갖고 있다가 1958년 국사편찬위원회에서 '한국사료총서' 제9집으로 발행된 책으로, 총4권으로 구성되었다. 권1에는 사회(事會), 차견(差遣), 수솔(隨率), 행구(行具), 상략(商略), 별리(別離), 음청(陰晴), 헐숙(歇宿), 승선(乘船), 정박(碇泊), 유관(留館), 행례(行禮)와 같이 수신사로서의 견문이 기록되었고, 권2에는 완상(玩賞), 결식(結識), 연음(燕飮), 문답(問答) 등의 여행 중 감상과 문답이 기록되었다. 권3의 궁실(宮室), 성곽(城郭), 인물(人物), 속상(俗尙), 정법(政法), 규조(規條), 대설(代舌), 학술(學術), 기예(技藝)는 주제별 풍속, 제도, 인물, 학술 보고서에 해당한다. 특히 학술 7칙이나 기예 7칙은 개항기 일본의 학문을 개략적으로 보여주는 중요한 자료이다. 권4는 문사(文事), 귀기(歸期), 환조(還朝)로 구성된 귀국기인데, 수신사 김기수의 세계관과 자기 인식의 변화 모습을 보여주는 흥미로운 자료이다. 권4 '환조(還朝)'의 '부행중문견별단(附行中聞見別單, 행중 문견 별단을 부록함)'에는 일본의 부강술(富强術)과 통상(通商) 원칙이 다음과 같이 서술되어 있다.

【 附行中聞見別單 】

一. 其所謂富强之術 專事通商 商不專利 必有去來 此去商彼 彼來商此 則今日本通商各國 厥數其夥 去商而來者 日本一國 來商而去者 天下各國 而日本所産 必不十倍於前 則生之者 耗之者衆 物價騰踊 勢所固然 於是日造錢幣而富之 錢賤物貴 必敗之道 況無技不巧 無藝不精 奪盡造化 無復餘地 外樣觀之 莫富莫强 如右所陳諸條 而陰察其勢 亦不可謂長久之術是白齊.

 일. 이른바 부국강병의 술책은 오직 통상을 일삼는 것이었는데, 통상도 자기 나라만 이익을 보는 것이 아니고, 반드시 피차간 거

래가 있어, 이쪽에서는 저쪽에 가서 통상을 하고, 저쪽에서는 이쪽에 와서 통상을 합니다. 지금 일본이 세계 각국에 통상을 하는 것은 그 수효가 매우 많지만, 가서 통상을 하는 나라는 일본 한 나라뿐이고, 와서 통상을 하는 나라는 세계의 여러 나라인데, 일본에서 생산되는 것이 반드시 세계 각국보다 10배나 되지는 않을 것이니, 생산하는 사람은 하나이고 소모하는 사람이 여럿이면 물가가 등귀하는 것은 현세가 그렇기 때문입니다. 이에 날마다 돈과 화폐를 만들어 이를 당하니 돈은 천하고 물건은 귀하게 되므로, 이것은 반드시 실패하는 도리입니다. 하물며 교묘하지 않은 기술이 없고, 정교하지 않은 기예가 없이 자연의 이치를 다 이용하여 다시 여지가 없게 되었으니, 겉모양을 보면 위에 진술한 여러 조목과 같이 이보다 더 부강할 수 없지만, 가만히 그 형세를 살펴보면 또한 장구한 술책이라고는 할 수 없습니다.

—민족문화추진회(1977), 『국역해행총재』 10(일동기유) 권4,

민족문화추진회

이 인용문에는 일본의 부강술이 통상을 하는 데 있음을 밝히고, 통상의 기본 원칙이 쌍방의 이익을 추구하는 데 있다고 하였다. 통상의 이익과 상호주의에 대한 이해는 일본 견문에서 얻은 근대적 식견에 해당한다. 다만 화폐에 대한 김기수의 견해는 '전천물귀(錢賤物貴)'의 현상만을 주목한 데서 비롯된 전근대적 관점을 유지하고 있음을 알 수 있는데, 이러한 인식상의 결함은 개항기 지식인들이 갖고 있는 한계일 것이다. 그럼에도 『일동기유』 권4의 '후서(後序)'에서는 이 시기 지식인으로서의 자기인식 변화 과정을 보이는 장면이 나타난다. 다음을 살펴보자.

【 日東記游 後序 】

囊 余使日東而返 黨人或勞苦之曰 古人之使絶國 非直其導達辭命 觀美風裁而止 亦將有所覘焉. 覘者不視之視 無得之得 視之言語之外 事物之表 我所獨

得而人不之覺 斯之謂覘 子其有得於斯乎. 余曰 爲人之所能爲者 且不能爲 人
之所不能爲 況余不能爲人之所爲者耳 苟欲能其不能 我固無覘於人 而人將覘
我之覘 只可整我對應 尊我瞻視 寧我無覘 無使人覘我所以不敢事乎覘 (…中
略…) 曰洵如子之言 亦可爲目下之幸 而其志所在 子可以揣知矣. 其果能無虞
也否. 余曰 不能知己 何以知彼, 牢我藩籬 賊不能入 足我榮衛 病不能生 苟或
不本而枝 藩籬無補 高枕而臥 榮衛無養 扼腕而譚 將見賊橫於墻壁之內 而病侵
於膏肓之間矣. (…中略…) 且以今日之大勢相之 彼方有時也 折衝禦侮 苟然借
而吐口氣 則我之所謂虞者在此 而但彼之所爲 我之所不爲也 在彼弱拳 而在我
爲鴆毒 則固不可舍己而從之 然忠信而御之 道德而將之 而復溫其外 而貞其中
惠其來 而警其往 亦庶乎無虞焉耳.

번역 지난 번 내가 일본에 사신으로 갔다가 돌아오니, 향당의 친구가
노고를 위로하며 말하기를, "옛날 사람들이 먼 나라 사신으로 갔
을 적에는 다만 사명(辭命)을 전달하고 인물을 접촉하는 데 그치는 것이
아니라, 또한 살펴본 일이 있었습니다. 살펴보는 일은 보이지 않는 것을
보고, 알아낼 수 없는 것을 알아내는 것이니, 언어·사물의 밖에서 보고
나 혼자 이를 알아내는 데도 다른 사람은 이를 깨닫지 못하는 것을 이른
바 '점(覘)13)'이라고 하니, 그대는 이런 것을 얻은 것이 있습니까?" (…중
략…) "진실로 그대의 말과 같다면 또한 목전의 다행은 되겠지만, 그들의
뜻이 어디에 있는지는 그대도 능히 추측해 알 수 있는 것이니, 그것이
과연 걱정을 하지 않아도 되겠습니까?" 하므로, 나는 대답하기를, "자기
를 능히 알지 못하면 남을 어찌 알겠습니까? 우리의 울타리를 튼튼히 하
면 도척이 능히 들어올 수 없을 것이며, 우리의 혈기(血氣)를 충족(充足)하
게 하면 질병이 능히 발생하지 못할 것입니다. 다만 혹시 근본 문제를
다스리지 않고, 지엽 문제만 일삼아, 울타리는 손보지 않고 베개만 높이
베고 누웠으며, 혈기는 돕지 않고 젠체하며 장담한다면 장차 도둑이 장벽

---

13) 민족문화추진회(1977)에서는 이를 '정탐(偵探)'이라고 번역하였음.

안에 횡행하고, 병이 고황 사이에 들 것입니다. (…중략…) 또 오늘 대세를 보더라도 저들은 지금 할 일이 있는 시기인데 외교 담판으로 적국(敵國)을 제어하는 것도 다만 우리를 빙자해 말하게 될 것이니, 우리의 이른바 걱정 없다는 것은 여기에 있는 것이며, 다만 저들의 하는 바(부국강병)는 우리는 할 수 없는 것입니다. 저들이 매우 즐기는 일이지만 우리에게는 해독이 되는 일이니 진실로 내 것을 버리고 남의 것을 따라갈 수는 없습니다. 그러나 충신(忠信)으로 저들을 제어하고 도덕으로 저들을 순응케 하며, 겉으로는 온화하게 대하되 그 중심은 단단하게 하고, 그 오는 사람은 너그럽게 대하고 가는 사람은 경계한다면 또한 거의 걱정이 없을 것입니다."

─민족문화추진회(1977), 『국역해행총재』 10(일동기유) 권4,
민족문화추진회

일본을 견문한 수신사 김기수의 자기인식은 전통적 성리학자의 견해와 크게 다르지 않다. 분명 일본의 부국강병술을 목도하면서도 '저들(일본)의 문제'보다 '자신을 아는 것(知己)'이 우선된다. 지기(知己)는 자기인식의 문제이다. 타자(일본)와의 관계에서 자기를 반성하고, 자기를 혁신하고자 하는 노력은 진보를 위한 전제가 된다. 그럼에도 김기수의 자기인식은 '내 것을 버리고 남의 것을 따라갈 수 없음'과 '충신(忠信)', '도덕(道德)'으로 상대를 제어하는 것을 목표로 한다. 이 시기 다수의 개화사상가들의 '지피지기(知彼知己)'를 전제로 한 자기인식과는 분명한 차이가 있다. 이러한 인식 방법에서 개화기의 '동도서기(東道西器)'가 탄생한다.

2. 변통(變通)과 혁정(革政)

2.1. 위정척사와 변통(變通)

근대 계몽기 사상적 계보로서 유학자들의 세계관에 관한 연구는 주로 '위정척사(衛正斥邪)'의 관점에서 이루어진 경향이 있다. 위정척사 사상의 계보를 정리한 강재언(1984)에서 정의했듯이,[14] 이 사상은 정학(正學)을 호위하고 사학(邪學)을 배척하는 유교적 도통사상(道統思想)을 일컫는다. 물론 이때의 정학이란 '요순우탕 문무주공', '공맹', '정주'로 이어지는 전통적 유학을 지칭한다. 이 논문에서는 19세기 중반 척사론의 대표적 학자인 이항로(李恒老)의 학통과 존양사상(尊攘思想)을 검토하면서, 그의 사상적 계보를 제시한 바 있다. 이에 따르면 이항로는 송시열과 이단상의 제자였던 김창흡으로부터 김양행(金亮行, 1775~1779), 이우신(李友信, 1762~1822)을 이은 학자였으며, 그로부터 면암 최익현(崔益鉉), 유인석(柳麟錫) 등이 나온 것으로 정리하였다.

척사론자 이항로의 사상이 이양선(異樣船)의 출몰과 함께, 전통적인 중화주의적 세계관이 흔들리는 상황에서 형성된 것임은 주지의 사실이다. 척사(斥邪)의 사상적 근거인 '정통사상(正統思想)'은 공자와 맹자를 계승하고 문명된 세계 유일의 정학(正學)이 유교라는 관점에서, 인의(仁義)를 가로막는 허무적 노장사상(老莊思想), 적멸(寂滅)을 가르치는 불교, 법가(法家)의 권모술수를 따르는 정치철학 등을 이단으로 규정하는 주자의 세계관에서 비롯된다.[15] 위정척사 사상은 개항 이전 한국사회를 지탱해 온 중심 이데올로기의 하나였다. 그렇기 때문에 개항 이후 위정

---

14) 강재언(1984), 「위정척사 사상과 그 계보」, 강재언·김정희 외 편저, 김정희 역, 『한국 근대 사회와 사상』, 중원문화.

15) 정재식(1984), 「유교문화적 전통의 보수의 이론」, 『한국사회와 사상』, 한국정신문화연구원, 149쪽.

척사론은 보수 좀 더 부정적으로는 '수구론(守舊論)'의 하나로 간주되는 경향도 있다. 그러나 강재언의 계보에 나타나듯이, 위정척사론은 19세기 중반의 한국적 세계관뿐만 아니라 근대 계몽기 민족적 저항 운동의 사상적 배경이 되기도 하였다. 이 점에서 이항로를 중심으로 한 '화서학파(華西學派)'의 사상과 민족 운동을 집중적으로 조명한 오영섭(1999)의 연구는 눈여겨 볼만하다.

이 저서에서는 기존의 화서학파의 사상과 활동에 대한 연구 경향을 '위정척사론의 역사적 기능과 성격에 관한 연구', '화서학파 유생 개개인의 생애와 사상 및 활동에 관한 연구', '화서학파의 사상을 주제별로 한 연구', '화서학파 유생들의 상소 운동 연구(주로 최익현, 김평묵의 상소문)', '화서학파 유생들이 전개한 반일 의병운동 연구'의 다섯 가지로 정리한 뒤, '이항로가 학파를 형성하게 된 과정과 자기 사상을 효과적으로 전수하기 위해 어떤 교수 활동을 하였는가'에 의문을 품고 연구를 진행하였다.16) 이에 따르면 이항로는 18세기 후반 반서학운동(反西學運動)을 계승하고 서양 문물이 조선에 유입되는 상황을 비판하며, 천주교의 교리를 반박하면서 위정척사론을 정립하였다. '논양교지화(論洋敎之禍)'17)에서 서양인이 국가간 무역이나 남녀간 교제를 당연시하는 것은 청국인도 차마 하지 못하는 일이라는 주장이나, 그들의 역산(曆算), 의약, 기물 등을 '기괴음교(奇怪淫巧)'로 규정하는 것 등은 척사론을 대표하는 주장이다. 다음은 이항로의 위정척사 사상을 잘 보여주는 상소문이다.

---

16) 오영섭(1999), 『화서학파의 사상과 민족운동』, 국학자료원. 이 저서에서는 선행 연구를 정리하고, '이항로의 학파 형성 과정과 교수 활동', '학파를 유지·발전시키는 과정', '을미 의병운동 등의 정치적 사건과의 관련성', '위정척사론의 주제별 연구', '유생 상소문의 궁극적 메시지' 등을 연구 주제로 삼았다.

17) 『화서집(華西集)』 부록, 권9 연보 병신년조(丙申年條).

臣等竊聞之, <u>人之所以異於禽獸者, 以其有五倫五常之典, 華夷向背之性也</u>。先王先聖之繼天立極於萬世者, 此也。後王後賢之講明傳授於後世者, 此也。勸之以五服之章者, 以其能此也。威之以五刑之用者, 以其背此也。此窮天地之大經, <u>亙</u>古今之大義, 一或有違, 冠裳淪於裔戎, 人類化爲禽獸, 而天地爲之翻覆矣。今日國勢之殆哉岌岌, 舉國之所知也。而一年二年, 因循捱過, 至今無事者, 殿下寧不知其所以耶? 良由列聖代作正風化立綱紅以維持之也。臣等此舉, 非特爲殿下之宗社, <u>亦要臣等之不染於邪</u>. 非特爲殿下之一身, 實爲殿下聖子神孫也。非特爲殿下之聖子神孫, 亦爲臣等之子孫兄弟親戚也。夫磨而不磷, 涅而不緇, 惟聖賢然後, 可以能之。不然, 不能不因物而遷。是以聖賢之敎人也, 必曰目不觀不正之書, 耳不聽非禮之聲。必曰 寧可終歲不讀書, 不可一日近小人。<u>故參判臣李恒老之言</u>, "當愼所居, 所居者, 形類之 當愼所近, 所近者, 氣類之 當愼所執, 所執者, 心類之。何謂形類? 魚龍水居, 其鱗波流 麋鹿山居, 其角峥嶸 龜鼈石居, 其甲巖險。何謂氣類? 藏鐵則石, 亦能指南; 沈木于水, 亦能潤下。何謂心類? 矢人猶恐不傷人, 函人猶恐傷人。"此切至之言也。

> **번역** 강원도(江原道)의 유생 홍재학(洪在鶴) 등이 올린 상소의 대략에, "신들이 삼가 듣건대, 사람이 짐승과 다른 것은 바로 오륜 오상(五倫五常)의 법과 중국을 높이고 오랑캐를 배척하는 성품이 있기 때문입니다. 선왕(先王)과 선성(先聖)들이 하늘의 뜻을 이어 만세에 기준을 세운 것도 이것이고 후대의 임금과 후대의 현인(賢人)들이 강구하고 밝혀서 후세에 전수(傳授)할 것도 이것입니다. 오복오장(五服五章)을 권면한 것도 이것을 잘하였기 때문이고 오형(五刑)으로 위엄을 보인 것도 이것을 배반하였기 때문이니 이것은 천지(天地)의 대경(大經)이고 고금(古今)의 대의(大義)입니다. 한 가지라도 혹시 어긋나는 점이 있으면 의복이 오랑캐들과 같아지고 인류는 짐승이 되어서 천지가 뒤집힐 것입니다. 오늘날 나라의 형세가 몹시 위태롭다는 것을 온 나라 사람들이 알고 있는 것이지만 한 해 두 해 그럭저럭 지나가면서 지금까지 일이 없던 것에 대하여 전하

가 어찌 그 까닭을 모르시겠습니까? 그것은 실로 열성대(列聖代)에서 풍속과 교화를 바로잡고 기강을 세워서 유지했기 때문입니다. 신들의 이러한 거조는 비단 전하의 종사(宗社)를 위하여서일 뿐만 아니라 또한 신들이 사학(邪學)에 물들지 않기 위해서이며, 비단 전하의 일신을 위할 뿐만 아니라 실로 전하의 자손을 위한 것이며, 비단 전하의 자손을 위할 뿐만 아니라 또한 신들의 자손과 형제, 친척을 위한 것입니다. 대체로 갈아도 닳지 않고 검은 물을 들여도 검어지지 않는 것은 오직 성현(聖賢)이라야만 할 수 있습니다. 그렇지 못한 사람은 사물에 의하여 변천되지 않을 수 없습니다. 이렇기 때문에 성현들이 사람들을 가르칠 때에 반드시 말하기를, '눈으로는 정당하지 않은 글을 보지 말고 귀로는 예가 아닌 소리를 듣지 말라.'라고 하였고, 반드시 말하기를, '차라리 한 해 동안 글을 읽지 않을지언정 하루라도 소인을 가까이해서는 안 된다.'라고 하였습니다. 고참판(故參判) 이항로(李恒老)의 말에, '사는 곳을 삼가야 하는 바 사는 곳에 따라 모습이 비슷해지기 때문이다. 가까이하는 것을 삼가야 하는 바 가까이하는 데 따라 기질이 닮아가기 때문이다. 지키는 일을 삼가야 하는 바 지키는 일에 따라 마음이 비슷해지기 때문이다. 모습이 비슷해진다는 것은 무엇인가? 물고기는 물에서 살기에 그 비늘이 물결모양 같고 사슴은 산에서 살기에 그 뿔이 삐죽해졌으며 거북과 자라는 바위 위에 살기에 그 등갑이 바위처럼 험해졌다. 기질이 닮는다는 것은 무엇인가? 철을 묻어두면 돌도 지남철로 되고 나무를 물에 담그면 나무도 미끄러워진다. 마음이 비슷해진다는 것은 무엇인가? 화살을 만드는 사람은 사람이 상하지 않을까 근심하고 갑옷을 만드는 사람은 사람이 상할까봐 근심하게 된다.'라고 하였으니, 이는 절실하고 지극한 말입니다.

—『고종실록』 18권, 고종 18년 윤7월 6일 병신 4번째기사

1881년 조선 개국(開國) 490년[18]

---

18) 번역문은 조선왕조실록(http://sillok.history.go.kr/)에서 발췌하였음.

이 상소문은 강원도 유생 홍재학 등의 상소로 이항로가 척사 운동의 거두였음을 보여준다. 이 시기 척사(斥邪)는 '오륜 오상'을 기본으로 사상을 통일하고, 대의를 지키는 일로 간주되었다. 특히 이항로에게 당시 서양 풍속의 범람은 사악(邪惡) 자체로 배척해야 할 대상이었다. 이 상소에서는 당시의 사회 모습과 양학의 범람을 다음과 같이 묘사한다.

【 江原道儒生洪在鶴等疏略 】

今也擧國之所服者, 洋織也, 洋染也。擧國之所用者, 洋物也。所接者, 洋人也。所津津而流涎者, 洋之奇技淫巧也。是所居、所近、所執者, 俱是洋也。形氣心神, 安得不俱化而爲洋乎? 蓋洋之學, 固亂天理滅人倫之甚者, 無容更言。洋之物太牛, 是長淫導慾, 斁倫敗常, 亂人神而通天地。所以耳得之而幻臟易肚, 目寓之而翻腸倒胃, 鼻嗅脣接而易心而失性。是則如影響之相應, 癘疫之相染。所謂『中西聞見』、『泰西聞見』、『萬國公法』等許多異類之邪書, 充滿於國中。而所謂名士碩儒, 好新尙奇之輩, 淪胥而入, 樂而忘返, 更相稱美, 而名與位祿不日而從 (…中略…) 從古異敎, 例皆騁其似是之非, 以惑亂人心, 終至於率獸食人。而人不之察也, 墨氏之無父而託乎仁之近, 楊氏之無君而假乎義之疑, 鄕愿之亂德而借乎中庸之似也。況乎耶蘇、利瑪竇心肝之所吐, 熊三拔、萬濟國臟腑之所攄, 其似也分錢, 而其禍也山嶽, 其近也毫釐, 而其違也燕、越也。以之爲廣聞見開胸襟之資, 是何異於飮酖毒而要以解其渴, 食鉤吻而要以療其饑也哉? 夫所謂黃遵憲冊子賚來, 而達之天陛, 揚之朝班, 而其言曰 "彼之諸條論辨, 相符我之心筭。洋人住中原, 未聞中原之人皆邪學也。是果戴天履地者, 所敢發諸口乎? 是果與自爲者, 有尺寸之間乎? (…中略…) 伏願殿下奮發乾綱, 斷死社之義, 決戰守之計。立志以帥其氣, 克己以御其下, 刑家以及乎遠, 收境內西洋之物, 焚之通衢。(…中略…) 伏見四道儒疏傳敎下者, 臣等讀之未竟, 益不勝拊膺而痛哭者也。殿下何故牢拒一國萬口一談之公論, 至此極也? 抑不但臣等之疏, 在丙子初崔益鉉、李學淵、張皓根之徒所爭者此也。文纓如許元栻·劉元植、武臣如洪時中·黃載顯、 布衣如李晩孫·金祖榮·金碩奎·韓洪烈等所爭者此也。

詳略不同, 邪正利害, 安危存亡之大分, 如出一口, 殿下不惟不從, 刑之流之, 此聖主從諫之事乎? 叔季拒諫之事乎? 此謙然受善立事乎? 傲然自聖之事乎? 只此一事, 旣非吉祥可致之事, 而向來嶺儒疏之批, 近日傳敎之事, 尤有甚焉。請具條陳。批曰: "斥邪衛正。", 又曰: "草薙禽獮, 丙寅、辛未之間, 固可云矣。" 殿下萬機以後, 何曾一日有斥邪衛正之政令乎? 邪學之黨, 曾於何時現捉, 而草薙之乎? 如此批敎書之史冊, 天下後世當爲何如主也?

번역 오늘날 온 나라에서 입는 것은 서양 직물이고 서양 물감을 들인 옷이며 온 나라에서 쓰는 것은 서양 물건입니다. 접견하는 사람도 서양 사람이고, 탐내어 침 흘리는 것도 서양의 기이하고 교묘한 것들입니다. 사는 것과 가까이하는 것과 지키는 일이 다 서양의 것이니 형체와 기질과 마음이 어찌 다 서양 것으로 변화되지 않겠습니까? 대체로 서양의 학문이 원래 천리(天理)를 문란하게 하고 인륜(人倫)을 멸하는 것은 더 말할 것도 없이 심합니다. 서양의 문물은 태반이 음탕한 것을 조장하고 욕심을 이끌며 윤리를 망치고 사람의 정신이 천지와 통하는 것을 어지럽히니, 귀로 들으면 내장이 뒤틀리고 눈으로 보면 창자가 뒤집히며 코로 냄새 맡거나 입술에 대면 마음이 바뀌어 본성을 잃게 됩니다. 이것은 마치 그림자와 메아리가 서로 호응하고 전염병이 전염되는 것과도 같습니다. 이른바 『중서문견(中西聞見)』, 『태서문견(泰西聞見)』, 『만국공법(萬國公法)』 등 허다한 그들의 요사스런 책들이 나라 안에 가득 차 있습니다. 그런데 이른바 명사(名士)와 석유(碩儒)들은 새 것을 좋아하고 기이한 것을 숭상하여 거기에 빠져 들어가서 즐기면서 돌아올 줄을 모르고 번갈아 찬미하자 이름 있고 지위 있는 사람도 하루가 못 되어 휩쓸립니다. (…중략…) 예로부터 이교(異敎)는 대개 사이비(似而非)를 발전시켜서 사람의 마음을 현혹시켜 마침내는 짐승을 이끌고 사람을 잡아먹는 지경에 이르는데도 사람들은 깨닫지 못하게 되는 것입니다. 묵자(墨子)는 아버지를 무시하였는데도 '인(仁)'에 가깝다고 하였고 양자(楊子)는 임금을 무시하였는데도 '의리(義理)'에 가깝다고 하였으며 향원(鄕愿)은 덕을 어지럽히면서도 '중용(中庸)'에 유사하다고 하였습니다. 예수[耶蘇], 마테오 릿치[利瑪竇: Matteo Ricci]의 심보로 토설한 것과 웅삼발(熊三拔), 만제국(萬濟國)의 뱃속에서 나온 말들은 유사하기로는 분전(分錢)만큼이고 그 화(禍)는 산악과 같으며, 가깝기로는 터럭 끝만큼이고 그 어긋나기로는 연(燕) 나라와 월(越) 나라처럼 멉니다. 이런 것을 가지고 견문을 넓히고 흉금을 틔우는 데 도움으로 삼는다고 하니, 어찌 독약을 먹고 갈증을 풀려고 하며 독초를 먹고 굶주림을 면하려 하는 것과 다르겠습니까? 이른바 황준헌(黃遵憲)의 책자를 가지고 돌아와서 전하에게도 올리고 조정 반열에도 드러내 놓으면서 하는 말에, '여러 조목에 대한 그의 논변은 우리의 심산(心算)에도 부합됩니다. 서양 사람이 중국에 거주하지만 중국 사람들이 다 사학을 믿는다는 말은 듣지 못하였습니다.'라고 하였으니, 이것이 과연 하늘을 이고 땅을 밟고 사는 사람의 입에서 나온 말입니까? 이것이 과연 자기가 한 일과 척촌(尺寸)의 간격이라도 있다 하겠습니까? (…중략…) 삼가 바라건대 전하께서는 하늘의 기강을 떨치고 사직(社稷)을 위하여 죽는 의리를 결단하여 싸워 지킬 계책을 결정하소서. 뜻을 세워서 기(氣)를 통솔하고 사심(私心)을 극복하여 아랫사람을 거느릴 것이며, 일가(一家)에서 모범을 보여 먼 곳까지 미치게 하고 나라 안에 있는 서양 물건들을 거두어서 네 거리에다 놓고 불태워 버리소서. (…중략…) 삼가 사도(四道) 유생들이 올린 상소에 대하여 내리신 전교를 보았는데, 신들은 채 다 읽기도 전에 가슴을 치고 통곡하고 싶은 마음을 더욱 금할 수 없었습니다. 전하는 무슨 까닭에 온 나라 사람들의 입으로 한결같이 말하는 공론(公論)을 이처럼 굳게 거절하는 것입니까? 그리고 비단 신들이 상소하였을 뿐만 아니라 병자년(1876) 초에 최익현(崔益鉉)·이학연(李學淵)·장호근(張皓根)의 무리들이 주장한 것도 이것이었습니다. 문영여(文纓如)·허원식(許元栻)·유원식(劉元植)과 무신(武臣)으로는 홍시중(洪時中)·황재현(黃載顯)과 포의(布衣)로는 이만손(李晩孫)·김조영(金祖榮)·김석규(金碩奎)·한홍렬(韓洪烈) 등이 쟁론한 것도 이것이었습니다. 상세하거나 소략한 점은 같지 않으나, 바르고 바르지 않은 것, 이로운 것과 해로운 것, 편안한 것과 위태로운 것, 유지하는 것과 멸망하는 것의 큰 분류에 대해서는 한 입에서 나온 말처럼 같았는데 전하는 따르지 않았을 뿐만 아니라 형을 가하고 유배를 보냈으니, 이것이 간언(諫言)을 따르는 성주(聖主)의 일이라고 하겠습니까, 말세에 간하는 말을 거절하는 것이라고 하겠습니까? 이것이 겸손하게 선(善)을 받아들여 대업을 이룩하는 것입니까, 오만하게 자기 스스로 성인인 체하는 것입니까? 이 한 가지 일만 해도 이미 상서로움을 초래할 수 있는 일이 못 되는데, 지난번 경상도(慶尙道) 유생들의 상소에 대한 비답과 요즘 전교하신 일은 더욱 심한 것이 있으므로 조목조목 진달하겠습니다. 비답에, '사(邪)를 물리치고 정(正)을 지킨다.'라고 하였고, 또 '모조리 잡아 없앤 것이라면 병인년(1866)·신미년(1871) 경의 일을 실로 말할 만하다.'라고 하였습니다. 그러나 전하께서 즉위하신 이래로 어느 하루라도 척사위정(斥邪衛正)의 정령(政令)을 내린 적이 있습니까? 사학(邪學)의 무리들을 언제 잡아서 처단하신 적이 있었습니까? 이와 같은 비답과 전교가 역사책에 기록된다면 후세에 전하를 어떤 임금이라고 하겠습니까? 전하께서는 한가한 때에 다시 한 번 생각해보시기 바랍니다. 이렇게 하고도 오히려 남들이 말하지 않고 남의 마음을 감복시킬 수 있겠습니까? '어찌 경들의 말을 기다리겠는가?'라고 한 전교는 확실히 자족하여 남은 자기만 못하게 여기는 병통이 있습니다. 거룩한 임금의 마음이 원래 이래야 하겠습니까?

—『고종실록』 18권 고종 18년 윤7월 6일 병신 4번째기사
1881년 조선 개국(開國) 490년

개항 직후에 쓰인 이 상소문에서는 당시의 입는 것, 쓰는 것이 모두 서양의 것이며, 만나는 사람이 모두 서양인이라고 하였다. 특히 야소교, 리마두(마테오리치), 『중서견문』(프라이어가 발행한 중국어 신문, 후에 『격치휘편』으로 개제), 『태서문견』, 『만국공법』 등의 신서와 황준헌의 저서

(『조선책략』) 등을 비판하고, 이들의 학문이 중국의 묵자(墨子), 양자(楊子)의 설과 같이 천리를 어지럽히고 인륜을 멸하는 학문이라고 비판하였다. 이 상소에 언급된 병자년(1786) 초의 최익현, 이학연, 장호근, 문영여, 허원식, 유원식, 홍시중, 황재현, 이만손, 김조영, 김석규, 한홍렬 등은 척사 운동을 이끌었던 인물들이다.

여기서 주목할 점은 위정척사 활동에서 빈번히 제기되었던 '양묵(楊墨)'의 학설이다. 위정척사에서 척사의 대상인 '양이(洋夷)'는 후대 '왜양일체(倭洋一體)'로 인식되고, 그 근원은 주자의 논리대로 공맹 유학과 대립한 양묵이었다. 중국에서 묵자에 대한 관심은 '서학중원설(西學中原源說)'에 빈번히 등장한다. 예를 들어 량치차오(1903)의 '자묵자학설(子墨子學說)'에서는 다음과 같이 말한다.

【 敍論及墨子略傳 】

梁啓超曰 今擧中國皆楊子也. 有儒其言楊而楊其行者 有楊其言而楊其行者 甚有墨其言而楊其行者 亦有不知儒 不知楊 不知墨而楊其行於無意識之間者. 嗚呼楊學遂亡中國 楊學遂亡中國. 今慾救之 厥惟學墨. 惟學別墨 而學眞墨作 子墨子學說.

번역 량치차오가 말하기를 지금 중국은 모두 양자(전국시대 사상가 양주. 극단적 이기주의와 쾌락주의를 주장한 사람으로 알려져 있음)의 시대이다. 유학자가 양자를 말한 것은 양자가 행한 것이며 양자 그 말을 하고 그것을 행한 것이니 더욱 묵자가 말한 것이 양자가 행한 것이며 또한 유학자가 모르고 양자가 모르며 묵자가 알지 못한 것으로 양자가 무의식 중 행한 것이니, 아아 양자의 학설이 드디어 중국에서 사라졌다. 중국에서 사라졌다. 지금 그것을 구하고자 한다면 오직 묵자를 배울 것이니 특별히 묵자를 배우고자 묵자의 진면목으로 묵자학설을 짓는다.

—량치차오(1903), 『음빙실문집』, 광지서국, 상해

량치차오는 묵자의 시대가 주나라 말기 문승(文勝)의 폐가 극에 달했으며, 사회가 통일되지 않았고, 경쟁이 극렬한 시대로 규정한 뒤, 그의 종교사상과 실리주의, 겸애주의를 분석하였다. 그에 따르면 묵자의 종교사상은 '하늘은 만물의 표준이 되며, 하늘은 인격이자, 상재(常在)하며 전지전능한 자'이다. '천지욕악기보시(天之欲惡其報施, 하늘은 악을 행하고자 하면 그에 따라 보답한다.)'는 인과설이나 '상애상리(相愛相利, 서로를 사랑하고 이롭게 하는 것)'를 중시하고 겸애(兼愛)를 주장한 묵자의 학설은 국가 기원에서도 '존군주의', '법치국'을 주장하는 근거로 작용한다. 이러한 양묵설에서 강조되는 것은 '변통(變通)'이다. 『음빙실문집』 '통론'에서 가장 먼저 서술한 것이 '변법통의(變法通義)'임을 고려한다면, '변법', '변통'은 변혁사상의 뿌리가 된다.

앞의 상소문에 나타난 바와 같이, 근대 계몽기 위정척사 운동에서는 공맹과 대립하는 양묵을 '사악(邪惡)'으로 규정한다. 이 점은 위정척사 운동이 격변기의 시대 현실과 불화하는 모습이다. 그럼에도 성리학적 전통을 고수한 학자들 가운데 '변법(變法)'을 의식한 사람들이 상당수 나타난다. 그것이 이른바 '동도서기론(東道西器論)'이다. 이광린·신용하 편저(1984)의 『사료로 본 한국문화사』(일조각)에는 동도서기론을 대표하는 곽기락(郭其洛), 윤선학(尹善學), 지석영(池錫永), 고영문(高穎聞)의 상소가 실려 있다. 그 가운데 하나인 '유학(幼學) 고영문의 상소'를 살펴보자.

【 幼學高穎聞疏曰 】

伏以今當四海一家之際, 內修外和, 不得其方, 則反到膏肓, 秦緩難醫, 此定聖上宵旰[旰]慮深之日也。臣以草木賤生, 兼且固陋寡聞, 敢望越俎, 獻芻言于至尊至嚴之下哉? 然國內多事之時, 苟有所懷, 而惶恐未達, 又非臣民之道, 故敢昧死以聞。自古帝王本固邦寧之道, 固在德不在險。況今海道四關, 異方人接踵雲集, 萬民疑懼, 莫有定志。惟望天地父母, 保護赤子, 已[臣]竊念一人有慶, 兆民賴之, 兆民賴之在乎聖上方寸內發政施仁如何耳。如或舉措失宜, 則國家之安危係焉, 萬姓之禍福係焉, 可不謂重且難乎? 目下急務有七, 一, 派遣使价于歐西各邦, 先覘國風物土以伸友誼, 次請精嫺各藝敎師, 使我八域上下, 學習新務, 野無遺賢, 是昭代開明之一道。一, 政府外特設公議堂一所, 廣求識務之人, 不次陞用, 使先進導後進, 上下無格, 擧國同論, 是用人弘通之法。一, 依法採鑛, 勿計年數, 繼用三弊, 使貨泉日湧, 人無游食, 是生財之要。一, 作五家編法, 以五十戶爲一區, 每區擇一人爲區長, 取四人爲區長指臂, 巡査區內盜賊水火酗酒諸弊, 必厚其祿俸, 使專此事, 則輦轂之下, 萬人安堵, 此法堅定, 卽者都下, 漸及於各道窮鄕絶峽, 則是安民徵盜之要法。(…中略…) 一, 革除京司冗職雜貢, 變定新式, 厚定祿俸, 廣開生路, 使縉紳士庶, 各安其業, 是今日之大政也。且自天子, 以至庶人, 不可須臾離者, 惟大學一部, 最爲緊要。伏願殿下, 以大學爲立心之根基, 以易言爲時務之關鍵, 以左氏春秋較諸現今列邦政治得失, 爲目下之龜鑑, 摠之實力下工, 實力之則萬機維新, 德化隆洽, 可時日而覩也。豈特與歐西七雄, 竝驅爭衡而已哉?

번역 유학 고영문(高穎聞)이 상소하기를, "삼가 지금 사해(四海)가 한집안처럼 되고 있는 때를 맞이하여 내수(內修)와 외화(外和)를 잘 하지 못하면 병이 도리어 고황(膏肓)에 들어 진완(秦緩) 같은 이름난 의원이라도 고치기 어렵게 되니, 이때야말로 성상께서 밤낮으로 깊이 생각하셔야 할 때입니다. 신은 초목처럼 천하며 고루하고 견문도 적은데, 어찌 감히 분수를 넘어 하찮은 말을 지존 지엄하신 성상께 바치고자 하겠습니까. 그러나 나라 안에 일이 많을 때에 참으로 드릴 말씀이 있는데도 황공하여 진달하지 않는다면 이 또한 신하의 도리가 아니기 때문에 감히 죽음을 무릅쓰고 아뢰겠습니다. 예로부터 제왕이 근본을 굳게 하고 나라를 평안하게 하는 도리는 본디 덕에 달려 있는 것이지 산천의 험함에 달려 있지 않습니다. 더군다나 지금은 바닷길이 사방으로 열려 이방인(異邦人)이 연이어 운집하고 있어, 백성들이 의심하고 두려워하면서 뜻을 정하지 못하고 있습니다. 오직 바라옵건대 천지 부모께서는 백성들을 보호하소서. 삼가 생각하건대 성상 한 사람에게 경사가 있으면 백성들이 거기에 힘입으니, 백성들이 힘입는 것은 성상께서 마음을 써서 인정(仁政)을 어떻게 시행하느냐에 달려 있습니다. 만일 거조가 마땅함을 잃게 되면 국가의 안위(安危)가 거기에 달려 있고 백성들의 화복(禍福)이 매여 있으니, 중대하고 어렵다고 하지 않을 수 있겠습니까. 지금 당장의 급선무에는 일곱 가지가 있습니다. 1. 서구(西歐) 각국에 사신을 파견하여 먼저 그 나라들의 풍속과 토산물을 엿보아 우의를 신장하는 것입니다. 그 다음으로는 능숙한 각 기예(技藝)의 교사를 청하여 우리 팔도의 상하 백성으로 하여금 새로운 학문을 배우게 하여 초야에 유현(遺賢)이 없게 해야 하니, 이것은 밝은 세대의 개명(開明)하는 한 가지 방도입니다. 1. 정부(政府) 외에 공의당(公議堂) 한 곳을 특별히 설치하여 널리 시무(時務)를 아는 사람을 구하여 불차 탁용(不次擢用)하여 선진(先進)으로 하여금 후진(後進)을 인도해서 상하가 막히지 않고 온 나라의 논의가 같게 해야 하니, 이는 사람을 쓰는 크고 통달한 법입니다. 1. 법에 의하여 채광(採鑛)을 하게 하되 연수를 계산하지 말고 삼폐(三幣)를 이어 쓰게 해서 화폐가 날로 생산되고 놀고 먹는 사람이 없게 하여야 하니, 이는 생재(生財)의 요점입니다. 1. 오가작편법(五家作編法)의 시행입니다. 50호(戶)로 1구(區)를 만들고 매 구마다 한 사람을 가려서 구장(區長)을 삼고 4인을 뽑아서 구장이 지휘하여 순찰하면서 구내의 도적(盜賊)·수화(水火)와 술에 취한 사람 등 여러 폐단을 조사하고 단속하게 하되 반드시 그 녹봉을 후하게 주어 전적으로 이 일만 하게 하면 도성의 만백성이 안도하게 될 것입니다. 이 법이 확고하게 자리잡으면 바로 도하(都下)로 점차 미치고 각도와 궁벽한 시골이나 외딴 골짜기까지 미치게 하여야 하니, 이는 백성을 편안히 하고 도적을 징계하는 요법입니다. (…중략…) 1. 경사(京司)의 불필요한 직임과 잡공(雜貢)을 혁파해 없애고 신식(新式)을 변경해 정하며, 녹봉을 후히 정해 살아갈 길을 넓혀 벼슬아치나 서민들로 하여금 각기 그 직업에 안주(安住)하게 하는 것이 오늘날의 큰 정사입니다. 또 천자로부터 서민에 이르기까지 잠시도 놓아서는 안 될 것이 『대학(大學)』 한 권으로, 가장 중요한 책입니다.

삼가 원하옵건대 전하께서는 『대학』을 입지(立志)하는 근본으로 삼으시고, 『주역(周易)』의 말로써 시무의 관건을 삼으시고, 『춘추좌전(春秋左傳)』으로 지금의 여러 나라의 정치 득실과 비교하여 현재의 귀감(龜鑑)으로 삼으소서. 다시 정리하자면 진실로 힘을 다해 공부해야 하니, 그렇게 되면 모든 정사가 유신(維新)되고 덕화(德化)가 흡족하게 되는 것을 오래지 않아서 보게 될 것입니다. 그러면 어찌 서구의 칠웅(七雄)들과 더불어 다툴 뿐이겠습니까."

—『승정원일기』, 고종 19(1882)년 2월 22일[19]

상소문을 작성한 고영문이 어떤 사람인지는 명확하지 않으나, 유학(幼學)이라는 칭호를 고려할 때 당시의 성균관 유생이었을 가능성이 높다.[20] 이를 고려한다면 전통적인 성리학적 기반의 유생일지라도 시대 상황에 따라 '변혁', '변법'의 필요성을 자각했음을 알 수 있는데, 이 상소의 '변정신식(變定新式)'도 그 중 하나이다. 고영명은 국왕의 통치 기반이 『대학』, 『주역』, 『춘추좌전』을 귀감해야 한다는 전통적 정치사상을 토대로, 서양에 사절단을 파견하고, 공의당을 설치하며, 채광을 권장하고, 오가통법을 실시하여 치안을 유지하고, 상의소와 국립은행을 설립할 것, 개항할 것 등을 주장한 셈이다.

이와 같이 개화론이 단지 이른바 개화사상가들만의 몫이 아니었음을 확인할 수 있는데, 다수의 역사학자들은 이러한 세계관의 변화가 실학사상을 계승한 것이라고 보고 있다. 특히 최한기(崔漢綺, 1803~1877)는

---

19) 번역문은 승정원일기(http://sjw.history.go.kr/id/SJW-K19090220-04500)에서 발췌함.

20) 이 시기 성균관에 대해서는 이우성(1995)의 『실시학사산고(實是學舍散藁)』(창작과비평사)의 '개화기의 성균관'을 참고할 수 있다. 이에 따르면 대원군은 고종 6년(1869) '태학별단서(太學別單書)'를 보고하여, 서원 철폐의 반발을 무마하고 성균관을 명실상부한 교육기관으로 재정비하기 위해 노력했는데, 특히 지방 유생을 성균관에 발탁하고자 하는 내용이 들어 있다. 이를 고려할 때 개항 전후의 성균관은 그 기능의 충실 여부를 떠나 전통적인 성리학적 기반의 학풍을 계승한 교육기관이었음을 알 수 있다.

사상적 계보를 명확히 할 수 없으나, 실학시대 세계관주의를 제창한 대표적 학자로 알려져 있다. 그의 세계관주의에 대해 박희병(2003)에서는 '천하인민은 하나이며, 사대주(四大洲) 여러 나라는 통위일가(統爲一家)라는 사해일가주의', '만국은 평등하며 각 나라의 풍속과 관습의 차이를 인정한다는 것', '동서의 상업적 교통과 국제 무역을 전면적으로 긍정한 것', '일국의 관점에서 벗어나 세계적 기준, 세계적 안목으로 세계를 바라보아야 한다는 것', '세계통합지교(世界統合之敎)' 내지는 '세계일통지학(世界一統之學)의 수립 제창' 등이 특징이라고 정리하였다.21)

이와 같은 흐름에서 성리학적 전통을 계승한 지식인들 또는 실학을 계승한 지식인들의 자기 인식에도 큰 변화가 생겨나고 있음을 확인할 수 있다. 다만 변통을 부정하는 성리학적 지적 풍토에서 '동도서기'의 논리가 지식인 사회나 대중들에게 직접 계몽되는 방법이 부재했고, 그 속에서 '갑신정변'과 같은 개화사상가들의 급진적 사회 변혁 운동이 실패하면서, 위정척사에서 배태된 민족주의가 애국계몽의 차원으로 승화되기까지는 시간이 더 필요했던 것으로 볼 수 있다.

2.2. 개화·혁정(開化革政)

실학의 전통을 이은 개화사상은 김옥균, 박영효를 거치면서 급진적 변혁사상으로 이어졌다. 청국의 속방화(屬邦化) 정책에 반대하여 조선의 자주독립과 근대화를 추구하고자 했던 갑신정변이 3일 천하로 끝난 것은, 『윤치호일기』를 통해서도 확인할 수 있다.

【 1884.10.19일, 맑음, 삼가다. 6일. 토. 】
오후에 가친을 가 뵙다. 가친(家親)은 고우(古愚, 김옥균) 등 여러 사람

---

21) 박희병(2003), 『운화와 근대』, 돌베개, 56~57쪽.

의 일이 반드시 실패할 몇 가지를 미리 헤아리었다. 제일 군(君)을 위협한 것은 순(順)한 것이 아니고 역(逆)한 것이다. 제이 외세(外勢)를 믿고 의지하였으니 반드시 오래가지 못할 것이 실패하는 둘째 이유이다. 제삼 인심(人心)이 불복하여 변이 안으로부터 일어날 것이니 실패할 셋째 이유이다. 제사 청군(淸軍)이 곁에 앉아 있는데, 처음에는 비록 연유를 알지 못하여 가만히 있으나 한번 그 근본 연유를 알게 되면 반드시 병대를 몰아 들어갈 것이다. 적은 것으로 큰 것을 대적할 수 없는 것이니 사소한 일본병(日本兵)이 어찌 많은 청병(淸兵)을 대적할 수 있겠는가. 실패할 넷째 이유이다. 제오 가사 김(金, 김옥균), 박(朴, 박영효) 여러 사람이 능히 순조롭게 그 뜻을 이룬다 하더라도 이미 여러 민씨와 상(上)께서 친애(親愛)하는 신하(臣下)들을 죽이었으니 이는 건곤전(乾坤殿: 왕과 왕비)의 의향을 위배한 것이다. 군부모(君父母)의 뜻을 거스르고서 능히 그 위세(位勢)를 지킬 수 있겠는가. 실패할 다섯째 이유이다. 제육 만약 김, 박 여러 사람의 당(黨)이 많아서 조정(朝廷)을 채울 수 있다면 혹 할 수 있는 길이 있다 하겠다. 그러나 두서너 사람이 위로는 임금의 사랑을 잃고 아래로 민심(民心)을 잃고 있으며 곁에는 청인(淸人)이 있고 안으로는 군부모(君父母)의 미움을 받고 밖으로는 붕당(黨朋)의 도움이 없으니 능히 그 일이 순성(順成)함을 꾀할 수 있겠는가. 일이 반드시 실패할 터인데 도리어 스스로 깨닫지 못하고 있으니 어리석고 한스럽다.

—송병기 역(1975), 『윤치호일기』, 탐구당

갑신정변의 실패는 군(君)의 뜻을 거역한 것이며, 외세에 의존하고, 민심을 얻지 못한 것이므로 실패할 수밖에 없다는 뜻이다. 사전적 의미에서 '정변(政變)'은 비합법적 수단에 의한 정치 변혁을 의미한다. 앞서 살펴본 바와 같이, 김옥균의 개화사상은 당시의 관점에서 급진적 변혁 사상을 내포하고 있었음에 틀림없다. 『갑신일록』 1884년 12월 5일자 정령(政令) 14조는 당시 사정을 고려하면 매우 급진적이다.[22] 그 가운데

"문벌을 폐지하여 인민이 평등한 권리를 갖는 제도를 마련하고, 사람으로서 벼슬을 택하되, 벼슬로서 사람을 대하지 말 것"과 "대신과 참찬은 매일 합문(閤門)안 의정소(議政所)에서 회의하여 완전히 결정한 다음에 정령을 반포 시행할 것" 등23)은 인민 평등권과 의회, 법치주의를 고려한 정령으로 해석할 수 있다.

이러한 사상은 서구의 민권사상에 등장하는 자유와 평등 이념과 통하는 것으로 해석할 수 있는데, 근대 계몽기 개화사상을 집약하여 보여주는 자료가 박영효(1888)의 '건백서'이다. 앞에서 일부 살펴본 바와 같이, 이 건백서는 '우내의 형세(宇內之形勢)', '법의 기강을 흥하게 하여 민국의 평안을 벼림(興法紀安民國, 13개 항)', '경제로 민국을 윤택하게 함(經濟以潤民國, 44개 항)', '양생으로 인민을 건강하게 함(養生以健殖人民, 18개 항)', '무비를 다스려 백성을 보호하고 나라를 지킴(治武備保民護國, 10개 항)', '재덕과 문예로 치국의 근본을 삼음(敎民才德文藝以治本, 10개 항)', '정치를 바르게 하여 민국이 일정하게 함(正政治使民國有定, 15개 항)', '백성으로 하여금 당연히 자유를 얻게 하고 원기를 기름(使民得當分之自由而養元氣, 3개 항)'으로 구성되었다. 이 가운데 제7 정치 관련 건의는 정부의 직분을 강조하고 정당정치를 실시할 것을 건의한 내용이다.

---

22) 갑신정변은 1884년 12월 4일(음력 10월 17일) 발생하여 6일 김옥균 등이 일본으로 망명하면서 종료되었다. 이 사건에 대한 『고종실록』의 기록은 1884년 10월 17일부터 등장한다.

23) 정령 14조는 "一. 大院君不日陪還事(朝貢虛禮 議行廢止, 대원군을 불일내 모셔 올 것. 조공과 허례는 의논하여 폐지할 것), 一. 閉止門閥 以制人民平等之權 以人擇官 勿以官擇人事(문벌을 폐지하여 인민 평등권으로써 관리를 택하고 인사로써 관리를 택하지 말 것), 一. 革改通國地租之法 杜吏奸而敍民困 兼裕國用事(온 나라에 지조법을 개혁하여 관리의 부정을 막고 백성의 어려움을 펴게 하는 동시에 국용에 쓰게 할 것) (…中略…) 一. 大臣與參官(新差六人 今不必書) 課日會議又閤門議政所 以爲變定 而布行政令事(대신 참관(신차 6인은 지금 기록할 필요가 없음) 매일 합문 의정소에서 회의하여 법을 정한 뒤 반포하여 행할 일, 一. 政府六曹外 凡屬冗官盡行革罷 令代身參贊 酌議以啓事(정부 6조 이외의 쓸데없는 관리는 다 혁파하되 대신 참찬으로 헤아려 의정하여 품계하게 할 일)" 등이다.

【 正政治使民國有定 】

政府之職分者, 穩治國民, 而無束縛, 固守國法, 而不任意, 保外國之交際, 而重信義, 養民之生, 而使守廉節知榮辱, 敎民以文德才藝, 而開窮理發明之路, 政治一定, 而無變革, 號令必信, 而無斯僞, 民賴國法, 而安業營産, 得免於飢塞, 內無人民之擾亂, 外無鄰國之侵侮, 而執中庸之道, 則政府之職, 於斯盡矣, 古曰 「人心惟危, 道心惟微, 維精維一, 允執厥中」, 此治國平天下之本也, 故君賢吏良, 而無偏無黨, 愛民如己, 敎民如子, 則民國乃安, 君暴吏汚, 而寵奸嬖邪, 視民如讎, 治民如獸, 則民國乃危, 大學云 「詩云 「節彼南山, 維石巖々, 赫々師尹, 民具爾瞻」, 有國者不可以不愼, 辟則爲天下僇矣」, 凡有民則有政府, 有政府則有治理, 有治理則有議論, 有議論則有異同, 有異同則有縱橫, 有縱橫則黨乃成, 而各主其議, 此古所謂朋黨, 而今之政黨也, 若行政者, 能辨其是非, 而行其可者, 則得中而無辟, 然不能辨其是非, 而行其不可者, 則失其中而致辟, 故禍亂可乘而動也, 臣案國朝古事, 有西人, 南人, 大北, 小北之分黨, 互相駁斥, 誣成逆名而相殺戮, 及於近代, 西人分爲老論 少論, 而亦如前日之事, 然前日之黨, 無大關於國體, 則彼可謂「朋黨」也, 至於年前, 黨派又分爲二, 就新自立, 守舊依賴, 是也, 而臣等見國勢汲々, 不可虛延時日, 故欲亟圖興復, 至敢行殘酷罔狀之擧矣, 研此有大關於國體, 則此可謂政黨也, 伏願陛下, 辨其是非, 而護其忠國之黨, 以保國體安民命, 如不然, 卽招禍之道也.

번역 정부의 직분은 국민을 바르게 다스려 속박이 없게 하고, 국법을 준수하여 임의대로 하지 않는데 있으며, 외국과 교제하여 신의를 중시하고, 인민을 양성하여 생활의 염치와 절제 영욕을 알게 하고, 문덕과 재예로써 백성을 가르쳐 궁극의 이치를 밝히는 길을 열어 정치가 일정하면 변혁이 없을 것입니다. 신의로 호령하면 거짓이 없고, 백성이 국법에 의지하면 생업과 생산이 평안하여 굶주림을 면할 수 있으니 안으로 인민의 소요가 없고 밖으로 이웃 나라의 침법이 없으니 중용의 도를 지키는 것이 곧 정부의 직분을 다하는 것입니다. 옛말에 "사람의 마음이 오직 위태로워 도심이 미미하고 정일(精一)함을 다잡아 그 안에 채울 수 있다."

하니, 이것은 치국 천하의 근본입니다. 그러므로 임금이 현명하고 관리가 어질면 편당이 없고 자기 몸과 같이 백성을 사랑하고, 자기 자식과 같이 백성을 가르쳐 민국(民國)이 평안하며, 임금이 포악하고 관리가 탐학하면 간신을 총애하고 벽사를 좋아하여 백성을 원수처럼 보고 짐승처럼 다스려 민국이 위태합니다. 대학에 이르기를 "절피남산 유석엄엄 혁혁사윤 민구이첨(節彼南山, 維石巖々, 赫々師尹, 民具爾瞻)"이라 했으니 임금이 근신하지 않으면 곧 천하의 욕됨이 있다고 하였습니다. 무릇 백성이 있으면 곧 정부가 있고, 정부가 있으면 정치의 이치가 있으며, 정치의 이치가 있으면 의론(議論)이 있고, 의론이 있으면 의견의 차이가 있으며, 의견의 이동(異同)이 있으면 곧 종횡이 있고, 종횡(縱橫)이 있으면 곧 당이 이루어지며, 각각 그 주의를 갖게 되니, 이것이 옛날 이른바 붕당이라고 하는 것이며, 지금은 곧 정당(政黨)입니다. 만약 행정이라는 것이 능히 시비를 가려내고 그것을 행하면 적절한 것을 얻어 치우치지 않을 것입니다. 그러나 시비를 가려내지 못하고 하지 말아야 할 것을 행하면 곧 그 올바름을 상실하여 치우치게 되니, 그러므로 화란(禍亂)이 가히 격해질 것입니다. 신이 국조의 고사를 살피건대 서인, 남인, 대북, 소북의 분당은 서로 반박하고 배척하며 역적의 이름으로 무고하고 서로 살육하면서 지금에 이르렀습니다. 서인이 노론과 소론으로 나뉘어 또한 전일과 같아 전일의 붕당이 국체(國體)와 무관하니 곧 저들을 가히 '붕당'이라 일컬을 것입니다. 연전에 이르러 당파가 둘로 나뉘었으니, 취신자립(就新自立)과 수구의뢰(守舊依賴)가 그것입니다. 이에 신등이 국세가 급함을 보고 더 이상 미룰 수 없어 시급히 부흥(復興)을 꾀하고자 하여 잔혹 망상한 거조를 행하기에 이르렀습니다. 이는 국체와 관계되는 일이어서 이를 가히 '정당'이라고 부를 수 있습니다. 폐하께서 시비를 가려 충국(忠國)의 정당을 보호하고, 국체(國體)를 유지하며 인민의 생명을 평안하게 하시기를 엎으려 바라오며, 그렇지 않은 곧 화를 부르는 길이 될 것입니다.

　　—박영효, '정정치 사민국유정(正政治, 使民國有定)', 『건백서』 제7

이 건의에 따르면 정부의 직분은 국민의 자유권을 보장하고, 법치주의를 실시하며, 신의로 외국과 교섭하며, 인민 양성과 교화를 하는 데있다. 이를 위해 정당 정치를 실시해야 하는데, 본래 정당은 고래의 '붕당'과 같은 개념이다. 붕당이 '국체와 무관'하면 사사로운 당파이나 정치의 이치와 의론이 바로잡히면 정당이 되는 셈이다. 더욱이 당시 정파를 '취신자립'의 당과 '수구의뢰'의 당으로 나뉘었다고 하는 견해는 정당 정치의 실현 가능성을 염두에 둔 것이다. 이를 위해 15개 항을 건의하고 있는데, 이를 좀 더 살펴보자.

【 正政治使民國有定 】

一 不可 親裁萬機, 而各任之其官事, 一 擇賢相, 傳任政務事, 一 崇 宗室, 以固宗社事, 一 凡職掌, 當其職, 治其政事, 一 使公卿大夫治務, 而不可任小吏事, 一 合小縣爲大縣事, 一 賞功以爵位及財寶, 而不可以官事, 一 不可授官位于外國人事, 一 許官吏起服行公事, 一 使四色罷舊嫌相婚姻, 而政府不可分別之事, 一 縣宰及司訟之官, 隨人望而登用事, 一 設縣會之法, 使民議民事, 而得公私兩便事. 今政府之山林, 府縣之座首, 皆因於儒敎, 隨民望選拔, 而協議民國之事, 則 本朝亦有君民共治之風也, 臣聞前日, 治隆德盛之時, 山林之權, 傾動一世, 國之大事, 必經議論, 然後行政云, 若推此法, 而廣之, 漸臻益精益美, 則可謂文明之法也, 凡民有自由之權, 而君權有定, 則民國永安, 然民無自由之權而君權無限, 則雖有暫時强盛之日, 然不久而衰亡, 此政治無定, 而任意擅斷故也, 一 致謹於淸, 愼而和魯, 倚托於美, 親交日本, 結英, 德, 法等國事, 一 外交國以信, 不可違背, 且與約必愼, 不可輕卒事, 臣等槪知其利害矣, 一 與外國交, 勿失主權, 損國體事

번역 친히 모든 것을 재가하면 안 되며 각각 관리를 임명하여 그 일을 맡길 일, 현명한 재상을 가려 정무를 맡게 할 일, 종실을 숭상하고 종묘사직을 튼튼히 할 일, 무릇 직장은 그 직책을 맡아 그 정무를 다스릴 일, 공경대부로 하여금 (직접) 힘쓰게 하고 하급 관리에게 맡기지 않게 할 일, 작은 현을 합쳐 큰 현으로 할 일, 작위 및 재물로 상을 주며 관직으로 대신하지 말 일, 외국인에게 관직과 지위를 부여하지 말 일, 관리가 일어나 공무를 행하도록 할 일, 사색이 서로 혼인하는 것을 꺼리는 구습을 혁파하고 정부가 그것을 나누지 말 일, 현재(縣宰) 및 사송(司訟)의 관리를 인망에 따라 등용할 일, <u>현회(縣會)의 법을 설립하여 인민이 인민의 일을 의논하도록 하고, 공사(公私) 모두 편하게 할 일.</u> 지금 정부의 산림, 부현의 좌수는 모두 유교로 인한 것이어서 백성의 소망에 따라 선발하여 민국의 일을 협의하게 하면, 이것이 곧 본조에서 <u>또한 군민공치(君民共治)의 풍속이 되는 것입니다.</u> 신이 전일 듣건대, 덕이 융성한 시대에 산림의 권한이 일세를 흔들었으며 국가의 대사는 반드시 의론을 거친 연후에 행했다고 합니다. 만약 이와 같은 법으로 미루어 널리 행하면 점차 더욱 정밀하고 유익한 데 이를 것이니, 곧 문명의 법이라고 할 것입니다. <u>무릇 백성이 자유권을 갖고 군권(君權)을 한정하면 민국이 영원히 평안합니다. 그러나 백성의 자유 권리가 없고 군권이 무한하면 곧 잠시 강성한 날이 있을지라도 오래지 않아 쇠망하니 이것은 정치가 정해지지 않아 임의로</u> 천단한 까닭입니다. 청나라를 경계하고 러시아와 화합하며, 미국에 의탁하고, 일본과 친교하며, 영국·독일·프랑스 등과 결맹할 일, 신의로써 외교하고 배신하지 말며 또한 조약을 신중히 하고 가볍게 여기지 말 일. 신 등은 이미 그 이해를 알고 있습니다. 외국과 교류하여 주권을 상실하지 말며 국체를 손상시키지 말 일.

— 박영효, '성성치 사민국유성(正政治, 使民國有定)', 『건백서』 제7

건의 사항 가운데 주목할 점은 '현회(縣會)', '군민공치(君民共治)'를 주장한 점이다. 앞서 살펴본 바와 같이, '군민공치'의 개념은 정관응의 『이언(易言)』, 『황성순보』의 태서법률 등에서 등장하기 시작한다. 그런데 이를 국내 정치에 도입해야 한다는 주장이 등장하는 것은 '건백서'가 처음으로 보인다. 엄밀히 말해 '공치(共治)'는 의논을 전제로 한다. 『조선왕조실록』에서 '공치(共治)'를 검색하면 총 64건이 등장하는데, 대부분의 용례는 '동일하게 대우한다'는 의미에서 '기민공치(其民共治)'라고 쓰거나 『태종실록』 권33(태종 17년(1419) 6월 9일자 기사)의 '군신공치(君臣共治)'처럼 '군신이 함께 의논하여 다스림'이란 표현이 쓰일 뿐이다. 『승정원일기』의 각종 상소에서도 '군민공치'의 개념이 등장하는 것은 갑오개혁 이후인 1897년 이후이다.[24] 더욱이 '제8 사민득당분지자유이양원기(使民得當分之自由而養元氣)'는 그 자체가 사회계약설에 해당한다.[25] 이러한 의식 변화는 외세 의존적인 면은 있을지라도 갑신정변 실패 후 지식인들의 자기반성적인 면을 의미하는 것으로 해석할 수 있을 것이다.

이러한 맥락에서 갑오개혁 이후의 민권 운동은 위정척사와 개화 혁정의 갈등을 조정하는 계기가 될 수 있다. 갑오개혁 직후인 1897년 9월 8일자 『승정원일기』의 시민 전 지사(立廛市民前知事) '정재승(丁載昇)' 등의 상소에서는 '황제' 칭호를 사용해야 하는 이유를 다음과 같이 주장하고 있다.

【 立廛市民前知事丁載昇等疏 】

伏以, 臣等以若城市之賤品微物, 安敢爲言於國家大事乎? 臣等生成於仁天雨露之中, 則身雖賤微, 耳目同焉, 故亦有聞而有見矣。秉彝其心一也, 涓埃其誠一也, 是以不避猥越, 敢陳此閭巷一得之言, 伏願聖明, 俯察貴賤之各言其情, 特爲採納焉。惟我陛下御極以來, 垂拱而至治, 崇儒重道, 啓文明於禮義之邦, 修內和外, 奠國勢於磐泰之基, 綢繆陰雨, 軍旅一新, 咨嗟水旱, 黎民賴安, (…中略…) 第伏念今日之勢, 不得不亟進帝號, 而陛下雖以謙德而不允, 今有不可以已者有五焉, 臣等今以所聞所見, 敢請歷陳之。傳曰, 天視自我民視, 天聽自我

24) 『승정원일기』 139책(탈초본 3088책) 고종 34년 9월 8일[양력 10월3일] 갑오 11.12 기사 1897년 光武 1년 光緖(淸/德宗) 23년.
25) 이에 대해서는 이 총서 권2의 제5장을 참고할 것.

民聽, 今朝廷百官皆曰可, 率土含生皆曰可, 此實順人望而應天命, <u>此其一也</u>。
公法曰, 民順則許之, 又曰, 所轄非止一國, 宇內邦國, 境地遼闊者, 可稱皇帝。
惟我東國, 環海阻山, 廣置三韓四府, 南自耽羅·于山等國, 北至野人女眞等地,
咸歸一統, 自成全局, 以此地方, 亦足爲帝國, <u>此其二也</u>。在昔三代之制, 天子畿
封, 不過千里, 而今我疆土, 極南曁朔, 統有三千六百餘里, 不翅倍蓰於唐·虞,
<u>此其三也</u>。誌曰, 民安其故章, 不愆舊現, 今朝鮮之民, 只知皇帝之爲貴, 不識君
主之爲尊, 循其故則民安, 聞其新則民疑, 是帝是號, 陛下位尊, 則自以爲安民之
大機關, <u>此其四也</u>。昔漢光武初定河·薊, 國勢多艱, 軍制未備, 謙之以中興之位,
則有臣馮異, 一言納諫, 遂登帝位, 此是重宗祊而係民心, <u>此其五也</u>。<u>蓋今日之
天下, 卽大局一新之初也, 地球萬國, 皆以自主獨立, 爲一定大權, 而位號則隨其
國俗而各異, 或曰大皇帝, 或曰大君主, 或曰大統領, 而政體則或有君主之專制,
或有君民之共治, 或有國人共和, 各爲人主之權限, 此萬國公法之所以作也</u>。

번역 입전 시민(立廛市民)과 전 지사(知事) 정재승(丁載昇) 등이 상소하
기를, "삼가 아룁니다. 신들이 성시(城市)의 미천한 신분으로서 어
찌 감히 국가의 대사(大事)에 대해 말할 수 있겠습니까. 신들은 어질고
은혜로운 성상의 은택 가운데에서 생장하였으니, 비록 미천한 신분이지
만 남들처럼 귀와 눈을 가지고 있습니다. 그래서 들은 것도 있고 본 것도
있으며, 떳떳한 마음은 한결같고 티끌만 한 정성도 한결같습니다. <u>이러므
로 외람됨을 피하지 않고 감히 여항(閭巷)의 한 가지 옳은 말을 아뢰는
것입니다</u>. 삼가 바라건대, 밝으신 성상께서는 귀한 사람이나 천한 사람이
나 각각 자기 실정을 말하는 것을 굽어 살피시어 특별히 채납해 주소서.
우리 폐하께서는 보위에 오르신 이래로 굳이 애써 노력하지 않으시면서
도 정치를 지극한 수준에 올려놓으셨습니다. <u>유학(儒學)을 높이고 사도
(斯道)를 중시하여 예의의 나라에 문명(文明)을 열었고, 내치(內治)를 잘하
고 외국과 사이좋게 지냄으로써 국가의 형세를 태산과 반석 위에 올려놓
았으며</u>, 환란이 생기기 전에 미리 대비하여 군려(軍旅)를 새롭게 하였고,
가뭄과 홍수에도 백성들이 이를 의지하여 편안하게 살게 되었으며, 재주

있는 사람만을 등용함으로써 뭇선비들이 다투어 나왔고, 폐단이 생기는 대로 바로잡음으로써 여러 고을이 소생하여 완전하게 되었습니다. (…중략…) 다만 삼가 생각건대, <u>오늘의 형세는 속히 황제의 칭호를 올리지 않을 수 없으니, 폐하께서 비록 겸손한 덕으로 윤허하지 않더라도 지금 그만둘 수 없는 다섯 가지 이유가 있습니다.</u> 신들은 지금 보고 들은 것을 가지고 감히 낱낱이 말씀드리도록 하겠습니다. 『서경』에 이르기를, '하늘이 보는 것은 우리 백성이 보는 것으로부터 하며, 하늘이 듣는 것은 우리 백성이 듣는 것으로부터 한다.' 하였습니다. 지금 조정 백관이 모두 그렇게 해야 한다고 하고 온 나라 백성들이 모두 그렇게 해야 한다고 하니, 이것은 진실로 사람들이 바라는 것을 따르고 천명에 순응하는 것입니다. 이것이 그 첫 번째 이유입니다. 『<u>만국공법</u>』에 이르기를, '<u>백성이 순종하면 허락한다.</u>' 하였고, 또 이르기를, '<u>관할하는 것이 한 나라에 그치지 않고 천하의 나라로서 국토의 면적이 넓은 경우에는 황제를 칭할 수 있다.</u>' 하였습니다. 우리나라는 바다에 둘러싸이고 산에 막혀 있어서 넓이는 삼한(三韓)과 사부(四府)를 두고 남쪽으로는 탐라(耽羅)와 우산(于山) 등의 나라에서 북쪽으로는 야인(野人)과 여진(女眞) 등의 지역까지 모두 통일 국가가 되어 온전한 형국을 이루었으니, 이 정도의 지역으로도 충분히 제국(帝國)이 될 수 있습니다. 이것이 두 번째 이유입니다. 옛날 삼대(三代)의 제도는 천자(天子)의 기봉(畿封)이 1천 리에 불과하였는데, 지금 우리나라의 영토는 남쪽과 북쪽 끝까지 3600여 리를 통괄하고 있으니, 요 임금과 순 임금보다 몇 배 이상이 됩니다. 이것이 세 번째 이유입니다. 『지(誌)』에 이르기를, '백성들은 옛것을 편안하게 여기고 옛법을 허물지 않는다.' 하였는데, 지금 조선(朝鮮)의 백성은 다만 황제(皇帝)가 귀하다는 것만을 알고 군주(君主)가 높은 것은 알지 못합니다. 옛것을 따르면 백성이 편안하게 여기고 새로운 것을 들으면 백성이 의심을 하니, 황제의 칭호로 폐하의 자리가 높아지는 것은 저절로 백성을 편안하게 해 주는 중요한 관건이라고 여깁니다. 이것이 네 번째 이유입니다. 옛날 한(漢) 나라 광무제(光

武帝)가 처음 하계(河薊)를 평정하였을 때, 국가의 형세가 어려움이 많고 군제(軍制)가 갖추어지지 않아서 중흥(中興)의 자리를 겸양하였습니다. 그랬다가 풍이(馮異)라는 신하가 한마디 간언(諫言)을 하자 마침내 황제의 자리에 올랐으니, 이것은 종묘사직과 민심에 관계된 일이기 때문이었습니다. 이것이 <u>다섯 번째 이유입니다. 오늘의 천하는 바로 대국(大局)이 한번 새롭게 되는 초기입니다. 지구상의 만국(萬國)은 모두 자주 독립으로 일정한 대권(大權)을 삼지만, 위호(位號)는 나라의 습속에 따라서 각각 달라 대황제(大皇帝)라고 하기도 하고 대군주(大君主)라고도 하고 대통령(大統領)이라고도 하며, 정치 체제는 혹 군주가 전제(專制)하기도 하고 혹은 군민(君民)이 함께 다스리기도 하고 혹은 국민이 참여하는 공화(共和)를 하기도 하여 각각 인주(人主)의 권한을 한정합니다. 이것이 『만국공법』이 만들어지게 된 까닭입니다.</u>

　　　　　—『승정원일기』 139책(탈초본 3088책) 고종 34년 9월 8일[26]

이 상소는 입전 시민 전지사 정재승 등의 상소로, 황제 칭호를 사용해야 하는 다섯 가지 이유를 제시한 상소문이다. 정재승에 대한 자세한 사항을 알기는 어려우나, 『승정원일기』 고종 30년(1893) 11월 26일자 기록에 따르면 이때 병조의 오위장을 지냈던 인물로 보인다.[27] 상소의 주된 내용이 황제 칭호의 사용이지만, 그 다섯 번째 근거인 '대국일신

---

26) 번역문은 승정원일기(http://sjw.history.go.kr/id/SJW-K19090220-04500)에서 발췌함.

27) 『승정원일기』 138책(탈초본 3040책) 고종 30년 11월 26일 〈갑진〉 1893년 光緒(淸/德宗) 19년. "兵批, 行兵曹判書鄭基會進, 參判成大永未肅拜, 參議趙鍾純病, 參知洪學周入直, 右副承旨金裕成進。以李敎獻爲知訓鍊, 權膺善・李啓興爲同知, 朴齊恂・柳錫倫・金東弼爲僉知, 安鶴善爲訓鍊都正, <u>金有根・丁載昇・金快吉・趙泓達・朴琪絢・安基浩爲五衛將</u>(병비에 행 병조판서 정기회(鄭基會)는 나왔고, 참판 성대영(成大永)은 아직 숙배하지 않았고, 참의 조종순(趙鍾純)은 병이고, 참지 홍학주(洪學周)는 입직이고, 우부승지 김유성(金裕成)은 나왔다. 이교헌(李敎獻)을 지훈련원사로, 권응선(權膺善)・이계흥(李啓興)을 동지중추부사로, 박제순(朴齊恂)・유석륜(柳錫倫)・김동필(金東弼)을 첨지중추부사로, 안학선(安鶴善)을 훈련원 도정으로, <u>김유근(金有根)・정재승(丁載昇)・김쾌길(金快吉)・조흥달(趙泓達)・박기현(朴琪絢)・안기호(安基浩)를 오위장</u>으로 삼았다)."

지초(大局—新之初)'의 형세에서 만국의 자주 독립과 군주 전제, 군민공치, 공화 정체 등의 정치 체제가 존재함을 인식하고, '황제 칭호' 사용이 자주 독립의 기반이자 '안민(安民)'의 기초가 됨을 주장한 것은 척사와 혁정의 갈등의 자기 조절 과정의 하나로 해석된다. 이러한 흐름에서 갑오개혁 이후 국권 침탈의 위기상황을 맞으면서 독립협회와 만민공동회 등의 민권 운동, 면암 최익현과 유인석 등의 저항적 민족 운동, 박은식과 장지연 등의 애국계몽사상이 1880년대 이전부터 점진적으로 형성되어 온 것임을 알 수 있다.

3. 근대의 유학생 담론 형성과 한국적 계몽사상

3.1. 근대 학문과 유학생 담론의 형성

합리적 이성주의와 민권 의식의 성장, 과학주의의 발달 등이 근대 의식의 특징이라고 할 때, 근대 의식의 성장 과정은 근대적 학문의 발달과 밀접한 관련을 맺게 된다. 더욱이 근대적 학문의 발달은 시민 계급의 형성과 불가분의 관계를 맺게 되며, 시민 의식이 형성되는 과정에서 이를 계도하는 지식인의 역할이 중요해짐은 자연스러운 일이다. 이러한 맥락에서 근대화 과정에 놓인 일본, 중국, 한국 모두 유학생 파견의 필요성이 제기되었다.

일본의 경우 1853년 강제 개항 이후 바쿠후 정권(幕府政權) 시절부터 서양에 사절단을 파견하기 시작했는데, 당시 일본에 소개되었던 서양 학문의 경향과 함께, 일본 근대화에 필요한 지식 습득의 필요성이 본격적으로 제기되었다. 소봉 도쿠부(蘇峰 德富猪一郎, 1935)[28]의 설명에 따르

---

28) 소봉 도쿠토미이이치로(蘇峰 德富猪一郎) 저·히라이즈미기요시(平泉澄) 교정(1963), 『근

면, 바쿠후 시절부터 해외에 사절단을 파견하기 시작했는데, 1860년(일본 연호 만넨 萬延 원년) 미국에 공식적으로 니미부센노가미(新見豊前守) 일행을 파견했고, 이에 간린마루 호(咸臨丸 号)가 태평양을 건넜다고 한다. 이어 1861년 다케우치시모츠케노가미(竹内下野守, 1807~1867, 일본 개항기 대표적인 북방 방위론자, 海防論者, 다케우치야스노리[竹内保德]로도 불림) 일행을 해외사절단으로 파견하였으며, 1862년 프랑스에 이케다치구고노가미(池田筑後守, 1837~1879, 바쿠후 시대 무사, 프랑스 사절단원) 등을 파견하고 그 결과 요코스카(横須賀) 제철소를 건립하였으며, 파리 박람회에 참가하고, 러시아와 화태(樺太, 사할린) 문제를 협상하도록 하였다. 프랑스 사절단과 함께 10여 명의 수행원이 단기 유학을 하였는데, 이때 후쿠자와유키지(福澤諭吉), 후쿠치겐이치로(福地源一郎, 1841~1906, 바쿠후·메이지 시대 무사, 저널리스트, 극작가) 등이 유명한 인사들이다. 특히 후쿠자와는 세 차례의 사절단에 번역관, 수행원으로 참여하여 이 시기 서양 사정을 공부하고, 귀국 직후인 1863년 『서양사정(西洋事情)』을 집필하였다.

개항 초기 일본의 사정은 서세동점기 한국과 중국의 사정과 크게 다르지 않았던 것으로 보이는데, 일본은 1860년대부터 미국을 통해 구함, 증기선, 상선, 고기잡이용 선박, 대포, 군용 물품과 병기, 기타 필요한 제반 물품을 사들이는 데 열중했다.29) 이는 개항 직후 1881년 중국에 영선사를 파견하여 기기 물품 제조술을 배우고자 했던 우리나라도 비슷하다.30) 메이지 유신(1868) 직전인 1863년 사쓰마(薩摩)의 무사였던

세일본국민사(近世日本國民史): 내외교섭편(內外交涉編)』, 근세일본국민사간행회(近世日本國民史刊行會), 도쿄(東京). 이 책은 1935년 소봉 도쿠부(蘇峰 德富猪一郎)의 저술을 히라이즈미 기요시(平泉澄)가 교정한 책으로 근대 일본의 대외 교섭 관계를 상세히 정리하였다.

29) 소봉 도쿠토미이이치로(蘇峰 德富猪一郎) 저·히라이즈미기요시(平泉澄) 교정(1963: 322).

30) 개항 직후 조선 정부에서는 1881년 일본에 조사시찰단, 중국에 영선사를 파견하였음은 널리 알려진 사실이다. 특히 영선사로 파견되었던 김윤식(金允植)은 중국에서 각종 물품 제조술을 배우고자 하였다.

고다이사이스케(五代才助, 고다이도모아츠[五代友厚]로도 불림)가 사쓰마·영국 전쟁에 패한 뒤 영함(英艦)에 포로로 잡혔다가 풀려나 쇄국양이의 실태를 통렬히 비판하면서 상신서(上申書)를 올린 과정도 개화 과정에서 볼 수 있는 보편적 현상으로 보인다. 일본의 해외 유학생 파견은 고다이사이스케의 상신서의 영향에 따른 것으로 알려져 있다. 도쿠토미이이치로(1935)에 따르면 사츠마 번주는 고다이의 헌언(獻言)에 따라 유학생 파견의 필요성을 인식하였고, 1865년 구주 유학생 15명을 선발·파견하였다.

일본 메이지 유신의 역사를 설명한 다나까 아키라(田中彰, 1981)[31]에 따르면 메이지 유신은, 외국의 압제에 밀려 '전망도 세울 수 없는 화친조약'을 체결하고, 이를 비판하는 정치세력을 강력하게 탄압한 바쿠후 정권이 해체되는 국가 위기 상황에서 '공무합체운동(公武合體運動)'과 '존왕양이운동(尊王洋夷運動)'의 결과로 나타난 혁명이다. 공무합체운동은 사적(私的)으로 변해버린 바쿠후 정권을 재편하고자 한 정변(1863년 3월 8일의 정변)을 의미하며, '존왕양이'는 '게이오기(慶應期: 1865~1867)' 바쿠후를 타도하고 천황의 권위를 회복하고자 한 운동이다. 다나카 아키라(1981)에서는 이러한 메이지 유신의 근대 천황제 창출에 관하여, "천황의 권위와 공의 및 세론을 한 조로 하고, 국가 지배의 역할을 인출한 것은 막부 타도파 출신의 유신 관료(維新官僚)이며 번벌(藩閥) 지배자들이었다. 그들은 한쪽 발을 서남 지방의 강력한 번의 세력 기반에 두면서도, 다른 한편으로는 이를 초월하는 조신적(朝臣的) 존재였다. 그들은 한편으로는 천황제 관료 기구를 구축함으로써 행정을 추진하는 관료이면서도 그러나 단순한 관료가 아니었다. 그들은 지배의 역할을 연출하면서 동시에 이것을 한몸에 짊어진 존재였다. 그들은 그 정점에

---

31) 다카하시 고하치로(高橋幸八郎)·나가하가 게이지(永原慶二) 편·차태석·김리진 역(1981), 『일본근대사론(日本近代史論)』, 지식산업사.

천황을 올려앉히고 권력의 집중을 꾀하는 한편, 공의 및 세론의 존중을 내걸고 권력기반의 확대를 추진하였다."라고 요약한다.

이와 같은 일본 근대화 과정에서 주목되는 사건의 하나가 이와쿠라 사절단(岩倉使節團)의 파견이다. 이 사절단은 메이지 유신 직후 폐번치현 (廢藩置縣)이 이루어진 지 4개월 뒤인 1871년 11월부터 10개월 간 미국과 유럽에 파견된 사절단을 말한다. 이권희(2013)에서 설명한 바와 같이, 이 사절단은 평균 연령 30세 남짓의 정예로 구성된 사절단이며, 바쿠후 말기 수교조약을 맺은 선진 제국의 지도자들에게 천황의 친서를 전달하고, 동시에 조약 개정을 위한 예비 교섭, 신흥국 일본을 구성하기 위한 서구 제도 고찰 등에 목적이 있었다.[32] 다나카 아키라(1981)에서 설명한 바와 같이, 이 사절단은 미국, 영국, 프랑스 등의 선진 제국이 발전하게 된 동기와 벨기에, 네덜란드, 스위스, 덴마크 등의 소국이 대국 사이에서 어떻게 독립을 유지하고 발전하는지, 그리고 독일이 통일되는 과정 등을 학습하였다. 그 과정에서 '만국공법'의 중요성을 배우고, 아시아·아프리카의 식민화 과정과 이들을 지배하는 제국주의의 이데올로기를 '문명 대 야만'의 관점으로 바라보면서 '대국화된 일본 건설', '문명화한 일본 건설', '아시아의 야만성을 탈피한 일본 건설'을 추구하게 되었다. 이와 같이 일본의 근대화에는 개항 직후 서구에 파견되었던 유학생들, 사절단에 포함된 지식인들이 중요한 역할을 담당했다.

중국의 경우 근대 계몽기 해외 유학생 파견 역사를 상세히 고증하기 어려우나, 아편전쟁 이후 중국에 들어온 서양인 선교사와 외교관이 급증하였고, 해외 이민자도 매우 많았던 것으로 보인다.[33] 중국인의 일본 유학사(日本留學史)를 연구한 사네토 게이슈(1960)에 따르면 청국 정부에서 일본에 유학생을 공식적으로 파견한 것은 1896년 3월경이다. 이

---

32) 이권희(2013), 『근대 일본의 국민국가 형성과 교육』, 케이포북스, 33~39쪽.
33) 『한성주보』, 1866.10.11, '내신조등(來信照謄)'에는 샌프란시스코에 이주한 화인(華人)들이 미국에서 겪은 불이익을 보도하고 있다.

책에서는 1872년 중국에서도 최초로 미국에 유학생을 파견했다고 하였는데, 이는 근대화 과정에서 중국과 일본이 비슷한 경험을 하고 있음을 보여준다. 사네토 게이슈(1960: 22)에서는 두 나라의 유사 사항을 다음과 같은 표로 비교한 바 있다.

【 중국과 일본 근대화 과정에서의 유사사항 】

유사사항	일본		중국		차이
	사건	연도	사건	연도	
외국어학교	양학소(洋學所)	1855	동문관(同文館)	1862	7
기선 매입	간린마루(咸海丸)	1857	화륜선 제1호	1862	5
유학(留學)	미국 유학	1862	미국 유학	1872	10
공장	요코스카 조선소	1864	서양박창(西洋駁廠)	1864	0
표음문자운동	한자어폐지지의(漢字御廢止之義)	1866	일목요연초계(一目了然初階)	1892	26
잡지	서양잡지(西洋雜誌)	1867	시무보(時務報)	1896	29
근대화 호령(号令)	오개조(五個條)의 어서문(御誓文)	1868	과거폐지(科擧廢止)의 조(詔)	1905	37
신문	중외신문(中外新聞)	1868	소문일보(昭文日報)	1873	5
전신(電信)	도쿄 요코하마 사이	1869	상해·홍콩 사이	1871	2
화폐제도	신화폐 제도	1871	신화폐 제도	1935	64
두발(頭髮)	산발의 편리함(散髮勝手たるべし)	1871	자유전단(自由剪斷)	1911	40
기차	도쿄 요코하마 사이	1872	상해 오송 사이	1876	4
신력(新曆)	태양력	1873	태양력	1912	39
국민운동	민선의원설립건의	1874	공차상서(公車上書)	1895	21
국립대학	도쿄대학	1877	경사대학당(京師大學堂)	1902	25
입헌 예고	국회설립의 조칙	1881	입헌예비상론	1906	25
헌법발포	대일본제국헌법	1889	중화민국헌법	1947	58

일본인의 관점에서 연구된 것이지만, 중국에서의 미국 유학은 일본보다 10년가량 늦게 이루어졌는데, 중국번(曾國藩, 1811~1872)의 유학생 선발 계획에 따라 12세부터 15세의 소년 120명을 선발하여 4개조로 나누어 매년 30명씩 유학생을 파견하고자 하였다고 한다. 이 표에서도

확인할 수 있듯이, 일본과 중국의 근대 사항 비교에서 눈에 뜨이는 것은 기술 문명에 대한 수입은 양국의 차이가 별로 없지만, 정치 제도나 풍속, 의사소통 체계인 언어 문제 등은 시차가 많다. 이 점은 중국과 일본의 근대화의 차이를 나타내는 요인이 되었을 것으로 보인다.

개항 과정에서 일본과 밀접한 관계를 맺고 있던 조선에서도 서양과 일본의 세력에 대응하는 방식은 서양에 대한 일본이나 중국의 대응 방식과 비슷한 점이 많았던 것으로 보인다. 개항 과정에서 조선 정부는 1868년 11월 메이지 정부가 파견한 수교사절을 거부하였고, 이로부터 일본에서는 정한론(征韓論)이 본격적으로 대두되었다. 이러한 배경에서 유신 초기 개명파와 무단파의 대립과 일본 내부의 사정, 조선과의 관계 등에 따라 이루어진 1876년 강화도조약은 조선이 쇄국시대에서 본격적으로 서구와 일본 제국주의 세력과 맞서야 하는 운명에 놓였음을 의미한다. 앞서 살펴본 바와 같이 개항 이전부터 조선에서도 서학의 전래, 신서 유입, 서양 물품의 유입 등에 따른 '위정론'과 '통변의식' 등의 성장하고 있었음은 틀림없다. 그럼에도 근대화를 이끌 주도 세력이 형성된 것은 아니다. 다나카 아키라(1981)에서 보이듯, 일본에서 서구 문물을 접한 근대화 세력이 형성되었음에 비해 중국과 조선에서는 시대적 갈등을 해결할 수 있는 주도 세력이 형성되지 못했던 셈이다.

이러한 상황에서 조선에서도 근대 문물을 수용하기 위한 유학 담론이 제기되기 시작한다. 최초의 유학생은 1881년 조사(朝士)와 함께 도일(渡日)한 수행원들이었다. 이광린(1986)에서는 조사 어윤중의 수행원이었던 유길준(兪吉濬), 유정수(柳定秀), 윤치호(尹致昊) 세 사람은 일본 도쿄에 도착한 지 얼마 안 된 시기에 학교에 들어갔는데, 이는 유학을 목적으로 출발했기 때문이라고 하였다. 이뿐만 아니라 조사 김용원(金鏞元)과 박정양을 수행한 왕제응(王濟應), 김용원의 수행원 손붕구(孫鵬九), 이원회의 수행원 송헌빈(宋憲斌), 심의영(沈宜永) 등이 유학생이 되었다. 이 가운데 유길준과 유정수는 게이오의숙에서 정치·경제학에 흥미를 갖고 공부했으며, 윤치호는 도지샤(同人社)에서 영어를 공부하였다. 김용원 이하 4인은 주로 '초자(硝子, 유리) 제조', '의학', '조폐술' 등에 관심을 기울였던 것으로 보인다. 조사 심상학의 통사(通事)였던 김정식(金正植)도 5~6년간 도쿄에서 유학한 것으로 알려져 있으며, 조사와는 별도로 임태경(林泰慶), 김재우(金在愚) 등도 오사카에 제련술을 배우기 위해 유학했으며, 그해 7월 정중우(鄭重羽), 통사 김채길(金采吉)도 세관규칙을 배우기 위해 나가사키에 유학했다. 이외에도 11월 하사관 교육을 받기 위해 장대용(張大鏞), 신복모(申福摸), 이은돌(李殷乭) 등이 유학한 사실도 확인된다.[34]

　　1881년부터 1884년까지 일본에 유학한 사람들은 대부분 조사 수행원들로 유길준, 유정수, 윤치호와 같이 유학을 목적으로 출발한 사람들도 있었으나, 다른 사람들은 기술, 병무 분야의 지식을 습득하고자 하는 목적을 갖고 있었다. 이는 개화를 바라보는 당시 지식인들의 시각과도 무관하지 않은 것으로 보이는데, 당시 지식인들은 동도서기의 차원에서 기술 습득을 시급한 것으로 여겼기 때문이다. 김윤식(金允植)의 『음청사(陰晴史)』를 살펴보자.

【 高宗 十八年 辛巳 十二月 二十六日 】

朝. 省署巡捕來言 中堂於十點鐘請見 遂於已刻 乘重詣省署 二品官入見還出者 爲三人 少頃請入 始筆談. (…中略…) 問貴國 派有生徒 往日本學習何事. 對

---

34) 이상의 유학생 기록은 이광린(1986: 46~50)을 정리한 것임. 이 책에서는 1881년부터 1884년까지 일본에 유학한 사람들을 자세히 소개하고 있다. 1882년의 유학생으로는 수신사 박영효를 수행한 10여인의 학도(박유거, 박명화, 김화원, 김화선, 김동억 등)가 있었고, 1883년에는 박영효가 신문 발간을 목적으로 초청했던 무시바(牛場卓藏)와 마쓰오 미요타로(松尾三代太郎)가 귀국할 때 따라간 서재필 등 17인(신응희, 임은명, 정행징, 신중모, 백낙운, 이병호, 이건영, 이규완, 윤영관, 정란교, 박응학, 하응선, 정중진 등), 8월에 도일한 백철용, 현운영, 10월에 게이오의숙에 입학한 유성준(柳星濬), 11월에 도일한 유성준(兪性濬), 서광철, 전량묵, 이봉필, 이규정 등이 있다. 1884년에는 구연수, 박영빈, 안형수, 고장덕, 변성연, 고영헌, 김익승 등과 정훈교, 박영우, 유송묵, 이계필, 김호연, 김한기, 엄주흥 등이 유학한 것으로 확인된다.

未有派送學生於日本之事 日人方留住王京 故使兵弁往學技藝. 送去兵弁若干
已否 前往何項技藝. 對 春間選送八十名 八月 又聞有加選之命 所學者先習於
法 次習鎗砲 教師姓掘本 而所學不甚精微云. 余知日本步兵 仿法國操法 聞尚
整齊 貴國派人往學甚好. 對彼旣屢懇 難拒好意.(中堂傍書曰 是好意) 且彼方留
飯無事 故就遣學習 然友誼數則斯疏 寡君 常欲邀上國敎師數人 授兵弁技藝 勝
似請學於日人. (…中略…) 問派日本學習之兵弁 交何人管帶 用何器械. 對 所
選兵弁 原屬武衛營 現今武衛都統使 閔尚書台鎬 帶往學習者 韓聖根 尹雄烈
器械則允未嘗目擊 似是日人所用鎗砲也. 問貴國舊器械全屬無用 旣學西洋兵
法 卽新式鎗砲 於易多得自國中 雖有仿造 試可而已 恐不中用 稍稍振作然後
乃可言儲備耳. 問昨接美使薛斐爾 自京城復函云如 遽赴保 不旣動人聽聞 種種
不便 約俟回津面談 是閣下可先回津 專候來春貴國朝命如何. 對美使做事縝密
可喜

번역 아침. 성의 순포(巡捕)가 와서 말하기를 중당(이홍장, 李鴻章)이 10
시에 뵙기를 청한다 하니, 드디어 그 시간이 되어 예성서에 올랐
다. 이품관이 들어가 나온 자가 세 사람으로 잠시 들어가 필담을 시작하
였다. (…중략…) 귀국이 생도를 파견하여 일본에 가서 무엇을 배웁니까?
대답하기를 일본에 파송한 일이 없습니다. 일본인이 바야흐로 왕경에 거
주하여 병사들로 하여금 기예를 학습하게 합니다. 병사 약간을 보낸 데
불과하니 이전에 가서 어떤 기예를 배웠습니까. 대답하기를 봄에 80명을
선발하였습니다. 8월 다시 들으니 더 선발하라는 명이 있어 배운 것은
먼저 (빙)법이며 나음 생포를 익히는데 교사는 성이 호리모토(掘本禮造,
?~1882, 임오군란 당시의 훈련교관)이며 배우는 바가 정미하지 않다고
합니다. 내가(이홍장) 알기로 일본 보병은 법국의 조련법을 모방하여 상
당히 정제하다고 들었는데, 귀국이 사람을 파견하여 배우는 것이 상당히
좋겠습니다. 대답하기를 저들이 이미 누차 간청하여 호의를 거절하기 어
려우며(중당은 곁에 그것이 좋다고 썼다.) 또한 저들이 바야흐로 머물며
할 일 없으니, 파견하여 배우게 하고자 하나 우의하면 소원해지니 우리나

라 군주께서 상국(중국)의 교사 수인을 초청하여 병법과 기예를 배우게 하고자 하니 일본인에게 배우는 것보다 나을 것입니다. (…중략…) 묻기를 일본에 파송하여 병법을 학습하면 어떤 사람이 관대(管帶)하며 어떤 기계를 씁니까. 대답하기를 병을 선발하는 것은 본래 무위영 소속이나 지금은 무위도통사 상서 민태호가 학습자 한성근, 윤응열을 대동하고, 기계는 아직 목격하지 못했습니다. 아마 일본인이 사용하는 쟁포일 것입니다. 묻기를 귀국의 구식 기계는 전부 쓸모없으니 이미 서양 병법을 배우니 즉 신식 쟁포를 국중에서 쉽게 얻으니 비록 모방하더라도 가할 따름이나 용도에 맞지 않을까 두렵습니다. 좀 더 진작한 연후에 가히 준비할 수 있다고 할 따름입니다. 묻기를 지난 번 미국 사신 설비이(薛斐爾, 슈펠트)35)를 접견하니 경성으로부터 와 말함과 같으니 부보(赴保)에 의거 이미 사람을 움직이게 하지 않으니 종종 불편하여 회진 면담을 약속하니, 이는 각하께서 가히 먼저 회진하고 오직 내년 봄 귀국 조정의 명을 받드는 것이 어떠합니까. 대답하기를 미국 사신이 친밀하니 가히 기쁩니다.

—김윤식, 『음청사』, 1881.12.26

이 일기는 영선사 김윤식이 이홍장을 만나 대담한 내용으로, 조선의 위정자들이 무엇을 시급히 배워야 한다고 여겼는지를 보여준다. 김윤식이 이홍장에게 청하는 내용은 병법과 병기 제조와 관련된 것이며, 그것은 연미론을 고려하고 있던 이홍장도 마찬가지이다. 이러한 태도는 임오군란 후 수신사로 일본에 갔다 온 박영효(朴泳孝)의 일기집 『사화기략(使和記略)』에서도 확인된다.

---

35) 설비이(薛斐爾, 슈펠트)는 1867년 조선을 탐문하고 거문도에 해군기지를 건설하고 조선 개항을 추진하고자 했던 인물이다. 1880년 5월 일본 외상 이노우에(井上馨)의 소개장을 갖고 부산에 입국하여 통상 교섭을 추진하고자 했으나, 뜻을 이루지 못했는데, 당시 청국의 이홍장은 조선에 미국을 끌어들여 러시아의 남진과 일본 세력을 견제하고자 하는 연미론(聯美論)을 구상하고 있었으므로, 슈펠트를 천진(天津)으로 초청하여 면담하였다. 영선사 김윤식과 이홍장의 대담에 슈펠트가 나타나는 이유는 이 때문이다.

【 九月 二十二日 】

敬啓者 本大臣有率來本國生徒四人 擬將各授一技 煩請貴省卿指導擬業之
方 該生徒姓名 年數及願學之技 懸錄于後 務望貴省卿 知照各省 俾各就業 千
萬千萬 其月料金額 當有布置矣 幷乞鑑亮 順頌日祉. 開國四百九十一年 九月
廿二日 特命全權大臣 朴泳孝. 日本外務卿 井上馨 閣下. [後] 尹致昊 年十八
語學校. 朴裕宏 年十六 陸軍士官學校. 朴命和 年十二. 英語學校. 金華元 年十
八 製皮所.

> **번역** 삼가 아룁니다. 본 대신이 거느리고 온 생도 4인이 있는데, 각각
> 한 가지 기술을 가르쳐 주실 것을 희망하고 있으니, 어렵지만 귀
> 성의 대신께서는 학업을 지도해 주시기 바랍니다. 그리고 그 생도의 성명
> 과 연령, 배우고자 하는 기술을 기록하였으니 귀성의 대신께서 각 성에
> 알려서 이들에게 각기 업(業)을 배울 수 있도록 해 주시기를 천만 바랍니
> 다. 그 월료의 금액은 마땅히 조치가 있을 것입니다. 아울러 잘 살펴주시
> 기를 바라며 날로 복됨을 송축합니다. 개국 491년 9월 22일 특명전권대신
> 박영효. [후] 윤치호 18세 어학교, 박유굉 16세 육군사관학교, 박명화 12세
> 영어학교, 김화원 18세 제피고.
>
> ―박영효, 『사화기략』, 1882년 9월 22일

이 기사에 등장하는 네 사람의 학업도 어학과 기술이다. 개항의 충격
과 근대를 이끌어 갈 주도세력이 형성되지 못한 상황에서 20여 명 정도
의 재일 留학생36)의 수도 지나치게 적었을 뿐만 아니라 그들을 후원하
는 세력, 그들이 공부하고자 한 내용 등이 근대를 이끌어가기에는 지나
치게 부족하였다. 이는 메이지 일본이 이와쿠라사절단을 파견하고, 서
구의 박람회를 견학하며, 수많은 구미 유학생을 파견하여 근대화에 대

---

36) 이광린(1986)에서는 갑신정변 직후 정부에서 전권대신 서상우에게 유학생을 소환하도록
하였는데, 이때 파악한 유학생 수가 대략 20여 명 정도였다고 밝힌 바 있다.

웅했던 방식과는 상당한 거리가 있다. 이러한 차원에서 근대를 계몽해 갈 주도 세력으로서 유학의 필요성이 급증한 것은 갑오개혁 이후라고 볼 수 있다.

3.2. 갑오개혁 이후의 유학 담론과 한국적 계몽운동

정부 차원에서 유학생 정책에 변화를 보인 것은 갑오개혁 이후의 일이다. 김기주(1993) 등에서 밝힌 바와 같이 1895년 4월 114명의 관비 유학생이 게이오의숙에 입학하였다. 이때의 사정은 『친목회회보』 제6호(1898.12) 신해영(申海永)의 '무신경 계약(無神經契約)의 결과 불선변(結果不善變)'에 비교적 자세히 설명되어 있다. 당시 학부와 게이오의숙 사이에는 15개 조항의 계약이 체결되었는데, 이 조항의 일부를 소개하면 다음과 같다.

【 大朝鮮國學部大臣 及 大日本慶應義塾締結左記之契約 】

第一條 在大朝鮮國學部 每年選拔 一定額學生使留學 大日本東京慶應義塾 修普通學 但年少者修得本修學科後 亦可履修高等科.

第二條 慶應義塾 留學 學生 初年三百名 自次派送學生 則互相通報後施行 而先自學部檢體實査學識 若察其性狀才智關於他日所可專攻之學業指定其大綱 每年陰曆二月 陽曆三月例可派遣.

第三條 在慶應義塾 使大朝鮮國學部留學生 卒業同塾學科 雖或不得卒同業 如修得普通學科之時則 詳悉其性狀才智 照前條 學部大臣指定使之參酌 後修得 專攻學業 爲可而爲要官立及公立 與私立學校間入校 使之實地修鍊合爲適當.

第四條 在慶應義塾 使大朝鮮國學部留學生 在塾中則勿論 爲修得專攻學業 與其他官立 公立 私立學校間入校爲實地事業練習者 雖在塾外進退行止 及 其他一切監督.

第五條 在慶應義塾 使大朝鮮國學部留學生 與關與於政治運動奉監督人 以

外者指揮 及其他有不治之疾 且或性行儒弱學業不進 又有無廉恥行爲惡犯 塾
則及校則 到底忍無前道之所望者 則可還送于大朝鮮國學部.

번역 제1조 대조선국에 있는 학부는 매년 일정액의 학생을 선발하여
대일본 게이오의숙에 유학하게 함으로써, 보통학을 수학하게 한
다. 단 연소자는 본과를 수학한 후 또한 고등과를 수학하게 할 수 있다.

제2조 게이오 의숙에 유학하는 학생은 연초 300명으로 차츰 학생을 파
송함은 곧 상호 통보 후 시행한다. 그리고 학부가 먼저 학식을 검증하여
만약 그 성상 재질이 타일 전공 학업을 수행할 만한 것을 대강 지정하여
매년 음력 2월, 양력 3월에 파견할 수 있다.

제3조 게이오 의숙에서는 대조선 학부 유학생에게 이 학숙의 학과를
졸업하고 비록 졸업하지 못할지라도 보통학과를 수득할 시 그 성상과 재
예를 상세히 살펴 전조항에 의거 학부대신이 지정한 것을 참작한 뒤 전공
할 학업을 마친 후 가히 관립 및 공립 사립 학교에 입교하게 하여 실지
수련에 합당하게 한다.

제4조 게이오의숙의 대조선국 학부 유학생은 재숙 중은 물론, 전공 학
업을 수득하기 위해 관립 공립 사립학교에 입학하여 실지 사업을 연습하
는 자라도 의숙 이외의 진퇴 행지 및 기타 일체를 감독한다.

제5조 게이오의숙의 대조선국 학부 유학생으로 하여금 정치운동과 관
계된 것만 감독인이 관여하고, 그 밖의 것을 지휘하며 및 기타 불치병
혹은 성행이 나약하여 학업이 부진하고, 또 염치 행위가 나쁘면 의숙의
규칙과 교칙으로 도저히 전도에 희망이 없는 자는 대조선국 학부에 환송
하게 한다.

—신해영, '무신경 계약의 결과불선변', 『친목회회보』 제6호, 1898.12

이 계약에서 문제가 되는 것은 게이오의숙이 재일 유학생의 모든 활
동을 감독하도록 계약을 체결한 데 있다. 특히 제5조의 감독 조항이나
예치금 문제 등을 들어, 유학생 계약이 학부대신 한 사람이 갑자기 체

결한 것이라고 비판했는데, 이는 갑오개혁 전후까지 한 사회를 이끌어 갈 지도자 양성의 차원에서 유학생 파견 준비가 충분하지 못했음을 보여주는 것이다. 이러한 흐름에서 정부 차원의 유학생 파송은 민권 의식의 성장과 함께 끊임없는 비판의 대상이 되었다. 『독립신문』의 다음 논설을 살펴보자.

무식한 정부가 무식한 빅셩을 다리고 국가를 편안케 ᄒ랴 홈은 눈먼 사름이 눈먼 동무를 쓸고 험한 길을 가는것 ᄀᆞᄐ니 대한이 황실과 뎨국을 万셰에 보존 ᄒ랴면 이전 그른 법을 바리고 태셔의 죠흔 규모와 학문을 빅화야 홀지라 불가불 고문관 (고문관도 여러층이지마는) 도두려니와 타국 사름만 밋고 잇스면 본국 인지를 쓸디 업스니 태셔 학문 ᄀᆞ르치는 학교를 만히 빅셜 ᄒᆞ야 국중의 영지를 것우워 기르는 일이 시급 홈을 누가 몰으리오 그러 ᄒᆞ나 본국에셔만 태셔 학문을 ᄀᆞᄅ치랴면 일이 지원 ᄒᆞ고 빅홈이 아직 통투치 못한 고로 일본셔도 년년히 五六十명식 각국에 파송 ᄒᆞ야 관비로 교육 ᄒᆞ니 대한셔도 속히 이 법을 본밧아 셔양 각국에 총명한 소년들을 튁션 ᄒᆞ야 보냄이 샹칙인것은 이왕에도 우리 신문에 여러번 긔지 ᄒᆞ엿더니 근일 풍문에 정부에셔 과연 그리 ᄒᆞ랴 ᄒᆞᆫ다 ᄒᆞ니 반갑기로 싱도를 튁송 ᄒᆞ는 일에 대 ᄒᆞ야 우견을 대강만 말 ᄒᆞ노라 (一) 四五년 전에 일본으로 류학싱을 쏍아 보낼 쌔에 소년들의 총명 여부는 보지 안코 샹을 보아 그쌔 집무한 사름의 눈에 마즈면 보닉엿다 ᄒᆞ니 이 말이 확실 흔지는 몰으나 이번에는 풍셜이라도 이러한 몰 지각한 일은 업기를 불ᄋᆞ고 문벌과 셰지 유무는 불구 ᄒᆞ고 가장 총예한 쇼년들만 션튁 ᄒᆞ야 타국에 가셔 본국 슈치도 되지 안케 ᄒᆞ려니와 학업 ᄒᆞ야 환국한 후에 가히 유용한 인물이 되게 ᄒᆞ기를 밋노라 (二) 타국에 가는 싱도가 다만 그 나라 말만 딕나 빅호고 오는것은 공스에 무익 ᄒᆞ며 ᄯᅩ 본국에 시급히 쓸 지죠를 공부 아니 ᄒᆞ거드면 오활 ᄒᆞ니 소위 정치학 (政治學)이니 万국 공법이니 ᄒᆞᄂᆞᆫ 학문은 일홈은 죠흐나 대한에 시급히 쓸디 업스니 돈 허비 식힐것 업

108

고 위션 경무 사범 (師範) 륙군 교련과 군뎨 (軍制) 의슐 (醫術) 법률 우톄 측량 (測量) 광산 롱공등 민국에 가장 급흔 일믄 몬져 힘써 빈호ᄂᆞ 일이 젹당 ᄒᆞ겟도다 (三) 셔양 각국에 가거드면 그 언어 문ᄌᆞ 빈호기에 五六년은 들고 ᄯᅩ 무슴 젼문 학을 졸엄ᄒᆞ랴면 소불하 五六년이라 젹어도 十년식은 류학을 식히여야 가망이 잇슬터이니 그럿치 안코 다믄 외국 기화의 피부(皮膚)믄 보고 오거드면 눈믄 놉고 손은 나져셔 셔투른 의원이 사름 샹홈 ᄀᆞᆺ치 셔투른 문견으로 나라 일을 히롭게 홀 폐단이 잇스리니 싱도를 보ᄂᆡ거던 그 졸업홀 긔한을 넉넉히 ᄒᆞ여 보ᄂᆡ기를 ᄇᆞ라노라.

—『독립신문』, 1899.1.20

이 논설은 초기 관비 유학생 파송 실태를 잘 보여주는 논설이다. 당시 유학생 선발 원칙이 없었고, 이를 감독할 규칙도 마련되지 않았다. 이 논설에서는 문벌 중심의 학생 선발, 대한제국에 시급히 필요한 학술 연마 방법의 부족, 충분한 학술 연마의 기한 부족 등을 대표적인 문제로 꼽고 있는데, 이러한 문제는 이 시기 유학생 담론의 주를 이룬다.

근대 계몽기 해외 유학은 한국 사회를 계도할 인물군 양성이라는 차원에서 사회적 관심사가 되었다. 그럼에도 관비 유학생 제도가 내실 있게 운영된 것은 아니었기 때문에 『독립신문』, 『제국신문』, 『황성신문』, 『대한매일신보』 등에서는 끊임없이 유학생들을 계도하는 논설을 게재한다. 특히 1905년 이후 국권 침탈의 위기 속에서 애국계몽가들은 유학생들이 자기 직분을 다할 것을 촉구하는 논설을 다수 게재했는데, 다음을 살펴보자.

【 警告于留學生諸君 】

嗚呼라 十年 以前 留學生의 地位를 回顧ᄒᆞ건ᄃᆡ 其 悲境이 何多ᄒᆞ던가. 留學生이라 일稱ᄒᆞ면 朝廷에셔ᄂᆞ 蛇蝎갓치 視ᄒᆞ며 頑固輩ᄂᆞ 夷狄으로 斥ᄒᆞ고 父兄은 棄子라 嫉視ᄒᆞ고 甚至 奸細 小人輩가 政府黨의 意를 迎合ᄒᆞ랴

고 還國ㅎ는 留學生를 革命黨 一員이라고 誣陷ㅎ야 革鞭桎梏으로 刑廷의 慘觀을 演ㅎ고 幸而得生ㅎ더린도 茫茫쟝海에 泣결 客이 되던 留學生인대 十年之間에 時局이 如何히 變遷ㅎ얏던지 蛇蝎이 變ㅎ야 神明이 되며 夷狄이 變ㅎ야 聖賢이 되고 棄子가 變ㅎ야 奇男이 되며 異類가 親兄되야 全國內 人心의 留學生 歡迎흠이 風前의 草라. 拾年之間에 時局이 如何히 變遷ㅎ얏던지 蛇蝎이 變ㅎ야 神明이 되며 夷狄이 變ㅎ야 聖賢이 되고 棄子가 奇男이 되며 異類가 親兄되야 全國內 人心의 留學生 歡迎흠이 風前의 草라. 美國이나 遊覽ㅎ얏다면 華盛頓 林肯이 된 줄로 仰ㅎ며 英國이나 一旅行ㅎ얏다면 乃利孫 格蘭斯頓된 줄로 思ㅎ며 日本 某大學科에셔 卒業ㅎ얏다면 萬 稀학問을 無不通曉인 줄 熱望ㅎ고 或者는 幾百名 留學生만 卒業 歸來ㅎ는 日에는 韓國獨立이 地上에 湧出흘 줄로 信忍ㅎ는 今日 人心이니 今日에 坐ㅎ야 往年을 回顧ㅎ면 感時의 淚가 自瀉ㅎ리로다. 累百年 鎖國 頑夢ㅎ던 韓國으로 一朝에 世界와 交涉ㅎ미 文明學問의 輸入도 惟 留學生을 是杖흘지며 各種 技術의 發達도 惟 留學生을 是賴흘지며 將來 政治 實業 萬般 思想으로 國民을 喚起흠도 惟 留學生을 是待하리니 然則 今日 人心만 留學生을 如此 厚望흘 쑨 아니라 抑 亦 實際上 韓國의 前途가 留學生 兩肩上에 擔在ㅎ얏도다. 何國이 留學生을 外派치 아니ㅎ리오만은 但 湧潮又흔 興望을 帶ㅎ고 泰山又흔 重任을 擔흔 者는 世界 各國人 留學生 中 獨一無二의 韓國 留學生이로다. 未知케라. 留學生 諸君이 此를 皆 何等 事業으로 酬答ㅎ랴는지.

번역 아아. 10년 이전 유학생의 지위를 회고하건대 그 비참한 지경이 어떠하던가. 유학생이라 일컬으면 조정에서 사갈같이 간주하며 완고배는 이적으로 배척하고 부형은 버린 자식이라고 질시하고 심지어 간세 소인배가 정부당의 뜻에 영합하려고 환국하는 유학생을 혁명당의 일원이라고 모함하여 채찍 질곡으로 형벌의 참관을 연출하고, 다행히 살아나더라도 망망창해에 읍결하는 객이 되었던 것이 유학생이었는데, 10년 사이에 시국의 변화가 어떠하던지, 사갈이 변하여 신명이 되고, 이적이 변하여 성현이 되고, 버린 자식이 변하여 기발한 남아가 되며, 이질적인 무리가 친형이 되어 전국내 인심이 유학생을 환영하는 것이 바람에 풀이 쏠리듯 한다. 미국이나 유람하면 워싱턴, 링컨이 된 줄로 환영하며, 영국을 한 번 여행하면 넬슨, 글래드스턴이 된 것으로 생각하며, 일본 모 대학과를 졸업했다고 하면 만대 희귀한 학문을 통하지 않는 것이 없는 줄로 열망하고, 혹은 몇 백 명 유학생만 졸업하고 돌아오는 날에는 한국 독립이 지상에 용출할 줄로 믿는 것이 금일의 인심이니 금일에 지난날을 회고하면 감개의 눈물을 절로 쏟을 지경이다. 몇 백 년 쇄국 완몽하던 한국으로 하루아침에 세계와 교섭하며, 장래 정치, 실업, 만반 사상으로 국민을 환기하는 것도 오직 유학생을 기다릴 것이니 그런즉 인심만 유학생을 이처럼 후하게 기다릴 뿐 아니라, 도한 실제상 한국의 전도가 유학생의 두 어깨에 놓여 있다고 하겠다. 어떤 나라든지 유학생을 외국에 파견하지 않겠는가마는, 용솟음치는 물결처럼 기대를 갖고 태산 같은 중임을 맡은 자는 세계 각국인 유학생 중 오직 둘도 없는 한국의 유학생이다. 알지 못하겠다. 유학생 제군이 이를 어떤 사업으로 보답할지는.

—『대한매일신보』, 1908.1.10(논설)

이 논설은 1908년 당시 외국 유학생, 특히 일본 유학생의 풍조를 비판하고자 하는 목적에서 쓴 것으로, 이 시기 유학생을 선망하는 시대 상황을 잘 그려내고 있다. 1880년대 정변 이후 유학생 다수가 혁명당으로 몰려 망명하거나 정부에서 파악한 유학생을 소환하고, 정부에서도 이들을 홀내하던 풍토에서 벗어나, 갑오개혁 이후 유학생이 급증하년서, 사회적으로 이들에게 거는 기대가 커졌음을 보여준다. 그럼에도 이 논설에서는 당시 유학생들이 애국계몽의 중책을 맡기보다 관직에 연연하고, 민중을 핍박하는 현실을 비판하였는데, 이러한 풍조는 근대를 이끌어갈 지식인을 양성할 토양이 충분히 갖추어지지 못했음을 의미한다. 이러한 상황 하에서도 계몽가로서 유학생들의 역할이 점차 증대되기 시작했는데, 다음은 애국계몽기 재일 유학생들의 계몽 활동을 보여주는 사례의 하나이다.

【 講習所의 懽迎 】

在日本東京大韓興學會에서 本國內에 文明新化와 敎育美制를 輸入홀 目
的으로 學報를 發行ᄒ며 敎育部를 另置홈은 吾儕가 夙已懽迎흔 바어니와
今又該會에서 夏期休學의 暇를 利用ᄒ야 <u>講習所를 京城內에 置ᄒ고 卒業諸</u>
<u>氏를 派遣ᄒ야 諸般 學科를 敎授</u>홀 趣旨를 發布홈이 有ᄒ니 吾儕於此에 一
則該學會의 實地事業이 一層 進步홈을 爲ᄒ야 視賀ᄒ며 一則國內에 敎育程
度가 漸臻良好홀 것을 爲ᄒ야 贊成ᄒ며 一則該卒業諸氏의 精詣흔 學論과
高尙흔 品格을 密接ᄒ기 爲ᄒ야 歡迎의 辭가 尤甚懇切ᄒ도다. 盖東京留學
界에서 曾往分立ᄒ얏던 各學會가 聯合爲一ᄒ야 一大韓興學會를 組織ᄒ고
諸般 事業이 着着進步ᄒᄂᄃᆡ <u>今又休學의 暇를 因ᄒ야 講習所를 京城內에</u>
<u>設置홈은 敎育普及의 實地를 履行홈</u>이니 果然 大韓興學會의 名實을 相符케
ᄒᄂᆫ 最好消息이라.

번역 재일본 동경 대한흥학회에서 본국 내 문명의 새로운 발전과 좋은
교육 제도를 수입할 목적으로 학보를 발행하며, 교육부를 별도로
두었음은 우리가 이미 환영한 바인데, 지금 또 이 회에서 여름방학의 틈
을 이용하여 '강습소'를 경성 내에 두고 졸업생 제씨를 파견하여 제반 학
과를 교수할 뜻을 발표했으니, 이에 우리들이 이 학회의 실지 사업이 한
층 진보할 것을 축하하며, 국내 교육 정도가 점차 양호해지기를 위해 찬
성하며, 이 졸업생 제씨의 정예한 학론과 고상한 품격을 직접 접하기 위
해 환영하는 뜻이 더욱 간절하다. 대개 동경 유학생계에서 이미 분립했던
각 학회가 하나로 연합하여 대한흥학회를 조직하고, 제반 사업이 점점
발전하는데, 지금 또 방학의 틈을 이용하여 강습소를 경성 내에 설치하는
것은 교육 보급의 실제를 이행하고자 하는 것이니, 과연 대한흥학회의
명실을 상부하게 하는 좋은 소식이다.

—『황성신문』, 1909.6.15

이 논설에 따르면 대한흥학회 회원들이 여름방학을 이용하여 국내에서 본격적으로 강습 활동을 개최했음을 알 수 있다. 이와 같은 강습, 또는 순회강연은 근대 계몽기 대표적인 계몽활동 방법의 하나이다. 이처럼 재일 유학생의 역사에서 대한흥학회의 강습 활동은 계몽 차원에서 주목을 받았던 것으로 보이는데, 이러한 평가는『학지광(學之光)』제6호(1915.7)의 '일본유학생소사(日本留學生小史)'에서도 유학생의 사조 변천 과정을 기술하면서 '흥학회 시대'를 별도로 설정한 데서 찾아볼 수 있다. 이에 따르면 유학생의 사조 변천은 매우 복잡하지만, 제1차 광무 8년 이전의 학생 사조가 정와(井蛙)의 상태에서 갑자기 자유 활동을 목도하면서 진정한 자유와 인민을 이해하지 못했던 시대임에 비해, 제2차 흥학회 시대에는 그 정도가 진보하여 "사업심(事業心)도 발생하고 자신력(自信力)도 생겨나 면강(勉强)의 풍조도 다소 일어났다."고 기술하였다. 물론 일제 강점기의 회고 역사이기 때문에 흥학회의 활동을 '허영심(虛榮心)의 발로'라고 폄하하기도 하였으나, 국권 침탈기 유학생들이 애국의 차원에서 본격적으로 계몽활동을 전개하기 시작했음은 계몽운동의 주체로서 지식인 집단이 생성될 가능성을 보여주는 일이라고 평가할 수 있을 것이다.

제3장 근대 계몽기 유학생 역사

김혜련

1. 유학(留學)에 대한 근대적 인식과 호명

계몽의 관점에서 19세기 말은 지식장의 근대적 전환이 일어난 시기라고 할 수 있다. 전통적 지식 체계와 재생산 제도의 변화와 서구 지식의 수용과 확산이 동시에 일어났다는 점에서 이 시기를 '지식 혁명'(구장률, 2012: 212~214)의 시대로 일컫기도 한다. 각종 신문사와 학회가 조직되어 신문과 잡지를 발행하면서 서구의 학문과 사상이 소개되고 그 과정에서 새로운 지식 담론이 대량으로 생산되고 활발하게 유통되었기 때문이다. 이러한 근대지 창출과 (재)생산, 그리고 유통이라는 새로운 문화를 창출한 주체는 누구였을까? 3장에서는 지식의 근대적 변화와 구성을 추동한 새로운 현상으로서 근대적 의미의 유학과 유학생에 주목할 것이다.

근대적 의미의 유학(留學)은 근대지를 발견하고 습득하는 통로이자 근대적 주체를 형성하는 새로운 현상이었다. 1876년 개항 이후 주로 일본을 대상으로 했던 해외 유학은 정부 입자에서는 교육을 통한 구국 운동의 차원에서 그리고 일본의 입장에서는 조선에 대한 본격적인 지배 전략의 차원에서 제도적으로 권장되었다. 그러나 무엇보다 조선 유학생에게 유학은 서구에서 유입된 새로운 학문에 대한 인식과 지식 체계를 습득하여 동도(東道)와 서기(西器), 구학과 신학 간의 교섭과 수용을 통해 조선 대중을 교화시키는 데 목적을 두었다. 유학생이 단체를 조직하고 잡지나 학회지 형태의 언론 및 출판 활동을 활발히 전개한 것 역시 문명 개화와 교육 계몽의 전파와 확산 의지였던 셈이다. 이를테면 1895년 4월 관비 유학생의 파견 직후인 5월 12일에 조직된 유학생 단체인 「대조선인일본유학생친목회(大朝鮮人日本留學生親睦會)」가 『친목회회보(親睦會會報)』(1896.2.15)부터 발행한 것에서도 알 수 있다. 이후 재일 유학생들이 『태극학보』(1906.8.24), 『공수학보』(1907.1), 『대한유학생학보』(1907.3.3), 『동인학보』(1907.7), 『낙동친목회학보』(1907.10), 『대한학회월보』(1908.9.25), 『대한흥학보』(1909.3.20) 등의 잡지나 학회지 등을 정열적으로 발행한 것은 일차적으로는 유학생 상호 간의 친목 도모 및 상호 정보 교환이 목적이었지만 궁극적으로는 근대 국가에 대한 인식과 각성된 주체 의식의 확립, 근대 학문과 지식의 소통을 통한 계몽 의식의 전파에 목적을 두었다.

그간 유학생에 관한 연구는 조선 정부가 유학생을 파견한 목적을 포함하여 (1) 유학생 정책에 관한 연구,[1] (2) 유학생들이 일본에서 어떠한 교육과정 및 교과 과정을 이수했으며, 귀국 후 이들의 관직 진출과 활동상에 관한 연구,[2] (3) 유학생들이 일본에서 수학하며 수용했던 근대

---

1) 김기주(2004), 「개항기 조선정부의 대일유학정책」, 『한국근현대사연구』 제29집, 한국근현대사학회; 박기환(1998), 「근대 초기 한국인의 일본유학: 1881년부터 1884년까지를 중심으로」, 『일본학보』 제40호; 한철호(2010), 「한국근대 주일한국공사 파견과 활동」, 푸른역사; 이민식(2001), 『근대한미관계사』, 백산자료원 등.

2) 박찬승(2003), 「1910년대 渡日留學 留學生活」, 『호서사학』 제34호; 이세현(1976), 「3.1運動을 前後한 學生層의 抗日獨立鬪爭의 一斷面」, 『군산교육대학논문집』; 송병기(1988), 「開

적 학문이나 사상에 관한 연구,3) (4) 유학생들의 문학, 문화 활동에 관한 연구 등이 주된 경향이었으며,4) 그 외 일본의 조선 유학생 정책에 관한 연구도 있다.

본 연구에서는 근대 계몽기 유학과 유학생을 근대 지식과 학문을 수용하고 전파한 근대 계몽의 새로운 제도이자 주체로 인식하여 근대 계몽기 유학생의 역사를 정리하고 그 과정에서 유학생들이 주목한 근대

化期 日本留學生 派遣과 實態(1881~1903)」, 『동양학』 제18호, 1988 등.
3) 구태훈(2013), 『근대전환기 동·서양의 상호인식과 지성의 교류』, 선인; 동북아역사재단 (2009), 『동아시아의 지식교류와 역사기억』, 동북아재단; 김원극(2005), 『식민지 지식인 의 개화 세상 유학기』, 태학사; 유영렬(2011), 『개화기의 윤치호 연구』, 경인문화사; 김희 주(1997), 「韓末 日本留學生의 時代認識에 대한 小考」, 『전주선문대학논문집』 제20집; 유 동훈(1961), 「韓末 渡日留學生의 文明開化論과 法思想 研究」, 연세대학교 사학연구회; 이 용남(2002), 「개항기의 시대적 상황과 해외문학의 수용양상」, 국제학술대회; 이용창 (2001), 「한말 최린(崔麟)의 일본 유학과 현실인식」, 『역사와 현실』 제41호; 허정(2006), 「식민지 사회주의 문학인의 현해탄 체험과 회상」, 『동남어문논집』 제22집; 김명섭(2001), 「1920年代 初期 在日 朝鮮人의 思想團體: 흑도회, 흑우회, 북성회를 중심으로」, 『한일민족 문제연구』 제1권, 한일민족문제학회; 김명구(2001), 「1910년대 도일유학생의 사회사상」, 『사학연구』 제64호, 한국사학회; 이면우(2005), 「초기 일본유학생들의 학회활동을 통한 과학문화의 기여: 1895~1910」, 『일본문화연구』 제16호; 박찬승(1999), 「1890년대 후반 도일 유학생의 현실인식: 유학생친목회를 중심으로」, 『역사와 현실』 제31호, 한국역사연 구회; 박찬승(2004), 「1920年代 渡日留學生과 그 사상적 동향」, 『한국근현대사연구』 제30 집, 2004년 가을; 심원섭(1998), 「1910년대 일본 유학생 시인들의 대정기 사상 체험: 김여 제, 최소월, 주요한을 중심으로」, 『애산학보』 제21집; 장규식(2004), 「개항기 개화지식인 의 서구체험과 근대인식: 미국유학생을 중심으로」, 『한국근현대사연구』 제28집; 장규식 (2005), 「일제하 미국 유학생의 근대지식 수용과 국민국가 구상」, 『한국근현대사연구』 제34집; 최선웅(2006), 「1910년대 재일유학생단체 신아동맹당의 반일운동과 근대적 구 상」, 『역사와 현실』 60호.
4) 서언호 외(2004), 『한국 근대 지식인의 민속적 자아형성: 일제 식민지 체험을 넘어서』, 소화; 심원섭(2009), 『일본 유학생 문인들의 대정·소화 체험』, 소명출판; 김용희(2007), 「조선 유학생 지식인의 연애시와 조선어 현대시어」, 『경기논단』 제33권, 한국문학연구학 회; 김진량(2004), 「근대 일본 유학생 기행문의 전개 양상과 의미」, 『한국언어문화』 26, 한국언어문화학회; 나병철(1995), 「근대 초기 유학생 주인공 소설과 이식문학의 문제」, 『비평문학』 제9호, 한국비평문학회; 박현수(2007), 「두 개의 번역과 소설이라는 글쓰기」, 『상허학보』 제20집, 상허학회; 백지혜(2003), 「1910년대 이광수 소설에 나타난 '과학'의 의미」, 『한국현대문학연구』 14호; 이경훈(1998), 「근대문학에 나타난 한국인과 일본인: 관념적 동일화와 현실적 분열상의 해부」, 『애산학보』 제21집; 이영아(2005), 「1910년대 유학생 단편소설에 나타난 죽음의식」, 『국어국문학』 제141호; 최현식(2007), 「유학생 문예 잡지에서 비평 담론의 형성과 분화: 『창조』를 중심으로」, 『현대문학의 연구』 제33호 등.

지식의 양상과 성격, 그리고 계몽에 대한 관점을 고찰할 것이다.[5] 이를 위해 김기주(1994), 차배근(2000) 등의 논의를 바탕으로 해외 유학생의 역사를 다음과 같이 네 시기로 나누어 고찰할 것이다. 먼저 근대적 학제 도입 이전 즉 '관비 유학생 파견 이전 시대(1880~1894)'와 학제 도입 이후 '관비 유학생 시대(1895~1905)', '국권 침탈기의 유학생 시대(1905~1910)', '국권 상실기의 유학생 시대(1910~1945)'로 나누고 이 장에서는 앞의 세 시기를 중심으로 살필 것이다.[6]

2. 근대적 학제 도입 이전의 유학생 시대(1880~1894)

2.1. 조사시찰단 파견과 근대적 의미의 유학

조사시찰단 파견 이전 조선이 근대 문물의 수용을 위해 파견한 사절은 1876년과 1880년에 일본에 파견한 2차례에 걸친 수신사(修信使) 파견이 전부였다. 조선 정부가 수신사를 파견한 목적은 메이지 일본에 관한 새로운 정보를 수집하고 그들의 군사 기술을 배우고 나아가 양국의 신뢰를 회복하는 데 있었다. 그러나 조선의 위정자들은 문화적 우월 의식에서 벗어나지 못했으며 새롭게 전개되고 있는 조선과 일본의 관계, 급격히 서구화되어 가고 있는 메이지 일본의 변화 모습을 온전히 파악하기에는 역부족이었다. 뿐만 아니라 수신사행의 일본 시찰 활동

---

5) 그간 일본 유학생에 관한 연구는 일본의 조선 유학생 정책에 관한 연구(최덕수, 1996), 조선 정부가 유학생을 파견한 목적을 포함하여 유학생 정책에 관한 연구(김기주, 2004, 2006, 2008)과 유학생들이 일본에서 어떠한 교육과정 및 교과 과정을 이수했으며, 귀국 후 이들의 관직 진출과 활동에 관한 연구(차배근, 2000; 박찬승, 2009), 일본에서 수학하며 수용했던 근대적 지식의 내용(유동훈·박찬승, 1999) 등의 흐름이 있다.

6) 김기주(1991)은 도일한국유학생(渡日韓國留學生)들이 1910년까지 단체를 조직하여 활동한 시기를 초창기(1895~1903), 분립기(1904~1905), 연합기(1905~1908), 통합기(1909~1910) 등 네 시기로 구분하고 있다.

역시 전통적인 의례 외교 차원을 벗어나지 못했다(허동현, 2006: 261).

【 수신사행의 일본 시찰 】

ㄱ. 무령왕이 그 군복을 변경하고 강화가 그 제작을 정교하게 한 것을 애당초 배울 수 없는 것은 아니나, 도국의 소규는 선왕의 말이 아니면 말하지 않고 선왕의 의복이 아니면 입지 않는 것을 한결같이 전수한 지가 이미 5백년이나 되었습니다. 이제 설사 죽고 망하는 한이 있다 해도 기기음교로 남과 경쟁하기를 원치 않으리라는 점은 공도 아시리라 생각합니다.

—김기수, 『일동기유』, 국역 『해행총재』 X, 51쪽

ㄴ. 그 나라의 언문(諺文)은 이려파(伊呂波)라 이르는데, 바다 길로 중국과 교통하여 서적을 얻어서 수입해 올 만한 것은 수입해 오고, 그렇지 못한 것은 이려파로써 번역해 가지고 돌아왔다.

중세(中世)에 와서 문풍(文風)이 크게 진작하여 중국 서적을 수입해 온 것이 매우 많았으니, 강희(康熙 淸 聖朝의 연호) 시대에 간행한 「사고전서(四庫全書)」까지도 전부를 수입해 온 것이 4질(帙)이나 되었다 한다.

서양인과 교통한 후에는 전적으로 부국강병(富國强兵)의 술책(術策)만 숭상하고, 경서문자(經書文字)는 아무데도 쓸데 없는 물건으로 수장(收藏)하여 두게 되었다. 만약 수십 년만 지나게 된다면 남아 있는 노인들도 다 없어질 것이니, 이른바 학문의 전형(典型)은 다시 찾아볼 수 없을 것이라 하였다

—김기수, 『일동기유』, 국역 『해행총재』 X, 465~466쪽

ㄱ에서는 일본이 서구의 문물 제도를 수용하는 것을 기기음교(奇技淫巧)로 보고 이러한 현상과는 경쟁하지 않겠다는 의지를 표명하고 있다. 일본의 학술에 대한 견문의 결과인 ㄴ에서는 일본이 서양인과 교통한 후 '부국강병의 술책만 숭상'하고 있어 이러한 형국이 계속될 경우 '학

문의 전형'은 잃게 될 거라고 개탄하고 있다. 성리학적 학문을 학문의 전형으로 인식하고 서구에서 수용하는 학문은 부국강병을 위한 술책으로 폄하하고 있는 것이다. 김기수의 이러한 인식은 일본에서 시찰한 중요한 견문을 '진문기담(珍聞奇談)' 정

〈그림 1〉 1876년 수신사 김기수 일행

도로 여길 뿐 조선이 수용해야 할 모범적 사례로는 인식하지 않았을 뿐만 아니라 시찰의 결과 역시 조선 정부의 이념이나 국책을 변경하는 데까지는 이르지 못했다.

그러나 두 차례의 수신사행을 통해 문호 개방과 부국강병의 필요성을 자각한 조선 정부는 1881년(고종 18) 4월 초부터 윤 7월까지 약 4개월 동안 메이지(明治) 일본의 문물제도를 시찰하고 정보를 수집하려는 목적으로 조사시찰단(이른바 '신사유람단(紳士遊覽團)')을 파견했다.

조사시찰단(朝士視察團)의 공식 명칭은 '동래부 암행어사(東萊府 暗行御史)'로 메이지(明治) 일본의 근대 문물제도를 시찰하고 그 결과를 조선에 반영하고자 했다는 점에서 근대 계몽기에서 역사적 의미를 지닌다. 박정양(朴定陽), 조준영, 엄세영, 강문형(姜文馨), 심상학, 홍영식, 어윤중(魚允中), 이헌영, 민종묵, 조병직, 이원회, 김용원(金鏞元) 등 조사(朝士) 12명과 수행원(隨員) 27명, 일본인 통역 2명을 포함한 12명의 통역관 및 하인 13명 등 총 인원 64명으로 구성된 조사시찰단은 1881년 4월 초부터 약 4개월 간 메이지 일본의 문물과 제도를 시찰했다.[7]

---

7) "高宗 18年 1月 11日(甲戌) 前參判 趙準永·朴定陽, 前承旨 嚴世永·姜文馨·趙秉稷·閔種默·李永, 前參議 沈相學·洪英植, 前校理 魚允中을 東萊府暗行御史에 임명하고 이어 日本國에 건너가서 그 國情을 詳探케 하다. 從政年表 高宗 辛巳年 1月 1日 從政年表 高宗 辛巳年 3月 20日 從政年表 高宗 辛巳年 4月 8日·28日 從政年表 高宗 辛巳年 7月 21日 從政年表 高宗 辛巳年 8月 27日 日本聞見事件 明治 13年 辨理公使朝鮮事務撮要派員視察 日本聞見事件 明治 14年 辨理公使朝鮮事務撮要派員視察 善隣始末 卷5 梅泉野錄 高宗 18年 大韓季年史 辛巳

【 조사시찰단이 둘러본 주요 시설 일람(허동현, 2000: 66) 】

광업	타카시마 탄광 미이케 광산, 가마이시 광산, 광산국
공업	요코스카(橫須賀)·이시카와시마(石川島) 조선소, 시나가와(品川) 유리(哨子) 공장, 오우지무라(王子村) 제사(製絲) 공장, 성냥공장, 후쿠가와(深川) 시멘트 공장
농업	미타(三田) 종육장, 수목시험장, 양잠소, 농구(農具) 제작소, 목축장
군사	참모본부, 감군(監軍) 본부, 쿠마모토(雄本), 오사카(大阪) 육군진대, 육해군사관학교, 토야마(戶山) 학교, 해군병학교, 근위병영(近衛兵營), 이타바시(板橋) 화약제조소, 육군재판소. 우쯔노미야(宇都宮) 조련소, 도쿄·오사카 포병공창
경제	나가사키·고베·요코하마 세관, 제일국립은행·미쓰이(三井) 은행, 조폐국, 백화점
교육	나가사키 사범학교, 동경대학교, 여자사범학교, 농업학교, 가쿠슈인(學習院), 교육박물관, 동경외국어학교, 게이오 기주쿠(게이오의숙), 도진샤(동인사), 유치원, 상법강습소(商法講習所), 소학교, 체조견습소
사회	맹아원(盲兒院), 우편국, 전신국, 우두종계소(牛痘種繼所), 고아원, 신문사, 나병원, 사립병원
문화	박물관, 박람회, 도서관, 서점, 흥아회(興亞會)

　조사시찰단에 대해 본격적인 연구를 가동시킨 허동현(2000)에 따르면, 이 기획팀은 서구 근대의 수용을 본격적으로 도모하고 나아가 조선 근대화의 모형을 일본에서 구한 공식적인 최초의 시도였다(허동현, 2002: 508). 12명의 조사들은 메이지 일본의 정치, 경제, 군사, 산업, 사회, 문화, 교육 등에서 서구 근대를 본떠 근대화를 이룬 성과를 총 80여 책의 견문기(見聞記)에 담아냈다. 조사들은 개별 임무를 수행하는 동시에 근대적 제도와 문물을 공통적으로 시찰했다.

　시찰의 주 업무를 맡은 12명의 조사들은 종실(宗室)이나 벌족(閥族)에 속하는 양반 명문가 출신이었다. 조사로 선발되기 전에, 박정양, 엄세영, 강문형, 어윤중, 이헌영은 암행어사로, 엄세영, 강문형, 민종묵, 김

年 4月 新聞集成 明治 編年史 第4卷 明治 14年 5月(5·7東京日日) 舊韓國外交文書 第1卷 日案1 56面 高宗 18年 4月 29日 舊韓國外交文書 第1卷 日案1 57面 高宗 18年 6月 27日 日本外交文書 第14卷 明治 14年 2月 20日 文書番號 第122號 第290面 日本外交文書 第14卷 明治 14年 2月 28日 文書番號 第123號 第294面 日本外交文書 第14卷 明治 14年 4月 28日 文書番號 第126號 第304面 日本外交文書 第14卷 明治 14年 5月 6日 文書番號 第127號 第305面 日本外交文書 第14卷 明治 14年 6月 2日 文書番號 第128號 第306面"

용원은 청나라 혹은 일본 파견 사절로 그리고 이원희, 김용원은 군사전문가로 활약했듯이 이들은 실무 능력과 전문 지식을 겸비한 관료 지식인이었다.

그리고 조사를 수행한 수원들은 대부분 조사(朝士)와의 사적인 인연으로 발탁되었다. 수행원 강진형, 이필영, 민재후는 조사 강문형, 이헌영, 민종묵과 인척 관계이며, 이상재, 유길준(兪吉濬), 윤치호는 조사의 제자 등 사적 친분으로 수행원이 되었다.

수행원 중에서 조사(朝士) 어윤중(魚允中)의 수행원(隨員)으로 참여했던 유길준(당시 26세)과 그의 자형인 류정수(柳定秀, 당시 27세)는 후쿠자와 유키치(福澤諭吉)가 창설한 게이오의숙(慶應義塾)에, 윤치호(尹致昊)는 나카무라 마사나오(中村正直)의 동인사(同人社)에 남아 신학문을 공부하게 되었다. 이들은 유학을 목적으로 도일(渡日)한 것은 아니었다. 그러나 조사 시찰단의 일행으로 참여했지만 신학문을 공부하기 위해 일본에 체류했다는 점에서 근대적 의미의 최초의 유학생이라고 평가한다(송병기, 1988: 25; 박찬승, 2000: 77). 한편, 차배근(1998)는 阿部洋(1976: 23)에 근거하여 유길준이 도일했던 1881년에 조선 정부가 공식적으로 일본에 유학생을 파견했다는 사실에 주목했다. 임태경(林泰慶), 이원순(李元淳), 김재우(金在愚)와 통역관 박인순(朴仁淳)이 정부가 파견한 유학생이며 그런 점에서 1881년은 우리나라의 근대적 해외유학사에서 그 원년이 된 해라고 할 수 있다(차배근, 1998: 4).

【 駐日生徒 】

駐日生徒今三月以後語學生徒入日本者前後五十餘人多在於日本之東京慶應義塾以敎授洋學爲主其生徒常不下六七百人特爲我國生徒設置一舍勤心敎學生徒中一人已卒業轉學洋文或有學稅務者有學

| 번역 | 금년 3월 이후에 일본에 유학(遊學)한[8] 어학생도(語學生徒) 50여 명이 거의 일본 동경(東京)의 게이오의숙(慶應義塾)에서는 서양 |

학문을 위주로 가르쳤고 생도 또한 언제나 6, 7백명쯤 되었는데, 특별히 우리나라 생도들을 위하여 교실 하나를 마련하여 성심껏 지도한 바, 생도 중의 1명은 이미 졸업하고 양문과(洋文科)로 전학하였다. 또 이중에는 세무(稅務)를 배우는 자도, 혹은 양잠법(養蠶法)을 배우는 자도 있고, 사관학교(士官學校)에 들어가 군제(軍制)를 배우는 자도 있으니, 장래의 성취는 알 수 없으나 거의가 온갖 노력을 다하여 밤낮으로 게을리 하지 않으므로 일본 사람들도 우리나라 생도를 높이 평가하고 있다 한다.9)

　　―'주일생도(駐日生徒)', 『한성순보』, 1883.12.20, 국내사보(國內私報)

개항 이후 1881년부터 우리나라에서 근대적 일본 유학이 시작되어 정부의 공식적 파견이나 시찰단 수행 등을 통해서 조선의 많은 청년 지식인들이 일본 유학길에 올랐다. 1881년부터 1883년경까지 대략 100여 명에 달하는 유학생들이 일본에 건너가 공부하게 되었으며 주로 육군호산학교(陸軍호산학교)나 게이오의숙, 조선소(造船所) 등에 입학했다. 『한성순보』의 경우, 위 인용문에 나타난 것처럼 당시 일본 유학생들의 정황을 비교적 상세하게 보도했고, 이러한 기사를 통해 유학에 대한 조선 청년들의 열망은 보다 강렬해졌다.

그러나 1884년 12월 4일 박영효, 김옥균 등 개화파가 주도한 갑신정변(甲申政變)이 실패하면서 정부는 일본에 유학생 파견을 중단했다. 일본에 유학했거나 유학 중인 학생들이 갑신정변에 참여했거나 혹은 직간접적으로 관계가 있었다는 이유로 유학생 소환령을 내렸고, 이어 유학생 파견도 중단했다. 이러한 상태는 10년 간 지속되다가 1895년 갑오교육개혁으로 일본 유학이 재개되었다.

---

8) 원문의 '語學生徒入日本者'에서 '入'의 오역으로 보인다.
9) 『한성순보』의 번역문은 미디어 가온의 번역문을 따랐다.

2.2. 중국 영선사행과 김윤식

2.2.1. 영선사(領選使)라는 명칭과 영선사행 구성

1876년 개항 이후 조선은 새로운 국제 질서를 파악하고 문물제도를 배우기 위해 일본에 조사시찰단을, 중국에 기술 유학생 중심의 영선사 (領選使)를 각각 파견했다. 영선사 역시 1881년 파견했던 시찰단과 함께 추진했다. 1880년 4월 25일부터 영선사 파견을 둘러싸고 조선과 청 사이에 교섭이 시작되었다. 조사시찰단이 일본에 건너가 교육, 군사, 공업 등 다양한 선진문물을 탐지했던 것과는 달리 중국 영선사는 기술 유학 중심으로 진행되었다.

【 統理機務衙門啓曰 】

統理機務衙門啓曰, 軍械學造事, 上國回咨, 已出來矣。領率使臣稱號及工士資送凡節, 令統理衙門, 從速磨鍊以入事, 命下矣。謹依下敎, 諸條磨鍊節目書入, 而使號, 稱以領選使, 政官牌招, 開政差出, 咨文, 令文任撰出, 而器械則先遣工徒而學造, 技藝則邀來敎師而演習, 軍士定送一款, 姑爲置之之意, 備細措辭, 以爲付送之地, 何如? 傳曰, 允

번역 통리기무아문이 아뢰기를,

"군계(軍械)를 만들어 배우는 일에 대해 상국의 회답하는 자문이 이미 나왔으니, 거느리는 사신의 칭호 및 공사(工士)를 자송(資送)하는 모든 절차를 통리기무아문으로 하여금 되도록 빨리 마련하여 들이게 하라고 하명하셨는데, 삼가 하교대로 여러 항목을 마련하는 것을 절목으로 써서 들입니다. 사신의 칭호는 영선사(領選使)라 칭하고 정관(政官)을 패초해서 정사를 열어 차출하며, 자문(咨文)은 문임으로 하여금 짓게 하고, 기계(器械)는 먼저 공도(工徒)를 보내어 만드는 것을 배우게 하고, 기예는 교사를 맞이해 와서 연습하도록 하며, 군사를 정하여 보내는 한 가지 항목은 우선 내버려 둘 뜻으로 자세히 갖추어 공문을 만들어서 송부하게 하는 것이 어떻겠습니까?" 하니, 윤허한다고 전교하였다.

—『승정원일기』133책, 고종 18년 신사(1881) 2월 26일[10]

위 자료는 영선사(領選使)라는 명칭에 관한 자료로서 '군계(軍械)를 만드는 것을 배우는 사신'을 영선사로 칭하고, 기계(器械)는 먼저 공도(工徒)를 보내어 만드는 것을 배우게 하라는 내용을 담고 있다. 이에 따라 구성된 영선사 일행은 1881년 9월 26일 조선을 출발해 11월 30일 천진에 도착하여 천진 기지창의 남국 및 동국 등에 배속되어 기술을 배우게 되었다. 영선사의 목적 가운데 하나는 앞으로 조선의 부국강병을 이루기 위해 화약·탄약의 제조법과 이와 관련되는 전기·화학·제련·기초 기계학 등의 기술 습득과 무기를 사오는 일이었다(이상일, 2006: 11).[11] 고종이 영선사를 파견하게 된 동기와 그들의 역할에 대해 이후 『한성순보』는 다음과 같이 보도했다.

【 諭旨恭錄 】

동월 28일 협변교섭통상사무(協辨交涉通商事務) 목린덕(穆麟德, 묄렌도르프)이 上旨를 받들어 11마력 화륜기기(火輪機器) 한 대를 상해(上海)에서 구입하여 조만간 도착하게 되었다. 우리 나라가 그 전에는 별다른 병비(兵備)가 없었는데 통상을 시작하고부터서는 上이 군대 양성에 지대한 관심을 가져, 우선 병기(兵器)부터 정예하게 할 것을 생각하고 신사년 가을 영선사 김윤식(領選使 金允植)·종사관 윤태준(從事官 尹泰駿)을 파견하여 학도와 공장 등을 인솔하고 중국 천진(天津)의 기기창(機器廠)에 가서 기술을 익혀 꼭 졸업 시키기를 기약했는데, 임오년 6월 본국의 군변(軍變) 때문에 김윤

---

10) 이 번역문은 한국고전번역원의 번역문을 사용했다.
11) 이상일(2006), 「김윤식 영선사 사행」, 한국문화연구 11집.

식이 낭패하여 환국하였으므로 기술을 익히던 일도 폐지되고 말았다. 그 해 9월 김윤식과 종사 김명균(從事 金明均)이 다시 天津에 들어가 학도들을 데리고 돌아올 적에 北洋〈李鴻章〉에 청하여 손으로 작동하는 작은 機器를 구매하여 와서 본국에 기기창을 설치하고 製造를 시작하였다. 그것은 李傳相〈李鴻章〉이 天津의 南局總辦王德均을 시켜 영국 사람 斯米德(스미드)에게 부탁하여 대신 구입하게 한 것이다.

　　　—'유지공록(諭旨恭錄)', 『한성순보』, 1883.10.31, 내외기사(內國紀事)

　영선사행은 국비 단체 유학의 성격을 지닌 것으로 조사시찰단을 따라간 후 귀국하지 않고 남아서 계속 공부한 일본의 유학과는 성격이 달랐다. '유지공록'에서 "상(上)이 군대 양성에 지대한 관심을 가져, 우선 병기부터 정예하게 할 것을 생각하고 신사년 가을 영선사 김윤식·종사관 윤태준을 파견하여 학도와 공장 등을 인솔하고 중국 천진의 기기창에 가서 기술을 익혀 꼭 졸업시키기를 기약"한 데서도 알 수 있듯이 고종이 기획한 정부 차원의 유학이었다. 임오년 6월 본국의 군변 때문에 김윤식이 환국함과 동시에 기술 유학이 폐지되었다 등이다. 특히 유학 대상 장소로 체결된 천진의 기기창(天津機器廠)은 군수품을 생산하는 기업으로서 강남제조국(江南製造局), 금릉기기국(金陵機器局), 복주선정국(福州船政局)과 함께 중국의 대표적인 근대적 기업이다. 영선사행(領選使行)에 부여된 공식적인 임무가 학도와 공장을 천진기기국에 위임하여 양무를 학습시키는 것이었던 셈이다.

　영선사로는 원래는 이조참의 조용호(趙龍鎬)가 임명되었으나 조용호가 병이 나자 당시 순천부사 김윤식으로 교체되었다(고종 18년(1881) 7월 15일). 영선사는 학도와 공장의 선발은 물론 이들에 대한 인솔, 감독까지 총괄했다. 김윤식은 조선이 처한 현실이 서양 세력의 침략이 현실화되고 있다고 보고 있으며 그렇기 때문에 고종의 영선사 파견 결정은 '나라를 지키기 위한 큰 일'로 인식하고 있다.

【 吏曹參議金允植疏曰 】

吏曹參議金允植疏曰, 伏以國家官人之制, 必稽其功能, 而授之稱職, 不然則循資考望, 節次推遷, 雖微官冗司, 不可苟然而得之也。臣猥以無似, 濫廁朝列, 在內而無補, 居外而蔑效, 近者待罪南邑, 經歷周歲, 徒竊廩俸之厚, 曾無絲毫之報。召灾致旱, 海沿饑荒, 使殿下之赤子, 將至於流離顚連, 而坐視莫救, 承命赴召, 投艱後人, 有時念及, 內自慙訟。不圖山藪之量, 偏施雨露之澤, 地部之佐, 天官之貳, 日降一諾, 龍光遍臨, 每奉恩旨, 輒增悸恐, 夫天官, 非冗司也, 佐貳, 非微職也。以臣資淺, 以臣望輕, 驟居人先, 有若酬功賞能, 拔例超遷者然, 是乃無望之福, 必致過分之災。況復政命在卽, 召牌儼臨, 以臣之素乏藻鑑, 全昧選格, 一朝冒居銓席, 使之代斵, 則徒見血指而汗顔, 不免招謗而貽譏。臣之不稱於是職, 不待臣言, 而想有淵鑑之孔昭矣。若以臣所帶領選之任, 將有于役之勞, 則亦臣分之所當然耳。惟僨誤之是懼, 豈榮寵之敢望? 惟我聖上, 體四牡懷歸之念, 軫皇華靡及之義, 凡係下情, 無微不燭, 有願必遂, 臣雖顚沛道路, 糜粉身軀, 猶不足以報塞萬一, 顧何敢遽玷名器, 以累聖朝迪簡之政哉? 左右思量, 承膺無路, 玆敢冒陳衷私, 仰瀆崇嚴。伏乞聖慈, 俯垂鑑諒, 亟遞臣三銓之任, 以重官方, 以安微分焉, 臣無任云云。省疏具悉。爾其勿辭察職

번역

이조 참의 김윤식(金允植)이 상소하기를,

"삼가 아룁니다. 국가에서 사람을 벼슬시키는 제도는, 반드시 그 공적과 능력을 헤아려 합당한 벼슬을 주거나, 그렇지 않으면 자격에 따르고 명망을 살펴서 차차로 옮기는 것이니, 낮은 관원이나 한가한 관사일지라도 구차하게 얻을 수 없는 것입니다. 신은 외람되게 변변치 못한 자질로 조정의 반열에 끼어, 내직(內職)에서도 보탬이 없고 외직에서도 보람이 없었으며, 근자에는 남쪽 고을을 맡아서 한 돌을 지내는 동안에 후한 녹봉을 먹었을 뿐이고 조그만 보답도 없었습니다. (…중략…) 더구나 또 정사를 행하라는 명이 곧 있어서 소패(召牌)가 이르러, 평소에 인물을 감식할 줄 모르고 가려 뽑는 격례를 전혀 모르는 신을 시켜 하루 아침에 전형하는 자리를 무릅쓰고 차지하여 대리하게 한다면, 애만 쓰고 부끄러운 일을 볼 뿐이고 비방을 부르고 비난을 끼치는 것을 면하지 못할 것이니, 신이 이 벼슬에 맞지 않는 것은 신이 말하지 않더라도 성상께서 통촉하실 것입니다. 신이 지닌 영선사(領選使)의 직임으로 장차 사명을 받들어 근로하는 것으로 말하면, 또한 신의 분수로서 당연한 것일 뿐이요, 오직 일을 그르칠 것이 두려운데, 어찌 총애를 감히 바랄 수 있겠습니까. 우리 성상께서는 사행길에서 돌아오고 싶어할 것을 헤아리시고 사신으로서의 역할을 수행하는 데 힘이 못 미칠 듯이 여기는 뜻을 생각하시어, 아랫사람의 심정에 관계되는 모든 것을 작아도 통촉하시지 못하는 것이 없고 바라는 것이 있으면 반드시 성취시키셨습니다. 신이 도로에서 고난을 당하고 몸이 가루가 되어도 은혜의 만분의 일도 갚지 못할 테인데, 도리어 어찌 감히 명기(名器)를 문득 더럽혀서 성조(聖朝)에서 간택하는 정사에 누를 끼칠 수 있겠습니까. 이리저리 생각하여도 명을 받을 길이 없으므로, 감히 무릅쓰고 진심을 아뢰어 숭청(崇聽)을 어지럽힙니다. 바라옵건대, 성자는 굽어 살피시고 빨리 신의 이조 참의의 직임을 갈아서 관방(官方)을 중히 하고 미분(微分)을 편안하게 하여 주소서……"하였는데, 답하기를, "상소를 보고 잘 알았다. 그대는 사직하지 말고 직임을 살피라."하였다.

—『승정원일기』 133책(탈초본 2892책), 고종 18년 9월 19일

【 영선사로 의주를 건널 때 올린 소 】

殿下爲是之憂, 奮發有爲。思惟禦侮, 必先練兵, 苟欲練兵, 宜資利器。故廣選工徒, 遠赴天津, 不惜資粮之費, 冀獲製造之用。此誠爲宗社、爲生民, 斷斷苦心, 而欲保之於危亂之前也。

번역 전하께서는 이를 걱정하시어 큰일을 해내고자 떨쳐 일어나셨습니다. 생각건대 외국으로부터의 모욕을 방어하려면 반드시 먼저 군대를 훈련시켜야 하고, 군대를 훈련시키고자 한다면 마땅히 날카로운 무기를 갖추어야 합니다. 때문에 널리 도제를 선발하여 멀리 천진(天津)으로 보내면서 노자와 양식 비용도 아까워하지 않으시고 무기제조법을 얼

<u>어내기 바라셨던 것입니다.</u> 이는 진실로 종묘 사직을 위하고 백성을 위한 고심어린 결단이며, 위태롭고 어지러워지기 전에 나라를 지키고자 하신 처사입니다._영선사로 의주를 건널 때 올린 소

> —『운양집(雲養集)』권8 [疏], 신사년(1881, 고종18) 10월,
> '以領選使渡灣時疏'[12]

김윤식 상소는 김윤식이 영선사 임무를 받고 고종에게 사행과 사신의 역할을 다할 것을 다짐하는 장면이며, 그 다음의 상소는 그 후 1881년 10월 영선사행을 떠날 때 의주(義州)에서 올린 것이다. 김윤식은 조선이 처한 국제 관계의 현실 속에서 무엇보다 중요한 것은 군사력 육성을 위한 자강 정책이라는 점을 절감하고 있다. 김윤식에게 고종의 영선사 파견은 '무기 제조법'의 습득을 통한 자강 정책의 실현으로 인식되었다.

영선사행에 선발된 유학생은 공식적으로 유학생 38명과 관원(官員) 12명, 수행원(隨從) 19명 등 모두 69명이었으며 그 외에 유학생의 개인적인 수행원(私帶隨從)으로 14명이 있었다. 유학생 38명은 학도(學徒) 20명과 공장(工匠) 18명으로 구성되었으며 연령은 16세~40세 정도까지였다. 영선사행 유학생은 다음과 같다(이상일, 2006: 102).

【 영선사 일행 구성 】[13]

學徒(20인)	高永喆	당시 29세(1853년생), 고종 13년(1876) 병자 식년시 2위, 동국(東局)의 수사학당에 선발되어 영어를 배움.
	李苾善	23세(1859년), 고종 17년(1880) 경진 증광시 7위, 무재(無才)로 판정받고 배치도 받지 못한 채 1882년 3월 6일 귀국.
	朴台榮	28세(1854년), 고종 10년(1873) 계유 식년시 5위, 1881년 12월 18일 별견당상 변원규와 함께 귀국.
	尙澐	남국(南局)에 배치되어 전기 기술을 전공, 우리나라 최초의 전기 기사로 1882년 3월 22일에 공부를 마치고 축전지와 기타 전기 기구 일체를 가지고 귀국.

---

12) 이하 『운양집』의 원문과 번역문은 한국고전번역원의 『한국고전종합DB』를 따랐다.
13) 이상일(2006: 103~107 재인용).

	高永鎰	23세(1859년), 남국에서 동연 전공으로 배치되었으나 부모의 병이 중하다는 소식을 듣고 1882년 3월 6일 귀국, 고종 19년(1882) 임오 증광시 3위.
	李熙民	28세(1854년), 고종 10년(1873) 계유 식년시 진사 3등 231위, 원래 수사학당에 뽑혀 양어를 배웠으나 화학 전공으로 바꿔 각종 약품 제조를 배움.
	金光練	23세(1859년생), 고영철과 함께 수사학당 시험에 합격하였으나 그후 무재(無才)로 판정을 받고 자퇴하여 1882년 3월 6일 귀국, 고종 19년(1882) 임오 증광시 2위.
	李昌烈	1881년 12월 18일 별건당상 변원규와 함께 귀국.
	金台善	27세(1855년), 동국에 배치되어 강수제조법(산의 제조)을 전공, 고종 19년(1882) 임오 증광시 1위.
	趙漢根	23세(1859년생), 고종 13년(1876) 병자 식년시 1위, 원래 수사학당에 선발되어 양어를 배우다가 뒤에는 수뢰포(水雷砲)의 전기 작용을 전공.
	趙台源	남국 화도창(畵圖廠)에서 기계 설계를 전공. 이명 조석진(趙錫晉)
	安昱相	남국 화도창(畵圖廠)에서 기계 설계를 전공. 이명 안중식(安中植)
	安浚	남국에서 전기를 공부.
	李章煥	33세(1849년생), 무재로 판정받고 배치도 받지 못한 채 1882년 3월 6일 귀국, 고종 28년(1891) 신묘 증광시 6위.
	李南秀	남국에서 화약 제조법을 배우다가 사고로 퇴학하고 1882년 3월 6일 귀국.
	李璜	질병으로 배치받지 못하고 1882년 1월 3일 귀국.
	崔圭漢	나이가 어려서 수뢰학당에 배치되어 양어를 배우다가 재능이 부족하다고 퇴학당하고 1882년 3월 6일 귀국.
	金聲	질병으로 배치받지 못하고 1882년 1월 3일 귀국.
	鄭在圭	무재로 판정받고 배치도 받지 못한 채 1882년 3월 6일 귀국.
	秦尙彦	
工匠(18인)	金元永	남국에서 무기 수리 전공
	河致淡	동국에서 무기의 수리 제작을 배움.
	皮三成	남국에서 목양(木樣:모형 제조법)을 전공했으나 무재로 판명이 나자 1882년 나자 1882년 3월 6일 귀국.
	韓得俊	동국에서 무기의 수리 제작을 배움.
	金聖元	남국에서 목양 전공
	洪萬吉	1882년 1월 3일 병사(病死)
	黃貴成	동국에서 강수(礷水) 제조법을 배움.
	張榮煥	동국에서 목양을 전공하다가 무재라고 퇴학하여 1882년 3월 6일 귀국.
	宋景和	남국에서 무기의 제작 수리를 전공.
	金興龍	동국에 배치되어 화약 제조를 배우던 중 광증(狂症)이 나타나 1882년 5월 1일 귀국
	崔同順	남국에 배치되어 동철의 용주법(鎔鑄法)을 배우다가 질병으로 1882년 5월 1일 귀국.
	金泰賢	남국에서 동철의 용주법 전공.

朴奎性	남국에 배치되어 무기 제조와 수리를 공부하다가 3월 이후에 그만 둔 것으로 보임.
安應龍	동국에 배치되어 총 만드는 기술을 배우다가 이질이 심해져 1882년 5월 1일 귀국.
崔志亨	동국에 배치되어 무기 수리를 배움.
金成孫	중도 귀국.
朴永祚	나이가 제일 어렸기 때문에 최규한과 함께 수뢰학당에 선발되어 양어를 배움.
金德鴻	동국에서 화약 제조법을 배움.

여기에서 학도는 화학, 전기, 제도, 외국어 등 이론적인 것을 배웠고, 공장은 제련·기계 조작과 기계 모형의 제조 등을 배웠다(국사편찬위원회 편, 1999: 130~131, 이상일, 2006: 103 재인용). 중국에 파견한 영선사행에 관한 연구는 주로 영선사 파견을 위한 교섭과 사행 준비 과정 그리고 유학 상황 등에 대한 연구14)를 비롯하여 조·청(朝·淸) 외교사적 관점에서 영선사를 다룬 연구,15) 영선사 김윤식의 활동과 관련된 연구16) 등으로 진행되었다.

---

14) 권석봉(1963), 「領選使行 硏究」, 서울대학교 석사논문; 김정기(1978), 「1880년대 기기국·기기창의 설치」, 『한국학보』 10; 왕신레이(2013), 「'신사유람단'과 '영선사'를 통해 본 동아시아의 근대화: 동아시아사 연구에서 한국의 지위(地位) 문제를 겸론하여」, 구태현 외 편, 『근대전환기 동·서양의 상호인식과 지성의 교류』, 선인; 남도영 외 편(2002), 韓國近現代史論文選集 69, 啓蒙(11), 삼귀문화사 등.

15) 신기석(1967), 『한말 외교사 연구』, 일조각; 박일근(1968), 『근대 한미 외교사』, 박우사; 김정기(1994), 「1876~1894년 淸의 조선정책 연구」, 서울대학교 박사논문; 구선희(1996), 「開化期 朝鮮의 對淸 政策 硏究」, 고려대학교 박사논문; 신용하(2000), 『초기 개화사상과 갑신정변연구』, 지식산업사 등.

16) 송병기(1984), 「김윤식 이홍장의 보정·텐진회담」, 『동방학지』 44·45; 이양자(1984), 「청의 대조선정책과 원세개」, 『부산사학』 8; 김종열(1985), 「김윤식 연구: 김윤식의 생애와 개화외교정책을 중심으로」, 인하대학교 석사논문; 이상일(1995), 「운양 김윤식의 사상과 활동 연구」, 동국대학교 박사논문; 김성배(2001), 「김윤식의 정치사상 연구」, 서울대학교 박사논문; 김형덕(2001), 「領選使 金允植의 在淸 外交」, 서울대학교 석사논문; 이상일(2006), 「김윤식의 개화자강론과 영선사 사행(使行)」, 『한국문화연구』 11집; 황재문(2013), 「雲養 金允植의 中國 認識: 領選使 활동 시기를 중심으로」, 『고전과 해석』 15집; 박은숙(2015), 「김윤식과 원세개·이홍장·주복의 교류(1881~1887)」, 『한국사학보』 61집 등.

2.2.2. 김윤식과 영선사행의 규범

1881년 9월 26일 영선사 일행은 목적지인 천진(天津)을 향하여 조선을 출발했다. 영선사 김윤식(金允植, 1835~1922)은 영선사 일행을 인솔하는 역할 외에 청나라로부터 신식 무기 제조법을 배우는 것과 조미조약의 체결을 위해 청 관리들의 협조를 구하는 중요한 임무를 맡았다(황재문, 2013: 10). 기술 유학은 중국이 조선보다 먼저 서구의 학문과 기술을 수용하여 근대화를 추진하고 있었다는 점에서 의의가 있었다. 그뿐만 아니라 청국과의 속방 체제를 유지하고 이를 기반으로 서구 강국과의 조약을 체결함으로써 자강 외교 정책을 수행하는 것 또한 영선사행의 목적이었다.

【 天津奉使緣起 】

翌年辛巳三月, 始有派送領選使之命, 至是年七月, 余猥充使銜。時余在湖南順天任所, 聞命倈裝入京, 率機器學徒七十餘人, 迫歲到津。屢謁少荃, 談紙成堆。葢議約事居十之八九, 而學造事不過一二耳。到津後承少荃指導, 屢以約事專使函達, 而我國事素多持難, 又碍於浮論, 事多濡滯。余以是每於談次, 屢被困迫, 而自同癡人, 惟婉辭謝之而已。每談罷歸館, 手繕談草, 付上本國, 以備乙覽, 錄底稿於行曆中, 其與他人晤談, 非汗漫說話者亦載之。壬辰季夏, 謫居無事, 屬印君東植移謄行曆中談草, 彙爲一冊, 命之曰『天津談草』, 略述緣起於上。葢識我國與外國交涉, 自此始也。

번역 이듬해 신사년(1881, 고종18) 3월 비로소 영선사(領選使)를 파견해 보내라는 명이 있었다. 그 해 7월에 내가 외람되이 사신의 직함에 충원되었다. 이때 나는 호남(湖南) 순천(順天)의 임소에 있다가 명을 듣고 짐을 꾸려 서울로 들어갔다. 기기학도(機器學徒) 70여 인을 이끌고 세모에 임박하여 천진에 도착했다. <u>누차 소전을 알현하니 필담한 종이가 산처럼 쌓였는데, 조약 체결에 관해 의논한 것이 열 가운데 여덟아홉을</u>

차지하고 학문에 관한 일은 한둘에 불과했다. 천진에 도착한 후 소전의 지도를 받들어 누차 조약의 일을 전사(專使: 특정한 일을 위해 파견하는 사자)를 통해 봉함으로 전달하였다.

우리나라는 평소 일을 처리하지 못하고 미루는 경우가 많았고 또 헛된 여론에 막혀 체류되는 일이 많다. 내가 이 때문에 이야기할 때마다 그 과정에서 누차 곤욕을 당했지만 스스로 얼간이인듯 오직 좋은 말로 감사할 뿐이었다. 매번 이야기가 끝나면 관소로 돌아와 필담 나눈 초고를 다듬어 본국에 부쳐서 을람(乙覽: 임금의 열람)에 대비하고 저본을 일기에 기록하였다. 다른 사람과 나눈 대화 가운데 할 만한 얘기가 아닌 것도 기재하였다.

임진년(1892, 고종29) 계하(季夏 6월) 귀양살이 할 적에 할 일이 없어 인동식(印東植) 군에게 부탁해 일기에 있는 필담 기록을 옮겨 베끼고 모아서 한 책을 만들었다. '천진담초(天津談草)'라 이름을 붙이고 앞에 연기(緣起: 글을 쓴 유래나 취지)를 약술한다. 우리나라와 외국의 교섭이 이로부터 시작되었음을 기록하기 위해서이다.

—『운양집』(雲養集) 권14 '천진봉사연기(天津奉使緣起)'

【 天津奉使緣起 】

我國素無他交, 惟北事淸國, 東通日本而已。自數十年來, 宇內情形日變, 歐洲雄長, 東洋諸國, 皆遵其公法, 捨此則孤立寡助, 無以自保。於是淸國及日本, 皆與泰西各國修好, 所立約者近二十國。日本舊有關白執權, 自通洋以來, 日皇廢關白而親攬國政, 凡治國、鍊兵、製器、征貨等事, 悉用泰西之法, 滅琉球拓北海, 號稱"東洋强國"。日本最近者, 莫如我國。改紀以後, 通書契于我朝廷。朝廷以書契多違舊式, 令邊臣却而不受。至於八年之久, 丙寅春, 日本派使乘兵船入江華要約, 不得已許之。俄羅斯廓其境土, 至于海蔘葳, 屯兵開港, 與我國邊疆, 只隔一水, 如虎豹之在傍。

時安南、緬甸、琉球次第削弱, 至於滅亡, 我國猶未知也。安南則與法國修約, 緬甸則與英國修約, 琉球則服事日本。此三國不願廣交, 專仗一國, 以爲可恃, 事久變生, 漸加侵凌, 國勢積弱, 無以制之。他國則素不立約, 以局外處之, 不敢過問, 孤立無援, 遂値傾覆。淸國鑑於此三國之禍, 爲我國深憂之。蓋此三國, 皆淸國通貢之國, 棄舊悅新, 自取禍敗。淸國雖欲救護, 實有鞭長不及之歎, 且在約外, 不便過問, 海外荒服, 又無損於淸國之大計, 故不能力爭。

至如我國, 水陸相接, 爲東三省藩蔽, 淸國視同內服。故欲先事設法, 俾不蹈三國之轍。北洋大臣李少荃中堂鴻章, 屢致書於橘山及山響相公, 開陳利害, 勸與各國修好, 不然則將爲狎隣所制, 悔之無及矣。其策有"聯美"、"親淸國"二者爲最要

번역 우리나라는 평소 다른 외교가 없이 오직 북쪽으로 청나라를 섬기고 동쪽으로 일본과 통교할 뿐이었다. 수십 년 이래 세계의 사정과 형세가 날로 변했다. 유럽이 웅장해지자 동양의 여러 나라들이 모두 만국공법(萬國公法)을 준수하였으니, 이를 버리면 고립무원이 되어 스스로 보호할 길이 없기 때문이다. 이에 청나라 및 일본이 모두 태서(泰西: 구미(歐美)) 각국과 수호를 맺어, 거의 20국과 조약을 맺었다.

러시아가 국경을 해삼위(海蔘葳: 블라디보스토크)까지 확장하여 군대를 주둔하고 개항하였다. 우리나라 국경과는 겨우 강 하나를 사이에 두고 있으니 범과 표범이 옆에 도사리고 있는 것과 같았다. 이때 안남(安南 베트남)·면전(緬甸: 미얀마)·유구가 차례로 영토는 줄고 군사는 약해져 멸망에 이르렀으나 우리나라는 여전히 알지 못했다. 안남은 법국(法國 프랑스)과 조약을 맺었고 면전은 영국과 조약을 맺었고 유구는 일본에 병탄되었다. 이 세 나라는 널리 외교 맺기를 원하지 않고 오로지 한 나라에만 의지해 믿을 만하다고 여겼다. 일이 오래되면 변화가 생기는 법이라 점차 침략과 능멸이 가해졌지만 국세가 자꾸 약해져 제어할 방도가 없었다. 다른 나라들은 평소 조약을 맺지 않았기 때문에 관계없는 곳으로 치부하고 감히 참견하지 않았다. 고립무원으로 있다가 마침내 멸망하게 된 것이었다.

청나라는 이 세 나라의 멸망을 거울삼아 우리나라를 위해 매우 근심했다. 이 세 나라는 모두 청나라의 조공국이었지만, 옛것을 버리고 새것을 좋아하다가 스스로 재앙과 패배를 취한 것이었다. 청나라가 비록 구호하고자 했으나 실로 채찍이 길어도 닿지 않는 한탄이 있었다. 그리고 조약을 맺지 않은 상태에서 간섭하기 불편했고, 해외의 황복(荒服)이라 또 청나라의 판도에는 손해가 없었으므로 힘써 다투지 않았다.

우리나라의 경우에는 수륙이 접해 있어 동쪽 삼성(三省: 길림·요녕·흑룡강)의 울타리 역할을 하기 때문에 청나라에서 내복(內服)과 동일시한다. 그러므로 사전에 방법을 강구하여 세 나라의 전철을 밟지 않도록 하고자했다. 북양대신(北洋大臣) 이소전(李少荃) 중당(中堂) 홍장(鴻章)이 누차 귤산(橘山) 및 산향(山響) 상공에게 편지를 보내 이해(利害)에 대해 의견을 개진하며 각국과 수호하라고 권하였다. 그렇지 않으면 앞으로 친압하는 이웃 나라에 제어를 당할 것이니 후회해도 소용없을 것이라고 하였다. 그의 계책 가운데 '연미(聯美: 미국과 연합함)'와 '친청국(親淸國: 청나라를 가까이 함)'이 있었는데, 이것이 가장 요점이었다.

—『운양집』(雲養集) 권14 '천진봉사연기(天津奉使緣起)'

중국 영선사 파견은 무기 제조 기술 습득이라는 목적 외에 서구 제국과의 통상 조약을 체결하여 고립을 면하는 것을 수행할 목적이 있었다. 앞의 인용문과 같이 '조약 체결에 관해 의논한 것이 열 가운데 여덟아홉을 차지하고 학문에 관한 일은 한둘에 불과했다.'는 것으로 보아 기술이나 학문 습득보다 국제 관계 체결에 더 큰 비중이 있었다. 그리고 우리나라와 외국의 교섭이 이로부터 시작되었음을 기록하기 위해서, 조약 체결에 관한 필담 기록을 '천진담초(天津談草)'라 이름을 붙이고 앞에 연기(緣起: 글을 쓴 유래나 취지)를 약술한 것이라고 점을 밝히고 있다.

흥미로운 것은 위의 인용문과 같이 청국과 서구 제국과의 국제 관계를 새롭게 재구성해야 하는 현실에서 조선이 지향해야 할 외교 정책으로서 김윤식이 "'연미(聯美: 미국과 연합함)'와 '친청국(親淸國: 청나라를 가까이 함)'이 있었는데, 이것이 가장 요점"이라고 주목하는 부분이다. 김윤식은 안남, 면전, 유구 등 세 나라의 멸망이 특정한 하나의 강대국과만 조약을 체결하고 다른 나라들과의 조약 체결을 소홀히 한 결과로 파악하고 있다. 따라서 먼저 "먼저 미국과 상의하여 좋은 조약을 체결하면 뒤를 이은 다른 나라의 조약 역시 다 이전 원안을 따를 것"이기 때문에 연미(聯美) 정책을, 그리고 "우리나라가 평소 국제외교에 어두우니 만약 청나라의 도움이 없으면 반드시 일마다 실수하고 그르칠 것이다. 그렇기 때문에 중국과 조선 두 나라가 반드시 친밀히 지내도록 마음을 더 쓰고 기회를 따라서 암암리에 도와야 할 것이다."라며 친청국(親淸國) 정책을 기반으로 해야 한다고 인식하고 있다. 청국에 대한 김윤식의 인식은 27일자 "조선이 오래 전부터 중국의 속국이 되었다"[17]라는 표현에서 알 수 있듯이 조선을 중국의 속국으로 인식하는 것의 상통하는 부분이기도 하다. 김윤식은 청국에 대해 스스로 '번복(藩服)', '속방(屬邦)'의 신하임을 강조했으며, 중국에 대해 조선이 속국 체제로 존재하며, 다른 나라들과는 자주 체제를 유지하는 것이 명분과 순리에 합당하다고 강조했다. 그가 조선의 자주(自主)·자존(自尊)을 부인하고 중국의 '속방(屬邦)'을 주장한 것은 프랑스가 안남을 공격한 사건과 관계가 깊다는 견해도 있다(박은숙, 2015: 529).

이러한 상황 속에서 영선사로서 김윤식은 조선의 학도와 공장들이 신식 무기 제조법을 습득할 수 있는 여건을 조성하는 임무 역시 수행해야 했다. 선사로서 김윤식은 영선사 일행이 소속되어 교육 받은 천진기기국은 1860년대 청 왕조의 개혁파인 양무파들이 설립한 군수품 생산 기업이다. 김윤식은 천진기기국의 조선 유학생들의 유학 중 행동 규범

---

17) 『음청사』, 1881년 12월 27일. "二十七日 晴 (…중략…) 朝鮮久爲中國屬邦, 而外交·內政事宜, 均得自主, 他國未便過問, 方覺不觸不背, 臣之所答, 亦具在談草中, 此亦黃氏所擬奉中國命之意, 然特其立言, 不俟耳, 我國之爲中國屬邦, 天下之所共知也, 常患中國無着實擔當之意."

을 『영선행중절목(領選行中節目)』으로 제정하여 관리하고 통제했다.

【 영선행중절목(領選行中節目) 】

① 반드시 한 가지 기기(器機)를 전공하여 학업에 힘쓸 것이며, 분창 1개
월 후에는 이창을 불허한다.

② 학업에 힘쓰지 않는 자는 하벌(下罰)에 처하고, 세 번 거듭해서 하벌을
받은 자는 본국에 송환한다.

③ 학업을 성취할 가망이 없는 자는 본국에 송환한다.

④ 상호 친화하고 예의를 지켜야 하며, 싸움을 하는 등 무례한 자는 그
경중에 따라서 중벌(中罰) 또는 하벌에 처한다.

⑤ 본국의 음사를 외부에 누설하면 상벌(上罰), 주색잡기에 빠지는 자는
중벌, 타국의 물품을 훔친 자는 상벌, 동료의 물건을 훔치면 중벌에
처한다.

⑥ 상벌은 본국에 송환하여 계문청죄(啓聞請罪)하고, 중벌은 학도는 봉초
(捧招) 30, 공장은 태(苔) 30으로 한다. 하벌은 학도 봉초 15, 공장 태
15로 하며, 태 1개에 속은(贖銀) 5分을 징수하여 공용으로 쓸 수 있다.

(이상일, 2006)

영선사행은 엄격한 관리와 통제를 통해 근대 문명을 학습하려 했지만
유학 과정이 순조롭게 진행되지는 못했다. 영선사행과 김윤식에 관한
이상일(2006)의 연구는 김윤식이 유학생의 역량이나 유학 기관의 시설,
교육 환경, 교육 내용 등 청국에서의 유학의 열악함을 인식했다는 점을
치밀하게 밝혔다. 그의 연구에 따르면, 김윤식은 중국에서의 유학보다
국내에 병기 공장을 설치하는 것이 보다 중요함을 인식하고 고려하기
시작했다. 그는 청국에서 소형 기계를 구입하여 본국에 공장을 설치하
면 비록 유학생들의 기술 습득 수준이 보잘 것 없지만 그래도 국내에
있는 자들보다는 우수함에 틀림없으니 이들을 귀국시켜 활용하는 동시

에, 청국의 기술자를 초빙해서 수시로 교습을 받으면 더욱 효과적으로 병기공업의 기초를 닦을 수 있다고 판단하였다(이상일, 2006: 109).

1882년 임오군란이 일어나자 김윤식은 청군을 이끌고 귀국했다. 그는 고종의 통치권 회복에 대한 공을 인정받아 권력의 반열에 올랐다. 영선사 사행의 성과가 널리 알려졌으며 사행의 결과로서 정부가 기기국을 설치했다.

【 諭旨恭錄18) 】

임오년 6월 본국의 軍變 때문에 金允植이 낭패하여 환국하였으므로 기술을 익히던 일도 폐지되고 말았다. 그 해 9월 金允植과 從事 金明均이 다시 天津에 들어가 학도들을 데리고 돌아올 적에 北洋 〈李鴻章〉에 청하여 손으로 작동하는 작은 機器를 구매하여 와서 본국에 기기창을 설치하고 製造를 시작하였다. 그것은 李傳相 〈李鴻章〉이 天津의 南局總辦 王德均을 시켜 영국 사람 斯米德(스미드)에게 부탁하여 대신 구입하게 한 것이다.

계미년 3월 金明均이 天津의 工匠인 袁榮燦 등 네 명을 고용으로 데려와서 5월에 서울의 三淸洞 北倉에 機器局을 설치하고, 金允植·朴定陽·尹泰駿·李祖淵을 總辦에, 具德喜·白樂倫·安鼎玉·金明均을 幫辦에 각각 임명하여 함께 그 일을 감독하게 하였다. 8월에 金明均이 烟臺 〈煙臺: 芝罘〉에 갔다가 上海 驗取所까지 가서 機器를 구입하여 輪船에 싣고 왔는데, 그때까지 廠舍가 준공되지 않았으므로 工徒들을 독려하여 벽돌과 돌을 쌓게 하였다. 세워진 廠舍에는 모래 뒤치는 곳, 쇠붙이 불리는 곳, 木樣 만드는 곳, 銅昌 만드는 곳, 그리고 庫房이 있다. 얼마 지나지 않아 중국 工匠10여 명이 本地의 工匠들을 교습시켰는데 이들은 고용해온 사람들이다. 지금 묄렌도르프가 사온 機器도 바로 그 廠舍에서 쓸 것이다.

局을 설치한 초기라서 모든 일이 정돈되지 않아 비록 빠른 효과를 바라

---

18) 관훈클럽 신영연구기금(1983)의 번역문을 옮김.

·기는 어렵지만 이것을 계기로 사전 대비가 진행된다면 백성들도 마음 든 든해 할 것이다. 이 일을 자기 일처럼 끝까지 주선한 사람은 津海의 道臺 周馥이었다

—'諭旨恭錄',『한성순보』, 1883.10.31.

청나라 입장에서 볼 때 조선이 국내에 기기국을 설치하는 것은 일본이 조선의 정치에 작용하고, 조선의 군사력에 강력한 영향력을 행사하고 있는 이상, 조선의 무기사업에 관여할 수 있는 계기로 인식되었다. '유지공록'에서 알 수 있듯이 북양 대신 이홍장(李鴻章)이 나서서 김윤식이 기기를 구입하는 것을 지원하게 하거나 천진의 공장(工匠)인 원영찬(袁榮燦) 등 네 명을 보내어 조선의 공장들을 교육하는 것을 돕는 등 조선의 공장 설립과 병기 제조를 적극적으로 협조했다. 그 결과 고종 20년(1883) 4월, 김윤식과 함께 천진해 갔다가 계속 체류하고 있던 김명균이 중국의 병기 기술자 4명을 고용해 온 후 서울 삼청동 북창에 기기창을 설치하게 되었다.

이와 같이 영선사행의 파견에 대해서는 부정적인 견해도 있으나 조선의 지식 청년들이 최초의 국비 유학생의 자격으로 서구의 과학 기술을 배우려는 시도였다는 점에서 의의가 있다. 그것은 조선에 근대 무기 제조국인 기기국의 설치를 가져옴으로써 선진 과학 기술 도입의 토대로서 기능했다. 뿐만 아니라 조선에 각종 근대 기계가 도입되어 과학 기술 지식 발전에 공헌했다는 점에서 의의가 있다.

2.3. 조선 보빙사의 파견과 서구 유학

일본과 중국 중심의 유학이 아닌 서구 세계의 유학이 시작된 것은 1883년 9월 견미사절단(遣美使節團) 보빙사(報聘使) 일행의 미국 사행(使行)을 통해서였다. 1882년 서구 각국 가운데 먼저 미국과 수호통상조약을

체결(1882년 5월 22일(음력 4월 6일))한 이후, 조선 주재 미국 특명 전권 공사로 임명된 푸트(Lucius H. Foote)(1883년 3월)를 통해 조약 비준 문서를 전달하는 것으로 조선과 미국 간의 근대적 외교 관계가 발효되었다.

【 보빙사의 파견 】

初五日。教曰："美國公使賚來國書。隣好旣敦, 宜有報聘。協辦交涉通商事務閔泳翊爲全權大臣, 協辦交涉通商事務洪英植爲副大臣, 使之前往"

번역 전교하기를, "미국 공사(公使)가 국서를 가져 와서 우호 관계가 이미 도타워졌으니 마땅히 답방이 있어야 할 것이다. 협판교섭통상 사무(協辦交涉通商事務) 민영익(閔泳翊)은 전권 대신(全權大臣)으로, 협판 교섭통상사무(協辦交涉通商事務) 홍영식(洪英植)은 부대신(副大臣)으로 임명하여 떠나게 하라." 하였다.

—『고종실록』, 20권, 고종 20년 6월 5일 계축 1번째 기사
1883년 조선 개국(開國) 492년,
(원본) 24책 20권 24장 A면
(국편영인본) 2책 95면

1883년 보빙사의 파견은 위와 같이 조미조약 비준문서의 교환과 초대 미국공사 푸트의 조선 부임에 대한 답례로 이루어진 것이었다(장규식, 2006: 67). 조선 보빙사로는 "협판교섭통상사무(協辦交涉通商事務) 민영익(閔泳翊)은 전권 대신(全權大臣)으로, 협판교섭통상사무(協辦交涉通商 事務) 홍영식(洪英植)은 부대신(副大臣)으로 임명"하였다. 사절단의 명단은 다음과 같다.

전권대신·특명전권공사: 민영익(閔泳翊), 전권부대신:홍영식(洪英植)
종사관: 서광범, 외국인참찬관·고문: 로웰,
隨員: 兪吉濬 崔景錫 邊燧 高永喆 玄興澤, 통역: 吳禮堂(중국어), 宮岡恒次

郎(로웰의 개인비서·통역)

    기존의 중화 체계와는 이질적인 서구에 대해 문을 열게 된 것은 고종을 비롯한 개화 지식인들 사이에 미국에 대한 호의적인 인식이 형성되어 있었기 때문이다. 중국에서 발간된 위원(魏源)의 『海國圖志』 등 서양 인문 지리서의 영향과 주일청국공사관(駐日淸國公使館) 참찬관(參贊官) 황준헌(黃遵憲)의 『朝鮮策略』(1880)이 국내에 유포된 것도 미국에 대한 긍정적 인식에 한 몫 했다(장규식, 2006: 63~64).[19] 다음은 『조선책략』을 읽고 나서 고종이 이최응(李最應)과 대화를 주고받는 장면으로서 미국을 비롯한 서구에 대한 조선 정부의 인식이 잘 드러난다.

【 서양 학습의 필요성 】

"敎曰: "信使行中所來冊子, 淸使所傳, 而厚意甚於日本矣。 其冊子, 大臣亦見之乎?"【金弘集, 以修信使, 在日本, 遇淸國公署參贊黃遵憲。 贈以私擬『朝鮮策略』一冊。 齎歸入乙覽。】最應曰: "日本猶此款曲, 況淸人乎? 必有耳聞, 故俾我國備之, 而我國人心本來多疑, 將掩卷而不究矣。" 敎曰: "見其冊子, 則果何如乎?"最應曰: "臣果見之, 而彼人諸條論辨, 相符我之心筭, 不可一見而束閣者也。 大抵俄國, 僻在深北, 性又忌寒, 每欲向南。 而他國之事, 則不過興利而已, 俄人所欲, 則在於土地人民。 而我國白頭山北, 卽俄境也。 雖滄海之遠,

〈그림 2〉 고종실록 17년

19) 조선책략에 관한 연구는 다음을 참조할 수 있다. 황준헌, 김승일 옮김(2007), 『조선책략』, 범우사; 이헌주(2006), 「제2차 수신사의 활동과 『조선책략』의 도입」, 『한국사학보』 25, 고려사학회; 조항래(1982), 「『조선책략』을 통해 본 방아책과 연미론 연구」, 『현상과 인식』 22, 한국인문사회과학회 등. 더 상세한 논의는 장규식(2006) 참조.

一帆, 風猶可往來, 況豆滿江隔在兩境乎? 平時亦可以呼吸相通, 而成氷則雖徒
涉可也. 方今俄人聚兵船十六隻, 而每船可容三千人云矣. 若寒後, 則其勢必將
向南矣. 其意固不可測, 則豈非殆哉岌岌乎?" 教曰: "見日本人之言, 則似是渠
之所畏在俄, 而要朝鮮備之. 其實非爲朝鮮而爲渠國也." 最應曰: "其實似爲楚
非爲趙. 而朝鮮若不備, 則渠國必危故也. 雖然, 我國則豈可諉以俄人之意在日
本而視若尋常哉? 見今城郭、器械、軍卒, 不及於古, 而百無一恃. 終雖無事,
目前之備, 寧容少緩乎?" 教曰: "防備之策何如乎?" 最應曰: "防備之策, 自我
豈無所講磨? 而淸人冊中論說, 若是備盡, 旣給於他國, 則甚有所見而然也. 其
中可信者信之而可以採用. 然我國人必不信之, 將爲休紙而已. 六月米利堅人
來東萊, 本非讎國矣. 彼若以書契呈萊府, 則自萊府受之, 未爲不可. 呈禮曹,
自禮曹受之, 亦可也. 而謂之洋國, 拒而不受, 仍爲播傳於新聞紙, 終爲羞恥見
侮矣. 米利堅, 有何聲聞之及, 而謂以讎國乎? 其在柔遠之義, 恐不可生釁矣."
教曰: "我國風習, 本來如此. 爲天下嘲笑, 雖以西洋國言之, 本無恩怨. 而初由
我國憸人輩之招引, 以致江華、平壤事之釁隙. 此是我國之自反處也. 年前洋
人之入送, 因中國咨文, 好樣周處矣. 大抵洋船入境, 輒以邪學爲藉口之說, 則
洋人之入住中國, 未聞中國之人皆爲邪學也. 其所謂邪學, 當斥而已, 至於生隙
則不可矣."

번역

하교하기를, "수신사 편에 가지고 온 책자는 청나라 사신이 전한
것이니, 그 후한 뜻이 일본보다 더하다. 그 책자를 대신(大臣)도
보았는가?"【김홍집(金弘集)이 수신사로 일본에 갔을 때 청나라 공서 참찬
(公署參贊) 황준헌(黃遵憲)을 만났는데, 그가 쓴 『조선책략(朝鮮策略)』 1책
을 증정하므로 가지고 돌아와 임금이 열람하도록 올렸었다.】하니, 이최응
이 아뢰기를, "일본이 오히려 이처럼 성의를 다하는데 청나라 사람이야
더 말할 나위가 있겠습니까? 반드시 들은 것이 있었기 때문에 우리나라로
하여금 대비하게 하는 것입니다. 우리나라의 인심은 본래부터 의심이 많
아 장차 그 책을 덮어 놓고 연구하지도 않을 것입니다." 하였다. 하교하기
를, "그 책을 보니 과연 어떻던가?" 하니, 이최응이 아뢰기를, "신이 과연

그 책을 보았는데, 그가 여러 조항으로 분석하고 변론한 것이 우리의 심산(心算)과 부합되니, 한 번 보고 묶어서 시렁 높이 얹어둘 수는 없습니다. (…중략…)

지난 6월에 미국[米利堅] 사람들이 동래부(東萊府)에 왔었는데 본래 원수진 나라가 아니었으므로 그들이 만약 서계(書契)를 동래부에 바친다면 동래부에서 받아도 잘못될 것은 없으며, 예조(禮曹)에 바친다고 한다면 예조에서 받아도 역시 괜찮았을 것입니다. 그러나 서양 나라라고 해서 거절하고 받지 않았기 때문에 이내 신문지상에 널리 전파되어 마침내 수치가 되고 모욕을 당하게 된 것입니다. 미국에 대해 무슨 소문을 들은 것이 있어서 원수진 나라라고 하겠습니까? 먼 지방 사람을 회유하는 의리에 있어서 불화가 생기지 않도록 해야 할 듯합니다." 하였다. 하교하기를, "우리나라의 풍습이 본래부터 이러하므로 세계의 웃음거리가 된다. 비록 서양 나라들에 대해 말하더라도 본래 서로 은혜를 입은 일도 원한을 품은 일도 없었는데 애당초 우리나라의 간사한 무리들이 그들을 끌어들임으로써 강화도(江華島)와 평양(平壤)의 분쟁을 일으켰으니, 이는 우리나라가 스스로 반성해야 할 바이다. 몇 년 전에 서양 사람들을 중국에 들여보낸 것은 중국의 자문(咨文)에 의하여 좋게 처리하였다. 대체로 양선(洋船)이 우리 경내에 들어오기만 하면 대뜸 사학(邪學)을 평계 대는 말로 삼지만, 서양 사람이 중국에 들어가 사는데도 중국 사람들이 모두 사학이라고 말하는 것은 아직 들어보지 못하였다. 이른바 사학이란 배척해야 마땅하지만 불화가 생기게까지 하는 것은 옳지 않다." 하였다.

—『고종실록』, (원본) 21책 17권 24장 A면, (국편영인본) 1책 620면[20]

보빙사의 미국 사행 이전 조선의 서구 수용은 거의 전적으로 중국과

---

20) 『고종실록』 17권, 고종 17년 9월 8일 계유 1번째 기사 1880년 조선 개국(開國) 489년(수신사 김홍집이 일본에서 『조선책략』 1책을 증정하므로 가지고 귀국하다).

일본을 통해 이루어졌다. 그것은 서양 세력의 침략에 대비하기 위해 서양을 알아야 한다는 해방론(海防論)과 서양의 선진기술을 받아들여 부국강병을 이루자는 양무론(洋務論), 그리고 서양을 세계문명의 중심으로 보고 전면적인 서구화를 도모해야 한다는 문명개화론(文明開化論) 등 다양한 층위에서 진행되었다. 그러나 간접적인 서구 이해라는 한계가 있었다.

이와 같이 보빙사 일행의 미국 문물 시찰은 대도시의 기반 시설과 각종 문화행사, 철도와 교통, 농촌풍경과 서구식 농장, 산업 박람회와 상공업시설, 군사 제도와 시설, 연방 정부의 행정기구와 정치제도 등 실로 다방면에 걸친 것이었다. 따라서 두 달이라는 짧은 기간 안에 그러한 것들을 제대로 소화하기란 애당초 불가능한 일이었다. 더욱이 일본어를 통한 언어의 이중통역은 미국문명의 실상을 보다 깊이 있게 이해하는 데 적지않은 장애가 되었다. 또한 외교적인 공식 방문이었기 때문에 노동자문제·빈민문제·인종 문제 같은 문명 개화된 서구사회 이면의 어두운 그늘은 시야에 넣기조차 힘들었다. 우리 역사상 최초의 서구체험이 문명개화론의 설익은 수용으로 귀결될 수밖에 없는 까닭이 여기에 있었다(장규식, 2006: 73). 그러나 귀국 후 전권대사 민영익이 푸트 미국공사를 만난 자리에서 "나는 암흑세계에서 태어나 광명한 세계로 들어갔다가 이제 또다시 암흑세계로 되돌아왔다."[21]고 소감을 밝힌 데서도 알 수 있듯이 단시간의 경험이긴 했지만 거대한 미국, 나아가 서구 문명의 힘에 충격을 받았던 것만은 틀림없다.

근대적 서구로서 미국 유학은 1883년 보빙사 수행원으로 따라간 유길준

---

21) G. M. McCune and J. H. Harrison, *Korean-American Relations*, Vol. 1, The Initial Period, 1883~1886, Berkeley: University of California Press, 1951, pp. 31~34. 이 책은 변종화(1982), 「1883년의 한국 사절단의 보스턴 방문과 한미 과학기술 교류의 발단」, 『한국과학사학회지』 4(1), 한국과학사학회, 8~9쪽에서 재인용. 이와 관련하여 장규식(2006)에서도 문일평(1939)의 「대미관계50년사」(『호암전집』 1, 조선일보사, 135쪽)를 참고하여, 이와 관련한 설명을 하였음.

(兪吉濬)이 남게 되어 공부를 시작한 이래로, 1885년 서광범(徐光範), 서재필 (徐載弼), 1886년 변수(邊樹), 1888년 윤치호(尹致昊)가 뒤를 이었다.

유길준은 우리나라 최초의 구미 유학생으로 불린다. 그는 일본과 미국 유학 이전 이미 위원(魏源)의 『해국도지(海國圖志)』등 중국에서 들어온 새로운 서적을 접하며 양무론(洋務論) 차원에서 서구를 접했다. 서재필은 국내에서 구습 타파와 서구적 근대의 이식에 집중했다. 그는 실용주의적 사고를 바탕으로, 유교 전통과의 결별을 선언했다. 그는 조선의 유교 전통을 타파해야 할 구습으로 규정한 가운데, 10년 동안의 미국 망명 유학을 통해 습득한 실용주의와 공리주의, 만국공법과 자강, 천부인권론과 법치주의의 프리즘으로 근대를 인식하였다(장규식, 2004: 22).

【 서구 유학의 중요성 】

ㄱ. 학부 대신이 갈니고 민종목씨가 새로 ㅎ엿스니 우리는 새 학부 대신이 갈니고 민종목씨가 새로 ㅎ엿스니 우리는 새로흔 대신을 향 ㅎ야 치하도 ㅎ려니와 두어 말노 치하 ㅎ면셔 ㄱ치 ㅎ노니 우리 말을 넑고 쥬의 흠을 ㅂ라노라 학부 대신의 쇼림이 각부 대신 즁에 뎨일 즁 ㅎ거시 이 대신이 죠션 후싱의 되고 안 되는 돌죠구를 가지고 잇는지라 지금 죠션이 이러케 약 ㅎ고 가란 ㅎ고 빅셩이 어리셕고 관인이 변변치 못 ㅎ거슨 다름이 아니라 관민이 다 학문이 업는 싯닭인즉 죠션이 강 ㅎ고 부요 ㅎ고 관민이 외국에 대졉을 밧으랴면 이사름들이 새 학문을 빅화 구습을 버리고 기화흔 ᄌ쥬 독립국 빅셩과 ㄱ치 되여야 그사름들이 자라 졍부에셔 졍치도 맛당히 의론 ㅎ고 졔죠쟝을 셰워 각식 물화를 졔죠 ㅎ며 쟝ᄉ ㅎ는 집이 동리 마다 니러나 외국 물건을 슈입 ㅎ며 늬국 물건을 슈츌 흘줄을 알고 화륜션을 지어 셰계 각국에 죠션 국긔 단 샹션과 군함이 바다 마다 보이며 국즁에 쳘도를 검으줄 ㄱ치 느려 노화 인민과 물화 운젼 ㅎ기가 편리 ㅎ게 되며 도로와 집들이 변 ㅎ야 넓고 졍흔 길에 공원디가 골목 마다 잇고 마거와 젼긔 쳘도들이 가얌이 ㄱ치 왕ᄅㅣㅎ고 빅셩이 무명 옷슬 아니 닙고 모직과 비단을 닙게

되며 김치와 밥을 버리고 우륙과 브레드를 먹게 되며 물 총으로 얽은 그물을 머리에 동이지 아니 ᄒ고 남의게 잡혀 ᄭᅵ들이기 쉬흔 샹투를 업시고 세계 각국 인민과 ᄀᆞᆺ치 머리 브터 우션 ᄌᆞ유를 ᄒᆞ게 될터이요 국중에 법률과 규칙이 셔셔 이미흔 사름이 형벌 당흘 묘리도 업고 약 ᄒᆞ고 무셰흔 ᄇᆡᆨ셩들이 강 ᄒᆞ고 유셰흔 사름들의게 무리ᄒᆞ게 욕 볼 묘리가 업시며 정부 관원들이 법률을 두렵게 넉여 협잡이 업서질터이요 인민이 정부를 ᄉᆞ랑 ᄒᆞ야 국중에 동학과 의병이 다시 나지 안 홀터이요 죠션 대군쥬 폐하ᄭᅴ셔 남의 나라 공관에 가셔셔 위태 흠을 면 ᄒᆞ실 경계가 아니 싱길터이니 지금 이정부에 잇ᄂᆞᆫ 관인이나 정부 밧긔 잇ᄂᆞᆫ 사름이나 발셔 구습에 져져 학교에셔 학문 ᄇᆡ흔 일 업ᄂᆞᆫ 사름은 ᄆᆞᄋᆞᆷ이 암만 올코 ᄋᆡ국 ᄋᆡ민 ᄒᆞᄂᆞᆫ 졍셩이 대단히 잇드릐도 일을 모론즉 홀 슈가 업고 사름이 학문이 업슨즉 대개 당장 리만싱각 ᄒᆞ야 굽은 길노 가기를 바른 길 보다 죠화 ᄒᆞᄂᆞᆫ 법인즉 언제든지 죠션이 ᄒᆞᆫ번 외국과 ᄀᆞᆺ치 되랴면은 젼국에 잇ᄂᆞᆫ 인민이 학교에셔 격어도 십년은 공부를 ᄒᆞ야 무솜 학문이던지 ᄒᆞ가지식 셩취를 ᄒᆞᆫ 후에라야 나라히 쓸치고 나러 셜터이니 이러케 되고 안 되기ᄂᆞᆫ 학부에 미혓고 학부 대신인 즉 학부에 쥬쟝이라 그러 ᄒᆞᆫ즉 학부 대신의 손에 죠션 후싱이 잘 되고 못 되기가 엇지 달녀시지 안 ᄒᆞ리요 만일 누구던지 학부 대신이 오늘날 되야 이직무를 모로고 이직칙을 힝치 못 ᄒᆞ고 이ᄆᆞᄋᆞᆷ을 쥬야로 ᄲᅢ에 ᄉᆡᆨ여 가지고 아니 다닐 디경이 면 그사름은 지금 사ᄂᆞᆫ 인민의게만 죄를 짓ᄂᆞᆫ거시 아니라 후싱의게도 용셔 ᄒᆞ지 못홀 죄를 짓ᄂᆞᆫ 사름이니 우리ᄂᆞᆫ ᄇᆞ라건ᄃᆡ 새로흔 대신이 학부 대신의 쇼임과 직무와 담칙 ᄒᆞᄂᆞᆫ 〈졍을 자셔히 알고 오늘브터 십년 후에 죠션 인민에 ᄇᆡᆨ분지 칠십 오분은 학교를 다니게 되도록 일을 ᄒᆞ기를 밋노라

　　—'학부 대신이 갈니고 민종묵씨가 새로 ᄒᆞ엿스니 우리ᄂᆞᆫ 새'(論說),
　　　　　　　　　　　　　　　　　　　　　『독립신문』, 1896.10.10

　서재필은 조선이 부유 부강하려면 '학문'에 그 방법이 있으며 구체적 대안으로 조선 인민을 학교에 보내어 십년 정도 교육해야 한다고 역설

했다. 그는 학교를 통한 학문의 습득이 지향해야 할 삶의 모습을 "각식 물화를 졔죠 ᄒᆞ며 쟝ᄉᆞ ᄒᆞᄂᆞᆫ 집이 동리 마다 ᄂᆡ나라 외국 물건을 슈입 ᄒᆞ며 ᄂᆡ국 물건을 슈츌 ᄒᆞᆯ줄을 알고 화륜션을 지어 셰계 각국에 죠션 국긔 단 샹션과 군함이 바다 마다 보이며 국중에 쳘도를 검으줄 ᄀᆞᆺ치 ᄂᆞ러 노화 인민과 물화 운젼 ᄒᆞ기가 편리 ᄒᆞ게 되며 도로와 집들이 변 ᄒᆞ야 넓고 졍ᄒᆞᆫ 길에 공원디가 골목 마다 잇고 마거와 젼긔 쳘도들이 가얌이 ᄀᆞᆺ치 왕리ᄒᆞ고 빅셩이 무명 옷슬 아니 닙고 모직과 비단을 닙게 되며 김치와 밥을 버리고 우륙과 브레드를 먹게 되며 ᄆᆞᆯ 총으로 얽은 그물을 머리에 동이지 아니 ᄒᆞ고 남의게 잡혀 ᄭᅳᆯ이기 쉬혼 샹투를 업시고" 등으로 의식주 등 생활 습속부터 획기적인 변화를 주어야 한다 는 것으로 구체화했다. 상업과 국제 교역은 물론 군함 제조를 통한 해 상 국방 등 그리고 도로와 철도, 주거 환경 개선을 통해 조선인의 삶의 전반을 실용적 관점에서 재구성할 것을 촉구했다.

이와 같이 근대 계몽기 조선은 일본에 조사시찰단, 중국에 영선사, 미국에 보빙사를 파견하여 근대적 학문과 사상, 제도와 문물을 학습하 려는 열의를 보였다. 이와 같이 정부 주도의 관비 유학생 파견은 이후 본격적인 유학생 시대를 여는 서막이 되었다.

3. 학제 도입과 관비 유학생 시대(1895~1905)

3.1. 관비 유학생 파견

갑오 교육 개혁의 일환으로 근대 학교의 설립과 함께 유학생 파견을 중요한 교육 정책으로 인식한 것을 바탕으로 관비 유학생 시대가 열렸 다. 개항 이후 유학은 주로 일본을 대상으로 한 것이었다. 일본으로의 유학생 파견은 1880년대부터 시작되었고 중단되었다가 10여년 뒤인

1895년에 보다 큰 규모로 이루어졌다.

일반적으로 관비 유학생 시대는 1904년을 기점으로 두 시기로 구분 가능하다. 먼저 1895년 관비 유학생 시기로서 갑오개혁을 추진하면서 제정한 '홍범 14조(洪範14條)'(1895년 1월 7일 반포)의 "국중(國中)의 총준 자제(聰俊子弟)를 널리 파견하여 외국의 학술(學術)과 기예(技藝)를 전습(傳習)한다"(11조)는 해외 유학생 파견 조항을 근거로 한다(차배근, 1998: 9). 1884년 갑신정변 실패로 인한 중단 후 유학생 파견을 재개하여 113명을 선발하여 제1차 정부 파견 유학생(정식 명칭은 '學部衙門留學生')의 자격으로 1895년 4월 일본의 게이오의숙(慶應義塾)에 보냈다. 1895년4월 113명의 관비 유학생들에 이어 6월에 또 26명을 보내는 등 1895년 4월 15일부터 1896년 1월까지의 관비 유학생 수는 182명에 달했다(친목회 회보, 제6호, 1898.4).

그렇다면 관비 유학생에게 학비와 생활비를 지원하면서 1895년 정부가 원했던 것은 무엇이었을까? 박찬승(1999, 2000)에 따르면 이들 중 반은 게이오의숙 보통과를 졸업했고, 또 60여 명이 법률과, 경제과, 정치과 등 상급학교에 진학했으며 그 대부분이 전문학교 과정 또는 육군 사관학교 과정을 마치고 돌아왔다. 귀국 후 그들이 배운 근대적 지식과 문물 제도는 조선의 부국 강병과 근대화에 얼마나 기여했을까? 이에 대한 평가는 긍정적이지 않다. 1895년 무렵 관비 유학생의 유학이 무의미하게 혹은 부정적인 결과로 끝났다는 견해가 지배적이기 때문이다(송병기, 1988; 김기주, 1991; 박찬승, 2000 등).

1895년의 관비 유학생 파견은 그간 일본의 요구에 의하여 이루어진 것으로 알려져 왔다. 그러나 박찬승(2000)은 일본에서 만난 박영효로부터 조선 학생들을 100여 명 정도의 규모로 일본에 유학시키고자 했던 구상을 들은 적이 있다는 윤치호의 일기(1893년 10월 31일)를 토대로 조선 학생들의 일본 유학은 박영효의 구상에서 비롯된 것이라고 정리하고 있다. 실제로 유학생 선발 과정부터 내무대신 박영효가 중심이 되어 진행했으며 선발 방식은 전국 각도에서 총준자제(聰俊子弟)를 선발하고, 각원(閣員) 및 기타 요인들의 친족자제 중에서도 한문·신체검사를 통해 선발한 것으로 알려져 있다. 1895년 6월에 파견한 학생들 중에는 학부 직할학교인 일어학교 학생들이 포함되었으며 9월에는 고종의 친림 하에 소장 관리들 중에서 선발되기도 했다(김기주, 2004; 이계형, 2004: 193).

【 관비 유학생에 대한 기대 】

ㄱ. 惟我, 東方에 遺來ᄒ 文物이 엇지 燦美치 아니ᄒ리요. 然而 今에 六洲五洋의 東結西和ᄒᄂ 世를 當ᄒ야 外國의 交를 未開ᄒ고 富强의 術을 未備ᄒ이 多ᄒ 故로 今我 大君主 陛下게옵셔 因時 措置ᄒ실 策을 建ᄒᄉ 多士를 選拔ᄒᄉ 隣國에 派送ᄒ야 智略을 廣開ᄒ고 學問을 另着케 ᄒ시니 凡 我 留學ᄒᄂ 士가 엇지 同心同力ᄒ야 써 萬一의 天意를 報치 아니ᄒ리요. 반드시 戰況 自持ᄒ야 立志로써 自期ᄒ지니 古人이 謂ᄒ되 其志如帥요 氣爲卒徒라 ᄒ니 萬一 其帥가 不整ᄒ면 卒徒가 卉潰(훼궤)ᄒ야 其令을 從ᄒ이 無ᄒ리니 엇지 써 所敵의 寇를 備ᄒ리요. 必也 其帥를 整立ᄒ고 卒徒를 號令ᄒ 後에 可以 禦侮의 材라 稱ᄒ리니 是로써 自期ᄒ 則 何所不就며 其所憚ᄒ 責인 則 譬컨듸 一廣厦(광하: 큰집)가 此에 有ᄒ야 그 富潤ᄒ을 見ᄒ고 稱羨不已ᄒ야 遠에 良工을 求ᄒ야 室을 可居地에 營ᄒᆯ시 糞壤을 掃除ᄒ고 其址를 廣拓ᄒ야 柱礎束桶을 반드시 規距準繩을 以ᄒ리니 大凡 治國ᄒᄂ 本이 엇지 써 此이 異ᄒ리오. 萬一 壯麗ᄒ을 徒羨ᄒ고 結搆의 要를 究치 못ᄒ면 此謂 淵을 臨ᄒ야 魚를 羨ᄒ고 退ᄒ야 結網ᄒ을 謀치 아니ᄒ이니 엇지 激念치 아니리오. 반다시 垢(구)를 括ᄒ고 光을 膳(?)ᄒ야 그 精을 鍊究ᄒ며 그 旁을 搜ᄒ야 要를 提ᄒ고 그 遠을 紹ᄒ야 玄을 釣ᄒ야 써 自己의 精神을 整ᄒ고 國家의 文明을 廣ᄒ야 百川을 障ᄒ야 東으로 注ᄒ 則 可히 棟梁의 材라 謂ᄒ리니 彼何人哉오. 有爲ᄒ 者가 若是ᄒ지니 勉ᄒ고 勗(욱)ᄒ지어다. 敢히 坐井의 觀과 面墻의 學으로서 卑辭를 陳ᄒ야 諸君을 諷ᄒ노라.
—南舜熙, '立志勸學論', 『친목회회보』 제1호, 1896.2.15

ㄴ. 일본 유학 ᄒᆞᆫ 죠션 학도들이 친목회를 모화 거긔 유학 ᄒᆞᆫ 학도 중에
셔 일년에 ᄒᆞᆫ번식 년보를 츌판 ᄒᆞ야 여러권을 친구들의게 보내엿ᄂᆞᆫᄃᆡ 우리
신문샤에 데일 데이호가 왓ᄂᆞᆫ지라 이척을 근일에 우리가 자셔히 넑어 본즉
그쇽에 ᄆᆡ우 지각 잇ᄂᆞᆫ 말도 만히 잇고 말을 넑어 보면 죠션 학도들도 분ᄒᆞᆫ
ᄆᆞ음이 나셔 죠션을 문명 진보ᄒᆞ게 ᄒᆞ랴ᄂᆞᆫ ᄆᆞ음도 잇ᄂᆞᆫ것 ᄀᆞᆺ고 ᄌᆞ긔 님군을
ᄉᆞ랑 ᄒᆞ고 도탄에 든 동포 형뎨를 구완히 줄 싱각도 잇ᄂᆞᆫ것 ᄀᆞᆺᄒᆞᆫ지라 우리가
ᄇᆞ라건ᄃᆡ 일본 유학 ᄒᆞᆫ 죠션 학도들은 말노만 이러케 말고 실샹 ᄆᆞ음을
고쳐 님군과 빅셩 ᄉᆞ랑 ᄒᆞᄂᆞᆫ ᄆᆞ음이 쎠에 빅혀 공부를 일시를 공히 허비치
말고 잘 ᄒᆞ야 무슴 학문이던지 시쟉 ᄒᆞ거슬 중간에셔 폐 ᄒᆞ지를 말고 ᄶᆞᆺᄶᆞᆺᄂᆡ
기여히 셩취 ᄒᆞ야 <u>이담에 본국에 도라 오거드면 다만 ᄌᆞ긔 몸들만 잘 될</u>
<u>싱각을 말고 죠션 인민의 본보기가 되야 이 무식 ᄒᆞ고 불샹ᄒᆞᆫ 인민들을</u>
<u>건지고 그인민의 션싱이 모도 될 쥬의를 가지고 학문을 셩취 ᄒᆞ거드면 우리</u>
<u>가 그사ᄅᆞᆷ들을 춤 ᄉᆞ랑 ᄒᆞᆯ터이요</u> 그사ᄅᆞᆷ들도 우리를 친구로 싱각 ᄒᆞ기를
ᄇᆞ라노라 우리ᄂᆞᆫ 편당도 업고 사샤로히 ᄇᆞ라ᄂᆞᆫ것도 업ᄂᆞᆫ 사ᄅᆞᆷ들인 고로
누구던지 죠션 님군을 ᄉᆞ랑 ᄒᆞ고 죠션 빅셩을 위 ᄒᆞ야 공평ᄒᆞᆫ ᄆᆞ음으로
일을 ᄒᆞ랴 ᄒᆞ고 아모ᄶᅩ록 비화 얏혼 쇽견이 깁허 가랴 ᄒᆞ며 구버러진 ᄆᆞ음이
ᄇᆞ르랴 ᄒᆞ며 무식ᄒᆞᆫ 사ᄅᆞᆷ이 학ᄉᆞ가 되랴 ᄒᆞᄂᆞᆫ거슨 우리가 그사ᄅᆞᆷ의 손을
붓잡고 친구라고 ᄒᆞᆯ터이니 누구던지 우리 ᄆᆞ음을 밧아 바른 길노 가랴고
ᄒᆞᄂᆞᆫ 사ᄅᆞᆷ들은 다만 우리 친구만 될ᄲᅮᆫ이 아니라 셰계 각국 인민의 친구가
될지라 외국에 유학은 못 ᄒᆞ고 죠션 학교에셔라도 우리 말 ᄒᆞᆫᄃᆡ로 ᄆᆞ음을
먹고 날마다 ᄒᆞᆫ가지식이라도 더 알고 학문을 차차 늘냐 ᄒᆞᄂᆞᆫ 사ᄅᆞᆷ들은
독립 신문에 친구요 셰계 긔화 각국 인민의 도음을 밧을지라 젼국 인민이
우리 말ᄃᆡ로만 ᄒᆞᆯ것 ᄀᆞᆺᄒᆞ면 몃힉가 아니 되야 우리 말을 곰압게 넉일터이요
이 약 ᄒᆞ고 가란ᄒᆞᆫ 죠션이 동양에 부강ᄒᆞᆫ 나라히 될터이요 셰계에 못 밧던
ᄃᆡ졉을 밧을터이요 후싱들이 ᄌᆞ긔들 보다 나흔 사ᄅᆞᆷ들이 될터이니 공이나
샤나 이런 다힝ᄒᆞᆫ 일이 다시 잇시리요 <u>오날 우리가 말 ᄒᆞᄂᆞᆫ 쥬의ᄂᆞᆫ 죠션</u>
<u>학도들을 별노히 위 ᄒᆞ야 말 ᄒᆞᄂᆞᆫ거시니 본국이나 외국에 잇ᄂᆞᆫ 죠션 학도들</u>

은 이왕 죠션에 씨든 학문은 다 내여 버리고 무음을 정직 흐고 굿세게 먹어 태셔 각국 사롬들과 ᄀᆞᆺ치 되기를 힘 쓰되 다만 외양만 ᄀᆞᆺᄒᆞᆯᄲᅵᆫ이 아니라 학문과 지식과 힝신 ᄒᆞᄂᆞᆫ 법이 그사롬네들과 ᄀᆞᆺ치 되거드면 죠션은 ᄌᆞ연히 아셰아 쇽 영길리나 불란셔나 독일이 될터이니 이러케 되기를 죠이ᄂᆞᆫ 사롬들이야 엇지 우리 말을 듯지 안ᄒᆞ리요 우리가 죠션이 잘 되고 안 되기ᄂᆞᆫ 죠션 학도들 손에 달닌줄노 밋고 잇스니 원컨듸 학도들은 ᄌᆞ긔들의 쇼즁ᄒᆞᆫ 직무를 싱각 ᄒᆞ야 쥬야로 안 밧긔 새 사롬이 되게 공부 ᄒᆞ기를 ᄇᆞ라노라

　　　—'일본 유학 ᄒᆞᄂᆞᆫ 죠션 학도들이 친목회를 모화 거긔 유학',[22]

　　　　　　　　　　　　　　　『독립신문』, 1896.10.8

　위 인용문의 ㄱ에서는 대군주가 가까운 나라(隣國, 일본)에 유학생을 파송하여 '智略을 廣開ᄒᆞ고 學問을 另着'하기를 기대하고 있기 때문에 "我 留學ᄒᆞᄂᆞᆫ 士가 엇지 同心同力ᄒᆞ야 써 萬一의 天意를 報치 아니ᄒᆞ리요. 반ᄃᆞ시 戰況 自持ᄒᆞ야 立志로써 自期ᄒᆞᆯ지니"를 다짐하는 내용이다. 유학 과정에서 목도하고 습득한 지식으로서 보답해야 한다는 사실을 강조하고 있다. 그러나 일본에서 목도한 서구의 문물제도를 비롯한 근대 지식을 열정적으로 계몽하는 것보다는 그들이 습득한 지식과 사상으로 조선의 현실을 개선하여 부국강병의 국가를 만드는 데 일조해야 한다는 시선도 있었다.

　당시 조선의 지식인들에게 알려진 이 유학생 단체와 활동에 대해 "죠션 학도들이 지어 각식 학문샹 의론을 만히 ᄒᆞ고 외국 ᄉᆞ졍도 만히 긔록 ᄒᆞ엿ᄂᆞᆫ듸 이런 칙은 죠션 사롬들이 처음으로 ᄆᆞᆫ든거시라"라고 긍정적으로 평가하면서도 관비 유학생들이 국가에 대한 책임을 다해야 할 것을 강조하기도 했다. 관비 유학생들이 주로 공부한 학문은 근대적 학문으로서 정치, 외교, 법률, 경제 등이었다. 예컨대 유치학(兪致學) 유창희

---

22) 『독립신문』 수록 기사의 번역문은 한국언론진흥재단 미디어가온의 번역문을 따랐다.

(劉昌熙) 장도(張燾) 이면우(李冕宇) 4인이 유학 5년만에 보통과를 이수하고 법률과를 졸업했다는 소식이나23) 유학생 이인식(李寅植), 정인조(鄭寅昭) 등이 정치, 외교, 법률, 경제과를 졸업했다는 소식24)과 함께 이들에 대한 기대와 당부도 강조했다. ㄴ에서와 같이 "이담에 본국에 도라 오거드면 다만 즈긔 몸들만 잘 될 싱각을 말고 죠션 인민의 본보기가 되야 이 무식ㅎ고 불샹흔 인민들을 건지고 그인민의 션싱이 모도 될 쥬의를 가지고 학문을 셩취ㅎ거드면 우리가 그 사름들을 춤 스랑 홀터이요"하면서 개인보다는 국가와 국민을 위해서 그리고 외양보다는 '학문과 지식과 행신하는 법'을 습득하는 것이 중요하다고 강조하고 있다.25)

그러나 관비 일본 유학생 파견 자체가 조선 정부의 주체적인 정책으로 실현된 것이 아니었고, 을미사변(1895)과 아관파천(1896) 이후 유학생의 소환 명령과 함께 유학생에 대한 학자금 지급이 중단되었다. 그 뒤 일본 유학생 파견이 재개되어 1897년에 64명, 1898년에 47명이 일본으로 건너갔지만, 1903년 2월 일본 측으로부터 유학생 학자금 독촉을 받자, 유학생 전원에게 귀국 훈령을 내린 뒤 유학생 파견은 또다시 중단되고 말았다(송병기, 1988: 9~12; 이계형, 2004).26)

---

23) (원문) "駐日公使署理 朴鏞和氏가 日本留學生 兪致學 劉昌熙 張燾 李冕宇 四人을 出還하고 學部에 報告하얏다ᄂᆞᆫ딕 右四人이 留學 五年에 普通科를 畢修하고 法律學을 卒業하얏스니 隨才需用하라 하얏다더라". (번역문) "주일공사서리 박용화씨가 일본 유학생 유치학, 유창희, 장도, 이면우 4인을 출환하고 학부에 보고하였다. 이 4인이 유학 5년에 보통과를 이수하고 법률학을 졸업하였으니 그 재주가 쓸만하다 하였다."

24) (원문) "學部에셔 內外法度四部에 知照하되 日本留學生 李寅植 鄭寅昭 兩人이 留學 五年에 普通科와 政治 外交 法律 經濟 等科를 卒業하얏스니 隨裏晉用하야 鼓勵勸奬하라 하얏다더라"(「學生收用」, 『황성신문』, 1899.12.13)

25) 이 외에도 『독립신문』은 관비 유학생 교육 기간(1899년 1월 20일자)이나 관비 유학생 선발에 대한 문제 제기(1899년 1월 20일자) 등 관비 유학생 관련 기사를 다수 실어 국내의 일반 지식인 독자들에게 관비 유학생의 상황을 상세하게 소개했다.

26) 신문은 관비 유학생 학자금 독촉과 그로 인한 소환에 관한 기사를 자주 내보냈다. 다음은 교육비 예산 중에서 유학생 학자금 관련 예산을 보여주는 자료(①)와 학자금 문제를 보도하는 자료(②)이다.
　① 豫算項目 (續)
　　第五欵 私立學校補助費 二千七百四十元

3.2. 『친목회회보』의 계몽적 의미

1895년 5월 1일 일본에 도착한 113명의 한국 유학생들은 1880년대 초기 유학생들과 달리 친목 도모와 학술 교류를 목적으로 한 재일유학생 단체인 '대조선인일본유학생친목회(大朝鮮人日本留學生親睦會)'를 한국 최초로 결성하고 회보도 발행하기로 하여 1896년 2월 15일 『친목회회보(親睦會會報)』 제1호가 발간되었다. 『회보』의 내용은 당시 일본에서 발행되고 있던 신문, 잡지 등 미디어의 기사를 발췌 또는 전재한 것이지만 주로 유학생들이 일본의 각급 학교에서 습득한 지식을 바탕으로 선정, 작성된 것이었다. 주요 내용은 교육 또는 신학문의 필요성, 정치 이론과 각국의 현실 정치 상황, 외교 및 국제 관계, 조선의 현실과 개혁의 필요성 등이었다(김소영, 2011: 9).

第一項 私立學校補助費 二千七百四十元
第六欸 外國留學費 一萬三千四百二十元
　　第一項 義和君留學費 三千元
　　第二項 前議官李埈鎔留學費 二千五百元
　　第三項 留學生費 七千九百二十元學部所管合計十四萬一千六百二十七元 農商工部所管
第一欸 農商工部本廳 三萬六千五百四十五元
　　第一項 俸給 二萬六千五十三元
　　第二項 雜給 一千七百五十二元
　　第三項 廳費 一千一百元
　　第四項 廳舍修理費 五百元
　　第五項 旅費 三百元
　　第六項 顧問官以下俸給 六十八白四十元 (未完)

—「豫筭項目」(雜報), 『황성신문』, 1899년 03월 23일

② 日本留學生의 今年度 學資金을 學部에서 尙今것 渡給치 아니ᄒ야 其調過홈이 極窘且辱ᄒ다더니 伊來에 學生中 十餘人이 所學ᄒ 業을 卒ᄒ고 駐日公使署理 朴鏞和氏를 來見ᄒ고 曰 우리가 課業을 學홀 時에ᄂ 幸으로 主人의 厚意를 被ᄒ야 延命過去ᄒᆞ얏거니와 今에ᄂ 所業은 已畢ᄒ고 食債ᄂ 如山ᄒ야 但 自心에만 沒廉홀 뿐 아니라 主人이 食債를 督促ᄒ며 敺逐이 滋甚ᄒ니 此景狀이 可謂進退無路라 公使란 것은 一國을 代表ᄒ 者니 一國을 代表ᄒ 者ㅣ 엇지 其人民을 保護치 아니리오 我十餘人은 宿食處가 更無ᄒ즉 不得不公舘에서 留홀 터이니 學資金渡來ᄒ기 前ᄭ지 救護ᄒ라 홈이 該署理公使가 所答이 便無ᄒ야 此由로 外部에 報告ᄒ얏다더라

—『황성신문』, 1899년 7월 31일

1895년 유학생들이 발간한『친목회회보』
는 관비 유학생들이 일본에서 목도한 근대
적 지식과 제도의 양상을 보여준다는 점에
서 주목할 필요가 있다. 『친목회회보』는
각 호 100~250여 쪽 분량으로 발간되었고
중심 내용은 ① 신교육 또는 신학문의 필요
성, ② 정치 이론과 각국이 현실 정치 상황,
③ 외교 및 국제 관계, ④ 조선의 현실과 개
혁의 필요성 등이 다루어졌다. 다음은『친
목회회보』창간호의 목차이다.

〈그림 3〉『친목회회보』제1호(1896.
2.15) 표지

〈표 1〉『친목회회보』창간호의 목차

분야	제목	필자
會旨	대조선일본유학생친목회회지(및 회보에 대한 안내)	
社說	本誌就論	부회장 신해영
	親睦會序說	박정수
論說	立志勸學論	남순희
	志學說	윤방현
	奮發論	임병구
	憂國論	조병주
	力學說	이희철
	勤學說	여병현
	朝鮮論	김정?
	學問	이하영
雜報	학부대신(박정양) 훈시	
	일본유학생선언서	
	훈시(학부대신이완용)	
	근면경응의숙유학제생(특명주일전권공사고영희)	
演說	大朝鮮君主國形勢如何	홍석현
	演說	김용제
文苑	送同學生歸國	신해영
	漢詩: 述懷	안형중

분야		제목	필자
		中秋感興	이종화
		懷秋賦	백철수
		親睦會	수上
		鳳	김윤구
		晚覺	수上
		庭下松	여병현
		술회	노경보
		蘭	근식
		新秋口永懷	李儒?
		五言四律	이세용
	內報	政令更新詔勅	
		小學校令	
		朝鮮外債論	
		本國公使神戶에 來着」詳報	
		大君主階下게홈셔 筑波艦長黑岡海軍大佐의게賜ᄒ신감사장	
		朝鮮治安策	
		京城法律起草委員會	
		政府雇用外國人	
		京城駐?露國公使	
		大朝鮮國開國五百年七月十六日夜宮中에 연會	
		紀元祭의 當日	
外報	일본	일본: 일본문부대신의 교육담	
		해군확장과 군함	
		군함명명	
		橫須賀造船所煩忙	
		遠洋出漁景況	
		일본가기방수헤	
		風災記	
		全國의 商況槪畧	
		北海道平地面積調査	
		橫濱에築港模樣	
		火輪車石油機關車之利	
		加州杉輸出	
		京都工業種類	
		各職戶口	

분야	제목	필자
	海軍橫張의 附意見書	
	實業敎育國庫補助金額	
	東京鐵道電車의 證據金募集	
	全國에鐵道會社	
	旣設鐵道株式會社一覽表	
	學習院生徒周遊演習	
	海軍學徒泳術記	
淸國	淸佛의 密約흔 眞實	
	佛露英獨에 北淸警察地	
	淸佛密約外一件	
	淸佛條約	
	上海近信	
	緬句(?)國境	
	淸國外債	
	淸國近信	
	淸國中立港	
	北京의 在흔 英國의 衰勢	
	淸國人才登用의 勅諭	
	遼東還附와 三國	
	淸路의 密約	
	淸佛의 密約	
	淸佛之密約	
	淸國廣東外國病院破毁	
	支那에 醫術	
	復州近信	
	支那兵制改革之勅令	
	淸國北洋新造軍艦	
	日本之要求	
	淸佛條約	
	淸國에셔宣敎師虐殺	
	獨逸公使가訓令을受	
	宣敎師虐殺事件으로 英國之要求	
	軍艦新造와 生徒派遣	
	淸佛密約之訂結	
	西伯利亞鐵道	

분야		제목	필자
	露西亞	露國이 永을 破ᄒ야 浦港에 入ᄒᄂ 新機(오데쓰사요리)의 報知홈이라	
		露國이 北部로 鐵道를 ?設	
		露帝殺害의 陰謀	
		露國之絶東政畧	
		露國視察官이 日本에 來着	
		露國이 得意혼 時期	
	英吉利	總選擧續報	
		佛英問答	
		政府의 事業	
		內閣更迭	
		英國兵遠征	
		英國中立論	
		新政府의 政綱	
		今後의 外交政畧	
		英國新籌銀弗	
	萬國事報	世界各國商船之數라	
		雜報	
		世界石炭業이라	
		各國敎員數	
		西班牙汽船의 遭難	
		佛國의 火事	
		佛國의 議員의 信任投票	
		毆米海軍人比較	
會社記		會社傍聽記	臥虎生投
親睦會日記			白軾洙
〔뒷붙이〕		贊成金	
		寄贈書籍及物品	
		大朝鮮日本留學生親睦會會報第一號發刊出納報告書	
		買入書籍	
		買入新聞(每個月)	
		親睦會會報第一號目次	

창간호의 기사는 사설(社說), 논설(論說), 잡보(雜報), 연설(演說), 문원

(文苑), 내보(內報), 외보(外報), 회사기(會社記), 친목회일기(親睦會日記) 등 9개의 유형으로 구성되었다. 유형별 기사는 게재면의 비율에 따라 '외보'가 47%를 차지하여 가장 많은 분포를 보였으며, 이어서 내보(16%), 논설(10%), 연설(9%) 등이 뒤따랐다. 특히 외보의 경우, 위 창간호 목차만 보더라도 일본, 청나라, 러시아, 영국 등 세계 각국에 관한 다양한 소식을 정하고 있다. 이러한 기사들은 주로 일본의 주요 신문들인 『고쿠민신문』, 『마이니치신문』, 『아사히신문』 등을 출처로 삼고 있다.

『회보』에 수록된 기사 중 대표적인 내용으로 교육 또는 신학문의 필요성,27) 정치 관련 이론과 세계의 정치 상황,28) 외교 및 국제 관계,29) 조선의 현실과 개혁의 필요성30) 등이 있다. 대체로 초기 유학생들의 관심은 다양한 분야에 걸쳐 있었지만 부국 강병과 문명 개화를 통해 조선이 근대 국가를 건설해야 한다는 것을 시대적 과제로 인식하고 있었다는 점에서는 공통적이다.

『회보』는 일본에 유학 중인 조선의 학생들뿐만 아니라 국내의 지식 층에게 세계의 정세와 근대화에 대한 소식과 조선의 현실을 대조하거나 비교하는 방식으로 강조하여 조선의 개화와 자주 독립을 촉구하는 구실을 했다. 특히 서구의 학문이나 사상, 근대적 국가 질서나 세계 체제 등에 관한 정보를 전파하기 위해 외보(外報)나 만국사보(萬國事報) 등

---

27) 이에 해당하는 기사로 다음과 같은 것이 있다. 장태환(張台煥, 1896), 「지학론(志學論)」, 『친목회회보』 제2호, 1896년 3월; 사설(社說), 「면학(勉學)의 호시기(好時機)」, 『친목회회보』 제3호, 1896년 6월; 논설(論說), 「교육론(敎育論)」, 『친목회회보』 3호, 1896년 6월; 원응상(1896), 「학문(學問)의 연구(硏究)」, 『친목회회보』 3호, 1896년 6월; 장규환(1896), 「뇌인처세개비교육지부진여(賴人處世豈非敎育之不振歟)」, 『친목회회보』 4호, 1896년 12월 등이 있다.

28) 이에 해당하는 기사로 다음을 들 수 있다. 안명선(1896), 「政治의 得失」(논설), 『친목회회보』 3호, 1896년 6월; 원응상(1896), 「內外政策의 如何」(사설), 『친목회회보』 4호, 1896년 12월; 金基璋(1896), 「政治本原」(논설), 『친목회회보』 4호, 1896년 12월; 5호 1897년 6월; 유창희(1896), 「政治家의 職責論」(論說), 『친목회회보』 4호, 1896년 12월 등.

29) 남순희(1896), 「외교상여하(外交上如何)」(논설), 『친목회회보』 4호, 1896년 12월 등.

30) 김태홍(1896), 「時務之大要」(논설), 『친목회회보』 4호, 1896년 12월 등.

의 비중이 강했다.[31] 물론 사설(社說)이나 논설(論說)에서도 서구의 열강 제국의 정세와 문명을 소개하는 한편 조선의 국민들에게 구습(舊習)에서 벗어나 적극적으로 개화하여 부강하고 자주적인 국가를 만들기를 역설했다.

【 兪致學, '民法의 槪論' 】

ㄱ. 凡洋의 東西를 勿論ᄒᆞ고 近世 諸文明國에셔ᄂᆞᆫ 各其 國內에 一定 固有ᄒᆞᆫ 法典이 有ᄒᆞᄂᆞ니 其 法典 中에 一部分되ᄂᆞᆫ 民法이라 ᄒᆞᄂᆞᆫ 法律을 其如何ᄒᆞᆫ 性質을 有ᄒᆞᆫ 法律이며 其 法典은 如何ᄒᆞᆫ 理由에 因ᄒᆞ야 編纂ᄒᆞᆫ 者이며 其 編纂은 如何ᄒᆞᆫ 沿革을 經ᄒᆞ며 ᄯᅩ 如何ᄒᆞᆫ 躰裁에 依ᄒᆞ야 編纂ᄒᆞᆫ 者인가. 其 大躰를 說明ᄒᆞ야 民法이 法律에 對ᄒᆞᆫ 觀念을 闡明ᄒᆞ게 홈이 民法을 畧論홈에 常ᄒᆞ야 第一 緊要ᄒᆞᆫ 者이라. 蓋 民法의 意義를 論ᄒᆞ고ᄌᆞ 홀진딕 몬져 法律의 性質을 說明치 아니치 못홀지ᄂᆞ 然이ᄂᆞ 法律 性質의 如何ᄒᆞᆫ 槪念은 임의 前號 諸氏 講演 內에 ᄌᆞ셰히 說明ᄒᆞ야 被載ᄒᆞᆫ 바이라. 今에 敢히 重論치 아니ᄒᆞ나 然이ᄂᆞ 其 大躰를 一言ᄒᆞ리니 蓋 法律의 意義ᄂᆞᆫ 形式上과 實質上 二種의 區別이 有ᄒᆞ니 卽 形式上 意義에ᄂᆞᆫ 法律은 國會 脇贊을 經ᄒᆞ야 發布ᄒᆞᆫ 條規가 是오, 實質上 意義에ᄂᆞᆫ 自古 學說이 區區ᄒᆞ야 一定ᄒᆞᆫ 바이 無ᄒᆞ나 然이ᄂᆞ 多數 學說에 依ᄒᆞᆫ 즉 法律의 本質은 人民 行爲를 規定ᄒᆞᆫ 主權者의 命令이라. 法律은 卽 主權者의 命令이오 人民 行爲의 準則이라 云홈에 歸着ᄒᆞ리로ᄃᆞ.

凡庸愚奴隷의 人類가 生活競爭의 結果로ᄡᅥ 互相扶助홈을 爲ᄒᆞ야 聚合 團結ᄒᆞ야 一國家를 成立ᄒᆞ얏스니 於玆에 各其 意見 所向에 放任ᄒᆞ고 此를 制抑ᄒᆞᄂᆞᆫ 바이 無홀가. 一次 成立ᄒᆞᆫ 國家의 秩序ᄂᆞᆫ ᄒᆞ야금 紊亂ᄒᆞ야 弱肉强食의 自然狀態에 復ᄒᆞ리며 各自 生活의 幸福 等은 ᄒᆞ야금 危險 狀況에 陷홀지

---

31) 『친목회회보』의 제4호만 보더라도 전체 기사 중에서 '외보(外報)'와 '만국사보(萬國史報)'의 경우 전체의 절반을 넘는 53.1%를 차지한다.

라. 故로 國家의 秩序를 維持ㅎ고 各人의 共同生活을 安全케 홀진딕 반드시
各人 行爲에 一定 準則을 制與ㅎ야 此 限界에 隨意 濫越홈을 不許ㅎ며 此
準則을 遵守ㅎ야 人類의 國家的 共同生活을 鞏固케 ㅎ지 아니치 못ㅎ리니
此 準則은 곳 國家의 法律이라. 蓋 宗敎 及 道德의 敎則은 人類의 內界를
支配ㅎ야 其 心意作用을 規定흔 者이ᄂ 法律은 人類의 外部 關係를 規定흔
者이니 곳 直接으로 人類의 心意作用을 支配홈이 아니오, 意思가 外部에
發表ㅎ야 行爲를 作ㅎ야 各其 互相의 關係를 生ㅎ고ᄌ 홀 際에 其 行爲로
ㅎ야금 共同生活의 道에 適導홈으로써 其 本領을 삼ᄂ니 故로 宗敎 道德
及 法律의 三大則은 다 人類生活을 規定흔 法則이라.[32]

번역　무릇 양의 동서를 물론하고, 근세 여러 문명국가에서는 각각 국내
에 일정한 고유의 법전이 있으니, 그 법전 중 일부분이 되는 민법
이라고 하는 법률은 어떤 성질을 가진 법률이며, 그 법전은 어떤 이유로
편찬한 것이며, 그 편찬은 어떤 연혁을 거치며 또 어떤 체재에 의해 편찬
한 것인가. 그 대체를 설명하여 민법이 법률에 대한 관념을 천명하게 하
는 것은, 민법을 간략히 논할 때 가장 긴요한 것이다. 대개 민법의 의의를
논하고자 하면 먼저 법률의 성질을 설명하지 않을 수 없으나, 법률의 성
질이 어떠한가라는 개념은 이미 전호 여러 사람들의 강연에 자세히 설명
하여 게재했으므로 지금 다시 거듭 논하지 않는다. 그러나 그 대강을 한
마디로 말하면 대개 법률은 형식상과 실질상 두 종의 구별이 있으니, 곧
형식상의 의의에는 법률이 국회의 논의를 거쳐 발포한 조규가 그것이요,
실질상 의의에는 예로부터 학설이 구구하여 일정한 것이 없으나 다수 학
설에 따르면 법률의 본질은 인민 행위를 규정한 주권자의 명령이다. 법률
은 곧 주권자의 명령이요, 인민 행위의 준칙이라는 말에 귀착할 것이다.
　무릇 사람들이 생활경쟁의 결과 서로 돕고자 취합 단결하여 한 국가를
이루었으니 이에 각각 의견이 제멋대로이니 이를 억제하는 것이 없겠는

---

32) 『독립신문』 수록 기사의 번역문은 한국언론진흥재단 미디어가온의 번역문을 따랐다.

가. 먼저 성립한 국가 질서가 문란하여 약육강식의 자연 상태로 돌아가며 각자 생활의 행복은 위험 상태에 빠질 것이다. 그러므로 국가 질서를 유지하고 각인의 공동생활을 안전하게 하고자 한다면 반드시 각인 행위에 일정한 준칙을 제정하고 부여하여 그 한계를 임의로 넘지 못하게 하며, 이 준칙을 준수하여 인류의 국가적 공동생활을 공고하게 하지 않을 수 없으니, 이 준칙이 곧 국가의 법률이다. 대개 종교와 도덕의 교칙은 인류의 내면세계를 지배하여 그 내면 작용을 규정한 것이나, 법률은 인류의 외부 관계를 규정한 것이니, 곧 직접으로 인류의 내면작용을 지배하는 것이 아니요, 의사를 외부에 발표하여 행위를 이루어 각기 서로 관계를 발생하고자 할 때 그 행위로 하여금 공동생활의 도에 맞게 이끎으로써 그 본령을 삼는다. 그러므로 종교, 도덕 및 법률의 세 원칙은 모두 인류생활을 규정한 법칙이다.

—『친목회 회보』 제6호, 1898.4.9

ㄴ. 大抵 我國이 五百年 以來로 桃花源裡에 日月을 送ᄒ다가 至于今日ᄒ야 비로소 夢을 覺ᄒ야 庶事(서사, 여러 가지 일)를 改良ᄒᄂ 樣이나 조금도 顯出홈이 無ᄒ며 臣民 等이 發明ᄒ야 國家 需用에 供給홈도 업고, 全國 形勢와 人才가 反爲縮衰ᄒ 樣이니, 此 苗脈을 誰人에게 問ᄒ며 誰人에게 聞ᄒ리오. 甚히 長歎홀 處로다. 三百餘年 前에 日本과 大戰ᄒ 事ㅣ 有ᄒ며 數十年 前에 歐米 諸國이 連來ᄒ야 通商ᄒ기를 哀乞ᄒ되 儼然히 拒逐ᄒ 事도 有ᄒ니 其時에 當局者 조금도 覺破치 못ᄒ 거시 國運인가. 會得홀 수 업ᄂ 일이오, 三百餘年 來로 兵備 緊要홀 事를 知ᄒ고 八道에 城鎭隘 寨 等을 多設ᄒ고 各地方官處에도 火砲 彈藥 及 軍器 等物을 幾許 設置ᄒ야 不意의 虞를 防備ᄒ랴고 ᄒ얏스며 官吏를 擇用ᄒ되 文官보담 武官의 官職의 多홈은 何故뇨. (…중략…)

奈何오. 至今에 官私立 並ᄒ야 全國內 十餘處 內外 學校ㅣ 잇스며 生徒 總數가 不過 數百餘名이나 就中에도 退學ᄒᄂ 者가 日增云ᄒ니 將來의 事

機는 指日可知며 軍隊를 第一 着手흐두 흐야 京中에 親衛隊와 其他 外方에 鎭衛隊 合흐야 不過 數千名이라. 嗚呼 l 라. 我 三千里 江山 錦繡 玲瓏흐며 三面은 水利를 自得흐얏스며 一面은 亞細亞 大陸을 連흐야 亘蔓흐얏스니 마음딕로 延長홀 만흐 我朝鮮에 防禦兵 數千名 두고 晏然히 居常흠은 落淚 홀 處이로다.

번역 대저 우리나라가 오백년 이래로 도화원 속에 갇혀 세월을 보내다가 금일에 이르러 비로소 꿈을 깨서 여러 가지 일을 개량하는 모양이나 조금도 드러나는 바가 없으며, 신민 등이 힘써 국가에 필요한 것을 공급하는 것도 없고, 전국의 형세와 인재가 도리어 위축 쇠락하는 형세이니 이 묘맥을 누구에게 물으며, 누구에게 들을 수 있겠는가. 심히 장탄할 일이다. 삼백 여 년 전에 일본과 전쟁한 일도 있고 수십 년 전에 구미 제국이 잇따라 와서 통상하기를 구하되 엄하게 거절하여 쫓아낸 일도 있으니 그 때 당국자가 조금도 간파해 내지 못한 것은 국가의 운명인가. 알 수 없는 일이다. 삼백 여 년 이래로 병비가 긴요함을 알고 팔도에 성곽 진애 성채 등을 많이 설치하고 각 지방 관처에도 화포 탄약 및 군기 등물을 다수 설치하여 불의의 근심을 방비하려고 하였으며, 관리를 택용하는 데도 문관보다 무관의 관직이 많음은 무슨 까닭인가? (…중략…)

어찌 그런가. 지금 관립 사립을 아울러 전국 내 십여 개의 내외 학교가 있으며, 생도 총수가 불과 수백여 명이나 그 중에도 학교를 그만두는 자가 일증한다고 하니 장래 일이 어찌될지는 해를 가리키듯 뻔하며, 군대를 가장 먼저 착수한다 하여 수도에 친위대를 두고 기타 외방에 진위대를 합하여 불과 수천명이니, 아아, 우리 삼천리 강산 금수가 영롱하며 삼면은 물의 이로움을 저절로 얻었으며 일면은 아세아 대륙과 이어져 널리 뻗어 있으니 마음대로 늘릴 만한 우리 조선을 방어병 수천 명을 두고 안연히 살아감은 눈물만 뿌릴 일이로다.

—洪奭鉉, '朝鮮論', 『친목회회보』 제2호, 1896.03.15

『회보』는 교육이나 정치, 경제, 상공업은 물론 교통 제도나 법률 제도 등을 소개할 때에도 주로 일본이나 서구의 사례를 전파하는 과정에서 전달하고 있으며 근대화 정도를 보여주는 통계로 실증하는 방식을 취하고 있는 많다. 한편 조선의 경우 자국의 전근대적 상황을 개탄하고 교육 계몽과 부국 강병의 중요성을 계도하는 방식으로 주장하고 있다. ㄱ은 "근세 제문명국(諸文明國)에셔는 각기(各其) 국내(國內)에 일정(一定) 고유(固有)흔 법전(法典)이 유(有)ㅎ느니 기 법전 중(其 法典 中)에 일부분(一部分)되는 민법(民法)이라" 하며 문명국이라면 법전과 법률과 같은 근대적 제도를 갖추고 있음을 강조하고 있다. ㄴ은 무비 문약의 실태인 조선의 현실을 개탄하는 논조를 보인다. 조선이 국방력이 약하여 외적 방비를 위한 군비 보강을 하지 못하고 있는 실정을 일깨워 조선의 힘을 강화할 것을 촉구하고 있다. 결국 ㄱ, ㄴ은 일본이나 서구의 근대적 제도를 통해 그리고 조선의 실정을 통찰함으로써 조선의 정세를 자각하게 하기 위한 의도로 쓰여진 담론들이라 할 수 있다.

『회보』는 영국, 프랑스, 독일, 터키, 러시아, 미주, 멕시코, 대양주 등 세계 각국의 소식이나 정세를 전달하여 조선이 놓여 있는 세계 체제와 질서를 알리는 한편 일본의 부국강병과 근대화의 정도를 실적이나 성과 중심으로 실증하여 문명 개화국으로서의 위상을 정립해 가고 있는 모습도 충분히 전달하고 있다. 회보는 이러한 기사를 통해 국내의 정부와 국민들도 계몽 의식을 가지고 문명 개화를 성취해 가자고 촉구하고 있는 것이다. 회보를 통한 재일 조선 유학생들의 계몽적 의지는 『독립신문』 등 국내 미디어를 통해 전파되었다.

【 일본 잇는 죠션 유학싱의 친목회 뎨 ᄉ호 회보가 왓는듸 】

일본 잇는 죠션 유학싱의 친목회 뎨 ᄉ호 회보가 왓는듸 쟝 슈는 일빅 쟝이요 목ᄎ는 팔죠이라 ᄎ례로 열람 ᄒ여 본즉 뎨 일은 샤셜인듸 샤셜 가온듸 닉 외 정치와 모칙의 엇더 홈을 론단ᄒ엿스니 이는 원웅샹씨의 말 흔바이라 디구 샹 세계 만국의 정치와 모칙이 쇼샹 분명 흐야 다죠리가 잇고 데 이는 론셜인디 흔 가지 무음과 여러 가지 마음의 관계가 잇슴은 신우션씨의 취 흐고 놋는 바이요 정치의 근본은 김긔쟝씨의 궁구흔 바이요 사름의 힘을 입어 셰상에 쳐 흠은 엇지 교휵의 흥황치 못 흠이 아니랴 흠은 쟝규환씨의 씌운 바이요 학문의 실샹 힝 흠과 허식에 리히 됨은 리면우씨의 짐작 흐는 바이요 정치가의 직칙 론은 류창희씨의 비유흔 바이요 외국 교계샹에 엇더타 흠은 남순희씨의 슬픈 바이요 인싱의 힝셰 흐는거슨 홍셕현씨의 구별흔 바이요 졸업흔 여러 학원을 보내여 전문 학에 나아 감은 쟝헌식씨의 걸거흔 바이요 셰상에 쳐 흐야 스스로 수지 짐은 죠계환씨의 경계 흔 바이요 시무의 크게 요긴 흠은 전태홍씨의 쥬의 흐는 바이요 국가의 관렴 흠은 정인쇼씨의 공심이요 만각 론은 김홍진씨의 지혜요 물건에 비유흔 론은 리쥬환씨의 탄식흔 바이요 국민의 신용 흠은 김용계씨의 붉킨 바이요 데 삼은 문원인디 열슈 시 귀는 권붕슈씨와 한영원씨의 운치요 데 스는 죠션 닉보인디 건양 원년 팔월 스일에 고쳐 졍흔 디방 데도와 각도의 군스 두는 위치와 호구 죠스 흐는 규칙과 각 디방에 공립 쇼학교 두는것과 포렴과 북관의 관계 되는 것과 죠션에 관계 되는 일본과 청국의 무역 흐는거시요 데 오는 각국 외보인디 일본 셰입의 더 되는것과 관동에 텰도와 보병 연디의 위치와 문부셩에셔 외국에 파견 흐는 유학싱과 국고에셔 보죠 흐는 각 실업 학교와 마관에셔 일본과 죠션의 무역 흐는 것과 일본과 청국이 의졍흔 글과 동경 샹션 학교에 평산 교쟝의 연셜 흔것과 모든 쥬식의 지금 잇는것과 전국 각죵 은힝의 지금 잇는 슈효와 명치 삼십년도에 총례산 흔것과 군함과 병긔 믄드는 것과 바다 가에 방어 흐는 포디와 각 텰도의 슈입 흐는 총계와 각항 영업 흐는 경비와 밋 것어 드리며 지츌흐는 통계와 각국 무역의 졈졈 나아 가는 방침과 요스이 통용 흐는 화폐와 일본이 각국과 고쳐 졍 흐야 실시 흐는 약죠의 쥰비 흠과 디만에 텰도 놋는 일과 청국에 군비가 곤란 흠과 경부에 지졍과 북양에 슈군을 새로 셜시 흠과 일 쳥 전쟁 후로 각국이

더욱 속샤포를 쓰는것과 구라파 동쪽 문제와 로국과 영국이 동양 함딕의
새 군함을 더 ᄒᆞ는것과 외국 졍톄의 대략과 북아미리가 합즁당의 당 론과
샹황과 동양의 쟝ᄉ들이 흥왕 ᄒᆞ는 계획과 유역우의 부ᄌᆞ와 호화론은 사
름의 셩명과 ᄌᆡ산이며 즁앙 아셰아의 텰도와 미국 대통령 쇱을 째에 졈슈
엇은것과 로국의 동졍과 로국 황뎨와 불국 대통령이 셔로 모힘과 로국
황뎨가 영국에 간 것과 로국 의용 함딕의 새로 짓는 군함과 젼긔로 이약
이 ᄒᆞ는것슬 새로 발명 ᄒᆞᆫ것들이요 뎨 륙은 만국ᄉ 보인딕 태평양에셔
우션이 참긴 일과 빅셰 이샹 로인의 슈효와 묵셔가에셔 큰 텰도를 영국
샹회에 오십년을 ᄭᅮ어 쥰 일과 덕국셔 새로 풍범션을 쓰는것과 디구의
움즉이는 시험과 로국 황뎨와 불국 대통령이 셔로 모하 딕졉 ᄒᆞ는 일과
셰계 즁에 가쟝 경쾌ᄒᆞᆫ 불란셔 슈뢰졍과 관립과 샤립으로 빅 짓는 곳에셔
빅 지혼 경비 비교 ᄒᆞᆫ것과 태평양 쥬에셔 일본 사름들이 뢰동 ᄒᆞ는것과
디구 샹에 열니지못ᄒᆞᆫ ᄯᅡ의 면젹들이요 뎨 칠은 잡보인딕 각국 황뎨의
년치와 각국 해군의 졍황과 구라파 인구 슈효와 죠션에 독립문 셰운 일과
죠션에 독립 신문은 국민의 이목을 일신케 ᄒᆞ야 문명을 젼달케 ᄒᆞ는 일과
죠션에 은ᄒᆡᆼ 챵립ᄒᆞᆫ 일과 죠션에 학교를 확쟝 ᄒᆞ야 인ᄌᆡ를 교휵 ᄒᆞ는 일
과 죠션학도의 의복들을 새 졔도로 변 ᄒᆞ야 입는 것과 건양 원년에 즁요
ᄒᆞᆫ 일들과 일본 졍부에 즁요ᄒᆞᆫ 일들과 일본 졍부에 즁요ᄒᆞᆫ 일들과 쳥 로
양국이 특졍ᄒᆞᆫ 평화 죠약과 셔비리아에 아라샤 텰도의 ᄉ졍과 아라샤와
일본에셔 해군과 군함을 완비 ᄒᆞᆯ 일들이 모도 이 회보에 실니여 셰계 만
국에 형형 ᄉᆡᆨᄉᆡᆨ ᄒᆞ고 긔긔 묘묘ᄒᆞᆫ 일을 다 ᄉᆞ히 심삭 ᄒᆞᆯ듯 ᄒᆞ지라 이 친복
회 회원들의 독실ᄒᆞᆫ 학문과 활발ᄒᆞᆫ 의견은 문명 셰계에 진보 ᄒᆞ는 긔쵸가
될지라 본국에 도라 와셔 아모조록 보국 안민 ᄒᆞ야 큰 ᄉ업을 이루여 죠
션이 셰계 각국에 우등 딕졉을 밧게 흠을 우리는 바라노라

—『독립신문』, 1897.4.8

위 인용문은 『독립신문』(1897년 4월 8일)이 『회보』 제4호의 내용을 상

세하게 소개하고 있는 장면이다. 회보의 내용을 사설, 논설, 문원, 조선 내보, 각국 외보, 만국사보, 잡보 등의 순서로 상세하게 읽고 소개하고 있다. 회보를 정밀하게 독해한 후 "이 친목회 회원들의 독실한 학문과 활발한 의견은 문명 세계에 진보 하는 기초가 될지라 본국에 돌아 와서 아무쪼록 보국 안민 하여 큰 사업을 이루어 조선이 세계 각국에 우등 대접을 밖에 함을 우리는 바라노라"는 일본 유학생에 대한 기대와 다짐을 덧붙이고 있다. 이와 같이, 『회보』는 재일 유학생 사회뿐만 아니라 국내의 조선 국민에게도 문명 개화와 자주 독립, 부국 강병 등의 계몽 의식을 전파하고 고취하는 데 중요한 역할을 했던 것으로 볼 수 있다.

3.3. 1904년 관비 유학생 파견

관비 유학생 시대의 두 번째 국면은 1904년 유학생 파견을 통해 형성되었다. 이른바 '황실 유학생'(박찬승, 2009: 196)으로 일컬을 수 있는 이 유학생들은 당시 대한제국 황실이 황실비로 파견한 것에 의의를 둔 명칭이다. 개화파 정권이 파견했던 1895년 관비 유학생에 대해 그다지 호의적이지 않았던 고종 정부가 1903년을 기점으로 관비 유학생에 대한 학자금 지원을 중단한 것을 상기할 때 러일전쟁 직후 고종이 관비 유학생 파견을 1년 4개월 만에 재개했다는 것은 숙고할 일이다.

1904년 관비 유학생에 관한 연구는 阿部洋(1974ㄱ, 1974ㄴ)[33]이 동경 제일부립중학교와 외무성의 자료를 중심으로 분석한 연구가 있으며 최근에는 박찬승(2009)이 학부의 공문서와 『황성신문』, 『주한일본공사관 기록』 등의 한국측 자료를 중심으로 분석한 연구가 대표적이다. 이들의 연구를 통해 1904년 관비 유학생의 파견 경위와 파견 유학생의 출신

---

[33] 阿部洋(1974), 「旧韓末の日本留學: 資料的考察(Ⅱ)」, 『韓』 3권 6호, 한국연구원; 阿部洋 (1974), 「旧韓末の日本留學: 資料的考察(Ⅲ)」, 『韓』 3권 7호, 한국연구원 등.

배경, 유학 이후의 학교 생활, 졸업 후 진로 등이 대략적으로 밝혀졌다. 특히 박찬승(2009)에 따르면 1904년 관비 유학생 파견을 처음으로 제시한 이는 주일전권공사로 일본에 다녀 온 바 있는 이지용(李址鎔)이었으며 이어 학부 대신 이재극(李載克)이 각 부 대신들에게 공문을 보냈다.

【 (雜報) 留學選派 】

ㄱ. 近日政府에셔 勅任官의 子弟中 年十六歲以上으로 二十五歲신지 九十人可量을 選擇하야 日本에 派送游學케 하기로 議政하얏다더라

> **번역** 근일 정부에서 칙임관의 자제 중 16세 이상에서 25세까지 90인가량을 선택하여 일본에 파송 유학케 하기로 결정하였다더라

—(雜報) '留學派說', 『황성신문』, 1904.7.5

ㄴ. 昨日學部에셔 各部院廳에 照會하되 所管廳勅任官의 子孫婿弟姪宗四寸內十六歲以上二十五歲신지 派遣日本ㅎ야 留學케홀 事로 奉承 勅命ㅎ얏스니 本月十五日內로 姓名을 抄送ㅎ라ㅎ얏더라

> **번역** 어제 학부에서 각 관청에 조회하되 소속 관청 칙임관의 친인척(子孫婿弟姪)본종 사촌 이내인 자 중에서 16세 이상 25세까지 일본에 파견하여 유학하게 할 것을 받들어 명하였으니 본월 15일 이내에 성명을 대략 보내라 하였다더라

—『황성신문』, 1904.7.7

『황성신문』에는 1904년 관비 유학생 파견 상황을 연일 내보냈다.[34]

---

34) 『황성신문』은 관비 유학생 파견을 알리는 기사(「留學選派」, 1904년 7월 7일; 「更派起送」, 1904년 8월 10일 등)을 비롯하여 선발 과정에서 출발에 이르는 전 과정에 관한 소식(「視察行期」, 1904년 10월 4일; 「視察長程」, 1904년 10월 10일 등)을 전하고 있다. 예컨대 다음과 같은 경우이다.
「留學生試取」(雜報), 『황성신문』, 1904년 9월 6일(大韓光武八年九月六日火曜), "日本에 派送할 留學生一百四十三名을 會集하고 昨日學部에셔 身体檢査를 經하야 入格한 者四十六

그 중 ㄱ, ㄴ은 유학생의 대상은 16세 이상 25세까지의 칙임관(勅任官)의 자손을 비롯하여 친인척으로서 본종(本宗) 사촌 이내인 자 가운데 추천을 받아 신체 검사와 작문(국한문) 시험을 거쳐 선발한다는 것을 알리고 있다. 당시 관립중학교 혹은 일어학교 졸업생이 배출되었기 때문에 이들 가운데 시험을 통해 선발, 파견하는 것이 보다 효율적이고 합리적이었음에도 불구하고 이전보다 더욱 제한적으로 추진된 셈이다. 오히려 1890년대보다 유학생 선발에서 칙임관 측근의 비중이 높아지고 있음을 볼 수 있다(이계형, 2004: 193~194).

그러나 정부의 계획대로 15일 이내에 칙임관들의 관비 일본 유학생 추천은 활발하지 못했다. 그리하여 파견 유학생의 추천 자격을 다시 각부의 주임관(各府部院廳 時帶 奏任官)의 자손과 친인척(親子孫婿弟姪)까지 확대시켰으며 그제서야 유학생 파견 신청이 늘어났다. 그 결과 143명이 추천되었으며 이들을 대상으로 1904년 9월 5일에 신체검사와 '留學必以忠爲本'이란 작문시험을 치러 50명을 최종 선발하였다.[35] 고종 정부가 이들에게 요구한 것은 "실용 학업을 강구하며 지식과 사리를 通達하고 敢勇不屈하난 情神을 양성하야"(「視察長程」, 『황성신문』, 광무 8년 10월 10일) 대한제국의 독립을 공고히 하고 세계 문명을 학습하여 우리 나라의 영예를 증진할 것을 당부하고 있다. 그러나 결과적으로

名을 試取하더라"; 「留學帶去」(雜報), 『황성신문』, 1904년 10월 06일(大韓光武八年十月六日木曜). "今番日本에 遊學生을 二十人만 爲先派送하기로 議定한다홈을 已記하얏더니 再昨日에 一併發送하라신 勅命이 特下하옵심으로 昨日上午十二時에 學部大臣이 留學生被選人員을 一併招集하고 帶同前往次로 聖意를 頒布하고 各其服裝費日貨十五元式定給한 後에 又留學費每朔二十元式三朔經費만 劃撥하야 同行하기로 酌定하얏더라" 등.

35) 명단은 다음과 같다. "此次日本留學生姓名을 另開照會하오니 照亮하시와 將此轉照于日本公使館하심을 爲要. 玄台燮 高義行 李若雨 朴有秉 李相穆 洪昌植 李昌煥 林大奎 趙範九 全永植 趙甫熙 鄭師永 楊致中 金聖陸/玄槀 魚允斌 尹喆重 金榮浩 姜荃 柳承欽 崔麟 李相鎭 郭漢偉 具滋鶴 尹台鎭 李鍾祥 劉秉敏 朴彝秉 元勳常/金晋鏞 韓相愚 閔正基 李範緖 李承瑾 劉益烈 崔南善 池成沈 魚英善 洪鍾旭 全台榮 徐丙輪 金台鎭 李相旭/趙鏞殷 金英杈 韓奎會 金東完 尹呂重 朴容喜 李奭均 五十人 學部大臣 李載克 外部大臣 李夏榮 閣下 大臣 協辦 局長 課長 光武八年十月七日."(『學部來去文』11책 照會 第十七號, 「此次日本留學生姓名을 另開照會하오니」, 국사편찬위원회, 한국데이타베이스시스템 자료 참조)

1904년 관비 유학생 파견은 '전체적으로는 실패한 사업'(박찬승, 2009: 227)이었다는 평가가 지배적이다.

3.4. 사비 유학생과 문제점

대한제국기의 일본 유학생은 크게 관비 유학생과 사비 유학생으로 나눌 수 있다. 1905년 이전에는 관비 유학생 수가 많았지만 1905년 이후에는 사비 유학생이 급증했다. 일본 문부성의 통계 자료에 따르면 1908년에는 270명이, 1909년에는 323명이, 그리고 1910년에는 420명의 한국인 유학생이 각지의 관공사립(官公私立)학교에 재학하고 있는 것으로 기록되어 있다(阿部洋(1974), 旧韓末の日本留學(1)」, 『幹』 제3권 5호, 68쪽; 김영민, 2007: 300 재인용). 『대한매일신보』 잡보란의 기사를 보면 1906년 당시 도쿄에 머물고 있는 관비 유학생은 약 50명 정도였고, 사비 유학생은 약 400명에 이르렀다고 한다. 이 시기 일본 유학생 수가 급증한 것은 관비 유학생 외에 천도교를 중심으로 한 종교 단체와 국내 각급학교, 개인 신분의 사비 유학생이 증가했기 때문이다.

또한 조선이 처했던 정치적 상황도 사비 유학생의 증가와 무관하지 않다. 1904년 러일 전쟁에서 승리한 후 일본은 1905년에 '을사보호조약'을 체결하여 조선의 외교권을 박탈하였다. 그리고 1907년에는 '정미7조약'을 체결하여 조선(당시 대한제국)의 군대를 해산했다. 조선이 처한 정치적 상황을 타개하기 위해 국내에서는 〈대한자강회〉와 같은 학회들이 결성되어 애국계몽운동을 전개했으며 재일 유학생들의 학회 활동도 국내의 애국 계몽 운동과 긴밀하게 연관되어 있었다. 자주 독립 국가의 건설과 문명개화만이 조선인에게 살길이었다. 이를 위해서 국민 계몽을 위한 교육이 급선무로 인식되었으며 많은 지식인들은 메이지 유신 이후 근대 국가의 모습을 구축해 가는 일본을 직접 체험하기 위해 유학을 선택했다. 1905년을 기점으로 교육 구국과 애국 계몽의

차원에서 지식인, 단체, 학교를 비롯한 민간 차원에서 활성화되었다.[36]

【 혈의누 】

옥련이 눈에는 모두 처음 보는 것이라. 항구에는 배 돛대가 삼대 들어서 듯 하고, 저작서기에는 이층 삼층집이 구름 속에 들어간 듯하고, 지네같이 기어가는 기차는 입으로 연기를 확확 뿜으면서 배는 천동 지동하듯 구르며 풍우같이 달아난다. 넓고 곧은 길에 갔다 왔다 하는 인력거 바퀴 소리에 정신이 없는데, 병정이 인력거를 둘을 불러서 저도 타고 옥련이도 태우니 그 인력거들이 살같이 가는지라

—이인직(2007), 『혈의누』, 문학과지성사, 33~34쪽.

【 東京一日의 生活(李潤柱) 】

冊床우에 노아둔 醒寐鍾이 씽씽 六點을 報ᄒᄂᆞᆫ 聲에 忽然이 잠을 씨니 窓外에 喧嘩ᄒᄂᆞᆫ 人馬聲이며 먼 길에 通行ᄒᄂᆞᆫ 電車소리 人力車소리 쓸쓸쓸 쓸쓸 人事의 多忙을 告ᄒᆞ더라. 두 눈을 부븨고 이러나셔 寢褥를 收藏ᄒᆞᆫ 後窓門을 開放ᄒᆞ고 洗수를 畢ᄒᆞᆫ 後에 房에 도라오니 下女는 발셔 食卓을 排列ᄒᆞ고 朝餐을 準備ᄒᆞ엿더라. 味噌汁 (토장쑥) 菁沈菜로 淡泊ᄒᆞᆫ 食事를 纔畢ᄒᆞ니 隣室壁上에 걸닌 時鐘七點을 鳴打ᄒᆞ더라. 卽時日服을 脫ᄒᆞᆫ 後에 洋服을 換着…ᄒᆞ고 어졋밤에 亂雜히 버려둔 冊子를 整頓ᄒᆞ며 日本學校셔 授業할 敎科書ㅣ 幾卷을 冊보에 쓰려씨고 點心을 쓴든 後에 門외에 썩나시니 旭日은 東天에 三竿인데 집집이 場園洒掃와 一日準備에 紛忙ᄒᆞ며 官人商人 職工 等은 各自의 事務處所를 向ᄒᆞ야 奔忙ᄒᆞ고 滿衢의 男女學生은 接踵來往ᄒᆞ야 各其學校길을 急ᄒᆞ드라. (…중략…) 旅舍에 도라와 衣服을 換

---

36) 「일본유학생조사」, 『학지광』 제6호, 1915.7.

연도(명치)		30	31	32	33	35	36	37	38	39	40	41	42	43
학생수	기존	150	161	152	141	140	148	102	197	430	554	702	739	595
	새로 도일	160	2	6	7	12	37	158	252	153	181	103	147	5

着…後에 沐浴을 畢歸ᄒ니 身體가 疲勞를 少覺ᄒ깃더라. 一時間 靜息ᄒ야 五點量에 晩餐을 畢ᄒ고 木履短節으로 消風 兼 不忍池(東京 上野公園 下池 名)를 向ᄒ니 大道兩邊에ᄂ 萬點燈光이 如晝ᄒᆫ데 晝間에ᄂ 如許히 忙殺ᄒ 든 全般社會도 一日의 業務를 다ᄒ고 涼天을 乘出ᄒ야 屋外에 散策ᄒᄂ 者 兩兩三三으로 人山人海를 遍成ᄒ고 商店과 演劇場等에셔ᄂ 呼客聲이 頻繁 ᄒ더라

번역 책상 위에 놓아둔 성침종이 땡땡 6시를 알리는 소리에 갑자기 잠을 깨니, 창 밖에 시끄러운 인마성이며, 먼 길에 통행하는 전차 소리, 인력거 소리, 뚤뚤뚤뚤 인사의 다망을 알렸다. 두 눈을 비비고 일어나서 이부자리를 갠 뒤 창문을 열고 세수를 다한 뒤 방에 돌아오니, 하녀는 벌써 식탁을 놓고 아침을 준비했다. 토장국, 청침채로 담박한 식사를 잠깐 마치니 옆방의 벽에 걸린 시계가 7시를 알렸다. 곧 일본 옷을 벗은 뒤 양복을 바꾸어 입고…하고 어젯밤에 난잡하게 버려 둔 책을 정돈하며 일본 학교에서 수업할 교과서 몇 권을 책보에 꾸려 끼고, 점심을 싸 든 후 문 밖에 나서니, 높이 뜬 해는 동천에 세 간이나 되었는데, 집집마다 뜰을 씻어내고 하루를 준비하는 데 분망하며, 관인, 상인, 직공 등은 각자 사무소를 향해 바삐 움직이고, 거리 가득한 남녀학생은 발을 이어 왕래하며 각자 학교에 가는 길이 급한 모습이었다. (…중략…) 여관에 돌아와 의복을 바꾸어 입은 후 … 목욕을 마치고 돌아오니 몸이 피로함을 조금 느끼었다. 한 시간 조용히 쉬고 5시쯤 저녁을 먹고 짧은 지팡이를 짚고 소풍 겸 불인지(동경 우에노 공원 아래 연못 이름)를 향하니 큰 길 양편에는 가득한 등광이 대낮과 같은데 분망한 모든 사회도 하루의 업무를 다하고 서늘한 기운을 타서 실외에 산책하는 사람이 둘둘 셋셋으로 인산인해를 이루고, 상점과 연극장에서는 호객하는 소리가 빈번하였다.

—『태극학보』 제1호, 1906.8.24

유학생들은 유학 과정에서 부국 강병과 국민 교육에 대한 계몽적 의

지가 더욱 공고해졌다. 위의 '혈의 누'는 주인공 옥련이가 일본에 도착한 후 바라본 풍경이다. "항구에는 배 돛대가 삼대 들어서듯 하고, 저작 서기에는 이층 삼층집이 구름 속에 들어간 듯하고, 지네같이 기어가는 기차는 입으로 연기를 확확 뿜으면서 배는 천동 지동하듯 구르며 풍우같이 달아난다. 넓고 곧은 길에 갔다 왔다 하는 인력거 바퀴 소리에" 정신이 없이 서 있는 옥련이의 모습은 근대를 학습하기 위해 일본에 도착한 조선 지식인들이 느꼈던 혼미함을 잘 드러내고 있다. 이 장면은 1900년 2월 관비 유학생으로 선발되어 일본 유학을 떠났던 작가 이인직이 경험한 충격적인 모습이지만 이 작품이 나온 1906년의 유학생들도 유사한 경험을 했을 것으로 보인다. 이윤주 '동경 일일의 생활'이 묘사하고 있는 동경은 그 자체로 문명의 공간이다. 거리에는 "남녀학생(男女學生)이 접종래왕(接踵來往)호"고, 하루 업무가 끝난 저녁 "대도양변(大道兩邊)에눈 만점등광(萬點燈光)이 여주(如晝)"같이 휘황찬란하다. 뿐만 아니라 "상점(商店)과 연극장등(演劇場等)에셔눈 호객성(呼客聲)이 빈번(頻繁)호"다. 근대 문명의 상징으로서 '전차(電車)'와 '연극장(演劇場)', '공원'이 존재하는 곳으로서 조선 유학생에게 일본은 화려한 근대 국가의 모습을 보여주는 신문명의 장소로 인식되고 있다.

조선 유학생에게 국가의 미래는 문명 개화에 있으며 조선이 해결해야 할 가장 큰 과제로 교육 계몽이 부각되었다. 이들이 귀국하여 교육운동을 펼치게 된 것도 이러한 문제의식에서 비롯된 것이었다. 그러나 이들 가운데 상당수는 점차 친일 지식인으로서 일신의 영달을 도모하는 길로 나아가게 된다(박안숭, 1999: 151~154). 이들은 대개 실력 양성론을 기초로 하면서 다른 한편으로는 친일적 성향을 드러내는 양면성을 보여주게 되는 것이다(김명규, 2001: 121~122). 그러나 이들이 우리나라에 새로운 사상을 도입하고, 그로 인한 새로운 문화 제도의 정착에 기여한 것 또한 분명한 사실이다. 그 가운데 특히 언론 및 출판 활동을 통한 기여는 주목할 만한 것이었다(김영민, 2007: 303).

4. 통감시대의 유학생

4.1. 유학생 단체와 학회보의 출현

1905년 을사늑약 체결을 전후로 재일 유학의 양상은 이전과 다른 양상을 보였다. 유학생 파견 정책이 이전까지 주로 정부 정책 차원에서 추진되었다면 1905년 11월 한국이 일제의 '보호국'으로 전락하게 되면서 그 성격이 달라지게 되었다. 일본의 조선 지배가 강력해지면서 민족적 위기에 직면한 지식인들의 구국(救國)적 성격의 계몽과 교육 운동이 전개되었다. 따라서 통감부 시기 유학생에 관한 연구는 일본 유학생 단체의 설립 과정과 활동을 측면으로 하는 연구37)와 유학생들이 전개한 민족 운동 측면의 연구38)가 주된 흐름을 형성하며 그 외에 유학생의 학회 활동과 학회지에 관한 연구39) 학회지 수록 논설, 서사에 관한 연구40) 등도 활발하게 전개되고 있다.

---

37) 정관(1982), 「太極學會의 成立과 活動」, 『永進實業專門大學 논문집』 4; 최덕수(1983), 「한말 유학생 단체 연구」, 『공주사범대학 논문집』 21; 정관(1984), 「구한말 재일본 한국유학생 단체운동」, 『대구사학』 25; 金淇周(1985), 「大韓學會에 대하여」, 『변태섭박사화갑기념 사학논총』, 삼영사; 강대민(1985), 「大韓學會에 대한 一考察」, 『부산사총』 1; 金祥起(1985), 「韓末 太極學會의 思想과 活動」, 『嶠南史學』 창간호; 김기주(1987), 「大韓興學會에 관한 考察」, 『全南史學』 창간호; 김기주(1994), 「韓末 在日韓國留學生團體「太極學會」·「大韓留學生會」의 成立과 活動」, 『배종무총장퇴임기념논총』 등.

38) 韓詩俊(1985), 「韓末 日本留學生에 관한 一考察」, 『천관우선생환력기념 한국사학논총』, 정음문화사; 강대민(1986), 「韓末 日本留學生들의 愛國啓蒙思想」, 『부산산업대 論文集』 7; 김기주(1993), 『한말 재일한국유학생의 민족운동』, 느티나무; 김원옥(2000), 「한말 일본 유학생의 현실인식과 민족운동: 1905~10년 관비유학생을 중심으로」, 연세대학교 석사논문 등.

39) 이송희(1986), 「대한제국말기 애국계몽학회 연구」, 이화여자대학교 박사논문; 이미림(1987), 「대한흥학회에 관한 연구」, 숙명여자대학교 석사논문; 김기주(1991), 「구한말 재일한국유학생의 민족운동 연구」, 전남대학교 박사논문; 조현욱(1995), 「서북학회의 계몽운동: 『서우·서북학회월보』의 분석을 중심으로」, 성균관대학교 석사논문; 김원옥(2000), 「한말 일본유학생의 현실인식과 민족운동」, 연세대학교 석사논문; 차배근(2000), 『개화기 일본유학생들의 언론출판활동연구(1)』, 서울대학교 출판부 등

40) 이화여자대학교 한국문화연구원(2004), 『근대 계몽기 지식 개념의 수용과 그 변용』, 소명

1881년 근대적 의미의 유학이 실현된 이래 유학생이 급증하기 시작한 1895년 이후에는 유학생들 간의 친목 도모를 위해 단체를 조직했다. 재일 유학생들이 최초로 조직한(1895년 5월) 단체는 '대조선인일본유학생친목회(大朝鮮人日本留學生親睦會)'이다. 이 친목회는 『친목회회보』라는 학회지를 발간하여 구성원들간의 친목을 도모하고 유학 과정에서 습득한 새로운 정보나 지식을 공유하는 데 목적을 두었다. 그러나 친목회는 3년이 채 안 된 1898년에 해산되고 그해 9월 제국청년회(帝國青年會)가 설립되었다. 제국청년회도 회보를 발간하고 토론회를 개최하는 등 활발히 운영되었지만 1903년 관비 유학생에 대한 귀국 명령과 함께 해산되었다(차배근, 2000). 친목회와 제국청년회만 하더라도 유학생 수가 많지 않았고 그것도 관비 유학생 중심으로 조직된 단체였다.

1904년 관비 유학생 파견이 재개되고 1905년 이후에는 사비 유학생이 급증함에 따라 유학생 단체도 다양하게 등장했다. 1905년에서 1907년 정도 사이에 10여 개의 유학생 단체가 설립되었으며 주로 유학생들의 출신 지역을 중심으로 조직되었다. 가장 먼저 조직된 단체는 '태극학회(太極學會)'로 관서 지방 출신 유학생들이 중심이었다. 이어서 경상도 출신 유학생이 중심이 되어 조직한 '낙동친목회(洛東親睦會)', 경기도 출신을 중심으로 한 '한금청년회(漢錦青年會)', 전라도 출신을 중심으로 한 '호남학회(湖南學會) 등이 조직되었다. 그 외에도 관비유학생 중심의 '대한유학생구락부(大韓留學生俱樂部)'와 '대한공수회(大韓共修會)' 그리고 강습소를 중심으로 한 '광무학회(光武學會)'와 '동인학회(同寅學會)' 등

출판; 이화여자대학교 한국문화연구원(2006), 『근대계몽기 지식의 발견과 사유 지평의 확대』, 소명출판; 이화여자대학교 한국문화연구원(2007), 『근대계몽기 지식의 굴절과 현실적 심화』, 소명출판; 김진량(2004), 「근대 일본 유학생의 공간 체험과 표상」, 『우리말글』 제32집, 우리말글학회; 조형래(2006), 「학회(學會), 유토피아의 미니어처: 근대계몽기의 지역학회 및 유학생 단체를 통해서 본 지역성과 고향 의식」, 『한국문학연구』 제31집, 동국대학교 한국문학연구소; 이승원(2006), 「근대전환기 기행문에 나타난 세계인식의 변화 연구」, 인천대학교 박사논문; 오선민(2009), 「한국 근대 해외 유학 서사 연구」, 이화여자대학교 박사논문 등.

도 이 시기 출현한 유학생 단체들이다. 다음은 조선의 학생들이 일본에서 설립된 유학생 단체와 기관지 성격의 학회지를 정리한 것이다.

〈표 2〉 일본에서 설립된 유학생 단체와 기관지

유학생 단체	존속 기간	학회보
대조선인일본유학생친목회	1895.5~1898.2	『親睦會會報』 (1895.10~1898.4, 통권 6호)
제국청년회	1898~1903	『제국청년회월보』 (창간연월일미상)
태극학회(관서 중심)	1905.9~1909	『태극학보』 (1906.8~1908.12, 통권 27호)
낙동친목회(경상도 중심)	1906.3~1908.1	『낙동친목회회보』 (월간, 통권 4호)
한금청년회(경기도 중심)		※알 수 없음
대한유학생구락부 (관비 유학생 중심)		※알 수 없음
대한공수학회	1907.2	『공수학보』(계간, 1907.1)
광무학회		※알 수 없음
동인학회		『동인학보』(1907.7)
대한유학생회(大韓留學生會)	1906.9	『대한유학생회학보』 (월간, 1907.3~1907.5, 통권 3호)
*대한학회(大韓學會)	1908.2	『대한학회월보』 (1908.2~1908.11, 통권 9호)
**대한흥학회(大韓興學會)	1909.1~1910.6	『대한흥학보』 (1909.3~1910.5, 통권 13호)

*대한학회는 대한유학생회, 낙동친목회, 호남학회, 광무학회 등 4개 단체를 통합한 단체임.
**대한흥학회는 대한학회, 태극학회, 대한공수회, 연학회를 통합한 단체임.

4.2. 계몽 담론의 주체로서 유학생

통감 시대 재일 조선 유학생들의 활동은 유학생 단체와 기관지 성격으로 발행한 각 학회지를 통해 고찰할 수 있다.[41] 일본에서 발간된 유

---

41) 유학생 학회지에 관한 연구 다음과 같은 사례들이 있다. 최준(1963), 「대한제국 시대의 출판연구: 출판문화와 한국근대화와에 관하여」, 『법정논총』 17, 중앙대 법정대학; 송이

학생 학회지의 내용은 서구의 정치나 경제, 법, 사회 등 근대적 제도와 관계를 소개하거나 국내 조선의 역사나 지리, 정치 현실에 대한 분석이 중심인 기사도 큰 비중을 차지했다. 뿐만 아니라 국민계몽 차원에서 우리의 역사나 지리에 관한 내용도 다수를 차지하고 있다. 계몽적인 맥락에서 자연과학에 관한 내용도 상당히 많은 분량을 차지했다는 점이다. 또한 일본에서 발간된 학회지들은 국내에도 상당수의 고정 독자층을 확보하고 있었다. 예컨대 1909년 10월 발간된 『대한흥학보』 제6호에는 국내의 정기 구독자가 508명이라고 밝히고 있으며 지역별로 경기 59명, 전라 39명, 강원 8명, 함경 120명, 충청 15명, 경상 26명, 황해 60명, 평안 108명 등이다(『대한흥학보』 제6호, 1909.10, 29쪽). 이는 당시 1500부(일본 동경 발행)를 발행한 것을 볼 때 국내에 상당히 많은 독자를 확보하고 있었던 셈이다.

【 유학생 단체 설립과 학회지의 발간의 목적 】

ㄱ. 今日 文明時代에 處ㅎ야 個人的 國民的을 不論ㅎ고 學識을 不修ㅎ면 戰國時代에 處ㅎ야 武藝를 不習홈에 無異ㅎ니 엇지 社會에 容立키 能ㅎ리오 是故로 近日 憂國憂時의 士 반닷시 國民教育 四字로 標幟唱導치 아님이 無ㅎ나 凡事가 唱ㅎ기 易ㅎ고 實行키 難홈은 人世의 常態로다

惟我太極學會가 呱呱의 聲을 發ㅎ고 東都一隅에 萌出홈이 於玆에 逾年이라 此間에 幾多頓挫辛苦의 悲境이 不少ㅎ여스나 盤根을 不遇ㅎ면 利刀를

량(1981), 「개화기의 학술지에 나타난 한국정치사상에 관한 연구」, 『동아논총』 18, 동아대학교; 정관(1984), 「구한말 재일본 한국유학생 단체운동」, 『대구사학』 25, 대구사학회; 강대민(1984), 「대한유학생회학보에 관한 연구」, 『부산산업대학교 논문집』 5, 부산산업대학교; 최경숙(1985), 「대한흥학회에 대하여」, 『부산외국어대학교 논문집』 3, 부산외국어대학교; 김기주(1987), 「대한흥학회에 관한 고찰」, 『전남사학』 1, 전남사학회; 한시준(1988), 「국권회복운동기 일본유학생의 민족운동」, 『한국독립운동사연구』 2, 한국독립운동사연구소; 송병기(1988), 「개화기 일본유학생 파견과 실태(1881~1903)」, 『동양학』 18(1), 단국대학교 동양학연구소; 차배근(2000), 『개화기 일본유학생들의 언론출판활동연구(1)』, 서울대학교출판부 등.

難辨이라 倚我會員의 血誠所湧이여 一致團心으로 相勸相救ᄒᆞ며 相導相携ᄒᆞ야 一步를 退縮ᄒᆞ면 數步를 更進ᄒᆞ고 難關을 遭遇ᄒᆞ면 百折不屈의 精神으로 勇氣를 倍進ᄒᆞ니 此ᄂᆞᆫ 本會가 今日 漸次旺盛ᄒᆞᄂᆞᆫ 域에 進홈이요 時時演說 講演 或 討論 等으로써 學識을 交換 硏磨ᄒᆞ야 他日 雄飛의 準備를 不怠ᄒᆞ고 學暇를 利用ᄒᆞ야ᄂᆞᆫ 各自學習ᄒᆞᄂᆞᆫ 바 專門普通으로 論作之飜譯之ᄒᆞ야 我同胞 國民의 智識을 開發ᄒᆞᄂᆞᆫ 一分의 助力이 되고져 ᄒᆞᄂᆞᆫ 微誠에 出홈이니 此ᄂᆞᆫ 本報가 創刊되ᄂᆞᆫ 盛運에 達ᄒᆞᆫ 者인ㅣ져 一粒의 土도 積ᄒᆞ면 泰山을 成ᄒᆞ고 一滴의 水도 合ᄒᆞ면 大海를 成ᄒᆞᄂᆞ니 吾儕도 ᄯᅩᄒᆞᆫ 我二千萬 國民의 各一分子라. 各一臂의 力을 出ᄒᆞ야 國民의 天職을 萬分一이라도 盡홈이 有ᄒᆞ면 此ᄂᆞᆫ 吾儕의 衷心으로 熱望ᄒᆞᄂᆞᆫ ᄇᆡ로다

번역 금일 문명시대에 처해, 개인적인 것과 국민적인 것을 물론하고 학식을 닦지 않으면 전국시대에 무예를 닦지 않는 것과 다르지 않으니, 어찌 사회에 우뚝 설 수 있겠는가. 그러므로 근일 나라를 근심하고 시국을 걱정하는 선비는 반드시 국민교육 네 자로 기치를 세우고 창도하지 않음이 없으나 무릇 일이 부르짖기는 쉽고 실행하기는 어려운 것은 세상의 일상적인 모습이다.

오직 우리 태극학회가 울음소리를 내어 동경 한 구석에서 처음 태어난 것이 해를 넘겼다. 그 사이에 몇 번이나 좌절하고 어려운 일들이 적지 않았으나 어려운 일을 만나지 않으면 날을 세우기 어려우니 우리 회원이 혈성으로 일어나 일치 단결하는 마음으로 서로 권하고 구제하며 서로 손을 잡고 이끌어 한 보를 물러나면 몇 보를 다시 나아가고, 난관을 만나면 백절불굴의 정성으로 용기를 배로 내어 나아가니, 이는 본회가 금일 점차 왕성한 상태로 나아가는 것이요, 때로 연설, 강연, 혹 토론 등으로 학식을 교환하고 연마하여 타일 웅비의 준비를 게을리하지 않고 배울 여가를 이용하여 각자 학습한 바 전문 보통 지식으로 글을 쓰고 번역하여 우리 동포 국민의 지식을 개발하는 데 조금이라도 도움이 되고자 하는 작은 정성에서 나온 것이니, 이는 본보가 창간된 융성한 기운에 도달한 것이다. 한

알의 흙도 쌓이면 태산을 이루고, 한 방울의 물도 합하면 대해를 이루니 우리들도 또한 우리 이천만 동포 각 분자의 하나이다. 각자 팔을 걷고 힘을 내어 국민의 천직을 조금이라도 다하면 이는 우리들이 충심으로 열망하는 바이다.

—'太極學報 發刊의 序', 『太極學報』 제1호, 1906.8.24

ㄴ. 所以로 學問의 必要가 生ᄒᆞ지라. 蓋 古今東西에 何國을 勿論ᄒᆞ고 其學問이 興ᄒᆞ면 其國이 文明ᄒᆞ고 學問이 不興ᄒᆞ면 其國이 鄙野ᄒᆞᆷ은 細瑣ᄒᆞᆫ 理論을 不要ᄒᆞ고 智愚一致로 共覩共聞ᄒᆞᆫ 바이나 我大韓은 閉關主義를 固守ᄒᆞ든 餘에 今日 所謂 二十世紀 新風潮의 如何히 發現ᄒᆞᆷ을 覺察ᄒᆞᆫ 者ㅣ 至少ᄒᆞ지라. 大抵 學問이란 者ᄂᆞᆫ 時勢를 隨ᄒᆞ야 時務의 學이 有ᄒᆞ거늘 現時에 風潮를 不覺ᄒᆞ고 웃지 時務에 適合ᄒᆞᆫ 學問을 知得ᄒᆞ리요. 是를 由ᄒᆞ야 靑年 吾輩가 奮然히 海外에 飛渡ᄒᆞ야 遊學의 年所가 已有ᄒᆞ나 但 實地의 硏究가 未有ᄒᆞᆷ은 竊自愧歎ᄒᆞᆫ 바이로ᄃᆡ 區區 微衷이 內地同胞로 더부러 文明에 共進코자 ᄒᆞ야 學會를 組織ᄒᆞ고 學報를 發刊ᄒᆞ야 諸位同胞의 愛讀을 已被ᄒᆞ야스니 (…중략…) 吾輩난 但히 自己의 學術을 增長ᄒᆞ며 同胞의 智德을 啓發코자 ᄒᆞ야 本會를 成立ᄒᆞᆫ 바라. 或者의 議綸이 本會의 趣旨가 單純히 右와 如ᄒᆞ면 興學 二字의 名義가 過度ᄒᆞᆯ 듯ᄒᆞ다 할지나 此ᄂᆞᆫ 全鼎의 味를 知ᄒᆞ난 者의 言이 아니라 若或 今日 時代에 一般 同胞의 智德을 啓發치 못ᄒᆞ면 維新ᄒᆞᆫ 學問을 興旺케 ᄒᆞᆯ 能力이 不及ᄒᆞ리니 本會의 趣旨ᄂᆞᆫ 卽 興學의 基因이라. 抑 我一般 會員이 心力을 合同ᄒᆞ며 聲氣를 連絡ᄒᆞ야 本會의 目的을 期達ᄒᆞ면 祖國의 文明富强ᄒᆞᆷ을 指目可待ᄒᆞ리니 勉旃勉旃ᄒᆞ심을 千萬切盼.

번역 그러므로 학문의 필요가 생겨났다. 대개 고금동서에 어느 나라를 물론하고 그 학문이 흥하면 그 국가가 문명하고, 학문이 흥하지 않으면 그 국가가 야비함은 자세한 이론이 필요하지 않고, 지우 일치로 함께 보고 함께 듣는 바이다. 그러나 우리 대한은 폐쇄주의를 고수하던 터에 금일 소위 20세기 신풍조가 어떻게 발현되는지 깨닫고 살피는 자가 지극히 적다. 대저 학문이란 시세를 따라 시무의 학이 있는데, 현시대 풍조를 깨닫지 못하고 어찌 시무에 적합한 학문을 깨달아 알 수 있겠는가. 이로 말미암아 청년 우리들이 분연히 해외에 건너가 유학하는 사람이 있으나, 다만 실지의 연구가 없음은 안타깝고 부끄러운 일이다. 구구히 작으나마 본국 동포와 함께 문명에 나아가고자 하여 학회를 조직하고 학보를 발간하여 여러 동포가 애독하기에 이르렀으니 (…중략…) 우리는 다만 자기의 학술을 증장하며 동포의 지덕을 계발하고자 하여 본회를 만들었다. 혹자가 본회의 취지가 단순히 이와 같다면 흥학 두 자의 명의가 지나치다 할 듯하나, 이는 전정의 맛을 아는 사람의 말이 아니다. 만약 금일 시대에 일반 동포의 지덕을 계발하지 못하면 이는 유신한 학문을 흥왕케 할 능력이 미치지 못한 것이니 본회의 취지는 곧 흥학의 기초이다. 생각건대 우리 일반 회원이 심력을 합동하여 기운을 합쳐 본회의 목적을 달성하면 조국의 문명 부강함을 눈앞에 볼 것이니 힘쓰고 힘쓰시기를 천만 간절히 원함.

—'大韓興學會趣旨書', 『大韓興學報』, 1909.3.25

앞에서도 언급했듯이 근대적 의미의 최초의 유학생 단체는 1896년 조직된 '대조선일본유학생친목회'이다. 이 단체의 학회지였던 『친목회회보』에서도 밝히고 있듯이 유학생 단체를 조직한 까닭은 친목 도모와 정보 교환을 위해서였다. 그로부터 10여 년이 지난 1905년 이후에는 유학생 단체의 성격이나 학회지의 발행 의도가 이전과는 다른 양상을 보였다.

예컨대 1905년에서 1910년 사이 국내에서는 통감부 통치에 해당하는 시기에 일본에서 조직된 유학생 단체 중에서 '태극학회'의 경우도 물론 친목을 도모하고 지식을 공유하는 '동류연합적 기관(同類團合的機關)'의 성격을 표방하지만 "태극운자(太極云者)는 사천여년역사(四千餘年歷史)와 이천만국민(二千萬國民)을 유(有)흔 아대한국가(我大韓國家)의 위권(威權)을 대표(代表)ᄒᆞᄂᆞᆫ 기호(旗號)니 즉아국민지정신(卽我國民之精神)이라"고 함으로써 자신들이 사천만 역사와 이천만 국민을 대표한다고 자임했던 것이다. 실제로 태극학회는 태극학회는 1909년 유학생 단체들이 '대한홍학회'로의 통합을 이끈 실질적인 중심 단체이기도 했다. 이를테면 위 인용문의 ㄱ은 「태극학보발간(太極學報發刊)의 서(序)」(『태극학보』제1호)로서『태극학보』의 발간 취지와 목적을 확인할 수 있다. 오늘날은 '문명시대(文明時代)'로 '개인적국민적(個人的國民的)'을 불론(不論)ᄒᆞ고 학식(學識)을 불수(不修)ᄒᆞ면 '사회(社會)'에 용립(容立)'하기 어렵기 때문에 동경에 모인 유학생들은 '일치단심(一致團心)으로 상권상구(相勸相救)ᄒᆞ'여 학문에 힘쓰고, 시간이 있을 때마다 연설이나 강연 토론 등으로써 학식을 교환하고 연마하여야 함을 역설하고 있다. 그러나 이때 중요한 것은 단순히 유학생 개인의 학문이나 사상을 연마하고 축적하는 데 목적을 두어서는 안된다는 점이다. 배운 지식을 전문적 논설이나 일반의 글로 번역하여 '동포국민(同胞國民)의 지식(智識)을 개발(開發)'하는 데 의의를 두어야 한다. 결국 조선 동포의 애국 계몽을 위해 학회를 결성하고 학회지를 발간했다는 것이다.

위 인용문의 ㄴ은『대한홍학보』창간호에 실린 「대한홍학회취지서(大韓興學會趣旨書)」로서 조선의 지식인층이자 학생들이 유학을 결심한 이유부터 보여준다. '대한(大韓)'은 폐관주의(閉關主義)를 고수(固守)ᄒᆞ여 '이십세기 신풍조의 발달'을 깨닫지 못하였다. 고금동서에 어느 나라를 막론하고 학문이 홍하면 그 나라는 문명하고, 학문이 홍하지 못하면 그 나라는 '비야(鄙野)'로 전락하고 만다. 따라서 필요한 학문은 "시무(時務)에 적합(適合)ᄒᆞᆫ 학문(學問)"이어야 한다. 이것이 조선의 지식인인 '우리'가 바다를 건너 유학을 떠나온 이유이며, "내지동포(內地同胞)로 더부러 문명(文明)에 공진(共進)"하고자 학회를 조직하고 학보를 발간하는 이유이다. 그들이 생각하기에 문명개화에 이르는 유일한 길은 '홍학(興學)' 두 자에 달려있기 때문이다.

【 신학문과 신문, 잡지의 교육적 힘 】

ㄱ. 嗚呼痛哉라. 今日 我韓國勢之至此는 不在他故오. 卽 因國民不學之一大疾이라 謂홀지라. 蓋此病이 四肢百骸五臟六腑運用之間에 不在ᄒ고 只一精神頹喪과 志識野昧에 在ᄒ야 轉成國之病根에 沈綿其久혼 즉 不可以舊方良劑로 救療오. 且雖以西醫家新學의 神明혼 兩端之聽肺筒과 返照之測喉鏡과 治眸之驗目鏡과 審視之牝戶鏡과 燭細之顯微鏡과 冥治之蒙汗藥으로도 亦不可收效니 欲醫其源인대 最 神聖혼 方法은 卽 軍法政農商工等新學問而已라. 所以로 我父母ㅣ 是를 憂之ᄒ샤 吾儕의 日本에 留學홈을 命ᄒ시고 乃割愛而送之曰 出彊遊學이 志在必成이니 節飲食儉依服ᄒ야 先護其身ᄒ며 遠酒色絶嬉戲ᄒ야 確立其志ᄒ고 誓得專門一業ᄒ야 乃父母懸望之意를 不負ᄒ며 吾國家存亡之勢를 必念에 勉之勉之하라 ᄒ시니 今日 東京에 在혼 我同胞가 孰不貽此父丹之憂며 孰不承此父母之訓이리오. 吾儕가 均爲人子ᄒ야 萬若有一於此ᄒ면 不獨止於不孝라. 自已夙抱之疾이 無甚於此ᄒ니 父母의 惟憂가 烏有에 歸ᄒ리로다.

번역 오호통재라. 금일 아한의 국세가 이에 이른 것은 다른 데 있는 것이 아니다. 곧 국민이 배우지 않는 큰 질병에서 말미암은 것이라고 할 것이다. 대개 이 병은 사지 백골 오장 육부를 운용하는 데 있지 않고, 다만 정신이 퇴폐하고 상실됨과 뜻과 지식이 야비하고 우매[지식야매(志識野昧)]한 데 있어, 국가의 병근을 이룸이 오래되면 옛날의 방책과 약으로 구제하기 어렵고, 또한 비록 서양 의학과 신학문의 신명과 양단의 청폐동(聽肺筒)과 목구멍을 살피는 측후경(測喉鏡)과 눈동자를 치료하는 험목경(驗目鏡)과 시력을 관찰하는 빈호경(牝戶鏡)과 세밀한 것을 관찰하는 현미경(顯微鏡)과 몽롱함을 치료하는 몽한약(蒙汗藥)으로도 또한 효험을 볼 수 없으니, 그 근원을 치료하고자 할 때 가장 신성한 방법은 곧 군사 법률 정치 농상공 등 신학문일 뿐이다. 그러므로 우리 부모가 이를 근심하여 우리들의 일본 유학을 명하시고, 이에 강역을 떠나 유학비를 보내시니, 그 뜻을 반드시 이루어 먹는 것을 아끼고 의복을 검소하게 하여 먼저 그 몸을 보호하고, 주색과 놀이를 멀리하여 그 뜻을 확립하고 하나의 전문 학업을 얻기를 맹세하여 부모가 바라는 뜻을 저버리지 않으며, 우리 국가 존망의 형세를 염두에 두어 열심히 공부하라고 하시니, 금일 동경에 있는 우리 동포 중 누가 감히 부모의 근심을 끼치지 않으며, 누가 감히 부모의 가르침을 계승하지 않으리오. 우리들이 모두 사람의 자식이 되어 만약 그러하지 않으면 오직 불효에만 그치는 것이 아니라 스스로 질병에 걸려 이보다 심한 것이 없을 것이니 부모의 근심이 오직 헛될 뿐이다.

—'父母惟其疾之憂(尹定夏)', 『대한유학생회학보』 제1호, 1907.3

ㄴ. 新聞云者는 決非長聽之春瀧이라. 故로 不曰舊聞而曰新聞이라 ㅎ야 主日新之德而使覽者로 有味케 ㅎ며 雜報云者도 亦非久視之秋雨라. 故로 不曰一報而曰雜報라 ㅎ야 列萬像之異而使閱者로 起興케 ㅎ나니 其功效結果豈如春瀧秋雨而止乎아.

번역 신문이라는 것은 결코 오래 들어야 할 봄비(春瀧, 반갑지 않은 봄비)가 아니다. 그렇기 때문에 구문이라고 하지 않고 신문이라고 하여 매일 새로워지는 덕을 중시하여 보는 이로 하여금 맛이 있게 하며, 잡보라는 것도 또한 오래 보았던 가을비가 아니다. 그러므로 하나의 보도라고 하지 않고 여러 가지 보도(잡보)라고 하여 삼라만상의 차이로 듣는 이가 흥을 느끼게 하니 그 공효와 결과가 어찌 반갑지 않은 봄장마와 가을비에 그치겠는가.

—'嘆 不讀 新聞雜報之病(瞑眩子)', 『낙동친목회학보』 제2호, 1907.11

ㄱ은 금일 아한의 질병은 국민을 교육하지 않는 것이라고 강력하게 규정하는 것으로 시작한다. 이 병은 원인은 '정신이 퇴폐하고 상실됨과 뜻과 지식이 야비하고 우매[지식야매(志識野昧)]한 데' 있다. 따라서 이 병의 치료는 '옛날의 방책과 약으로 구제하기 어렵고' 또한 비록 '청폐

동(聽肺筒), 측후경(測候鏡), 험목경(驗目鏡), 빈호경(牝戶鏡)과 세밀한 것을
관찰하는 현미경(顯微鏡)과 몽롱함을 치료하는 몽한약(蒙汗藥)' 등의 신
식 치료기나 약으로도 가능하지 않다. 이 병을 치료할 수 있는 것은
오직 '곧 군사 법률 정치 농상공 등 신학문일 뿐이다'. 이 사실을 각성한
우리의 부모들이 자식을 유학 보낸 것이기 때문에 '먹는 것을 아끼고
의복을 검소하게 하여 먼저 그 몸을 보호하고, 주색과 놀이를 멀리하여
그 뜻을 확립하고 하나의 전문 학업을 얻기를 맹세'할 것을 촉구하고
있다. 유학생에게 유학의 본질과 임무를 잊지 않도록 자성을 요구하는
성격의 글이라 할 수 있다. ㄴ은 유학생은 물론 대중들이 신문의 교육
적 의의와 필요성을 인식하도록 설득하는 글이다. 신문은 '매일 새로워
지는 덕을 중시하여 보는 이로 하여금 맛이 있게 하며', 잡보 역시 '삼라
만상의 차이로 듣는 이가 흥을 느끼게' 하는 것으로 신문의 새로움이나
잡보의 다양성은 근대 이전에는 경험하지 못한 미디어 교재라는 점을
부각하고 있다. 학교에서 사용하는 교재 뿐만 아니라 대중에게 새롭고
다양한 정보를 공급함으로써 그 자체로 신문은 교육적 공효와 결과를
가져오는 대중적 교재인 것이다. 이와 같이 초기 유학생들은 그들이
하고 있는 유학의 의미를 성찰하고 유학생의 역할에 대해 자성하거나
학문과 사상의 확장을 도모할 수 있도록 교육장의 다양한 힘을 인식하
고 또한 계도하고자 했다.

4.3. 유학 지역의 확대

근대 계몽기 조선이 문명과 자강을 위해 서구를 배우는 방법으로서
열정적으로 제안된 것은 학교를 설치하여 서구의 학문을 학습하는 것
과 유학을 통해 신학문과 제도를 직접 습득하는 것이었다. 후자인 유학
의 경우, 서구로의 직접적인 유학보다 조선보다 먼저 서양을 배워 동양
의 문명국으로 급부상한 일본으로의 유학이 권장되었다. 독립신문을

비롯하여 이 시기 미디어들은 일본으로 공부하러 간 유학생의 숫자와 유학 비용 등부터 유학생의 하루 생활이나 학교 생활,[42] 유학생의 학문과 사상, 친목회 조직이나 기관지 간행 등에 이르기까지 일본 유학에 관한 담론을 적극적으로 유포하였다.

【 海外留學生 】

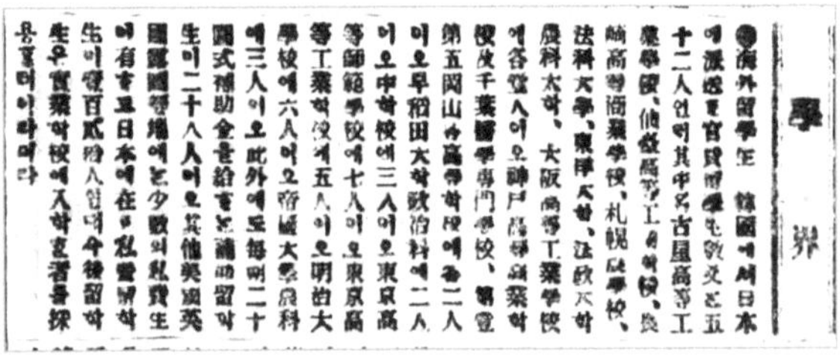

韓國에셔 派送ᄒᆞᆫ 官費留學生數ᄎᆞᄂᆞᆫ 五十二人인ᄃᆡ 其中 名古屋高等工業學校, 仙臺高等工業학校, 長崎高等商業學

〈그림 4〉「海外留學生[學界]」(『대한매일신보』, 1909.06.20)

校, 札幌農學校, 法科大學, 東洋大学, 法政大学農科大学, 大阪高等工業學校에 各壹人이오 神戶高等商業학校及千葉醫學專門學校, 第壹第五岡山各高等학교에 各二人이오 早稻田大学政治科에 二人이오 中学校에 三人이오 東京高等師範學校에 七人이오 東京高等工業학校에 五人이오 明治大學校에 六人이오 帝國大學農科에 三人이오 此外에도 每朔二十圓式補助金을 給ᄒᆞᄂᆞᆫ 補助留学生이 二十八人이오 其他美國英國露國 等地에ᄂᆞᆫ 少數의 私費生이 有ᄒᆞ고 日本에 在ᄒᆞᆫ 私費留学生이 壹百貳拾人인대 今後 留学生은 實業학교에 入학ᄒᆞᆫ 者를 採用ᄒᆞᆯ 터이라더라

—'海外留學生', 『대한매일신보』, 1909.6.20, 학계(學界)

【 논설(論說) 】

근릭쳥국학도들이외국에가셔공부ᄒᆞ되다만학문과기예샹에만젼혀쥬의

---

42) 학교의 방학이나 개학일, 배하식(拜賀式) 등 유학생의 학교 생활이나 일상을 소개하는 기사를 많이 소개했다.

홀쑨이오지어교화ㅎ야는전연히도라보지아니ㅎ며일본에가셔공부ㅎ는쟈
들인즉전혀그나라에셔듯고보는것만○○쟝ㅎ줄로알고가쟝외국학문을빈
화믹히는거시업는드시힝셰ㅎ려ㅎ나실상인즉일본의교화가아직문명에이
르지못ㅎ지라대기 문명국이라ㅎ는거슨학문과긔계공쟝의진보랄것만보
고닐캇지못ㅎ고그교화가깁히비여인민의남녀로소를물론ㅎ고일테로덕힝
이놉하다착ㅎ고올혼사름으로나라히깃부고화락ㅈ유ㅎ는턴디가되어야홀
지라. 사름들이이거슬모로고다만지조만닥그려ㅎ니엇지정치가바르고풍
속이아름다워질긔초를뎡ㅎ리요지금미국대통령루스발트씨가하바드대학
교에셔연셜ㅎ말을듯건디 미양덕힝이뎨일인쥴말슴ㅎ엿고쏘ㅎ닐ㅇ디 국
가에셔인재를쓰려면보통의학식으로퇵홀거시오구타여깁고놉횬젼문학을
공부ㅎ쟈로갈힐거시아니라ㅎ엿더라 (…중략…) 이에칭탁ㅎ는말이백셩
으로ㅎ여금셔양을유람ㅎ고셔양글을닉게ㅎ면평등권이라ㅈ유권이라ㅎ는
것을빈와국가를능멸ㅎ니ᄎᄎ이러ㅎ면필경은빅셩을다스릴슈업깃다ㅎ야
●반으로져희ㅎ는지라엇지더욱어리셕지안으리오지금이십셰긔동안에는
셰계긔명에풍긔가조슈밀어들듯ㅎ야인력으로능히막을슈업는지라좌우에
외국공령ᄉ관은공중에소셔대궐과갓치다토어놉흐며녀왕하는던-륜거는
우뢰갓치소릭질러구중궁궐깁흔쑴이시시로놀닉시는지라삼쳔년릭로문닷
고혼져잇던완호ㅎ풍습을이턴디에안져셔홀노직히려ㅎ들엇지할슈잇스리
오종시이싱각을고집ㅎ여●ㅎ노니중국에소년들은텬하에형편을씨닷고나
라의위틱ᄒᆷ을일어나비화다가에솨동편에젼파ㅎ면중국이쟝ᄎ쟝진이잇스
리로대ㅎ엿더라

        —『뎨국신문』, 1903.1.23(밑줄 필자, ● 판독불가 글자)

위에 인용된 「海外留學生」에 따르면, 1909년 6월 현재, 한국에서 파
견한 관비 유학생 수는 52명으로서 대부분 일본의 학교에 유학하고 있
다. 기타 미국, 영국, 러시아 등지에도 소수의 사비 유학생이 있다고
밝히고 있다. 1909년에 이미 유학 대상 국가가 일본 외에 미국, 영국,

러시아 등으로 확대되었다는 사실을 알 수 있다. 유사한 시기 『황성신문』 역시 해외 유학생 수를 통계내어 보도한 바 있다. "학부에서 외국 유학생 수를 조사하였는데 일본에 504명, 미국에 125명, 청국에 21명, 러시아에 4명, 영국과 프랑스에 각각 1명이라더라"[43]에서 알 수 있듯이 일본이 504명으로 압도적으로 많았으며 그 뒤를 이어 미국, 청나라 순이다. 비록 각각 1명씩이지만 1910년 당시 영국과 프랑스에도 유학생이 있었다는 사실은 유학 대상 국가가 일본, 중국 중심에서 벗어나 세계 각지로 확대되고 있었다는 것을 보여주며 계몽과 문명의 상징인 서구에 대한 직접적인 학습 의지를 실현하고자 했던 근대 조선인의 욕망을 볼 수 있다.

위에 인용된 〈논설〉은 서두에서 알 수 있듯이 '청국 범위씨가 상히 청년회에서 연셜'이라는 부제를 통해 청나라의 범위씨가 상해 청년회(靑年會)에서 연설한 글이다. 그러나 필자나 번역자에 대한 그 외의 소개는 없다. 이 논설은 청나라의 상황을 비판한 후 조선은 문명 개화를 해야 한다고 촉구하고 있다. 이 때 문명 개화의 방법으로 서구 유학을 제안하고 있다. 주목해야 하는 점은 일본 유학보다 서양 유학을 권장하여, 서양을 유람하고 서양 서적을 읽고 자유나 평등의 사상을 고취할 것을 강조하고 있다는 점이다. 이와 같이 이 시기 신문이나 잡지 등은 일본이나 중국 중심의 유학에서 미국이나 러시아 등으로 의 유학의 필요성을 강조하였다. 당시에 서양은 문명 그 자체였으며 서양에 대한 지식은 대한 제국의 문명화를 위한 지식이었기 때문이다.

특히 근대 계몽기 일본에 이어 유학생 비중이 높은 나라가 중국(淸國)이 아니라 미국이라는 사실은 주목할 필요가 있다. 잘 알려져 있듯이 조선과 미국의 외교적 교섭은 1882년 한미 통상 조약 체결에 따른 미국

---

43) "學部에셔 外國留學生數를 調査ㅎ얏는딕 日本에 五百四名米國에 一百二十五名淸國에 二十一名露에 四名英法兩國에 各一名이라더라"(「外國遊學生數」, 『황성신문』, 1910년 06월 12일).

외교 사절의 조선 파견(1883년 5월 7일 인천 도착), 그에 대한 답례로 고종의 사절단 파견(1883년 7월) 등을 통해서였다. 미국 유학의 초기 형식역시 1883년 9월 조선 정부의 외교사절 보빙사(報聘使)의 수행원이었던유길준이 관비 유학생 자격으로 미국에 남게 된 것에서 비롯되었다. 이후 서광범, 서재필, 변수 등 갑신정변으로 인한 망명적 성격의 유학에서 1888년 기독교 선교사를 매개로 한 윤치호의 유학 등 유학을 목적으로 도미한 이들은 1903년에 이르러 50여 명이나 되었다(김창범, 2004: 62~63).

【 해외 유학생 수와 비용 】

ㄱ. 同電을 據한 則 學部에셔 師範科卒業生中 歐文倀 等生 八名을 選拔ᄒ야 美國에 四名, 英法에 二名式 官費留學生을 派送ᄒ기로 決定ᄒ얏더라

번역 학부에서 사범과 졸업생 중 구문창 등 생도 8명을 선발하여 미국에 4명, 영국 프랑스에 2명씩 관비유학생을 파송하기로 결정하였더라

—'관비유학생의 파송(官費留學生의 派送)', 『황성신문』, 1907.5.17

ㄴ. 北京電에 曰 學部의 昨年度 官費 留學生費 決筭 報告를 據한 則 英國에 三萬三千二百兩, 法國에 一萬四千八百兩, 德國에 八千六百兩, 俄國에 三千百兩, 美國에 一千五百兩, 白耳義에 一千四百兩, 日本에 五萬九千百兩을 送交ᄒ얏다 ᄒ고 又學部에셔 任置한 金額은 俄淸銀行에 四十七萬一百兩, 香上銀行에 六十七萬一千二百五十三兩, 正金銀行에 十一萬千三百八十八兩이라더라

번역 북경 전보에 이르기를 학부의 작년도 관비 유학생비 결산 보고를 근거하면 영국에 3만 3200량, 법국에 1만 4800량, 덕국에 8600량, 러시아에 3000량, 미국에 1500량, 벨기에에 1400량, 일본에 5만 9100량을 보내었다 하고, 또 학부에서 맡긴 금액은 아청은행에 47만 100량, 향상은

행에 67만 1253량, 정금은행에 11만 1388량이라고 하였다.

—'海外留學生費', 『황성신문』, 1907.10.9

1907년 현재 조선의 학부는 관비 유학생을 미국에 4명, 영국과 프랑스에 2명씩 선발하여 보냈다는 기사를 보더라도 이미 유학 지역은 일본이나 중국을 넘어 미국과 서구 유럽으로 확대되고 있었다. 그리고 이러한 관비 유학생을 위한 유학 비용으로 정부가 지출한 예산을 공지하여 정부 차원에서 관비 유학 제도를 지원하고 확대하고 있었다는 사실을 알 수 있다. ㄴ을 보면 1906년 관비 유학생을 위해 학부가 지출한 비용은 영국 33,200냥, 프랑스에 14,800냥, 독일 8,600냥, 러시아 3,100냥, 벨기에 1,400냥, 일본 59,100냥이다. 일본의 비용이 많은 것은 유학생의 숫자가 다른 나라에 비해 많았기 때문이다. 그러나 일본과 중국 중심의 유학에서 벗어나 서구 지역의 영국, 프랑스, 독일, 러시아, 벨기에 등 다양한 나라로 유학 지역을 확대하여 유학생을 파견한 데서 계몽과 개화에 대한 조선 정부의 의지를 확인할 수 있다.

제4장 근대 계몽기 유학생의 성격과 계몽 활동

윤금선

1. 각 지역 유학생의 성격

1.1. 일본 지역: 최다 유학생의 파견과 결사 단체의 성립

1.1.1. 서양 학문 수용을 위한 유학생 파견

한말 유학생 파견은 시대적·국가적 요청에 의해 이루어진 것이라 할수 있다. 신학문과 신지식을 수용하기 위해서 무엇보다 중요시된 것이 외래문화의 수용이라고 인식되었기 때문이다.

【 외국 류학싱도 】
　무식흔 졍부가 무식흔 빅셩을 다리고 국가를 편안케 ㅎ랴 흠은 눈먼 사룸이 눈먼 동무를 쓸고 험흔 길을 가ᄂ것 ᄀᆞ흐니 대한이 황실과 뎨국을 万셰에 보존ㅎ랴면 이젼 그른 법을 바리고 태셔의 죠흔 규모와 학문을 빈화야 홀지라 불가불 고문관 (고문관도 여러층이지마는) 도두려니와 타국 사룸믄 밋고 잇스면 본국 인지를 쓸듸 업스니 태셔 학문굴♀치는 학교를 만히 비셜ㅎ야 국중의 영지를 것으워 기르는 일이 시급흠을 누가 몰으리오 그러 ㅎ나 본국에셔믄 태셔 학문을 굴♀치랴면 일이 지원ㅎ고 비홈이 아직 통투치 못흔고로 일본셔도 년년히 五六十명식 각국에 파송ㅎ야 관비로 교육ㅎ니 대한셔도 쇽히 이 법을 본밧아 셔양 각국에 총명흔 소년들을 튁션ㅎ야 보냄이 상칙인것은 이왕에도 우리신문에 여러번 긔지ㅎ엿더니

—『독립신문』, 1896.01.20

보다시피 한말 지식인들은 국가를 보존하려면 서구의 학문을 익힐 필요가 있다는 문제의식을 지니고 있었다. 그러나 국내에서는 이를 교육할만한 기관이 없는 상황이었다. 위에서는 관비로 해외에 유학생을 파견하는 일본의 상황을 예로 들어, 우리나라의 경우도 이를 모범삼아야 한다는 주장이다. 이러한 시대적 요구에 의해서 한말 조선 왕조는 1880년대부터 중국과 일본에 유람단을 파견하고 해외, 특히 일본에 유학생을 다수 파견하게 되었다.

【 일본 동경에 류학ㅎ는 학원이 본샤에 흔 퇴회 】

대져 이러흔 간고를 혐의로 넉이지 아니ㅎ고 이에 옴은 무엇에 잇느뇨 굴♀듸 본 정부의 명령도 잇슬쌘 외라 우리도 쏘흔 나라 위 ㅎ는 묵량이 잇는바이라 므릇 위국 흘 무음으로 만리 타국에 멀니 온것은 다름 아니라 문명의 학식과 뎨도를 눈으로 보며 귀로 드러 털 곳이라도 두뢰 속에 젹츅 ㅎ야 만분에 일이라도 우리 대한국을 위흠이요 쏘 본 정부에셔 파견 흔 본의의 칙림 부담 흠도 잇슴이라 그런 고로 지금 우리가 이에 잇슬 째는 다믄 위국 흘 지료는 곳 학업이 목적이요 이다음 본국에 도라간 후에는 이를 실뎨에 응용 ㅎ야 본 정부의 파견 흔 본의와 우리의 바다.

—『독립신문』, 1898.03.15

위의 글은 일본 유학생이 독립신문사에 보낸 편지글로, 유학생 파견의 목적은 "문명의 학식"을 익히는 것이고, 귀국 후에는 국내에서 "실제에 응용하여" 교육하는 것이라 할 수 있다. 한편 아래 제시하는 기사는 친목회 결성 초기에 『독립신문』에 게재된 내용으로 유학생의 직무에 대한 내용이 이와 유사하게 제시되고 있다.

【 일본 유학ᄒᆞᄂᆞᆫ 죠션 학도들이 친목회를 모화 거긔 유학 】

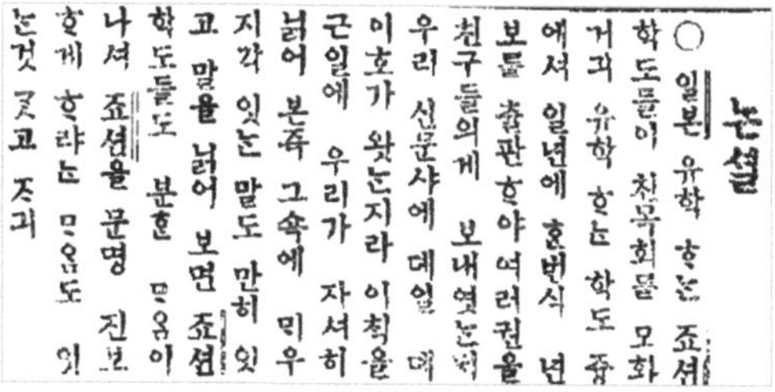
논셜
○일본 유학 ᄒᆞᄂᆞᆫ 죠션
학도들이 친목회를 모화
거긔 유학 ᄒᆞᄂᆞᆫ 학도 즁
에셔 일년에 ᄒᆞᆫ번식 년
보를 츌판ᄒᆞ야 여러권을
친구들의게 보내엿ᄂᆞᆫᄃᆡ
우리 신문샤에 ᄃᆡ엿 ᄃᆡ
이호가 왓ᄂᆞᆫ지라 이ᄎᆡᆨ을
근일에 우리가 자셔히
닑어 본즉 그속에 ᄆᆡ우
지각 잇ᄂᆞᆫ 말도 만히 잇
고 말을 닑어 보면 죠션
학도들도 분ᄒᆞᆫ ᄆᆞᄋᆞᆷ이
나셔 죠션을 문명 진보
ᄒᆞ게 ᄒᆞ라ᄂᆞᆫ ᄆᆞᄋᆞᆷ도 잇
ᄂᆞᆫ것 ᄀᆞᆺ고 ᄌᆞ긔

〈그림 1〉「일본 유학 ᄒᆞᄂᆞᆫ 죠션 학도들이 친목회를 모화 거긔 유학」(『독립신문』, 1896.10.08)

임금과 백성 사랑하는 마음이 뼈에 박혀 공부를 일시를 공히 허비하지 말고 잘 하여 무슨 학문이든지 시작한 것을 중간에서 폐하지를 말고 끝끝내 기여히 성취 하여 이담에 본국에 돌아 오거드면 다만 자기 몸들만 잘 될 생각을 말고 조선 인민의 본보기가 되어 이 무식하고 불쌍한 인민들을 건지고 그 인민의 선생이 모두 될 주의를 가지고 (…중략…) 외국에 있는 조선 학도들은 이왕 조선에 찌든 학문은 다 내어 버리고 마음을 정직 하고 굳세게 먹어 태서 각국 사람들과 같이 되기를 힘쓰되 다만 외양만 같을 뿐이 아니라 학문과 지식과 행신하는 법이 그 사람네들과 같이 되거드면 조선은 자연히 아시아 속 잉글랜드나 프랑스나 독일이 될 터이니

—『독립신문』, 1896.10.08

위의 내용은 유학생들에게 전하는 격려의 말이자, 유학의 필요성을 논한 부분이라고 할 수 있다. 즉 유학의 목적은 서양 학문(태서 학문)을 익히고 본국에 돌아와 이를 가르칠 수 있는 선생이 되기 위함이라고 할 수 있다. 특히 위의 글에서 주목되는 바는 서양 학문에 대한 맹신주

의가 드러나고 있다는 점이다. 다시 말해 "조선의 찌든 학문"을 버리고 서양의 외양 뿐만 아니라 "행신하는 법"까지 익히라는 것이다. 그래야만 아시아에서 영국이나 프랑스, 독일 같은 나라가 될 수 있다는 주장이다. 열거한 나라는 당시 한국에서 열강의 대명사라 할 수 있는데, 이렇듯 서구 학문에 대한 선호는 앞서 인용문에서 나타난 바, 일본이 강국이 될 수 있었던 것은 바로 서구 유학생 파견에서 비롯되었다고 여긴 데 있다. 그러나 당시 국내의 경우에는 직접 서양 지역으로 유학생을 파견하는 데까지 나아가지 못한 것을 볼 수 있다. 대신 이미 서구 학문이 들어와 있는 일본 유학이 권장되고 있는 상황이었던 것이다. 미주나 유럽 등의 지역으로 유학생 진출이 활발해진 시기는 이후 일제 강점기로서, 일본화한 서구 학문을 직수입하자는 움직임과 함께 이루어지게 된다.[1]

1900년대에 들어서면서 일본으로 건너가는 유학생 수가 점차적으로 증가하게 되며, 그에 따라 유학생 경비도 증가하게 되었다. 본국 학부에서 이를 감당하기 힘든 지경에까지 이르게 되자, 독립신문사에서는 유학생들을 후원하기 위하여 모금운동을 펼치기도 했다.

【 일본 동경에 잇ᄂ 대한 류학ᄉᆼ들이 본국 학부에셔 】

일본 동경에 잇ᄂ 대한 류학ᄉᆼ들이 본국 학부에셔 보죠금을 아니 준 후브터ᄂ 살슈가 업셔 죽을 디경이라 ᄒ던 공부들을 즁지 ᄒ고 도라 올슈 업ᄂ고로 본국 졍부에셔 오라 ᄒ엿것무ᄂ 아니들 오고 굴므면셔 쏘 ᄒ던 공부를 뭇치려 ᄒ나 살슈가 업셔 죽을 디경이라 (…중략…) 대한 사름들이 이럿케 쥬리고 죽을 디경에 든것을 보고 우리가 나라이 다르다고 구완 아니ᄒᄂ것은 ᄒ디구 안에셔 ᄀᆺ흔 형용을 쓰고 잇ᄂ 사름들의 졍의가 아니니 도와주ᄌ고 인민의게 간졀히 말ᄒ얏더라 타국 사름도 이럿케 대한

---

1) 「구미유학을 권함」(『동아일보』, 1921.03.23).

사ᄅᆞᆷ을 구완히 주랴 ᄒᆞᄂᆞᆫᄃᆡ ᄒᆞᆷ을며 동국 동포 형뎨들은 엇지 더군나 구완히줄 ᄆᆞᄋᆞᆷ이 업스리요 누구던지 일본 류학ᄉᆡᆼ들을 불샹히 녁여 다쇼 간에 도와 주고십흔 군ᄌᆞ들은 이 신문샤로 돈을 보ᄂᆡ거드면 우리가 그 돈을 것으워 여긔 잇ᄂᆞᆫ 일본 정부 관원의게붓쳐 그 돈이 그 고ᄉᆡᆼᄒᆞᄂᆞᆫ 학도들의게 밋치게 ᄒᆞᆯ터이요

—『독립신문』, 1898.04.02

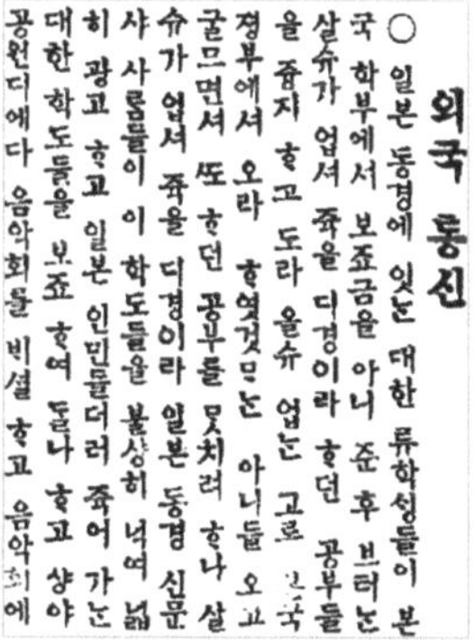
외국 통신

○ 일본 동경에 잇는 대한 류학싱들이 본국 학부에서 보죠금을 아니 준 후 브터는 살슈가 업셔 쥭을 디경이라 ᄒᆞ던 공부들을 쥬지 ᄒᆞ고 도라 올슈 업는 고로 본국 정부에셔 오라 ᄒᆞ엿것마는 아니들 오고 굴므면셔 또 ᄒᆞ던 공부를 못치려 ᄒᆞ나 살슈가 업셔 쥭을 디경이라 일본 동경 신문샤 사ᄅᆞᆷ들이 이 학도들을 불상히 녁여 넓히 광고 ᄒᆞ고 일본 인민들더러 쥭어 가는 대한 학도들을 보죠 ᄒᆞ여 도ᄋᆞ나 ᄒᆞ고 샹야 공원디에다 음악회를 비셜 ᄒᆞ고 음악회에

〈그림 2〉「일본 동경에 잇ᄂᆞᆫ 대한 류학ᄉᆡᆼ들이 본국 학부에셔」(『독립신문』, 1898.04.02)

위의 내용을 보면, 1898년 당시 동경 유학생들에 대한 국가 보조금이 원활하게 지원되지 않은 실정이었음을 알 수 있다. 이에 국내 동포들에게 의연금을 호소하는 내용인데, 위에서 "타국 사ᄅᆞᆷ도 이럿케 대한 사ᄅᆞᆷ을 구완히 주랴 ᄒᆞᄂᆞᆫᄃᆡ"라는 내용이 주목된다. 위 글에서 생략한 부분에 그 내용이 나타나 있기도 한데, 당시 일본 '동경신문사'에서는 이를 안타깝게 여겨, 일본 '상야공원'에서 음악회를 열고 그 입장료를 유학생들에게 전달하기도 했다.[2] 뿐만 아니라 일본 고위직 인사들이 보조금을 지원하여 일본인들의 지원을 받기도 했다.[3] 이러한 상황에서 국내에서도 다수의 후원자들이 신문사에 의연금을 보내며 유학생들의 경비를 충당하고자 했다.

2) "샹등인은 일원 오십젼 즁등인 일원 하등인 오십젼의 문표를 팔아 그 돈을 것으워 (…중략…) ᄂᆡ각 대신들과 각국 공령ᄉᆞ들과 ᄂᆡ외 신ᄉᆞ들의게 문표들을 보ᄂᆡ여 이 불샹ᄒᆞᆫ 사ᄅᆞᆷ들을 위ᄒᆞ야 사 돌나 ᄒᆞ엿ᄂᆞᆫᄃᆡ 아니 오ᄂᆞᆫ 사ᄅᆞᆷ들도 문표를 산 사ᄅᆞᆷ들이 만히 잇더라"(「일본 동경에 잇ᄂᆞᆫ 대한 류학ᄉᆡᆼ들이 본국 학부에셔」, 『독립신문』, 1898.04.02)

3) "일본잇ᄂᆞᆫ 대한 유학ᄉᆡᆼ도들이 우리나라 경부보죠를 못밧아 굴머죽을 ᄉᆞ경인고로 일본 ᄇᆡᆨ쟉 쇼예지ᄆᆞ씨와 여러 사ᄅᆞᆷ들에 보죠를 밧아 아족 연명은 ᄒᆞ나 고샹이 자심ᄒᆞ다더라"(「일본잇ᄂᆞᆫ 대한 유학ᄉᆡᆼ도들이」, 『협성회회보』, 1898.03.21)

【 일본 류학싱의게 의연금 】

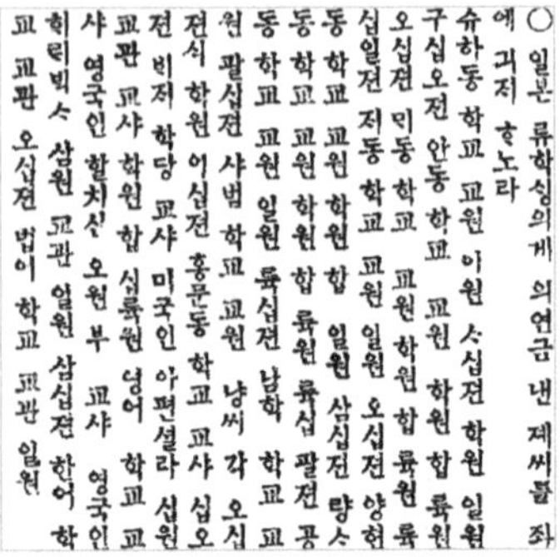
○ 일본 류학싱의게 의연금 낸 졔씨를 좌에 긔지 ᄒᆞ노라 슈하동 학교 교원 이원 ᄉᆞ십젼 학원 일원 구십오젼 안동 학교 교원 학원 합 륙원 오십젼 미동 학교 교원 학원 합 륙원 륙십일젼 저동 학교 교원 일원 오십젼 양현동 학교 교원 학원 합 일원 삼십젼 량ᄉᆞ동 학교 교원 학원 합 륙원 륙십 팔젼 공동 학교 교원 일원 륙십젼 남학 학교 교원 팔십젼 샤범 학교 교원 냥씨 각 오십젼식 학원 이십젼 홍문동 학교 교사 십오젼 ᄇᆡᄌᆡ 학당 교샤 미국인 아편셜라 십원 교관 교샤 학원 합 십륙원 영어 학교 교샤 영국인 할치신 오원 부 교샤 영국인 히리빅ᄉᆞ 삼원 교관 일원 삼십젼 한어 학교 교관 오십젼 법어 학교 교관 일원

〈그림 3〉「일본 류학싱의게 의연금 낸」(『독립신문』, 1898.05.21)

일본 류학싱의게 의연금 낸 졔씨를 좌에 긔직 ᄒᆞ노라 슈하동 학교 교원 이원 ᄉᆞ십젼 학원 일원 구십오젼 안동 학교 교원 학원 합 륙원 오십젼 미동 학교 교원 학원 합 륙원 륙십일젼 저동 학교 교원 일원 오십젼 양현동 학교 교원 학원 합 일원 삼십젼 량ᄉᆞ동 학교 교원 학원 합 륙원 륙십 팔젼 공동 학교 교원 일원 륙십젼 남학 학교 교원 팔십젼 샤범 학교 교원 냥씨 각 오십젼식 학원 이십젼 홍문동 학교 교샤 십오젼 ᄇᆡᄌᆡ 학당 교샤 미국인 아편셜라 십원 교관 교샤 학원 합 십륙원 영어 학교 교샤 영국인 할치신 오원 부 교샤 영국인 히리빅ᄉᆞ 삼원 교관 일원 삼십젼 한어 학교 교관 오십젼 법어 학교 교관 일원

—『독립신문』, 1898.05.21

후원자들의 명단을 보면 주로 국내 학교의 교원인 경우가 대부분이며, 여기에 당시 배재학당 교사로 재직했던 아펜셀러 등을 위시하여 여타 외국인 교원들이 모금운동에 참여했음을 볼 수 있다. 이렇듯 1800년대 말에 이르면 국비 지원이 어려울 정도로 유학생 수가 증가 추세였음을 알 수 있는데, 그 수가 늘어감에 따라 유학생 단체도 결성되기 시작했다.

일본 유학생들이 결사체를 조직하게 된 것은 1880년대 초기부터였다. 1881년대의 유학생은 불과 몇 사람이 비공식적으로 파견되었을 뿐이었기 때문에 그 수나 세력에 있어서 집단화할 힘을 갖고 있지 못하였으며 따라서 어떠한 조직이나 활동은 없었다. 그러나 갑오개혁 이후의 국책전환으로 구한말 최대 규모라 할 수 있는 200명 이상의 유학생이 일본에 파견되며, 이후 비로소 유학생 조직이 생겨났다. 이것은 다름 아닌 바로 '대조선인일본유학생친목회(大朝鮮人日本留學生親睦會)'였다. 그 후신으로 '제국청년회(帝國靑年會)'가 있었으나 이렇다 할 업적을 내지 못하고 해산되었다.4) 러일전쟁 발발 직후인 1904년 다수의 관비유학생의 파견과 1905~6년에 사비유학생이 증가하면서, '조선유학생회(朝鮮留學生會)', '태극학회(太極學會)', '유학생구락부(留學生俱樂部)', '공수학회(共修學會)', '한금청년회(漢錦靑年會)', '동인학회(同寅學會)', '낙동친목회(洛東親睦會)', '호남학회(湖南學會)', '광무학회(光武學會)', '광무학우회(光武學友會)' 등 다수의 단체가 성립되고 적극적인 학회 활동을 전개하였다.5)

　그러나 위에 열거한 학회들은 출신 지역이나 관비·사비별로 각각 친목 도모를 다지는 데 주목적을 두고 있었으며, 지역성이 강하다는 점에서 일본 내 유학생 전체를 결속하는 데는 어려움이 많았다. 이러한 문제점을 타개하고자 1907년에는 '대한유학생회(大韓留學生會)'가 조직되었고, 이의 창립으로 일본에 있는 관비·사비 유학생 천여명을 결집코자 시도했으나 이를 극복하지 못하였다. 그러나 이후 1908년 '대한학생회(大韓學生會)'를 거쳐 1909년 '대한흥학회(大韓興學會)'가 설립되면서 유학생 총 단체로써 그 역할을 담당하게 되었다.6) 이상 살핀 일본 유학생 단체는 초기에는 친목회가 목적이었지만, 갈수록 한·일 양국 간의 관계가 심각해지자 유학생들의 자각도 높아져 가게 된다.

　위에서 열거한 단체들은 1910년 일제 강점기 전까지 일본 유학생 사이에서 설립된 결사체라 할 수 있다. 그런데 제시한 단체들의 구체적인 정보를 보여주는 자료들은 그렇게 많이 남아있지 않은 실정이다. 일부

---

4) 「초기의 유학생 파견과 항일운동」
　　(『독립운동사』, 일본해외공훈전사자료관 http://e-gonghun.mpva.go.kr).
5) 「변아류학생사회분합동이설」(『대한유학생회회보』 제2호, 1907.04.07, 16쪽).
6) 김명옥(1982), 「韓末 太極學會에 關한 一考察」, 이화여자대학교 석사논문, 10~11쪽.

기관지(학회보)나 당대 신문 자료 등에 게재된 간헐적인 자료들을 통해 재구해낼 수 있는 정도이다. 본고에서는 이러한 자료들을 통해 당대 주요한 활동상을 보여주는 학회가 무엇인지 주목했으며, 그 결과 '대조선인일본유학생친목회(大朝鮮人日本留學生親睦會)', '태극학회(太極學會)', '태극학회(太極學會)', '대한유학생회(大韓留學生會)', '대한학회(大韓學會)', '대한흥학회(大韓興學會)' 등은 근대계몽기 일본 유학생회의 결집이라는 측면에서 지대한 역할을 담당했음을 볼 있었다. 이에 아래에서는 유학 장려를 권장했던 한말의 시대적 분위기 속에서, 각 단체들의 결성의 의미와 그 특징적인 성격이 무엇인지를 구체적으로 분석하고자 한다.

1.1.2. 초기 친목도모의 결사체와 출신지 중심의 학회

① 대조선인일본유학생친목회(大朝鮮人日本留學生親睦會)
　: 최초의 일본 유학생 단체

'대조선인일본유학생친목회(大朝鮮人日本留學生親睦會)'는 1895년 4월에 결성된 단체로 유학생 전체의 의사를 대표할만한 최초의 기구였다고 볼 수 있다. 당시 한국은 갑오개혁(甲午改革)이 추진되고 있었으며, 그 일환으로 개혁정부에 의해 유학생 파견이 적극적으로 추진되었다. 그 결과 1895년 4월에는 114명의 유학생이 선발되었고, 당시 한국 유학생의 위탁교육을 담당했던 게이오의숙(慶應義塾)에 입학하였다. 이들보다 앞서 파견되었던 윤치오(尹致旿), 어윤적(魚允迪), 박의병(朴義秉), 이병무(李秉武) 등이 이들을 포함하여 단체를 조직하기로 결의하고 친목회를 결성하였다.[7]

---

7) 한시준(1988), 「국권회복운동기」, 『한국독립운동사연구』 2, 독립기념관, 72쪽.

【 일본 동경에 류학ㅎ는 학원이 본샤에 ㅎ 퇴회 】

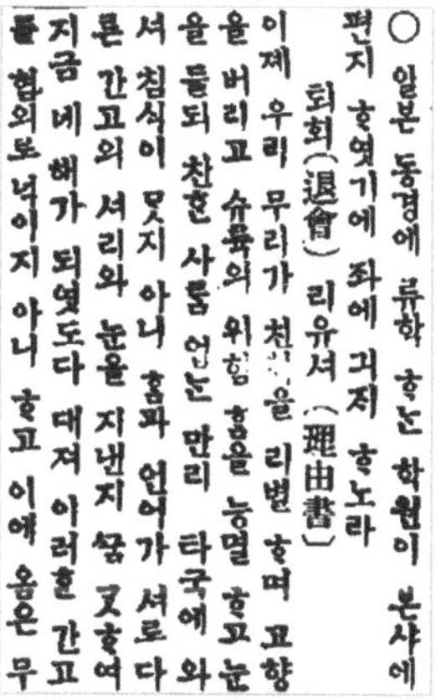

건너 올째에 묵량을 셰우고져 흠이니 이굿
치 즁대흔 칙림의 부담과 놉고 먼 흔몸의 밋셔
흔 무음은 와신 샹담ㅎ야 만번 싸려도 부셔 지
지 아니 흘즈는 목셕이라 그러 흠으로 <u>우리가
친목회를 챵립 ㅎ야 데 일은 요지와 굿치 고원
의 칙과 즁대흔 림에 즈쳐ㅎ야 만일 셔로 인도
ㅎ고 셔로 돕는 방편과 권면ㅎ는 도가 업스면
국가의 교휵ㅎ는 도에 방히가 잇고 인민의 셔
로 볼으는 쯧을 막음으로 이를 두려워 ㅎ야 본</u>
<u>회를 챵립흔다</u> 명빅히 썻고 쏘 데 이는 쥬의와
굿치 우리 흔가진 회원은 일톄 단결의 무음을

<그림 4>「일본 동경에 류학 ㅎ
는 학원이 본샤에 ㅎ 퇴회」(『독
립신문』, 1898.03.15)

굿게 직혀 엇더흔 혐위던지 진츙 보국 ㅎ즈고 쏘흔 명빅히 써셔 흔가지로
넓고 큰 쥬의로 이를 텬하에 펴며 늬외의 유지즈를 무져 들여 찬셩원으로
셩립ㅎ고 일본에 와셔 빅호는 우리 나라 사름들을 무져 들여 본 회원으로
셩립ㅎ고 각각 닥는바 학식을 셔로 환ㅎ야 일호라도 이목을 넓히고져 흠
이러니

—『독립신문』, 1898.03.15

제시된 내용과 같이, '대조선인일본유학생친목회'는 일본 유학생 전
체의 단결을 목적으로 결성되었고, '진충보국(盡忠保國)'을 주의로 삼았
다. 국내외 지사들은 이에 '찬성원'을 성립하고 유학생들의 단합을 돕
기도 했다. 이들은 기관지로서 『친목회회보(親睦會會報)』를 6회까지 발
행하며 계몽 운동과 친목의 증진을 꾀하며 적극적인 활동을 펼쳤으나,
1898년에 들어서면서 회원 간에 분쟁이 일어나면서 와해되고 말았다.
아래 내용은 해산 이유를 밝힌 "이유서(理由書)"로 다음과 같은 내용이
제시되어 있다.

【 일본 동경에 류학ᄒᆞ는 학원이 본샤에 ᄒᆞᆫ 퇴회(연속) 】

요지와 쥬의의 즁대ᄒᆞᆫ 뜻은 일톄히 이져 버리고 본회 쳐무의 샤쇼ᄒᆞᆫ 긔관이 회원의 닷호으고 싸호는 목젹이 되야 회놀ᄋᆡ 당도ᄒᆞ면 ᄉᆞ리를 분간 아니ᄒᆞ고 쇼릐들을 놉히 ᄒᆞ며 불으지지기를 크게 ᄒᆞ야 눈을 부릅ᄯᅳ며 줌억을 쾰ᄋᆞ (…중략…) 친목의 본의가 변ᄒᆞ여 불친불목의 단셔가 되고 일톄의 쥬의가 변ᄒᆞ야 ᄀᆡ파 분렬의 경샹을 이룸ᄋᆡ ᄂᆡ외 인의게 붓그러온 욕을 밧음이 늘노 더ᄒᆞ며 (…중략…) 학식 셩취ᄒᆞᆯ 목젹은 도외로 보고 오히려 회ᄒᆞ는 일에 ᄃᆞ호고 싸호는것문 쥬장ᄒᆞ야 가히 만지ᄒᆞ지 못ᄒᆞᆯ 셰월을 ᄒᆞᆫ갓 허셩ᄒᆞᆷᄋᆡ 이른즉 이는 통탄ᄒᆞᆫ덜가이 업슬 바이라 일노 말ᄆᆡ암아 볼진ᄃᆡ 본회 챵셜ᄒᆞᆫ 취의가 이졔 와셔는 도로혀 우리의 학업 샹에 방히 됨이 더옥 극ᄒᆞᆯ섄더러 젼후 ᄉᆞ샹이 이럿케 썩고 ᄑᆡᄒᆞ야 도져히 본회를 유지 ᄒᆞᆯ 긔망이 돈연히 업기로 (…중략…) 회에 물너 가노라 ᄒᆞ엿스며 (광무 이년 이월 일일)

—『독립신문』, 1898.03.15

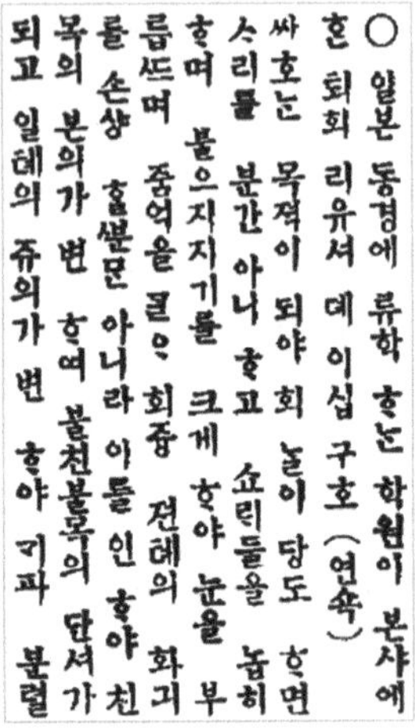
○일본 동경에 류학 ᄒᆞ는 학원이 본샤에 ᄒᆞᆫ 퇴회 리유셔 뎨 이십 구호 (연쇽) 싸호는 목젹이 되야 회 놀이 당도 ᄒᆞ면 ᄉᆞ리를 분간 아니 ᄒᆞ고 쇼릐들을 놉히 ᄒᆞ며 불으지지기를 크게 ᄒᆞ야 눈을 부릅ᄯᅳ며 줌억을 쾰ᄋᆞ 회즁 젼톄의 화긔를 손샹 ᄒᆞᆯᄲᅮᆫ 아니라 이들인 ᄒᆞ야 친목의 본의가 변 ᄒᆞ여 불친불목의 단셔가 되고 일톄의 쥬의가 변 ᄒᆞ야 ᄀᆡ파 분렬

〈그림 5〉「일본 동경에 류학 ᄒᆞ는 학원이 본샤에 ᄒᆞᆫ 퇴회(연속)」(『독립신문』, 1898.03.15)

일본유학생친목회의 퇴회(退會) 일자는 1898년 2월 1일(광무 이년 2월 1일)로 나타나는데, 그 해산 이유는 회원의 다툼과 분열에 있다고 밝히고 있다. 즉 결성 초창기에 지녔던 '일본 전(全) 유학생회의 결속'은 고성과 폭력 등으로 변질되었고, 분열이 극에 달한 것이다. 학문 성취라는 기본 목적보다 학회 간의 다툼이 주가 된 형편으로, 결국 친목회를 더 이상 유지할 수 없는 지경에 이르렀던 것이다. 이 이유서를 작성하고 퇴회를 선언한 인물은 20인으로 "전태홍, 한만원, 서정악, 이인식, 이규승, 이면우, 우태정, 안명선, 윤세용, 최영식, 현국, 한진용, 지승준,

신순성, 안경선, 장규환, 강용갑, 박정선, 유문상, 김대희, 홍인표" 등으로 드러나 있다.[8] 이후 1898년 9월 신해영(申海永), 조제환(趙濟桓), 노백린(盧伯麟), 원응상(元應常) 등의 관비학생들이 친목회 후속 단체로 "제국청년회(帝國靑年會)"를 결성하였으나 재정적인 곤란[9]과 정부의 소환 지시로 인하여 오래 지속되지 못했다.

② 태극학회(太極學會)
　: 관서지방(關西地方) 도일유학생(渡日留學生) 단체

'태극학회(太極學會)'는 1905년 9월 15일에 창립되었으며 태극학교(太極學校)라는 어학강습소를 전신으로 하여 성립되었다. 당시에는 일본어를 익히지 못하고 도일하는 유학생이 대부분이었다. 태극학교는 이러한 고충을 덜어주기 위해 선배 유학생들이 설립한 강습소였다. 일본으로 온 신입 유학생들은 태극학교를 수료하고 각급학교로 진학했던 것이다. 이러한 과정 중에서 수료생들이 회합을 유지시키자는 의견을 내놓게 되었다.[10] 당시 일본에는 관사비(官私費) 유학생이 상당수에 이르렀으며 거주하는 지역이나 학교도 다양하였다. 그런 이유로 상부상조하는 힘이 미약한 상태였다. 이에 수료생들은 서로 돕고 학업 전진에 도움이 되고자 하는 의미에서 만남을 지속시키자는 논의를 하게 된 것이다. 이에 "동포의 의를 강연하고 학술에 대한 논의를 하기 위하여"[11] 회를 결성하기로 결정하였고, 유학생 감독 한치진(韓致愈)이 태극학회

---

8)「일본 동경에 류학ᄒᆞᄂᆞᆫ 학원이 본샤에 흔 퇴회(연속)」(『독립신문』, 1898.03.15).
9) "일본에 류학 ᄒᆞᄂᆞᆫ 대한 학도들이 년젼에 친목회를 설립 ᄒᆞ고 ᄉᆞ계삭에 회보를 출판ᄒᆞ더니 그회 일홈을 곳쳐 뎨국 쳥년회라 ᄒᆞ엿ᄂᆞᄃᆡ 경갈ᄒᆞ야 회보 출판ᄒᆞ기가 ᄆᆡ우 어렵다더라"(「회비경갈」, 『독립신문』, 1899.06.08).
10)「본회의 제삼회 기념」(『태극학보』 제25호, 1908.10.14, 1~2쪽).
11) "同胞의 義를 講하고 學術의 妙를 論"(「태극학회총설 중」, 『태극학보』 제2호, 1906.09.24, 1쪽.)

의 창립에 찬동하여 회가 창립되기에 이른다.[12]

아래의 글은 태극학회의 창립 취지를 보다 구체적으로 살펴볼 수 있는 내용으로, 다음과 같이 밝히고 있다.

【 태극학보(太極學報) 발간(發刊)의 서(序) 】

惟我太極學會가 呱呱의 聲을 發ᄒ고 東都一隅에 萌出홈이 於玆에 逾年이라. 此間에 幾多頓挫辛苦의 悲境이 不少ᄒ여스나 盤根을 不遇ᄒ면 利刀를 難辨이라. 倚我 會員의 血誠所湧이여 <u>一致團心으로 相勸相救ᄒ며 相導相携ᄒ야 一步를 退縮ᄒ면 數步를 更進ᄒ고 難關을 遭遇ᄒ면 百折不屈의 精神으로 勇氣를 倍進ᄒ니</u> 此ᄂ 本會가 今日 漸次 旺盛ᄒᄂ 域에 進홈이요 <u>時時 演說 講演 或 討論 等으로써 學識을 交換硏磨ᄒ야 他日 雄飛의 準備를 不怠ᄒ고 學暇를 利用ᄒ야ᄂ 各自 學習ᄒᄂ 바 專門普通으로 論作之飜譯之ᄒ야 我同胞國民의 智識을 開發ᄒᄂ 一分의 助力이 되고져 ᄒᄂ 微誠</u>

번역 우리 태극학회가 울음소리를 내고(발족하고) 동경 한쪽에서 태어나고 한 해가 지났다. 그간에 좌절의 고통과 비참한 상황이 적지 않았으나, 얽힌 뿌리를 만나지 않으면 칼날을 시험하기 어려운지라, 아아 우리 회원의 진정한 열성의 용솟음침이여! <u>일치단결하여 서로 전하고 서로 구(救)하여 서로 인도하고 서로 제휴하여, 한 걸음 물러나면 여러 걸음 다시 나아가고, 난관에 봉착하면 백절불굴의 정신으로 용기를 배가하니,</u> 이는 본회가 오늘날 점차 왕성한 지경에 나아감이다. <u>때때로 연설 강연 혹은 토론 등으로 학식을 교환 연마하여 후일의 활발한 움직임을 위한 준비를 게을리 아니하고, 틈틈이 각자 학습한 전문지식과 보통지식으로 논문을 짓고 번역을 하여 우리 동포 국민의 지식을 개발하는 데 작은 도움이 되고자 하는 작은 정성에서 나온 것이니</u>

─『태극학보』 제1호, 1906.08.24

---

12) 「태극학회총설 중」(『태극학보』 제2호, 1906.09.24, 1~5쪽).

위의 글은 『태극학보』 제1호의 서문에 나타난 내용으로, 이를 보면 태극학회의 창립 취지는 유학생 상호간의 상부상조, 연설이나 강연, 토론 등을 통한 지식의 연마, 동포의 민지계발을 위한 학회지 출판 등으로 요약할 수 있다.

태극학회의 창립 초기 임원은 평의원 6인, 사무원 6인, 회계원, 서기원 각 1인, 사찰원 3인 등이었다. 평의원에는 장응진(張膺震), 최석하(崔錫夏), 김지간(金志侃), 전영작(全永爵), 김진초(金鎭初), 이윤주(李潤柱), 사무원은 표진모(表振模), 박제봉(朴濟鳳), 김낙영(金落泳), 김창대(金昌臺), 장지태(張志台), 채규병(蔡圭丙), 회계원은 김연목(金淵穆), 서기원은 박상락(朴相洛), 사찰원은 이도희(李道熙), 김종기(金琮基), 유동수(柳東秀) 등이었다. 입회 자격은 한국인 유학생이면 누구나 입회가 가능했지만 주로 서북지역 출신 유학생들이 참여했다.[13)

태극학회가 결성되자 국내에서도 이를 환영하며, 학회 후원모금에 앞장서기도 했다.

【 선사미거(善事美擧) 】

美擧 內部地方局長兪星濬氏等十餘人이 發起ᄒᆞ야 日本에 留學ᄒᆞᄂᆞ 學生이 太極學會을 刱設ᄒᆞᆫ 事에 對ᄒᆞ야 贊成金募集ᄒᆞᄂᆞ 趣旨書가 如左ᄒᆞ니 惟我韓同胞로 外洋에 出遊ᄒᆞᄂᆞ 者許多ᄒᆞ되 就中日本東京에 留學ᄒᆞᄂᆞ 多數學生이 一意專心ᄒᆞ야 諸般學問上硏究에 孜孜從事흠은 世人이 共知ᄒᆞᄂᆞ바이어니와 近又太極學會을 設立ᄒᆞ고 異域에 羈遊ᄒᆞᄂᆞ 落落蹤跡이 相依相賴ᄒᆞ야 苦樂을 共同ᄒᆞ고 機關雜誌를 發刊ᄒᆞ야 新進的思想을 鼓發ᄒᆞ며 文明的知識을 輸入코져ᄒᆞ니 此ᄂᆞ 其學員의 幸事오 國家全體의 光榮이라 凡我國民이 엇지 欽感치아니리오 然而于今ᄭᅵ지 吾人이 贊意를 未表하고 泯默看過흠은 相愛하ᄂᆞ 道理에 一大欠事이기 發起하야 其前進을 贊助코져하오니 有志僉

13) 김명옥(1982: 16).

彦은 숲額多數를 勿拘하고 合心贊助하라라하얏더라.

번역 미국 내부 지방국장 유성준 씨 등 십여 명이 발기하여 일본에 유학하는 학생이 태극학회를 창설한 일에 대하여 찬성금을 모집하는 취지서가 왼쪽과 같으니 우리 대한 동포로 타국에 나가는 자 허다하되 그 중에서도 특히 일본 동경에 유학하는 다수 학생이 한 뜻으로 전심하여 제반 학문상 연구에 부지런히 힘쓰는 것은 세상 사람이 모두 아는 바거니와 근래에 또 태극학회를 설립하고 먼 땅 객지에서 사로 의지하고 의뢰하여 고통과 기쁨을 함께 하고 기관의 잡지를 발간하여 새로운 사상을 고취하며 문명화된 지식을 수입하려는 것은 학회의 다행한 일이오 국가 전체의 영광이라. 무릇 우리 국민이 어찌 감동치 않으리오. 그러나 지금까지 우리가 찬성하는 뜻을 표하지 않고 침묵하고 간과함은 서로 사랑하는 도리에 흠이 되는 일이기에 발기하여 학회의 전진을 찬조코져 하오니 뜻 있는 모든 유지들은 금액 다수에 상관없이 합심하여 찬조하라 하였더라

—『황성신문』, 1906.11.13

위의 글은 태극학회 결성 즈음인 1906년 11월 13일, 『황성신문』에 보도된 내용으로, 신진사상과 지식을 고취하고자 태극학회를 결성한 것에 대해 찬사를 하고 있으며, 태극학회의 발전을 위해 '찬성금(贊成金)'으로 후원하기를 독려하고 있는 글이다. 1907년 7월에는 175명의 인사들이 한꺼번에 의연금을 보내기도 하였다. 한편 국내의 이러한 관심뿐만 아니라 미주 지역에서도 『공립신보』에 다음과 같은 축하의 글을 게재하며 보조금을 호소하기도 했다.

【 하태극학회(賀太極學會) 】
　일본 동경에 류학ᄒᆞᄂᆞᆫ 우리나라 학ᄉᆡᆼ들이 이ᄀᆞᆺ치 위급ᄒᆞ고 급업ᄒᆞᄂᆞᆫ ᄯᆡ를 당ᄒᆞ야 흉중에 ᄭᅳᆯ난 피와 강기ᄒᆞᆫ 눈물노 국민된 의무를 다ᄒᆞ고 나라의 명믹을 붓들고져ᄒᆞ야 작년 가을에 동지ᄒᆞᆫ 학ᄉᆡᆼ들이 회를 죠직ᄒᆞ엿난

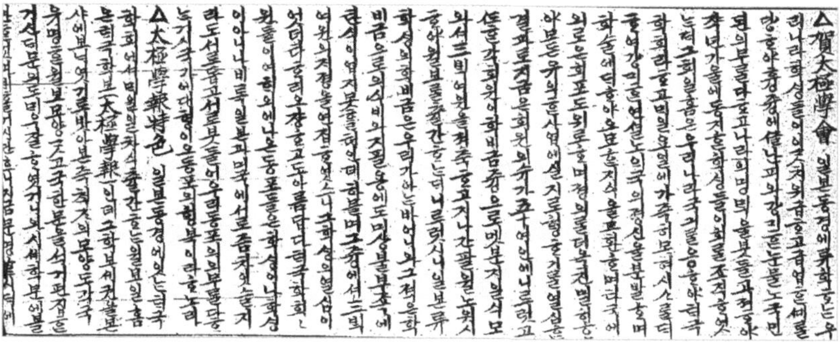

<그림 6> 「하태극학회」(『공립신보』, 1906.10.22)

되 그회 일흠은 우리나라 국긔를 응ᄒ야 틱극학회라 ᄒ고 믹 일요일에 가즉히 모혀 시시를 강기ᄒ 연셜노 익국 정신을 분발ᄒ며 학술에 되하야 오묘ᄒ 지식을 교환ᄒ며 타국에 외로운 회포도 위로ᄒ며 졍의를 더독 긴 밀히ᄒ야 모든 유익ᄒ 사업에 실지로 힝ᄒ기를 염실ᄒ 결과로 지금은 회 원의 슈가 五十여인에 이르럿고 모와셔 三빅여원을 져축ᄒ고 지나간 팔 월노 위시ᄒ야 월보를 출판ᄒ난되 니르럿시니 일본류학ᄉ의 학비금은 우 리가 아는 바이어니와 그 젹은 학비금으로 의식비와 지필용에도 미상불 부죡에 탄식이 업지 못홀터인데 하믈며 그즁에셔 三 빅여원의 지졍을 연 집ᄒ엿스니 그 그 학ᄉ이나 학ᄉ이 아니아 비록 일본과 미국에 사로 즘 차잇슬지라도 서로 돕고 서로 뭇들어 우리 동포의 의무를 다ᄒᄂ거시 국 가에 대형이오 동포의 힝복이라ᄒ노라

—『공립신보』, 1906.10.22

인용문은 태극학회 성립에 대한 축하의 글로, 당시 태극학회의 활동 을 살펴볼 수 있어 주목된다. 이 글에 따르면, 태극학회라는 이름은 우리 나라 국기를 응용한 것이며, 회원의 수는 50여 명이었다. 회원들은 매 일요일 회합하여 애국적인 내용의 연설을 하였고, 지식을 교환하며, 타 국에서 동포애를 나누는 시간을 가졌다. 또한 회비를 모아 300여 원의

재정금을 모으기도 하였다. 이러한 내용을 게재하면서 이들을 돕자고 권면하고 있다. 이러한 보도 이후 인사들과 동포들이 의연 모금에 참여하는데, 그 예로 〈연조태극회(捐助太極會)〉(『공립신보』, 1906.12.22)에서는 안창호를 위시하여 허승원, 박인원, 장문호, 양주삼 등의 지사들의 모금액이 제시되고 있으며, 〈나성회보고(羅省會報告)〉(『공립신보』, 1907.01.12)에서는 로스앤젤레스지방회장인 장원근을 비롯하여 김영일, 김웅규, 박태현, 이우성, 송경춘, 홍정식 등의 인사들의 후원금 내역이 밝혀 있으며, 〈의조사사(義助四社)〉(『공립신보』, 1907.04.26)에는 리버사이드지방회 재정 편성건이 게재됐는데, 여기에서 태극학회 보조금이 편성된 것을 볼 수 있다.

한편 태극학보 편집에는 김낙영, 김홍량(金鴻亮), 김지간 등이 관여했다. 태극학보는 이윤주(李潤柱), 문일평(文一平) 등의 의연금을 기본자산으로 하고, 회원의 의연금과 학보판매금, 유지의 찬성금(贊成金)으로 발행되었다.[14] 같은 해 9월 2일 총회를 개최하여 초대 회장에 장응진, 부회장에 최석하를 선출하고, 평의원 이하 임원진도 교체하였다. 이 조직은 큰 변동 없이 계속 유지되다가 1907년 9월 2대 회장에 김지간, 부회장에 김낙영을 선출하고 편집, 서기 2인을 신설하였다. 한편 1907년 3월 영유지회(永柔支會)의 설치를 비롯해 9월에는 용주(龍州)와 의주(義州)의 용의지회(龍義支會), 1908년 4월 성천지회, 6월에는 동래지회, 9월에는 영흥지회가 설립되어,[15] 당시 회원 수는 279명이고, 지회의 회원까지 합해 600여 명에 달하였다.

위에서 살핀 바와 같이, 태극학회는 유학생 단체라고는 하나 일종의 애국적 정당이어서 그 회합에서는 국가의 운영과 시국에 대한 대책을 토론하였고, 민지계발을 위한 학술 활동, 국내와의 연합활동 등 그 활

14) 정관(1984), 「구한말 재일본 한국유학생단체 운동」, 『대구사학』 25, 대구사학회, 72쪽.
15) 金淇周(1991), 『한말 재일 한국 유학생의 민족운동』, 느티나무, 31쪽.

약상이 큰 학회라 할 수 있다.16) 그러나 이 학회의 병폐는 바로 지역주의였다.

【 반도(半島)에 기다인재(幾多人材)를 내인 영(英)·미(美)·로(露)·일(日) 유학사(留學史) 】

그러나 당시의 日本留學生界는 黃平 兩道人 中心의 太極學會를 비롯하야 기타 無數의 地方會가 群立割居되여섯다 한다. 그중 太極學會는 자못 완강한 지방의식를 가젓 섯다 한다. 그 회원수도 다른 지방회에 비하여 제일 만엇다 한다. 그 때문에 이 會는 日本留學生總會機關인 留學生會를 殆히 眼中에 두지안코 따라서 그 회원은 留學生會의 모임에도 잘 출석치 안코 그 會 自身이 留學生總會格이 되려는 기세를 보혀잇섯다 한다. 이 太極學會의 존재는 당시 留學生總會 발전상의 큰 장애가 되는 동시에 일반 일본유학생의 사상의식 及 朝鮮內의 모든 운동에도 적지안은 불상스런 영향을 미치게 하였다 한다. 이때의 太極學會 及 各道分會의 意識頑冥은 상상하기에 족하다. 이때의 유학생에게는 서로 西北놈 畿湖놈 하는 등의 亡國人的 反目暗爭이 격심하엿슬 것이다.

> **번역** 그러나 당시의 일본 유학생계는 황해도 평안도 양도 사람 중심의 태극학회를 비롯하여 기타 여러 지방회가 무리지어 나뉘어져 있었다. 그 중 태극학회는 완강한 지방의식를 가지고 있었다 한다. 그 회원 수도 다른 지방회에 비하여 제일 많았다 한다. 그 때문에 이 회는 일본 유학생총회기관인 유학생회를 안중에도 두지 않아서 유학생회의 모임에 도 잘 출석하지 않았고 자신의 학회가 유학생 총회 격이 되려는 기세를

---

16) "도산은 환국하는 길에 동경에서 유학생 중의 저명한 인물들과 만났다. 그 때에 동경(東京)에는 태극학회(太極學會)라는 유학생 단체가 있었다. 유학생 단체라고는 하나 일종의 애국적 정당이어서 그 회합에서는 국가의 운영과 시국에 대한 대책을 토론하였고 『태극학보(太極學報)』를 발행하여 널리 국내 동포에게 정치적 계몽 운동을 하고 있었다. 이 『태극학보(太極學報)』가 당시 우리나라에서는 손에 꼽히는 애국적 정치적인 잡지였다." (『이광수(李光洙) 전집(全集)』 13권, 24쪽)

<u>보였었다 한다.</u> 이 태극학회의 존재는 당시 유학생총회 발전면에서 큰 장애가 되었다. 동시에 일반 유학생의 사상의식 및 조선 내의 모든 운동에도 적지않은 불상스런 영향을 미치게 하였다 한다. 이때의 태극학회 및 각도 분회(分會)의 의식의 완고함은 상상하기에 족하다. 이때의 유학생들은 서로 서북놈 기호놈 하는 등의 망국인적 반목과 암투가 격심하였을 것이다.

—『삼천리』 제5권 제1호, 1933.01.01, 4쪽

위 인용문은 황석우(黃錫禹)의 회고담으로, 태극학회의 지역주의를 비판한 내용이라 할 수 있다. 위 글에 의하면, 당시 일본 유학생계는 황해도와 평안도 중심의 태극학회를 비롯하여 각 출신지를 중심으로 한 유학생 단체가 존재하고 있었다, 이 중에서 태극학회가 가장 지방색이 강했으며, 그 회원 수도 다른 지방회에 비하여 가장 많았다. 그런데 문제는 여타 유학생 단체와 협력하지 않고 유학생총회격(留學生總會格)이 되려고 하는 등 유학생 총회의 발전에 걸림돌이 되었던 것이다. 이에 여타 유학생 단체 사이와 불화를 빚기도 하였으며, 단체 간의 분열도 점차 심각해지는 결과를 낳게 되었다.

【 변아유학생사회분합동이설(辯我留學生社會分合同異說) 】

以居之安學之勤으로 爲幸之大職之盡이라 ᄒ고 又曰 主以親睦ᄒ며 務以公益이라 ᄒ더니 今會 六校三之設이 果爲安居勤學而然歟아 親睦主旨而然歟아 公益義務而然歟아 抑或經濟觀念而然歟아 以吾之所料로ᄂ 不過南自南北自北ᄒ며 京自京鄕自鄕ᄒ야 洛東이 遂爲洛東ᄒ며 漢錦이 遂爲漢錦而不欲贊人之善ᄒ며 不肯成人之美ᄒ고

번역 학문을 성실히 하고 맡은 바 직분에 힘을 다하며, 또 친목을 주로 하고 공익에 힘쓴다 하더니, 지금 회는 6개교는 삼분되어 학업도 친목에도 공익의 의무에서도, 혹 경제관에서도 그러하다. 즉 남이니 북이

니, 경성이니 지방이니 출신지로 분열되어 낙동학회는 낙동학회대로, 금
수학회는 금수학회대로 스스로 옳다 하고

　　　　　　　—『대한유학생회학보』제2호, 1907.04.07, 17~18쪽

위에서 지적한 바, 초기 유학생 단체는 친목과 학문 연마, 공익 등에
전념했으나, 초기의 정신은 퇴색되고 각 단체들은 자신들의 이기적인
이익만을 추구하며 분립된 형국이었던 것이다. 여기에 학회들과 유학
생 학교들이 재정적 궁핍과 교사의 부족으로 운영의 어려움을 겪고 있
었다. 결국 1909년 1월 재일유학생단체들이 대한흥학회(大韓興學會)로
통합되자, 태극학회도 여기에 참여하면서 해산되었다. 그러나 최린(崔
麟), 최양하(崔錫夏), 채기두(蔡基斗), 고원훈(高元勳), 유승흠(柳承欽), 이은
우(李恩雨), 이창환(李昌煥), 최남선(崔南善), 홍명의(洪命熹), 이광수(李光
洙), 문일평(文一平) 등 다수의 민족지사 및 문필가들을 배출하였다는
점에서, 이 학회가 지닌 의의가 크다 하겠다.

1.1.3. 재일 유학생 결속을 위한 결사체

① 대한유학생회(大韓留學生會)와 '대한학회(大韓學會)'
　: 재일 유학생 단체의 연합 시도

'대한유학생회(大韓留學生會)'는 '대한유학생구락부(大韓留學生俱樂部)'
와 '한금청년회(韓錦靑年會)' 두 단체가 연합하여 성립된 단체이다. 이
단체의 설립 취지는 다음과 같이 밝혀져 있다.

【 대한유학생회학보취지서(大韓留學生會學報趣旨書) 】

凡我留學生之在於東京者ㅣ千則多ᄒ고 五百則少ᄒ니 要之可爲六七百人
이라. 卽 六七百人이 自爲一家族社會ᄒ니 (…중략…) 乃者 光武十年 七月

日에 行閔忠正公追弔會而仍撮影ᄒᆞ고 合大韓留學生俱樂部與青年會ᄒᆞ야 爲大韓留學生會ᄒᆞ고 以情誼親密과 學識交換으로 爲目的ᄒᆞ니 (…중략…) 顧今國步孔艱ᄒᆞ고 人文이 未進ᄒᆞ니 有前途之責任者ㅣ 雖併日而食이라도 猶恐不及일ᄉᆡ 而我六七百人이 聞一則記一하고 學一則演一ᄒᆞ야 以筆爲口ᄒᆞ고 以文爲言ᄒᆞ야 輸入世界之文明ᄒᆞ야 供給國家之實力이 是本會目的之廣義也오.

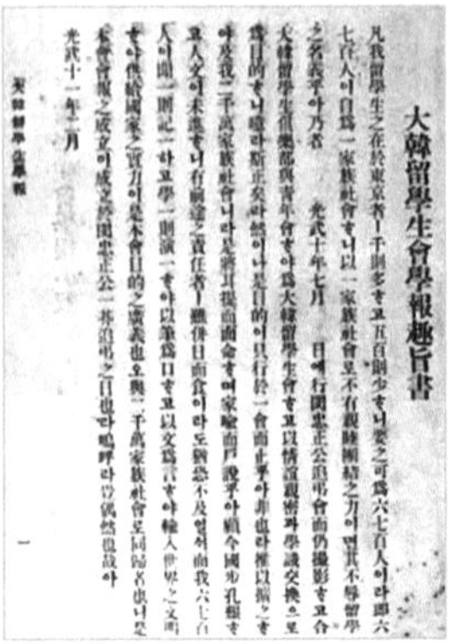
大韓留學生會學報趣旨書

〈그림 7〉「대한유학생회학보취지서」(『대한유학생회학보』 제1호, 1907.03.03). 왕실도서관 장서각 디지털 아카이브 G002+AKS-CI20 68699-02)

번역 "무릇 우리 유학생이 동경에 있는 자가 천이면 많고 5백이면 적은 것이니 추산컨대 6, 7백명이 되는지라, 곧 6, 7백명이 스스로 하나의 가족사회가 되었으니 (…중략…) 친목 단결의 힘이 있지 않으면 유학의 명의를 욕되게 함이 아니겠는가. 전번 광무 10년(1906) 7월에 민충정공(閔忠正公) 추조회(追弔會)를 행하고 촬영을 마치고, 대한유학생구락부와 청년회를 규합하여 '대한유학생회'를 정의(情誼) 친밀과 학식교환으로써 목적을 삼으니 (…중략…) 돌아보건대, 지금 나라의 운명은 매우 어렵고 인물과 문명이 아직 진전이 없으니, 전도(前途)에 책임을 가진 자가 하루걸러 식사하더라도 오히려 미치지 못할까 두렵도다. 우리 6, 7백명은 하나를 들으면 하나를 기억하고, 하나를 배우면 하나를 연출하여 붓을 입으로 삼고 글을 말로 삼아 세계의 문명을 수입하여 국가의 실력을 공급하는 것이 바로 본회 목적의 넓은 뜻이요.

—『대한유학생회학보』 제1호, 1907.03.03, 1쪽

위의 글에서도 나타난 바, 대한유학생회의 설립 목적도 여타 유학생회와 유사한 지향점을 보인다. 즉 회원 상호 간의 친목 도모와 학문 교류, 서양문물의 수용과 국가 실력의 향상 등에 있었다. 그러나 이와 같은 기본 목적 외에, 대한유학생회의 보다 중요한 목표는 바로 일본

내 유학생회 전체를 통합시킨다는 점에 있었다. 위의 내용에 의하면, 당시 동경의 한인 유학생 수는 대략 600~700명 정도로 추산되었다. 그러므로 친목 단결하지 않으면 유학의 명의를 욕되게 하는 것이라 쓰고 있다. 이러한 지적은 앞서 다루었듯이 당시 유학생 단체들이 서로 분열되어 있었기 때문이다. 결국 대한유학생회의 결성은 이러한 분열상을 극복하기 위한 강구책에서 비롯된 것이라 할 수 있다.

【 변아유학생사회분합동이설(辯我留學生社會分合同異說) 】

海外 留學生은 與國內學生으로 又有不同이라. 摸習他國之好制度ㅎ야 改良自國制度ㅎ며 學得海外之新智識ㅎ야 啓發海內智識이 此其職也어늘 今此數條가 皆不資社會之活動이면 不可能也일식 吾之所問而願聞者ㅣ 卽 此社會之事況이로라 余ㅣ 改容而徐言曰君言이 是矣로다. (…중략…) 吾儕가 己組成 太極學會, 光武學會, 共修會, 洛東親睦會, 漢錦靑年會ㅎ고 又 設立 太極學校, 光武學校, 東寅義塾ㅎ야 主以親睦ㅎ며 務以公益ㅎ야 以吾之所長으로 補彼之所短ㅎ며 (…중략…) 且爲其公通合一ㅎ야 組成總團體而包括各會ㅎ며 連絡各校ㅎ고 位置於監督部之內而直聽監督之命令ㅎ야 爲指揮之總機關ㅎ니 卽 我大韓留學生會ㅣ 是也라.

번역 해외 유학생은 국내 학생과 같이 하거나 또 살피지 아니한다. 타국의 좋은 제도를 모방하여 자국의 제도를 개량하며 해외 새로운 지식을 익혀 그 지식을 계발하여야 하거늘, 대개 그러한 시회활동을 취하지 않으며 불가능한 상태이다 (…중략…) 우리가 이미 태극학회, 광무학회, 공수회, 낙동친목회, 한금청년회를 조직하고, 또 태극학교, 광무학교, 동인의숙을 설립했으니 친목하며 공익에 힘써 우리의 장점으로 그 단점을 보완하고 (…중략…) 또 서로 교류하고 함십하여 각 회를 포괄하여 총단체를 조직하며 각 학교와 연락하고 감독부를 두어 지휘하는 총기관이 우리 대한유학생회 그것이라.

—『대한유학생회회보』 제2호, 1907.04.07, 16~17쪽

위의 글에서 나타나 있듯이, 1909년 4월 당시 일본 내에는 태극학회, 광무학회, 공수회, 낙동친목회, 한금청년회 등의 유학생 단체가 있었고 회의 통합에 대한 논의들이 있었다. 이 글에는 이에 대한 유학생 단체 각각의 입장이 밝혀져 있다. 결국 전체 통합은 무산되고 '대한유학생구락부'와 '한금청년회'만이 연합하여 대한유학생회를 결성하게 된 것이다. 그러나 여타 단체들도 통합에 대한 의지가 있어서 태극학교(太極學校), 광무학교(光武學校), 동인학교[同寅義塾] 등 각 단체의 병설 교육기관의 협력 체계를 구축하였으며, 1907년 9월에 3학교는 청년학원(靑年學院)으로 연합 되기도 한다.17) 한편 대한유학생회라는 단합 단체가 결성된 것은 재정적인 곤란으로부터 비롯된 것이기도 하다.18) 당시 유학생 단체가 분립하여 재정이 부족하고, 학교의 교사도 부족한 상황이었다. 그러므로 유학생들의 분파 갈등을 해소하고 단체들을 단일화할 필요성이 대두되었다.

위와 같은 배경 하에서 1906년 9월 2일 유학생 감독 내에서 창립 총회를 개최하여 임원 선거 및 회칙을 통과시킴으로써 대한유학생회가 창설된 것이다. 선임된 임원진을 제시하면, 회장은 상호(尙灝)가 임명되었고, 부회장은 최린(崔麟), 총무원은 유승흠(柳承欽), 최석하(崔錫夏), 이창환(李昌煥), 평의원은 채기두(蔡基斗), 이형우(李亨雨), 이한경(李漢卿), 유전(劉銓), 윤정하(尹定夏), 김지간(金志侃), 최원기(崔元基), 한상우(韓相愚), 전영작(全永爵), 서기원은 박승빈(朴勝彬), 이승근(李承瑾), 김인순(金仁淳), 어윤빈(魚允斌), 회계원은 한상우(韓相愚), 문내욱(文乃郁), 서무원은 김진초(金鎭初), 양치중(楊致中), 이진우(李珍雨), 차곡(車轂), 변희준(邊熙駿), 남궁영(南宮營), 편찬원은 임규(林圭), 이형우(李亨雨), 최남선(崔南善), 번역원은 윤정하(尹定夏), 오일순(吳一純), 장홍식(張弘植), 윤거현(尹擧鉉), 유전(劉銓), 김태진(金台鎭) 등이었다.19) 보다시피 연합 학회의 선

---

17) 「삼학교연합」(『공립신보』, 1907.12.06).
18) 「변아유학생사회분합동이설(辯我留學生社會分合同異說)」(『대한유학생회학보』제2호, 1907.04.07, 17~18쪽).

거라 다수의 임원이 선출되었는데, 두 단체가 합쳐진 만큼 회원 수도 많았다. 이것은 공수학회와 태극학회 회원들이 중복적으로 가입한 데서 비롯된 것이기도 하다.[20] 그러나 유학생회는 두 단체의 연합에 만족하지 않고 그 밖의 단체 회원들까지 흡수하려는 노력을 하였다. 그 결과 후속으로 결성된 것이 바로 '대한학회(大韓學會)'였다.

【 대한학회보발간서(大韓學會報發刊序) 】

謾復何事而用力於會之會集ᄒ야 昨日에 組青年會ᄒ고 今日에 結俱樂部ᄒ며 又 明日에 分爲留學生會共修會洛東會太極會漢錦會湖南會ᄒ야 翼乎箕張ᄒ고 鬱然鼎峙ᄒ야 區南劃北ᄒ고 裂西分東ᄒ며 曰 官費焉 曰 私費焉ᄒ고 曰 總體焉 曰 分體焉ᄒᄂ고 允若是而無有所抵止則或不至朋黨偏色之會之成立於此地也歟아. (…중략…) 大本達道가 無有右於中也和也之外也라 (…중략…) 大韓 隆熙 二年 一月 新正에 先自各會로 合成此統一之總團體ᄒ고 命名曰 大韓學會라 ᄒ니 (…중략…) 祖國之現今狀態ᄒ니 國步ᄂ 嬰兒匍匐於於仄路에 虎狼이 隨至ᄒ고 敎育은 弱草萎靡於深秋에 雪霜이 加降이로다. 勉翁은 慟麗慷慨之哀淚ᄒ고 桂公은 憤滅沸湯之熱血而其遺詞(붕략) 今 吾學會之目的은 此 所謂 無他求者也라 用宣哉誕告哉라 吾儕 青年이여 以此目的으로 永肩一心ᄒ야 式敷先輩之遺詞]

번역 무슨 일로 거드름을 피우며 회에만 힘써 어제는 청년회를 조직하고 오늘은 구락부를 결성하고, 또 내일은 유학생회·공수회·낙동회·태극회·한금회·호남회로 나뉘어, 날아갈 듯 나래를 펴고 무성하게 대치하여 남북으로 가르고 동서로 분열하여 관비니 사비니 하고 총체니 분체니 하는가? 진실로 이와 같아서 저지(沮止)하는 바 없을 것 같으면 혹 붕당과 편색(偏色)의 모임이 다시 살아난다 하지 않겠는가? (…중략…) 동

---

19) 「회록」(『대한유학생회학보』 제1호, 1907.03.03).

20) 이것은 「변아류학생사회분합동이설」(『대한유학생회학보』 제2호, 1907.04.07, 17쪽)에 드러난 회원 명단에서도 드러나는 바이다.

족이 친애와 일심단결하려면 중화(中和), 즉 마음이 화해야 할 것이니라. (…중략…) 대한 융희 2년 1월 신정(新正)에 우선 각 모임이 통일된 총단체로 합성하여 명명하기를 대한학회라 하니 (…중략…) 조국의 지금 형편을 보면, 어린애가 길가에서 기어다니는데 호랑이가 따라가고, 교육은 약초가 늦가을에 시드는데 눈과 서리가 내리는 것이로다. 면옹(勉翁) 최익현은 원통해서 강개한 눈물을 쏟고, 계공(桂公) 민영환은 분하여 열혈을 뿜었는데, (…중략…) 오늘에 우리 학회의 목적은 딴 데서 구할 것이 없다. 선열이 남긴 뜻을 길이 한마음에 새겨, 여기에 우리 대한학회월보를 활판에 부쳐 널리 공포하고자 하니

　　　　　　　　　　　　—『대한학회월보』제1호, 1908.02.25, 2~3쪽

　위의 내용에서 밝힌 바, 대한학회의 결성 이유 또한 당대 분열된 학회의 단합을 기하기 위해 결성된 단체라 할 수 있다. 앞서 살핀 대한유학생회가 유학생회의 통합을 이끌어내고자 하였으나 성공하지 못하자 다시금 대한학회가 설립된 것이다. 대한학회는 1908년 1월 대한유학생회, 낙동친목회, 호남학회, 광무학회 등 4개 단체가 통합에 합의함으로써 설립되었다. 주요 인물로는 회장 최린(崔麟), 부회장 이은우(李恩雨), 채기두(蔡基斗), 김기환(金淇驩), 최석하(崔錫夏), 어윤빈(魚允斌), 고의환(高宜煥) 등을 꼽을 수 있다. 또 월보(月報)의 편집을 맡았던 유승흠(柳承欽)도 중요한 역할을 담당했다.[21]

　대한학회가 결성되자 국내『황성신문』은 특별광고로,『대한매일신보』에서는 〈대한학회취지서(大韓學會趣旨書)〉라는 기사를 1면에 대서특필로 게재하기도 했다.[22] 특히『황성신문』에서는 〈하대한학회조직(賀大韓學會組織)〉라는 축하의 글도 함께 실으며, 분열된 일본 유학생계를 통합

---

21) 김상기(1985),「韓末 太極學會의 사상과 활동」,『교남사학』1, 교남사학회, 56쪽.

22)「대한학회취지서」(『황성신문』, 1908.03.25),「대한학회취지서」(『대한매일신보』, 1908.03. 28).

하려는 학회 결성의 의지에 대해서 찬사를 보냈다. 그뿐만 아니라 미주 지역 『공립신보』에서도 〈대한정신〉이라는 제목으로 대한학회 결성 소식에 대해 환영하는 글이 보도되기도 하는 등23) 일본 유학생회의 결집은 당대 국내외 한인들에게 호소식(好消息)이었음 알 수 있다. 이러한 반응들은 대한학회 결성 이전까지 유학생 단체의 난립상이 심각했음을 보여주는 일면이라고도 할 수 있다. 그러나 통합을 외치고 나온 대한학회였지만, 당시 비교적 규모가 컸던 태극학회나 공수학회 등은 대한학회에 가입하지 않은 상태였다.24) 유학생을 전체적으로 총괄할 만한 기구가 성립되었으나, 여전히 지역별, 관비, 사비 유학생별로 조직된 분립 상태는 지양되지 않았던 것이다. 결국 대한학회는 결성 11년만인 1901년 1월에 해산되고 만다. 학회의 회장이었던 채기두는 폐회 즈음에 미주 지역 한인 단체인 국민회에 다음과 같은 내용의 편지를 보내기도 했다.

【 대한학회래함(大韓學會來函) 】

일본 동경에 류학ᄒᆞ는 동포들이 단톄를 조직ᄒᆞ고 월보를 간힝흠은 일반샤회에셔 다알거니와 금에 대한학회 회장 채긔두씨ᄀ 본회에 공함흠이 여좌ᄒᆞ니 경계자는 폐회ᄀ 귀회를 공경ᄒᆞ고 사랑흠을 다만 친형 진녜와 ᄀᆞᆺ홀뿐만 안이니 ᄀᆞ 졍의ᄒᆞ는 것이 엇지 우연흠이리오 쥬역

〈그림 8〉「대한학회래함」
(『공립신보』, 1909.01.27)

에게 잇스되 소릭ᄀ ᄀᆞᆺ하면 셔로 응ᄒᆞ며 긔운이 ᄀᆞᆺ하면 셔로 늣긴다ᄒᆞ니

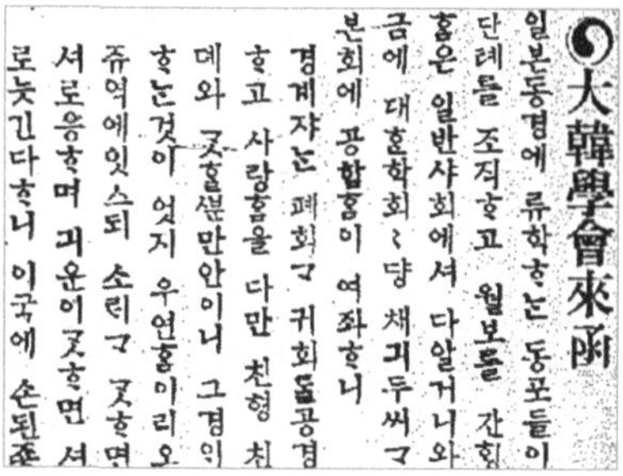

---

23) 「대한정신」(『공립신보』, 1908.04.22).

24) "本報第二千七百十號欄內에 日本에 留學ᄒᆞ는 學生의 各其成立會名을 合同ᄒᆞ야 大韓學會를 組織ᄒᆞ얏다고 揭載ᄒᆞ얏더니 追聞ᄒᆞ즉 東京內에 大韓留學生會洛洞親睦會、湖南學楔만 合同ᄒᆞ야 大韓學會를 組織ᄒᆞ얏고 太極學會는 依前히 獨立ᄒᆞ얏더라"(「태극독립」, 『대한매일신보』, 1908.03.06).

이국에 손된 종젹은 그쳐 혼가디 위ㄱ굿고 학계에 마음을 두는 것은 그
구ㅎ는바 뜻이 갓ㅎ니 쳐디ㄱ 임의굿고 지취ㄱ 또흔 굿한터인즉 공경ㅎ
고 사랑흠이 엇지 깁고 간절ㅎ지 아니흠이오 <u>폐회ㄱ 창립된 이릭로 오죽
아는 것이 넉넉지 못ㅎ야 쳐스에 옥 어긋될ㄱ 졉허ㅎ야 닉외동지 샤회의
협동튱고흠을 널니 구ㅎ는 바인딕</u>

─『공립신보』, 1909.01.27

위의 글은 학회의 폐회 즈음에 쓰여진 것으로, 학회에 대한 동포 사
회의 충고를 구하는 글이다. 이는 애국계몽과 학문에 뜻을 두고 의욕적
으로 학회를 결성했으나, 목적대로 회가 결집되지 못했다는 것을 암암
리에 보여주고 있는 내용이라 할 수 있다.

동경 유학생의 총결사는 대한학회 폐회 직후인 1909년 1월, 대한흥
학회의 발족에 이르러서야 비로소 이루어지게 된다. 그럼에도 대한학
회의 의의를 들자면, 1895년 설립된 대조선인일본유학생친목회가 해산
된 뒤, 대한유학생회에 이어 유학생 통합에 앞장선 최초의 단체라는
점, 그리고 대한학회의 취지가 뒤이은 대한흥학회의 정신으로 이어졌
다는 점에서 그 성과가 크다 하겠다.

② 대한흥학회(大韓興學會)
  : 유학생의 지역주의, 분립 상태의 극복과 집결

앞서 언급했다시피 대한학회의 결사 의지는 1909년 1월에 대한흥학
회(大韓興學會)에 의해 다시 이어지게 된다. 『대한흥학보』 제1호 〈회록
(會錄)〉을 통해 학회 결성의 구체적인 사항들을 살펴보면 다음과 같다.
즉 1909년(융희 3년) 1월 10일 동경에 있는 대한학회, 태극학회, 공수학
회, 연학회(研學會) 등 여러 학회 회원과 일반 유학생이 대한유학생 감독
부[당시의 감독 신해영(申海永)]에 모여 대한흥학회를 발족시켰다. 이날

선출된 임원은, 회장 채기두(蔡基斗), 부회장 최린(崔麟), 총무 김홍량(金鴻亮), 최창조(崔昌朝), 평의원 허헌(許憲), 김지간(金志侃), 문상우(文尚宇), 진경석(陳慶錫), 박병철(朴炳哲), 이풍재(李豊載), 김현식(金鉉軾), 유승흠(柳承欽), 유태노(劉泰魯), 한용(韓溶), 정세윤(鄭世胤), 이은우(李恩雨), 박용희(朴容喜), 이창환(李昌煥), 한상우(韓相愚), 김기(金淇), 윤정하(尹定夏), 조용은(趙鏞殷), 김보용(金普庸), 이득년(李得年), 박해원(朴海遠), 이인창(李寅彰), 최명환(崔鳴煥), 강인우(姜麟祐), 구자학(具滋鶴) 등 25인이었다.[25] 회원 수도 계속 증가하여 대한흥학회를 통해 비로소 유학생들이 총집결하게 된다. 여기에 국내에 설치된 지회를 통해서도 회원이 계속 늘어나는 등[26] 점차 그 세를 더해갔다.

한편 대한흥학회는 학회 설립 취지서를 다음과 같이 밝히기도 했다.

【 대한흥학회취지서(大韓興學會趣旨書) 】

　青年 吾輩가 奮然히 海外에 飛渡ᄒ야 遊學의 年所가 已有ᄒ나 但 實地의 研究가 未有홈은 竊自愧歎ᄒ 바이로딕 (…중략…) 然ᄒ나 各地方 學生이 互相히 聯合치 못ᄒ고 各自히 分立ᄒ야 旗幟의 色이 殊異ᄒ니 (…중략…) 所以로 昨年 春에 聯合의 論이 始起ᄒ야 多少 部分을 合ᄒ야 大韓學會라 名稱ᄒ고 大團體를 組成코자 ᄒ얏더니 中間에 如何ᄒ 關係를 因ᄒ야 太極學會, 共修學會, 硏學會가 各相對峙 分立ᄒ지라 一般 留學生界의 大和氣를 導迎치 못홈은 實노 吾輩의 慨歎ᄲ 不啻라 (…중략…) 何幸知誠의 發展과 學術의 開悟가 時日을 隨ᄒ야 進步홈으로 合群團體의 力이 不謀ᄒ 中에서 自生ᄒ야 今者에 學生의 總團體를 組織ᄒ고 大韓興學會라 命名ᄒ얏스니 此는 日本에 留學生 歷史가 有ᄒ 以來로 初有ᄒ 盛擧라 홀지라 抑我一般會員이 心力을 合同ᄒ며 聲氣를 連絡ᄒ야 本會의 目的을 期達ᄒ면 祖國의 文明

---

25) 「會錄」(『대한흥학보』 제1호, 1909.03.20, 78~79쪽).
26) 대한흥학회의 국내 지회는 함경도 영흥, 평안도 영유, 용의, 의주, 성천 등 주로 서북지방에 설립되었다(김명옥, 1982: 18).

富强흠을 指目可待ᄒᆞ라니 勉旃勉旃ᄒᆞ심을 千萬切盻.

청년이 분연(奮然)히 해외로 건너와 유학한 지 여러 해가 되는데 실지로 연구가 없는 것이 부끄러워서 한심스럽다. (…중략…) 그런데 각 지방 학생들이 서로 연합하지 못하고 각자 분립하여 깃발의 색깔이 다르니 (…중략…) 이러한 이유로 작년 봄에 연합하자는 의논이 비로소 일어나 대부분 합하여 '대한학회'라 이름하고 큰 단체를 조성하려 했더니, 중간에 무슨 관계로인지 태극학회·공수학회·연학회가 각기 서로 대치하여 분립한지라. 유학생계의 화해를 이끌어 내지 못한 것은 참으로 우리들이 개탄한 일이었다. 다행히 동지들이 뜻을 모아 오늘에 학생들의 총단체를 조직하고 '대한흥학회'라 명명했으니, 이는 일본에 유학생 역사가 있은 이래로 처음 있는 성사라 하겠다. 회원 여러분은 마음과 목소리를 합하여 본회의 목적을 달성하면 조국의 문명부강함을 가히 얻을 수 있으니 힘쓰고 힘써 주기를 간절히 바라는 바이다

—『대한흥학보』제1호, 1909.03.20, 78~79쪽

위의 취지서에서는 먼저 대한흥학회 결성 이전의 상황부터 지적하고 있다. 즉 청년들이 분연히 일어나 일본으로 유학한 지 여러 해가 되었지만, 실질적인 연구 성과가 없다는 것이다. 이것은 각 지방 학생들이 서로 연합하지 못하고 분열된 데서 비롯되었음을 암암리에 지적하고 있다. 그런데 이러한 중에 대한학회가 성립되어 기대가 컸으나, 이 단체조차 내분이 일어 유학생계의 협력을 이끌어 내지 못했다는 것이다. 그러나 이제 '대한흥학회'가 조직되어 비로소 유학생회 전체가 결속되기에 이르렀다고 밝히고 있다.

대한흥학회 결성에 대해『황성신문』에서는 "대한제학회(大韓諸學會)와 급타개인(及他個人)까지 공동합일(共同合一)ᄒᆞ야 원만(圓滿)ᄒᆞᆫ 단체(團體)로 본회(本會)를 조성(組成)ᄒᆞ야스니 차(此)ᄂᆞᆫ 유학생(留學生)이 유(有)ᄒᆞᆫ 이래(以來)로 초유(初有)ᄒᆞᆫ 사(事)라 ᄒᆞ얏스니"[27]라 보도하면서 회의

발족을 환영하였다. 뿐만 아니라 미주 지역 한인사회에서도 이 소식을 편지로 전하여 신문에 대대적으로 보도되었으며,[28] '국민회(國民會)' 다음과 같은 답보를 쓰기도 했다.

【 국민회답함(國民會答函) 】

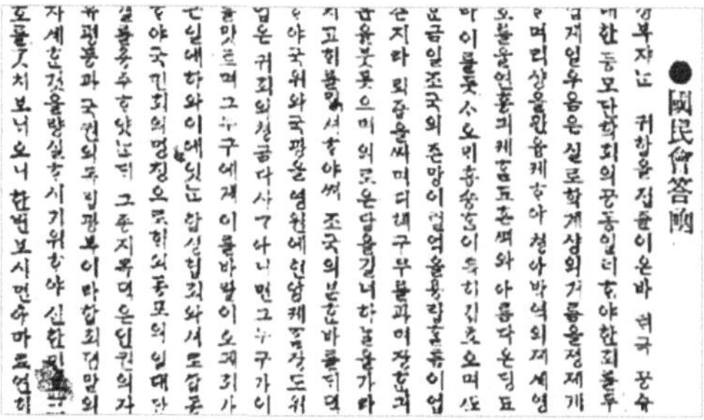
● 國民會答函

〈그림 9〉「국민회답함」(『신한민보』, 1909.02.24)

경복쟈ᄂᆞᆫ 귀함을 접쥰이온바 ᄐᆡ국 공슈 대한 등모단 학회의 공동일티ᄒᆞ야 한 학회를 두렵게 일우옴은 실로 학계샹의 거름을 정제케ᄒᆞ며 리샹을 관융케ᄒᆞ야 천아반역의게 새영호를 울연홍긔케ᄒᆞᆯ 됴흔 ᄭᅴ와 아름다온 딩표라 이를 듯ᄉᆞ오ᄆᆡ 흡숑ᄒᆞᆷ이 특히 깁흐오며 ᄯᅩᄒᆞᆫ 금일 조국의 존망이 럾억을 용랍ᄒᆞᆯ 틈이 업슨지라 뢰즙을 싸며 디혜구무를 과며 쟝ᄒᆞᆫ 긔운을 붓들으며 의로운 담을 길너 하늘을 가라치고 히를 ᄆᆡᆼ셔ᄒᆞ야써 조국의 분ᄒᆞᆫ바를 ᄃᆡ뎍하야 국위와 국광을 영원에 현당케 ᄒᆞᆯ 장도위엄은 귀회릐 철금다사ᄀᆞ 아니면 그 누구에게 바랄것이오.

—『신한민보』, 1909.02.24

대한흥학회가 설립된 시기는 1909년으로서 일제 강점화가 완전히 진행된 1910년 직전에 해당된다. 국권 상실이 현실화되어가는 시기에 대한흥학회라는 총연합체는 그래서 더욱 의미가 깊었던 것으로 보인

27) "대한 여러 학회와 및 여타 개인까지 공동으로 합일하여 원만한 단체로 본회를 조성하였으니 이는 류학생이 생긴 이래로 최초의 일이라 하였으니"(「大韓興學會」, 『황성신문』, 1909.02.04).

28) 「興學會來(函)」(『신한민보』, 1909.02.24).

다. 위의 글은 이러한 점에서 단체 결성을 고무적 현상이라 여기고 있는 것이다.

대한홍학회는 그 주체가 유학생이지만, 앞서 지적한 바와 같이 국내에까지 지회(支會)를 설치하여 많은 회원이 있었다. 그 수가 많을 때는 900여 명에 달하였다. 국내 회원들은 주로 유지인사들로써 국내에서 애국계몽운동을 전개하고 있었다. 그러나 1909년 12월 4일 일진회(一進會)에서 소위 한일합방성명서를 발표하자, 일본 동경에서 대한홍학회 회원 700여 명이 단식농성을 하면서 이에 대한 반박 포고문을 발표하였으며, 일진회를 규탄하는 국민대연설회에 고원훈, 이풍재 등을 서울로 파견하기도 했다. 그러나 이를 안 학부(學府)에서 학생 대표들을 일본으로 돌려보내게 된다.

【 학부효유 】

지작일 학부에셔 대한홍학회총티 고원훈 리풍지 량씨를 불너 효유ᄒ되 학싱의 ᄌ격으로 정치상 관계가 업스니 속히 가셔 학업이나 열심ᄒ라 ᄒ얏ᄂ티 량씨는 작일에 일본으로 갓다더라.

—『대한매일신보』, 1909.12.18

대한홍학회는 이를 막기 위한 운동을 전개하였고 이를 국내에 알려 위기의식을 고취시키기도 했다. 이에 경시청에서 정치행동을 엄하게 단속하였으나,[29] 지속적인 활동을 전개하자 1909년 9월 2일에 이 회를 강제 해산시키고 만다.[30] 여기에 대한홍학회의 해산 이후로 일본 내 유학생회 조직을 금하기도 하는 등, 일본 유학생 단체 활동은 계속 저지를 당하게 된다.

---

29) 『대한매일신보』, 1910.01.25.
30) 김명옥(1982: 49~50).

【 반도에 기다인재를 내인 영·미·로·일 유학사 】

　　大韓興學會가 해산된 후 朝鮮유학생의 常設總會機關設置는 절대로 금쇄되고 말엇다. 혹 무슨 임시집회에 잇서서는 屆出에 의하야 그 허가를 빌게 되엿다. 이 허가제의 제한은 유학생에게 견대기 어려운 큰 고통이엿다 한다. 이곳에서 동경유학생계의 慷慨한 先覺者들은 다시 正式常殷總會을 기관에 형성시키려는 운동에 고심하게 되엿다. 그 주요 운동자는 崔漢基, 朴海暾, 李鍾南, 曺晩植, 鄭世權, 李明雨, 宋鎭禹, 李燦雨, 安在鴻 등이엿다. 이네들의 鬪爭은 참으로 血風慘雨적이엿다. 그 투쟁 약 2, 3년간의 歲日을 露費하게 되엿다. 따라서 그 終局의 운동수반은 權謀化, 政略化하는 길노 들어가게 되엿다.

　　번역　대한흥학회가 해산된 후 조선 유학생의 상설총회기관 설치는 절대적으로 금지되고 말았다. 혹 무슨 임시 집회가 있게 되면 허가를 받아야 했다. 이 허가제의 제한은 유학생에게는 견기기 어려운 큰 고통이었다 한다. 이곳에서 동경유학생계의 강개한 선각자들은 다시 정상적인 총회 기관을 형성시키려는 운동에 고심하게 되었다. 그 주요 운동자는 최한기, 박해돈, 이종남, 조만식, 정세권, 이명우, 송진우, 이찬우, 안재홍 등이었다. 이들의 투쟁은 참으로 참혹한 것이었다. 그 투쟁 기간은 약 2, 3년간의 세월이 걸렸다. 종국의 운동은 권모술수화, 정략화의 길로 들어서게 되었다.

—『삼천리』 제5권 제1호, 1933.01.01

　　위의 내용은 대한흥학회가 와해되고 유학생 단체가 더 이상 결성되기 힘들었던 현실을 보여주고 있다. 보보다시피 대한흥학회는 단순히 상호간의 친목 도모나 신지식의 습득에만 머물지 않았다. 그들은 조국이 당면한 내외 정세에 대하여서도 예민한 반응을 보였던 것이다. 그리고 이 단체의 해체와 함께 유학생 단체의 민족운동은 보다 더 억압적인 국면을 맞게 된 것이다.

지금까지 근대계몽기 일본 유학생 단체의 성격을 규명하고자 했다. 살펴본 바와 같이 유학생들은 주로 단체를 중심으로 활동이 이루어졌다. 당시 조직된 대표적인 유학생 단체는 태극학회(太極學會), 유학생구락부(留學生俱樂部), 공수학회(共修學會), 한금청년회(漢錦靑年會), 동인학회(同寅學會), 낙동친목회(洛東親睦會), 호남학회(湖南學會), 광무학회(光武學會), 광무학우회(光武學友會), 대한유학생회(大韓留學生會), 대한흥학회(大韓興學會) 등을 꼽을 수 있다. 대부분 결성 목적은 친목도모, 학술교류, 계몽활동 등을 지향하였으며, 일본 내에서 서로 한인 유학생들을 결집시키고자 노력했음을 볼 수 있다. 비록 서로 분립된 채 유지된 기간이 길긴 하였으나, 아래 장에서 다룰 계몽활동상을 보면, 애국심 고취와 독립정신 앙양을 위한 제반 활동에도 노력을 기울인 것을 볼 수 있다. 그리고 대한흥학회에서 드러난 바, 항일운동에 적극적으로 참여하였음을 알 수 있다.

1.2. 중국 지역: 민족운동 거점지로서의 유학 진출

1.2.1. 유학생 진출의 준비기

근대 계몽기에 일본 유학이 잦았던 것은 지리적인 근접성과 더불어 높은 근대화 수준 등에서 비롯된 것이라 할 수 있다. 그런데 이 시기에는 일본 다음으로 유학생 수가 많았던 지역은 미국이었고, 중국 지역과 러시아 지역은 그 수가 저조한 편이었다. 일례로 아래의 자료에는 1910년 6월 당시 각 지역 유학생 수효가 다음과 같이 나타나고 있다.

【 외국 유학생 수(外國遊學生數) 】

學部에셔 外國留學生數를 調查ᄒ얏ᄂᆡ 日本에 五百四名 米國에 一百二十五名 淸國에 二十一名 露國에 四名 英法兩國에 各一名이라더라.

번역 학부에서 외국유학생수를 조사하였는데 일본에 오백사명 미국에 일백이십오명 청국에 이십일명 러시아에 사명 영국 프랑스 양국에 각각 일명이라더라.

—『황성신문』, 1910.06.21

위에 나타난 수치를 보면, 1910년 6월 당시 총 656명 유학생 중 일본 지역에는 504명, 미국 지역 125명, 중국(청)에는 21명, 러시아 지역 4명, 영국과 프랑스 지역에 각각 1명이 가 있었다. 보다시피 대부분의 유학생들은 일본과 미국에 거점을 두고 있었으며, 중국 및 러시아 지역에 일부, 그리고 유럽 지역은 극소수에 불과했음을 볼 수 있다.

한편 아래의 기사는 중국 유학에 대한 사적 고찰로서 중국 유학사에 대해 다음과 같이 언급하고 있다.

【 중국유학고찰(2) 】

史的考察을 擧하려 함에 잇서서 古代로 말하면 新羅째 崔致遠(孤雲)이가 唐나라에 遊學한 일이 잇섯고 近代에는 尹致昊가튼 이가 蘇州 東吳大學에서 留學하엿섯다. (…중략…) 古今으로 우리 朝鮮民族과 中國民族과의 文化交煥은 不絶히 繫屬해왓다는 것만은 事實이 證明하는 바이다. 過去는 過去의 歷史가 우리로 하야금 中國과의 文化交煥을 條件해준것과 가티 現在는 坐한 現在의 形勢에 依하야 中國留學의 必要를 말하

〈그림 10〉「중국유학고찰(2)」(『조선일보』, 1931.04.28)

고 잇다 멀니는 말할 것 업시 庚戌合倂以來及 己未運動以來의 中國留學에 關한 當時의 事實을 朔鼓하여보자! (…중략…) 中國本部(十八省)에 限하야 庚戌年에 上海 南京 北京等地를 中心하야 留學生의 數爻가 猝然히 增加되

엿섯다 그때에 留學生의 狀態를보면 中國을 硏究하려고 뜻한 學生이 極少
數이엿고 大部分은 上海 等地에서 臨時로 英語나 準備해가지고 渡美留學하
겟다는 目的이엿섯다.

번역 사적고찰을 하려는 데 있어서 고대로 말하면 신라 때 최치원(고
운)이 당나라에 유학한 일이 있었고 근대에는 윤치호 같은 이가
소주(蘇州) 동오대학에서 유학하였다. (…중략…) 옛부터 우리 조선민족
과 중국민족과의 문화교환은 끊기지 않고 계속되었다는 것은 사실이 증
명하는 바이다. 과거는 과거의 역사가 중국과의 문화교환의 조건이었던
것과 같이, 현재 또한 현재의 형세에 의하여 중국유학의 필요를 말하고
있다. 멀리 말할 것도 없이 경술합병(庚戌合倂)부터 기미운동 시기까지
중국유학에 관한 당시의 사실을 살펴보자. (…중략…) 중국 본부(십팔성)
에 한하여 경술년에 상해 남경 북경 등지를 중심으로 유학생의 수효가
갑자기 증가되었다 그때의 유학생의 상태를 보면 중국을 연구하려고 뜻
한 학생이 극소수였고 대부분은 상해 등지에서 임시로 영어나 준비해 가
지고 도미유학 하겠다는 목적이었다

—『조선일보』, 1931.04.28

위의 기사문은 상해 동제대학(同濟大學) 유학생이었던 유진동(劉振東)
이 쓴 글로, 중국 유학사를 신라 최치원의 당 유학 시기로 거슬러 올라
가고 있다는 점이 주목된다. 또한 근대의 중국 유학은 19세기 말, 윤치
호(尹致昊)가 소주(蘇州) 지역 동오대학(東吳大學)에 입학한 시기를 기점
으로 잡고 있다. 이는 다음의 기사문에서도 마찬가지인데, 윤치호 외에
당시 여타 유학생에 대한 정보 등이 드러나 있어 주목되는 자료이다.

【 중국유학(中國留學), 과거(過去), 현재(現在), 장래(將來)(2) 】
가. 尹致昊氏의 卒業 光緒年間에 蘇州 東吳大學의 前信인 華英書院(?)과 上
海 南洋大學의 南洋公學(交通部工業專門學校)에서 各各 一人의 韓國留學生

이 卒業하니 前者에는 現今 朝鮮
社會에 일홈이 잇는 尹致昊君이
是니 이가 實로 上海 南京留學生
의 첫페이지일러라

나. 金陵神學의 志士들 期後에 中
國留學이 盛치 못하더니 韓日이
合邦되고 滿淸이 民國으로 化하
는 사이에 機位의 亡命客이 南京

金陵大學에 身을 隱하니 其中에는 呂運亨, 金弘叙, 金絃軾, 徐丙浩, 玄昌運,
申國權諸氏가 잇더라 金陵大學 及 神學中學이야말로 朝鮮留學生의 가장 因
緣만흔 學校가 되엿스니 其後로 該校에 足跡을 留한 學生이 實로 數百으로
算할지라 그런 中에 神, 大, 中學을 通하야 前後에 卒業生을 十指에 곱지못
함은 實로 中國留學生界의 一大痛事이오 其失敗를 歷然히 語하는 바이라.
當時에 上海에 잇서서는 美洲密航을 志하고 往來하는 客을 中心으로 조고
만 韓人社會가 虹口一隅에 잇섯고 따라서 小中學에 入學한 학생도 몟잇섯
스나 別로 特記할것이 업섯더라.

번역 가. 윤치호 씨의 졸업: 광무(光武) 초기에 소주(蘇州) 동오대학의
전신인 화영서원(?)과 상해 남양대학의 남양공학(교통부공업전문
학교)에서 각각 일인의 한국유학생이 졸업하니 전자에는 요즈음 조선사회
에 이름이 있는 윤치호 군이니 그가 실로 상해 남경유학생의 첫 페이지이다.
나. 금릉신학의 지사들: 그 후에 중국유학이 왕성하지 못하더니 한일이
합방되고 청나라가 민국으로 화하는 사이에 망명객이 남경 금릉대학에
몸을 숨기니 그 중에는 여운형, 김홍서, 김현식, 서병호, 현창운, 신국권
제씨가 있더라 금릉대학 및 신학 중학이야말로 조선유학생의 가장 인연
깊은 학교가 되었으니 그 후로 이 학교에 발자국을 남긴 학생이 실로 수
백으로 산할지라 그런 중에 신학교, 대학교, 중학교를 전체를 통하여 졸업
생이 열손가락을 꼽지 못함은 실로 중국유학생계의 큰 아픔이다. 그 실패

를 역연히 말하는 바이라. 당시에 상해에서는 미주로 밀항할 생각으로
왕래하는 사람을 중심으로 조그만 한인사회가 홍구(虹口) 한쪽 구석에 있
었다. 따라서 소학교, 중학교에 입학한 학생도 몇 있었으나 별로 특기할것
이 없었더라.

—『동아일보』, 1925.11.22

　　위의 내용에 따르면, 1900년대 초에 소주 지역 동오대학의 전신인
'화영서원(華英書院)'과 상해 지역 남양대학(南洋大學) 부속인 '남양공학
(南洋公學)' 두 곳에 1영씩 총 2명의 한인 유학생이 있었던 것으로 나타
난다. 특히 남양공학은 '교통부공업전문학교'라고 부연하고 있는데, 일
종의 실용교육을 실행했던 학교로 보인다. 이 학교에 입학한 학생의
명단은 드러나지 않고 있으나, 화영서원의 경우 윤치호로 나타나 있으
며, 남경 한인유학생 중 최초의 졸업생이라고 밝히고 있다. 여기에서
인용된 '중국유학(中國留學), 과거(過去), 현재(現在), 장래(將來)(2)'에서
밝힌 윤치호의 유학교인 동오대학은, 실제로는 그 전신인 화영서원이
라는 것을 알 수 있다.

　　한편 인용문을 보면, 상해 지역에서 금릉신학(金陵神學) 또한 초기 유
학지로 주요한 학교임을 알 수 있다. 이곳으로의 유학 진출은 강제병합
이후로서 일종의 망명객으로서 유학을 하는 경우였다. 이 시기는 청나
라가 중화민국으로 변화된 시점인데, 당시 한인 학생들은 주로 남경의
금릉대학에 입학하였다. 대표적인 유학생으로는 여운형(呂運亨), 김홍
서(金弘叙), 김현식(金絃軾), 서병호(徐丙浩), 현창운(玄昌運), 신국권(申國
權) 등과 그 외 여러 명의 유학생이 있었다고 제시되고 있다. 위 글에
의하면 이 학교는 금릉대학 및 신학중학(金陵大學及神學中學)으로 불렸
다 하는데, 그 이름에서 종교계 학교임을 알 수 있다. 이 학교는 1888년
미국 선교사에 의해 '회문서원(滙文書院)'이라는 이름으로 설립되었다
가, 1910년 '굉육서원(宏育書院)'과 통합되면서 금릉대학당으로, 1915년

에는 금릉대학교로 명칭이 변화되기도 한다.31) 이 학교는 한인 유학생이 가장 많았던 곳으로, 위 기사에서는 1910년대 초기 유학생 수가 수백명에 이르렀다고 밝히고 있다. 그럼에도 불구하고 정작 졸업생은 10명 내외에 그쳤다. 그 이유는 당시 상해 한인 유학생은 구미 지역으로 밀항하고자 오는 경우가 많았기 때문이라는 것이다.

당시 중국에서는 미국 선교사들이 선교 방식의 일환으로 교회학교를 건립하던 시기이다. 교회학교는 이후 한국과 중국의 근대교육에서 주요한 부분을 차지하게 되는데, 한인 청년들이 중국 유학지를 선택할 경우 대부분 이러한 교회학교를 선택하였다. 위에 인용된 '중국유학고찰(2)'이나 '중국유학, 과거 현재 장래(2)'에서 지적한 것처럼, 그 배경에는 중국을 통해 미국 유학을 가고자 했던 목적도 주요 원인으로 작용하였던 것이다. 이에 '중국유학(中國留學), 과거(過去), 현재(現在), 장래(將來)(2)'에서는 실질적인 이해관계가 있는 중국의 학문을 경시한 것은 초기 유학생계의 불찰이라고 지적하기도 했다. 또한 인용된 '중국유학(中國留學), 과거(過去), 현재(現在), 장래(將來)(2)'에 의하면, 당시 상해에는 한인사회가 홍구(虹口) 지역에 소규모로 형성되어 있었고, 중국 소학교나 중학교에 유학하는 어린 학생들도 있었으나 그 성과를 보지 못했다는 점도 알 수 있다.

1.2.2. 일제 강점화와 망명지로서의 유학생 진출

위에서 살펴본 바와 같이 일제 강점기 전까지는 중국 유학생은 소수여서 일본처럼 유학생 사회처럼 단체를 형성할 정도는 아니었다. 그러나 병탄된 1910년대 초기부터 상해 일원에는 중국과 구미지역의 대학

---

31) 1937년에는 중일전쟁 와중에 난민수용소가 되기도 했으며, 1952년에는 다른 대학과 통합되면서 지금의 난징대학으로 개명되었다. 박환(2008), 『러시아 한인 유적답사기』, 국학자료원, 37쪽.

에 유학하려는 한인이 적지 않게 모여들었다. 이러한 현상은 한인들의 높은 교육열에 기인한 바 크지만, 당시 중국혁명의 진전에 따라 혁명의 중심지인 상해지역으로 진출한 데서도 기인한 것이다.[32] 또한 '중국유학고찰(2)'에서도 언급하고 있듯이, 유학생 교류가 활발해진 시기는 3·1운동 이후부터로, 이를 기점으로 상해, 남경, 북경 등지로 유학하는 학생 수가 증가하다. 이 시기는 일본 유학생 단체의 2·8선언 등으로 일본 유학생들이 대거 퇴학당하여 국내로 퇴출당한 때로, 이에 유학 지역이 중국으로 방향 전환된 것이다.

특히 상해의 경우 1910년 8월 한일합병을 계기로 상해로 망명한 한인 대다수는 독립운동가였다. 그런데 당시 상해지역 한인사회와 관련해서 주목해야 할 점은 사회 구성원 중 학생들이 차지하는 비중이 결코 적지 않았다는 사실이다. 한인학생들이 재학하고 있던 상해와 인근지역의 학교는 남양대학, 복단대학, 금릉대학, 동오대학, 광학교, 철로광학교, 상선학교, 해군수뢰학교, 농업학교, 전신학교, 군수학교, 체육학교 등 주로 고등교육기관이었다. 이러한 분위기 속에서 비로소 한인 유학생 단체가 형성되기에 이른다.

【 중국유학(中國留學), 과거(過去), 현재(現在), 장래(將來)(2) 】

이째에 南京서 學友會가 産하니 會員이 近二百이오 上海에 留扈韓人學生會가 生하니 會員이 亦是 百餘이더라 以來로 이 兩大團體가 滬寧間에 分在하야 學生界의 重鎭이 되는 同時에 各地에 亦是 學生團體가 續出하니 南京女子靑年會 上海學生演藝團 抗州韓人留學生(靑友會) 九江學生會 蘇州留吳學生 等이 是라 이가치 華東各地의 學生의 出入이 頻繁하엿스나 한가지

---

32) 물론 남경지역 유학생들은 1913년 후반기 한때 상해로 이동하기도 하는 등 변동이 다소 있었다. 하지만 남경이란 지리적으로 상해에서 떨어져 있기는 하나 당시 남경은 상해 한인세력의 영향권 내에 있었으므로 상해지역에 포함시켜 보아도 무방하다. 김정인 외 (1995), 『한국독립운동의 역사(17): 1910년대 국외항일운동』, 한국독립기념관, 15쪽.

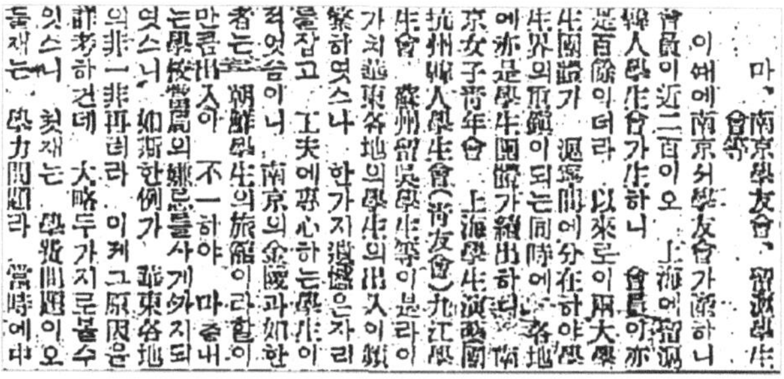

遺憾은 자리를 잡고 工夫에 專心하는 學生이 적엇슴이니 南京의 金陵과 如한 者는 朝鮮學生의 旅館이라

〈그림 12〉「중국유학, 과거 현재 장래(2)」(『동아일보』, 1925.11.22)

할이만큼 出入이 不一하야 마츰내는 學校當局의 嫌忌를 사겟가지 되엿스니, 如斯한 例가 華東各地의 非一非再러라 이제 그 原因을 詳考하건데 大略 두가지로 볼수 잇스니 첫재는 學費問題이오 둘재는 學力問題라 當時에 中國留學生을 目的하고 오는 學生中에 學費의 豫算이 도모지 업시 或은 잇더라도 過少히 하고 오는 이가 만하 마츰내 業을 繼치 못하게 되는 것이 多數이오 쏘 語學問題로 本國서 中學을 卒業하고도 다시 中學을 三年或四年間을 거퍼 하게 되니 이에 落心하고 或은 生素한 學校에도 上級으로부텃다가 落第하게되며 亦是 興味가업서바리고 가게된것이라 그박게 一部靑年中에는 學業에 對한 眞正한 慾望이 업는이도 잇섯슨듯하니 그런이는 勿論 苛酷한 寄宿制度下에서 一星期를 지탱하지 못할것이라.

번역 이때에 남경에서 학우회가 생기니 회원이 근 이백명이오 상해에 유호한인학생회가 생기니 회원이 역시 백여명이더라 이후로 이 두 단체가 학생계의 중진이 되는 동시에 각지에 역시 학생단체가 속출하였는데 남경여자청년회, 상해학생연예단, 항주한인유학생(청우회), 구강 학생회, 소주유오학생회 등이 그것이다. 이같이 화동 각지에서 학생의 출입이 빈번하였으나 한 가지 유감은 자리를 잡고 공부에 전심하는 학생이 적었음이니 남경의 금릉대학 같은 곳은 조선학생의 여관이라 할 만큼 출입이 잦아 마침내 학교당국의 미움을 사기까지 되었으니, 이와 같은 예가 화동 각지에서 비일비재였다. 이제 그 원인을 생각하건데 대략 두 가지로 볼 수 있으니, 첫째는 학비문제이오 둘째는 학력문제라. 당시에 중국 유학을 오는 학생 중에는 학비 예산이 전혀 없거나, 혹은 있더라도 너무 적은 경우가 적은 이가 많아 마침내 학업을 이어가지 못하게 되는 것이 다수였다. 또한 어학문제로 본국서 중학을 졸업하고 와서도 다시 중학교를 삼년 혹은 사년 간을 거듭 다녀야 하니 이에 낙심하고, 혹은 상급반으로 진학에 낙제하여 흥미를 잃는 학생도 있었다. 그 밖에 일부 청년 중에는 학업에 대한 진정한 욕망이 없는 이도 있었으니 그런 학생은 물론 가혹한 기숙제도 아래서 학업을 지탱하지 못하였다.

—『동아일보』, 1925.11.22

위의 글은 1910년 후반기 중국 유학생 상황으로 남경에 유학생회가 설립되기 시작한 지점을 짚고 있다. 초기 한인 유학생회는 남경 지역의 '학우회(學友會)'와 유호 지역의 '한인학생회(韓人學生會)'33)를 들 수 있는데, 전자는 200명, 후자는 100여 명의 회원이 가입한 상태였다. 이 두 단체는 이후 유학생계의 중심이 되었고, 이를 계기로 중국 각지에 학생 단체가 속출하게 된다. 그 예로 '남경여자청년회(南京女子靑年會)', '상해학생연예단(上海學生演藝團)', 속칭 청우회(靑友會)라 일컬어졌던 '항주한인유학생(抗州韓人留學生)', '구강학생회(九江學生會)', '소주유오학생(蘇州留吳學生)' 등을 들 수 있다. 여기에서 주목되는 바는 여학생 단체(남경여자청년회)나 예술단체(상해학생연예단) 등 일본과 다소 성격을 달리하는 단체들이 조직되었다는 점이다. 그러나 초창기 유학생 단체는 활발한 활동상이 드러나지 않고 있다. 그럼에도 불구하고 한인 학생의 결사 단체가 성립되었다는 점에서 의의가 있다 하겠다.

그러나 1910년대 말까지도 중국 유학생 사회는 정착되지 못한 것으로 파악된다. 위 글에 따르면 화동(華東)34) 각지 유학생의 왕래가 잦았

---

33) 중국 유학생회는 1915년의 '상해한인유학생회'가 시초라 할 수 있다. 회원은 이강희, 신국권 등 55명이었다(김정인 외, 1995: 15).
34) 중국 동부 양쯔강[揚子江] 하류부의 삼각주를 중심으로 한 지역의 총칭.

으나 정착하지 못하고 공부에 열중하는 학생이 적었다는 것이다. 특히 남경의 금릉대학은 조선학생의 "여관(旅館)"이라고 불리워질 만큼 학생들의 출입이 잦았다. 이에 학교 당국의 주시 대상이 되기도 했는데 당시 여타 학교 한인 학생들도 마찬가지 현상을 보였다. 위의 '중국유학, 과거 현재 장래(2)'에서는 그 이유를 크게 두 가지로 지적하고 있는데, 첫째는 학비문제요, 둘째는 학력문제라 밝히고 있다.

먼저 학비문제를 보면, 당시 중국 유학생들 대부분은 적은 돈으로 유학하거나 혹은 전혀 학비 없이 오는 경우도 있어서 학업을 계속 이어가기 힘든 상황이 다수였다는 것이다. 학력문제에서는 당시에는 본국에서 중학교를 졸업하고도 다시 중국의 중학교를 3~4년간 다녀야 했다. 이에 중도 포기하는 경우가 많았다. 혹은 졸업하고 상급반으로 진학한 경우에도 성적이 부진하여 낙제를 하거나 흥미를 잃는 경우도 다수였다. 그 외 일부 학생은 중국 학교의 엄격한 기숙사 제도를 견디지 못하거나 학업에 대한 욕망이 없는 경우도 있었던 것이다. 중국 지역 한인 유학생이 안정적으로 정착하게 된 것은 1920년대 들어서서야 이루어지게 된다.

【 중국유학(中國留學): 과거(過去), 현재(現在), 장래(將來)(3) 】
一九二三년 冬期에 扈寧間에 朝鮮學生 全盛時代를 作하니 南京에 學을 目的하고 逗留하는 靑年이 百餘이오 上海에는 數百으로 算하는지라 然이나 語學(英語韓語) 上關係로 入學이 되지 못하고 彷徨케됨을 可惜히 녀겨 同春期에 南京에 東明學院이 생기고 然하야 同秋에 上海에 高等補習學院이 生하엿다 以來로 兩校가 다 留學生의 增加를 豫期하면서 그 擴張을 쇠할새 前者는 五臺山下에 學校基地를 買收하고 敎師及寄宿舍 建築을 劃하고 後者는 一九二五년 秋에 三一共學으로 改稱하고 中學科程을 採用하엿다.

번역 1923년 겨울에 이르러서 조선학생의 전성시대가 되었으니 남경에 유학하여 청년이 백여 명이었으며. 상해에는 수백명으로 계산

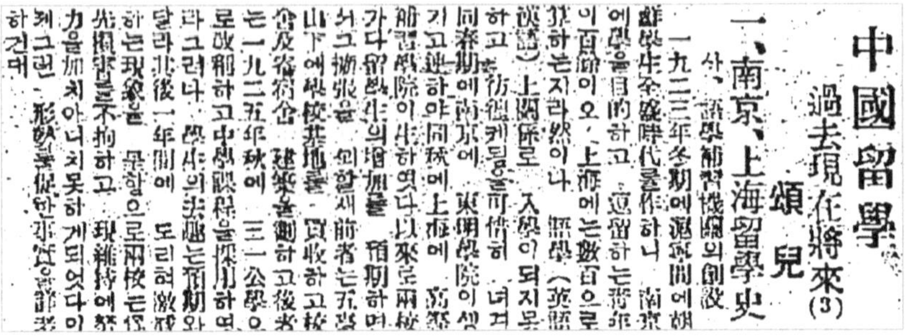

〈그림 13〉「중국유학: 과거, 현재, 장래(3)」(『동아일보』, 1925.11.27)

되었다. 그러나 어학(영어, 한어) 실력이 부족해 입학이 되지 못하고 방황하는 경우도 있었다. 이를 안타깝게 여겨 같은 해 봄, 남경에 동명학원이 생겼고, 이어서 가을에는 상해에 고등보습학원이 설립되었다. 이후로 두 학교 모두 유학생의 증가를 예상하여 확장을 꾀했다. 전자의 경우는 오대산 아래에 있는 학교 기지를 매수하고 교사 및 기숙사 건축을 기획하고, 후자는 1925년 가을에 삼일공학으로 개칭하고 중학 과정을 신설하엿다.

—『동아일보』, 1925.11.27

위의 내용에서는 1923년에 이르러서야 조선 학생계가 전성기를 맞았다고 밝히고 있는데, 당시 남경 유학생 수는 100여 명, 상해에는 수백명에 달했다. 그러나 영어나 한어(韓語) 등의 어학 실력을 갖추지 못한 학생들이 대부분이었다. 이러한 이유로 유학을 목적으로 건너온 학생들이 입학을 못하고 있는 상태였다. 그러나 1923년 남경에 동명학원(東明學院)이, 상해에 고등보습학원(高等補習學院) 등의 민족학교가 설립되면서 이후 한인 학생들이 대폭 증가하게 된 것이다.[35] 이 시기는 임시정부 설립 즈음으로, 동명학원은 임정 산하의 학교라는 점이 주목된다.

---

35) 「중국유학, 과거 현재 장래(4)」(『동아일보』, 1925.11.28)에 따르면 1925년 11월 당시 상해 등지의 학생 수는 총 171명에 이르는데, 자연과학, 공학, 교육, 사회과학, 상업, 체육, 행정, 음악 등 다양한 학문 분야를 전공하고 있었다.

즉 민족학교의 설립과 함께 한인 유학생들이 더욱 증가세를 보이게 된 것이다.36)

한편 1910~20년대에는 청나라와 중화민국의 초기의 수도인 북경 지역에도 유학생들이 진출하기 시작한다. 북경은 일제가 한국을 강점하기 전부터 해외 민족운동의 기지로 주목받던 곳이다. 1906년 안창호, 이갑, 이동녕, 김구, 김덕기, 이승훈, 안태국, 노백린 등이 신민회(新民會)를 조직하고 구국운동을 전개했던 조성환이 북경으로 파견되었던 것이다.37)

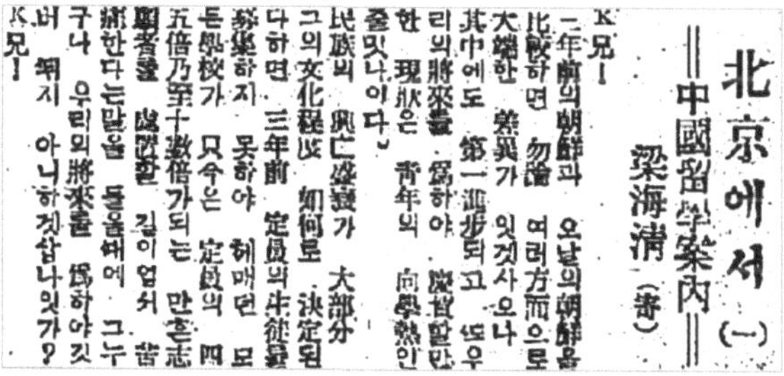
北京에서 (一)
‖中國留學案內‖
梁海淸 (寄)

K兄!
二年前의 朝鮮과 오날의 朝鮮을 比較하면 勿論 여러方面으로 大端한 差異가 잇것사오나 其中에도 第一 進步되고 또우리의 將來를 爲하야 讚賀할만한 現狀은 靑年의 向學熱인줄 밋나이다」
民族의 興亡盛衰가 大部分 그의 文化程度 如何로 決定된다하면 三年前 定員의 半徒를 容納하지 못하야 헤매던 모든 學校가 只今은 定員의 四五倍乃至十數倍가되는 만흔志願者를 收容할 길이 업서 苦悶한다는 말을 들을때에 그누구나 우리의 將來를 爲하야 깃버하지 아니하겟삽나잇가?
K兄!

〈그림 14〉「북경에서: 중국유학안내」(『동아일보』, 1922.06.06)

북군군벌의 거점이었던 북경에는 북경대학(北京大學)과 연경대학(燕京大學), 재정상업전문학교(財政商業專門學校), 교통대학(交通大學), 고등학교(高等學校), 법정전문(法政專門), 협화의학(協和醫學), 청화대학(淸華大學), 세무학교(稅務學校), 감무학교(監務學校), 미술학교, 중국대학(中國大學) 등이 있는 곳으로 3·1운동 이전 시기에도 북경에는 유학생들이 다수를 차지했다. 이들은 주로 신문화운동이 고조되면서 북경에 유학온 이들이다. 이들은 1917년 기독교 성격의 '고려청년회(高麗靑年會)'를 조직하여 학교를 다니면서 독립운동에 참여하였다. 고려청년회는 이들 유학생 단체로 주로 학생들에 의해 조직되었지만 한인 독립운동가들도 이에 관여했다.38) 또한 당시 북경에는 독립운동 단체인 '신대한청년회

---

36) 일례로 일제 강점기 보도 자료인 「상해한인유학생회」(『동아일보』, 1923.09.23), 「임원개선」(『동아일보』, 1924.02.11), 「정기 종회 개최」(『동아일보』, 1923.10.10), 「화동한국유학생회」(『동아일보』, 1924.09.28) 등을 보면, 이 두 단체가 중국 유학생 단체를 주도하며 활발한 활동을 벌이고 있음을 보여주고 있다.

37) 손염홍(2003ㄱ), 「1920년대 前半 北京地域의 韓人社會와 民族運動」, 국민대학교 석사논문, 10쪽.

(新大韓同盟會)'와 '대한독립청년단(大韓獨立靑年團)' 등이 조직되어 있었으며 여기에 한인 유학생들도 참여하게 된다. 3·1운동 이전 북경의 한인 유학생들은 주목할 만한 활동을 하지 못했지만, 1920년대에 들어 북경의 한인 유학생들이 독립운동의 신세대로 성장할 수 있었던 것은 이때부터 기반이 마련되어 나갔기 때문이다.[39]

1920년대에 들어 상해 지역 외에 북경 지역의 유학생 수도 증가 추세를 보이는데, 참고로 1924년 5월 11일『조선일보』의 '중국 각지에 유학하는 우리 학생'이라는 기사를 보면, 당시 중국 지역 유학생 수를 제시하고 있는데, 한인 학생 총수는 1,670명이며, 지역별로 보면 북경(北京) 700명(남 600/여 30), 상해(上海) 600명(남 500/여 40), 천진(天津) 160명(남 140/여 20), 광동(廣東) 30명(남 25/여 5), 한구(漢口) 21명(남 18/여 3), 소주(蘇州) 17명(남 13/여 4) 등으로 다수가 진출하고 있었으며, 특히 북경 지역 학생 수가 최다를 차지하고 있음을 볼 수 있다. 한편 1920~30년대에 들어서면 중국 전체를 대상으로 유학 지역을 소개하는 등 일제 강점기에는 중국 유학을 독려하는 분위기가 형성된다.

일례로 '중국유학안내(中國留學案內)'(『동아일보』, 1934.11.23~29) 등은 5회 연재물을 통해 중국 유학에 대한 내용을 안내하고 있으며, 조선일보의 경우 '중국유학안내(中國留學案內)'(『조선일보』, 1931.04.28~05.03)에서도 역시 5회에 걸려 중국유학의 역사와 유학의 필요성, 유학지 등을 소개하고 있다. 특히 1930~1940년대에 이르면 북경 한인사회가 크게 팽창하면서 더욱 유학생 진출이 더욱 성황을 이루게 된다. 한편으로는 당시 한국이나 중국은 일제식민지하라는 점에서 동병상련의 고통을 안고 있던 시기이다. 이에 북경의 각 학교는 한인학생에 대해서 입학 수속을 간략화하거나 학비를 면제하는 등 특혜를 제공했다. 이에 한인

---

38) 손염홍(2003ㄴ), 「1920년대 전반 북경지역 한인의 생활상과 민족교육」, 『북악사론』10, 북악사학회, 370쪽.
39) 손염홍(2003ㄱ: 21).

학생들의 유학은 보다 용이하게 이루어졌으며, 한인들은 비교적 안전한 환경 속에서 활동할 수 있었다. 그뿐만 아니라 이러한 환경으로 인하여 한인 민족운동세력으로 성장할 수 있게 된다.[40]

지금까지 살펴본 바, 중국 지역은 한반도와 지리적으로 인접한 관계로 일제 강점기에 한인들의 이주가 많았고, 이에 따라 점차 한인사회가 형성되면서 이를 기반으로 민족운동이 활발히 전개되었던 지역이다. 그러나 중국 유학은 19세기 말부터 시작되었지만 그 수가 증가한 시기는 일제 강점기부터이며, 상해, 북경, 남경 등으로 다수의 학생이 유학을 가게 되며, 유학생 단체 또한 이 시기부터 성립되기 시작한다.[41] 그런데 중국 유학 상황을 보면, 근대 초기에는 주로 상해 중심의 유학이 지배적이며, 일제 강점기에 들어서서는 북경 지역의 유학생이 증가하고 있다는 특징을 보인다. 유학생 단체의 경우 또한 근대 초기에는 거의 결성되지 못하나 1919년 삼일운동 이후 민족운동과 더불어 수립되었다. 그러므로 근대 계몽기 중국 유학생 단체는 일종의 준비기이며, 일제 강점기에 들어서서야 결실을 보게 된다고 할 수 있겠다.

1.3. 미국 및 기타 지역: 한인 지도자로서의 정착 및 유학생 명맥 유지

1.3.1. 미주 지역 초기 유학생의 성격

한인들이 아시아 대륙 아닌 서구 사회로 이민의 첫발을 내디딘 것은 1903년, 미주 하와이 사탕수수 노동자로 이민한 것이 처음이었다.[42] 미국 하와이로 간 한인들은 1907년 7월, 고종이 양위를 하고 군대까지

---

40) 尹恩子(2014), 「20세기 초 中國留學과 '金陵'의 韓人 유학생(1912~1927)」, 『중국근현대사연구』 64, 중국근현대사학회, 115쪽.
41) 尹恩子(2014: 120).
42) 김창범(2004), 『미주 한인 100년』, 코람데오, 65쪽.

해산하자 국권 회복을 위해 한인 단체를 통합하고자 같은 해 9월 2일에 '한인합성협회'를 조직하고 독립운동에 나섰다. 한편 샌프란시스코 지역으로 건너간 안창호 등은 1905년 4월에 '공립협회'라는 항일운동 단체를 조직했으며, 장경 등도 로스앤젤레스 지역으로 건너가 1905년 12월 9일에 '대동교육회'를 조직하였다.[43] 1908년 3월에 장인환과 전명운 등은 항일 애국 운동을 보다 조직적으로 전개하기 위하여 1909년 2월 2일에 하와이의 '한인합성협회'와 샌프란시스코의 '공립협회', 로스앤젤레스의 '대동보국회'를 통합하여 '대한인국민회(大韓人國民會)'를 창립했으며, 미주에 '북미지방총회', 하와이에 '하와이지방총회' 등 산하 단체를 두고 재미 한인 단체의 결속을 다졌다.[44]

한편 재미 한인들은 정착 이후부터 국권회복을 위해 독립자금을 헌납하는 등 항일독립운동을 전개하였다. 한국 이민 집단은 문맹률이 65%였지만 기독교로 개종하는 동시에 교육에 열의를 가져 빠른 시간에 미국의 진보사상을 수용함으로써 이주 생활에 적응했고, 그 결과 러일전쟁 이래 일본의 침략 위협에 직면하자, 항일 독립운동의 '기층 세력집단'으로 성장했다. 이러한 토대 위에서 결성된 대한인국민회는 한인합성협회, 공립협회, 대동보국회 등 3개 정치단체를 하나로 결집하여 민족 운동의 총본산이 되었다.[45] 이러한 배경 하에 한인 유학생의 진출과 그 활동상은 어떠햇는지 살펴보기로 하겠다.

앞서 밝힌 바, 구한말 한인의 유학 국가는 일본 다음으로 미국이었다. 그러나 일본에 비해 학비 지원을 충분히 받지 못하였음을 볼 수 있다.

---

43) 차배근 외(2002), 『우리 신문 100년』, 현암사, 88~93쪽.

44) 윤금선(2012), 『상실과 회복 디아스포라의 무대』, 연극과인간, 11~13쪽.

45) 김원모(1998), 「하와이 한국 이민과 민족운동」, 『미국사연구』 8, 한국미국사학회, 208~ 219쪽 참조.

【 조회(照會) 제십구호(第十九號)/조복(照覆) 제이십일호(第二十一號) 】

徐丙奎가 年前에 美國에 留學ᄒᆞᄂᆞᆫ 故로 由駐美公館으로 每月五十元式 撥給該員ᄒᆞ야 以助學資ᄒᆞ엿더니 現에 駐美公使가 入往홀 터이온즉 該公館經費도 不足ᄒᆞ온데 該員學資를 助給홈이 有難ᄒᆞ올 쑨 아니라 外國에 留學ᄒᆞ는 人을 貴郡에서 勉勵홈이 妥當ᄒᆞ오며 黃顯模도 美國에 亦已留學ᄒᆞ오니 兩員에 學費를 明年度豫算表에 算入ᄒᆞᄂᆞᆫ게 可ᄒᆞ기로 每員 每月에 五十元式 磨鍊ᄒᆞ야 玆에 照會ᄒᆞ오니 照亮ᄒᆞ오셔 此를 將ᄒᆞ야 閣議에 提出ᄒᆞ신後 貴部明年度豫算에 磨鍊ᄒᆞ와 支給케 ᄒᆞ시믈 要홈.(第十九號)/貴照를 接準ᄒᆞ온즉 美國留學生 徐丙奎 黃顯模 兩員의 學費를 敝部로 磨鍊撥給ᄒᆞ라 ᄒᆞ신바 現今經用이 艱絀ᄒᆞ와 本國地方各學校도 擴張을 못ᄒᆞ오니 此에 及홀 暇가 無ᄒᆞ오며 또 兩學員의 學業勤慢도 아즉 모르오니 駐美公使가 該國에 入往ᄒᆞ온後 該學員의 工夫成就와 學費多少를 從實稟報ᄒᆞ온후 敝部에셔 參酌ᄒᆞ와 支給ᄒᆞ미 事理에 妥當ᄒᆞ기 玆에 照覆ᄒᆞ오니 照亮ᄒᆞ시믈 要홈. (第二十一號)

번역 서병규가 몇 년 전에 미국에 유학하는 고로 주미 공관으로 말미암아 매월 오십원씩 해당 회원에게 발급하여 학자금을 지원하였더니 지금 주미공사가 들어갈 터라 해당 공관 경비도 부족해서 해당 회원의 학자금을 지원하는 것에 어려움이 있을 것입니다. 뿐만 아니라 외국에 유학하는 사람은 귀 관청에서 알아서 하시는 게 타당하오며 황현모 역시 미국에 이미 유하고 두 회원의 학비를 내년도 예산표에 계산하여 넣는 것이 타당하여 매 회원에게 매월 오십원씩 마련하여 이에 조회하오니 잘 살피시어 각료 회의에 제출하신 후 귀 부서의 명년도 예산에 마련하여 지급케 하심을 요청합니다.(제십구호)/귀 조회를 접한 즉 저희 부서에서 미국 유학생 서병규, 황현모 두 회원의 학비를 마련 발급하라 하신바 지금 정해진 경비가 부족하여 본국 지방 각 학교도 확장을 못하오니 이에 여지가 없습니다. 또 두 학생의 학업의 성실도도 아직 모르오니 주미공사가 해당 국가에 들어간 후 해당 학원의 공부 성취와 학비의 정도를 정한 후 저희 부서에서 참작하여 지급함이 사리에 타당하니 이에 답변하오니

살펴보시기를 요청합니다. (제이십일호)

—『學部來去文』, 1895.11.10/12

위의 글은 학부대신 이도대(李道宰)가 외부대신 김윤식(金允植)에게 보낸 조회(照會)와 이에 대한 답변인 조복(照覆)으로서, 미국 유학생 서병규(徐炳奎), 황현모(黃顯模)의 학비를 학부(學部)에 요청하는 내용이다. 이를 보면 당시 학부(學部)는 예산이 부족하여 국내의 학교도 확장하지 못하고 있는 실정이었음을 알 수 있다. 이에 학부대신이 학생들의 학업 성취도에 따라 지급하자는 제안을 덧붙이고 있다. 결국 미국 유학생의 학자금 보조는 다음 해인 1896년, 학부의 예산에서 마련하겠다는 답변을 하고 있다. 이 외에도 '조회(照會) 제이십칠호(第十七號)'(『학부래거문(學部來去文)』, 1896.03.16)에서도 미국 유학생 김규식(金奎植) 등의 학비와 식비 지급을 요청하는 내용을 볼 수 있으며, '유미학자(遊美學資)'(『황성신문』, 1901.08.06)에서는 김학주(金學柱) 외 18명의 유학생들이 학자금이 부족한데다 귀국하려 해도 돌아가 여비가 없다는 내용 등을 볼 수 있다. 여기에서 당시 학부가 미주 지역 학비 보조에 어려움이 있었던 것으로 보이며, 이에 학생들의 곤란도 심각했던 것으로 파악된다.46) 한편 관비 지원을 받는 학생 수효도 일본에 비해 극히 소수였으며, 사비 지원이나 자비 등으로 유학하는 경우가 많았다.47)

---

46) "駐美公舘來報를 據흔 則 本國遊學生 金學柱等 十八人이 現今 學資가 乏絶ㅎ고 回國ㅎ랴 흔則 船費가 不少ㅎ야 困迫이 滋甚홀 쑨더러 貽羞外國이 莫此爲甚ㅎ니 該學資費를 速速支撥ㅎ라 ㅎ얏더라. (번역) 미주공관에서 온 소식에 의하면 본국 유학생 김학주 등 18명이 학자금이 끊겨 귀국하려는 데 배삯이 적지 않아 궁색함 더해졌다. 뿐만 아니라 타국에 수치스러움을 끼침이 더할 수 없이 심하니, 그것은 학비를 속히 지급하라 했다는 것이다."(「遊美學資」, 『황성신문』, 1901.08.06)

47) 특히 관비생은 극히 소수로, 일례로 「각국유학」(『독립신문』, 1899.08.07)에서는 미국에 2명의 한인을 파견하였다고 보도되고 있으며, 「인천항관초」(서울대학교 규장각한국학연구원, 근대정부기록류 http://e-kyujanggak.snu.ac.k, 1890.02.05) 등에서는 학부에서 6명의 유학생을 보냈다는 내용이 보인다. 또한 「재미유학생수효」(『대한매일신보』, 1907.11.14), 「외국유학생수효」(『대한매일신보』, 1909.06.19) 등을 보면, 대개의 유학생들은 사

이러한 배경 하에 김원용(Warren Y. Kim)은 『재미한인오십년사(在美韓人五十年史)』에서 초기 유학 상황을 다음과 같이 밝히고 있다.

지난 五十년간에 미주에 들어온 한국유학생을 四차로 분별하여 볼 수 있으며, 그 수는 때때로 발표된 것을 합하여 제三차까지 八九一명에 불과하였으니 일정시대에 한인 학생의 도미가 자유스럽지

〈그림 15〉「최초 미국 대학 유학생들」(김창범(2004), 『미주 한인 100년사』, 코람데오, 63쪽 수록)

못한 까닭이었으며, 제4차에 들어온 학생 수는 아직 정확하게 알지 못하고 있다. 제1차에 한미조약 이후로 1902년까지 망명, 혹은 유학을 목적하고 도미한 유길준, 서광범, 박영효, 서재필, 김규식, 윤치호, 백상규, 이대위, 안창호 등이 있었고, 이민시대에 망명 혹은 유학을 목적하고 들어온 이강, 신성구, 신흥우, 박용만, 이승만, 백일규, 임두화, 이원익, 정한경, 강영승, 강영대, 차이석, 송헌주, 임정구, 양주삼 등과 그 외에 四十명이 왔는데, 그들의 취학성적이 좋아서 대학 졸업생이 75퍼센트이었으나, 조국이 일제의 침략을 당한 후에 귀국하지 못하고 대개 미국에서 영주하였다.

—김원용(1958), 『재미한인오십년사(在美韓人五十年史)』,

USA: Readly, Calif., 29~26쪽

위 저서는 재미동포인 김원용이 1958년에 저술한 것으로, 미주 한인 50년 간 유학생의 역사를 4차로 분류하고 있다. 1차는 1882년 한미조약

비생이나 자비로 가는 경우가 많았음을 볼 수 있다.

(韓美條約) 이후부터 1902년까지로 망명, 혹은 유학을 목적하고 도미(渡美)한 시기, 2차는 강제병합부터 1918년까지 8년 동안에 망명 출국하여 여행권 없이 도미한 시기이며, 3차는 1921년부터 1940년까지 일본총독부 여행권을 가지고 도미한 시기, 4차는 해방 이후의 유학 시기 등으로 분류하였다.[48)

위의 글은 그 중 1차 시기 유학생에 관한 내용으로 초창기 유학생으로 유길준(兪吉濬), 서광범(徐光範), 박영효(朴泳孝), 서재필(徐載弼), 김규식(金奎植), 윤치호(尹致昊), 백상규(白象圭), 이대위(李大爲), 안창호(安昌浩) 등을 들었으며, 이후 이강(李剛), 신성구, 신흥우(申興雨), 박용만(朴容萬), 이승만(李承晚), 백일규(白日圭), 임두화(林斗化), 이원익(李元翼), 정한경(鄭翰景), 강영승(姜永承), 강영대(姜永大), 차이석(車利錫), 송헌주(宋憲澍), 임정구(林正九), 양주삼(梁柱三) 등과 그 외 40명의 한인 유학생이 있었다고 밝히고 있다. 그러나 1차 유학생은 한일합방으로 인해 대부분 귀국하지 못하고 미국에 영주하게 된다. 열거된 인물들은 미주 지역 한인사회의 정치, 경제, 문화, 교육 등의 방면에서 지도자격 인물로서 알려져 있는데, 바로 이들은 1차 시기 유학생들이었던 것이다.

【 반도에 기다인재를 내인 영·미·로·일 유학사 】

量으로 보아 兩徐가 유학의 處女航海를 지은 뒤로부터 日韓合倂까지의 약 20년간은 실노 蕭條하엿다. 말은 비록 新時代의 땅을 밟고 잇섯스나 몸은 아직도 과거와 전통속에 깊이 파뭇처엇슨 朝鮮을 다스리든 사람들의 머리에는 앞날의 일ㅅ군을 해외에서 길너야 하겟다는 先見의 明이 없섯고 또는 당시의 朝鮮 아들과 딸에게는 미지수의 나라를 찾어 海洋을 모험할 용기가 적엇다. 이때에 잇서 <u>米國선교사의 생활과 교훈에서 암시를 얻어 이성의 눈이 뜨기 시작하고</u> 潑潑한 英氣와 野心이 마츰내 笈을

---

48) 김원용(1958), 『재미한인오십년사』, USA: Readly, Calif, 29~31쪽.

負하고 太平洋을 건느게 하고야 말은 一群의 청년 남녀가 잇섯스니 그는 곳 李承晩, 尹致昊, 故 河蘭土, 故 朴에스터, 白象奎, 金奎植, 申興雨, 吳兢善, 梁柱三, 朴容萬 등 先進이엇다. 당시 유학생계의 異彩인 李堈 殿下께서 게신 것은 기억하여야 할 만한 사실이며 그가 오하요大學 재학당시 상당한 친분을 가젓든 지금은 뉴욕에 사는 킴벌랜드 부인은 아직까지도 朝鮮의 조흔 친구다. 1910년까지에 30을 算할 수 없든 제1기 유학생계는 그 양의 빈약을 질노 補한 感이 없지 안엇다. 一代名士가 一堂에 모힌 듯 濟濟多士 雌雄을 다토는 듯 당시 유학생계를 찬란히 장식하엿다.

번역 양적으로 보아 양서가 유학을 처음 한 뒤로부터 일한합병까지 약 20년간은 실로 학업이 엄숙하였다. 말은 비록 신시대의 땅을 밟고 있다고 하였으나, 몸은 아직도 과거와 전통 속에 깊이 파묻혀 있었던 이들은(조선을 다스리든 사람들의 머리에는) 앞날의 일꾼 해외에서 길러야 하겠다는 선견지명이 없었고 또는 당시 조선 아들과 딸은 미지의 나라를 찾아 모험할 용기가 적었다. 그러나 미국 선교사의 생활과 교훈에서 암시를 얻어 이성의 눈이 뜨기 시작하고 활발하고 뛰어난 기상과 야심을 지닌 이들이 마침내 책보를 지고 태평양을 건너갔다. 이러한 일군의 청년 남녀를 들자면 그들은 곧, 이승만, 윤치호, 고(故) 하란사(河蘭土), 고 박에스터, 백상규, 김규식, 신흥우, 오경선, 양주삼, 박용만 등의 선각자들이다. 또한 당시 유학생계의 이채로운 사건은 이강 전하께서 계셨다는 것으로 기억할 만한 사실이며 그가 오하이오 대학 재학 당시 상당한 친분을 가졌던 킴벌랜드 부인(시금은 뉴욕에 사는)은 아식까지도 조선의 좋은 진구다. 1910년까지 30명 정도에 그쳤던 제1기 유학생계는 양적으로는 빈약하였으나 질적으로는 수준이 높았다. 일대 명사가 한곳에 모인 듯, 수많은 훌륭한 이재와 영웅이 다투는 듯 당시 유학생계를 찬란히 장식하엿다.

—『삼천리』 제5권 제1호, 1933.01.01, 22쪽

위의 글도 1차 시기 유학생에 관한 것으로 특히 선교사의 조력을 받

았다는 사실이 주목된다. 그뿐만 아니라 유학생 수가 30명 내외로 나타나 있어 그 수가 소수임을 보여준다. 여기에서도 명단을 통해 드러나지만, 이들은 국내외 한인사회에서 제반 분야에서 선구적 업적을 남긴 이들이다. 그러므로 이 글에서는 미주 지역은 양적으로 적은 유학생 수에도 불구하고 질적으로 우수한 학생들이며, 일대명사들이 한 곳에 모여 있는 듯 유학생계를 빛낸 이들이라 평가하고 있다.

그런데 앞서 언급한 바처럼, 국가 지원도 적은 데다 적은 자비나 사비생으로 가는 경우가 많아 경제적으로 어려움을 겪었던 것으로 보인다. 다음의 자료는 한인 유학생 대부분이 고학 등으로 유학 생활을 이어가고 있었다는 것을 보여주고 있는 것이기도 하다.

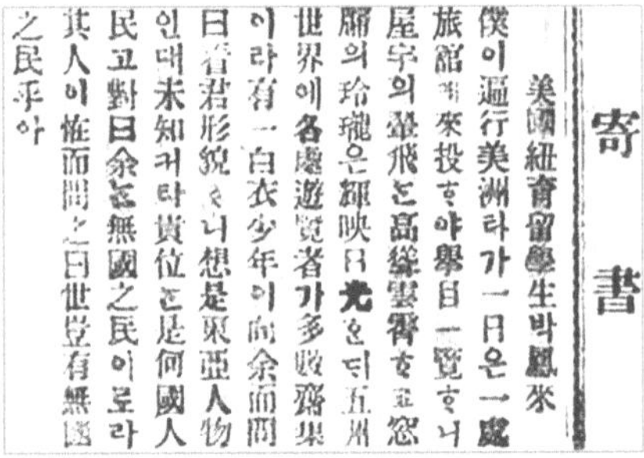
寄書
美國紐育留學生박鳳來
僕이遍行美洲라가一日은一處
旅館에來投ᄒᆞ야擧目一覽ᄒᆞ니
屋宇의翬飛ᄂᆞᆫ高聳雲霄ᄒᆞ고窓
牖의玲瓏은輝映日光ᄒᆞᆫ데五洲
世界에各處遊覽者가多數齊集
이라有一白衣少年이向余而問
曰看君形貌ᄒᆞ니想是東亞人物
인데未知커타貴位ᄂᆞᆫ是何國人
民고對曰余ᄂᆞᆫ無國之民이로라
其人이㤭而問之曰世豈有無國
之民乎아

〈그림 16〉「미국뉴욕유학생박봉래」(『대한매일신보』, 1907.09.15)

원래 미국 유학생은 고학생이었고, 미약한 노동으로써 생활비와 학비를 감당하게 되어서 공부와 노동을 병행하지 않을수 없었는데, 그 노동은 항용으로 여염집의 고용살이나, 음식점의 조역이나, 상 시중(상 심부름) 등이며, 방학 때에는 농장 노동이나, 정원의 풀깎기나 공장 노동이고, 혹시 사무실의 조역 같은 일도 있었으나 많지는 않았다. 생활 수준이 높은 미국에서 이와 같은 노동으로 생활비와 학비를 감당하느라고 곤란이 막심하였으며, 더우기 동양 학생으로서 영어의 곤란이 있는 중에 시간을 노동에 소비하게 되므로, 공부에 미치는 영향이 많았다. 본국에서 학비를 가져다 공부한 학생도 있으나 수십 명에 불과하고, 화폐의 교환율이 높아서 거대한 재정을 들여와도 경비가 부족하여 다소간 노동하였다. 문화기관의 원조로 학비와 생활비를 받아서 공부한 학생도 없지 않으나 극히 소수이고, 보통 장학금은 학비만 받는 것이므로 생활비를 위하여 노동하지 않을 수 없었다.

—김원용(1958), 『재미한인오십년사(在美韓人五十年史)』,

USA: Readly, Calif, 29~30쪽

특히 앞서 중국 유학 상황에서 살펴보았지만, 중국 등으로 위장 유학 하다가 미주 지역으로 도미한 학생들은 경제적 궁핍이 심하여 고학 등 으로 유학 생활을 이어가고 있었던 것이다.

기타 다음의 자료에서도 여타 유학생들의 이름과 그 상황들을 게재 한 기사들로서 '미국 유학생 박처휴씨가 한국동포을 권면'(『황성신문』, 1905.12.23)에서는 박처휴(朴處休)가, '미국 유학생 안상학씨가 제국사에 기함'(『대한매일신보』, 1906.10.04)에서는 안상학(安商鶴)이, '유학생 남궁 씨'(『공립신보』, 1907.04.11)에서는 남궁억의 아들 남궁염과 또 다른 유학 생 최정익이, '미국 뉴욕 유학생 박봉래'(『대한매일신보』, 1907.09.15)에서 는 박봉래(朴鳳來) 등의 유학생 명단들을 볼 수 있는데, 이들 기사는 유 학생 본인이 주로 투고한 기서(奇書)로 미국 유학 중 겪는 경제적 곤란 과 학업의 어려움 등이 밝혀져 있다. 여기에서 당대 미주 지역 한인 학생들의 유학은 일본 지역과 비교해 학비 지원도 열악한 가운데 고학 생으로서 학업에 정진하는 모습들을 볼 수 있다.

1.3.2. 미주 유학생 단체의 결성, 기타 지역 소수 유학생

미주 지역 유학생의 진출 또한 중국과 마찬가지로 일제 강점기를 기 점으로 증가하게 된다. 또한 앞서 살펴본 바와 같이, 중국을 경유하여 미주 지역으로 진출하는 경우도 많았다.

【 반도에 기다인재를 내인 영·미·로·일 유학사 】
1910년에 철석 日韓合倂이 선언되엿다. 젊은 사람들의 가슴에는 해외 특히 米國을 동경하는 생각이 터질 듯이 찻다. 그래 中國으로 그들은 꼬리를 니어 뛰엇다. 거긔서 더러는 中國에 入籍하야 중국인 여권을 얻어가지고 더러는 맨손으로 이상향 米國을 향하야 길을 떠낫다. 당시 日本官憲의 조사는 혹심하야 中國人노릇하든 朝鮮학생으로 神戶, 橫濱 兩港에서 그 본성이 폭로되어 유학의 初志를 달하지 못한 이도 不少하엿다. 중국어에 통치못한 조선학생들이 짐즛 벙어리 노릇하야 日本 관헌의 손을 겨우 버서낫다는 것은 두고두고 흥미잇는 이야기 거리가 되어온다. 이러한 방식으로 渡米하는 학생들에 대한 米國政府의 최초 태도는 극히 냉정하엿스나 당시 해외 朝鮮人의 사립○○의 役을 하고잇든 桑港에 본부를 둔 國民會의 알선으로 無事上陸을 許하게 되엿다. 이 기회를 이용하야 渡米한 朝鮮 학생의 수가 백餘를 算할 수 잇슬 것이다.

> **번역** 1910년에 일한합병이 선언되었다. 젊은 사람들의 가슴에는 해외 특히 미국을 동경하는 생각이 터질 듯이 차 있었다. 그래서 중국으로 꼬리를 이어 떠났다. 거기서 일부는 중국에 입적하야 중국인 여권을 얻어가지고 더러는 맨손으로 이상향 미국을 향하야 길을 떠났다. 당시 일본 관헌의 조사는 혹심하여 중국인 노릇하든 조선 학생으로 신호(神戶), 횡빈(橫濱), 우항(雨港)에서 그 본성이 폭로되어 유학의 뜻를 달성하지 못한 이도 적지 않았다. 중국어에 능통치 못한 조선 학생들이 짐짓 벙어리 노릇하여 일본 관헌의 손을 겨우 벗어났다는 것은 두고두고 흥미잇는 이야기 거리가 되고 있다. 이러한 방식으로 도미하는 학생들에 대한 미국 정부의 태도는 극히 냉정하였으나 당시 해외 조선인의 사립○○의 역을 하고있던 샌프란시스코[桑港]에 본부를 둔 국민회의 알선으로 무사히 상륙을 허락하게 되었다. 이 기회를 이용하여 도미한 조선 학생의 수는 백여명으로 계산될 수 있다.

—『삼천리』 제5권 제1호, 1933.01.01, 24쪽

위의 글에서도 밝히고 있지만, 1910년 일제 강점기 시기를 즈음하여

미국을 동경하는 청년들이 증가하였다. 그들은 표면적으로는 중국 유학을 택했지만 중국인 여권을 취득하고 미국으로 향하는 경우도 많았던 것이다. 당시 미국 정부는 이러한 방식으로 도미한 학생들에 대해 냉정한 태도를 취했던 것으로 보인다. 그러나 당시 미주 지역의 한인 결사 단체인 '대한인국민회(大國韓人民會)'라는 한인 단체가 결성되고, 이 단체의 중재로 유학생들이 허가를 얻게 되면서 다수의 한인 유학생이 진출하게 된다. 한편 위의 글에서는 1차 미주 지역 한인 유학생의 학업 상황이 드러나고 있어 주목된다. 즉 이승만(李承晩)은 조선인 최초로 프린스턴 대학에서 정치학, 전공으로 철학 박사학위를 얻게 되며 (1913년) 이 외 신흥우(申興雨)는 남가주대학, 박용만(朴容萬)은 네브라스카 주립대학, 양주삼(梁柱三)은 밴빌트대학, 김득수(金得洙)는 오하이오 웨슬레대학, 정한경(鄭韓景)이 네브라스카 주립대학, 김학성(金東成)은 오하이오 주립대학, 백일규(白一奎)가 가주대학에 입학하여 각기 학위를 취득했음을 알 수 있다.[49]

한편 미주 지역의 경우 유학생 단체의 결성은 1910년 초기부터로서. 1913년 6월 4일에 네브라스카주 헤스팅스 지방에서 박용만(朴容萬)이 조직한 학생회가 미국 유학생회의 시초였다. 유학생회는 학생들의 연락 및 친목, 학문 교류가 목적이었다. 이로부터 각 지방에 학생단체가 조직되었는데, 결속력을 갖지 못했다. 그러나 분립된 유학생 단체들은 1921년 4월 30일에 '북미한인유학생총회(北美韓人留學生總會)'로 결집되기에 이른다. 이 유학생회는 미주 지역 학생 전체를 대표한 최초의 학생단체였으며 회장은 염광섭이고, 부회장은 황창하(黃昌夏)였다. 이후 1927년 3월 2일에 유학생대회의 결의로, 유학생총회의 명칭을 변경하여 '북미대한인유학생회(北美大韓人留學生會)'라고 칭하면서 결속력이 더욱 다져졌는데, 이 시기에는 재학생 수도 255명에 이르렀으며, 이들

---

49) 「반도에 기다인재를 내인 영·미·로·일 유학사」(『삼천리』 제5권 제1호, 1933.01.01, 26쪽).

이 모두 유학생회에 참가하여 통합된 체재를 취했다.[50] 참고로 1910년
대부터 1920년대 한인 유학생 단체를 정리하면 아래와 같다.

〈표 1〉 1910~20년대 미주 지역 한인 유학생 단체(김원용, 1959: 33~34 참조)

번호	결성일	지역	단체명
1	1913.06.04	네브라스카주 헤스팅쓰	한인학생회
2	1914.09.03	하와이 호놀룰루 한인중앙학원	한인학생친목회
3	1916.07.13	하와이 호놀룰루	한인학생야구단클럽
4	1916.10.27	북가주(北加州) 상항(桑港)	학생친목회
5	1918.05.01	오하이오 컬럼버스	한인학생친목회
6	1918.08.19	중가주(中加州) 다뉴바	한인학생친목회
7	1918.10.08	일리노이 시카고	한인학생회
8	1921.04.30	일리노이 시카고	북미한인유학생총회
9	1921.05.10	하와이 호놀룰루	한인학생회
10	1922.10.19	남가주(南加州) 라성(羅城)	한인학생회
11	1926.09.02	남가주 라성	28클럽
12	1927.03.02	일리노이 시카고	북미대한인유학생총회
13	1927.07.01	하와이 호놀룰루	무궁화클럽

특히 위와 같이 여러 단체가 '북미한인유학생회(北美韓人留學生會)'로
통일 단체를 형성하게 된 배경에는 1919년에 3.1운동의 영향력도 적지
않았다. 이 사건으로 인해 도미 유학수가 격증하게 되면서 유학생 단체
의 총결집을 촉진하게 된 것이다. 또한 이들은 재미한인의 사회 건설과
조국 광복운동을 후원하였는데, 정치적 운동과 단체 발전에 헌신 봉사
한 사람이 많고, 1930년 이후에는 사회의 중추 세력이 되었다.[51]

앞서 일본, 중국 지역에 이어 미주 지역 유학생 상황에 대하여 살펴
보았다. 기타 지역에 대해서는 유학생 수치만 제시되는 경우로 유학생
에 대한 정보가 잘 드러나지 않고 있다. 참고로 간헐적이나마 전해지는

---

50) 김원용(1958: 32).
51) 김원용(1958: 37).

초기 자료들을 통해 국가별 유학생 상황을 정리하면 〈표 2〉와 같다.

〈표 2〉 해외 유학생 관련 상황

번호	제목	신문명	연월일	유학생 수효 및 기타
1	죠션 정부에셔 문필이 유여	독립신문	1896.12.12	(러시아 파견) 러시아 30여 명
2	각국류학	독립신문	1899.08.07	(유학생 파견) 미국 2명, 독일 2명, 영국 1명
3	유학생수효	대한매일신보	1907 07.01	(일본 유학생수) 80명 가량(관비생 38/보조생 23/궁내부 파견생 31명/ 기타 사비생
4	海外留學生費	황성신문	1907.10.09	(관비유학비) 영국(33,200냥), 프랑스(14,800냥), 독일(8,600냥), 러시아(3,100냥), 벨기에(1,400냥), 일본(59,100냥)
5	在美留學生數ㅿ	대한매일신보	1907.11.14	(미국 유학생 총수) 소학생 24명/중학생 5명/무관학생 4명/대학생 6명
6	在美韓生	대한매일신보	1907.11.16	(미국 유학생수) 230명(대학생 6명)
7	외국유학생수효	대한매일신보	1909.06.19	일본: 관비생 52명(중·고·대학생 총수), 미국: (미상) 사비 유학생, 영국, 러시아에 각각 사비 유학생
8	外國遊學生數	황성신문	1910.06.12	일본: 504명, 미국:125명, 중국: 21명, 러시아: 4명, 영국 1명, 프랑스 1명

위의 정리 내용은 보도 자료를 통해 근대 초기 유학생 현황을 수치로 보여주는 경우로서, 소략한 정보지만 이를 통해 유학 지역 및 파견 상황, 학비 등에 대한 정보을 일부나마 살펴볼 수 있다. 앞서 살핀 바 있지만, 초기 유학생 진출 지역은 일본이 대부분이며 학생 수도 여타 지역에 비하여 많다는 것을 볼 수 있다. '유학생수효'(『대한매일신보』, 1907. 07.01), '외국유학생수효'(『대한매일신보』, 1909.06.19), '외국유학생수'(『황성신문』, 1910.06.12) 등은 바로 이를 방증하는 자료이기도 하다. 미주 지역 유학생도 시기가 뒤로 갈수록 점차 증가세를 보이고 있으며, 각급별로 학생이 분포되어 있음을 알 수 있다.

【 재미류학생수효(在美留學生數爻) 】

美國에 留ᄒᄂ 韓國學生이 前年에 比ᄒ면 倍에 至하야 小學校生徒가 二十四人이오 中學校生徒가 五人이오 武官學徒가 四人이오 大學校生徒가 六人이오 其外에 散在ᄒ 者가 一百一拾名이라더라.

번역 미국에 유학하는 한국 학생이 전년도에 비하여 소학교 학생이 24명이오 중학교 생도가 5명이오 무관학생이 4명이오 대학교 학생이 6명이오 그 외 흩어져 있는 자가 110명이라더라.

—'재미류학생수효(在美留學生數爻)', 『대한매일신보』, 1907.11.14

【 재미한생(在美韓生) 】

目下 美國에 在ᄒ 韓人留學生이 一百三十餘名인디 其中 大學生이 六名이라더라.

번역 지금 미국에 잇는 한인 유학생이 120여 명인데, 그 중 대학생이 6명이라더라.

—'재미한생(在美韓生)', 『황성신문』, 1907.11.16

'재미류학생수효(在美留學生數爻)'를 보면 1907년 당시 미국 유학생 총수는 소학생 24명, 중학생 5명, 무관학생 4명, 대학생 6명 등 학교별로 유학 상황이 드러나 있다. 특히 여기에서 주목되는 바는, 자세한 학교 정보는 없으나 무관학교 학생도 있었다는 점이다. 그런데 '재미한생(在美韓生)'에서는 미국 유학생 수가 120명으로 드러나, 같은 시기에 수치가 상당한 차이를 보이고 있다. 기사에서는 정확히 밝히고 있진 않으나, 후자의 경우, 한인사회의 학생 수까지 포함시킨 것으로 추정된다. 이때는 초기 이주민들이 하와이, 본토 지역 요소요소에 산재하면서 한인사회를 형성하던 때로서 2세 교육에 진력하고 있었던 시기이기 때문이다.[52] 한편 김원용(1958)에 의하면 계속적으로 유학생이 증가하여 1927년 3월 2일 '북미대한인유학생회'가 결성되던 시기에는 재학생이 총 255명이었으며, 학적을 보면, 박사원(대학원) 60명, 대학교 125명, 예비 대학(초급 대학) 35명, 특별과 36명 등으로 드러나고 있다. 이를 보면 일제 강점기에 들어서 미주 지역 유학생 수가 보다 격증했음을 알 수 있다.

또한 '외국유학생수효'(『대한매일신보』, 1909.06.19)에서도 나타나지만, 미주 지역 증가세는 국내 유학생 외에 중국이나 러시아 지역으로 위장 유학하다가 미주 지역으로 도미한 학생들까지 더해진 데도 한 원인이 있다고 할 수 있다.[53]

한편 '조선 정부에서 문필이 유여'(『독립신문』, 1896.12.12), '각국유학' (『독립신문』, 1899.08.07), '해외유학생비'(『황성신문』, 1907.10.09), '외국유학생수효'(『대한매일신보』, 1909.06.19), '외국유학생수'(『황성신문』, 1910. 06.12) 등을 보면 러시아 지역 유학도 초기부터 꾸준히 이어졌음을 알 수 있다. 유럽 지역의 유학생 수는 극히 소수로 나타나는데, 아래 자료를 보면 초기 유학생은 일본 유학을 거쳐 가는 경우도 있었음을 보여준다.

【 각국류학 】

일본 롱샹공 고등 회의에셔 이들 쵸싱에 기회 ᄒ고 경웅 의슉 류학싱 중 대학부 출신ᄌ로 五명을 쑵아셔 덕국에 二명 미국에 二명 영국에 一명 을 파숑ᄒ기로 결뎡ᄒ엿다더라.

―『독립신문』, 1899.08.07

위의 내용을 보면, 일본 유학생 중 대학부 출신 학생 5명을 선출하여, 독일에 2명, 미국에 2명, 영국에 1명 등의 유학생을 파견했다는 내용이

---

52) 윤금선(2014), 「재미 한인의 국어교육 기관과 국어 교과서 연구: 일제 강점기 미주 본토 지역을 중심으로」, 『배달말』 55, 배달말학회, 483~485쪽.

53) 「학생생도」(『공립신보』, 1909.04.28).

다. 특히 주목되는 바는 일본 정부에 의해서 파견되었다는 점이다. 이외에도 『친목회회보』와 게이오의숙 측의 기록에 의하면, 1895년 10월 소위 민비(閔妃)시해 사건에 의하여 일시에 40여 명이 귀국하는 등 중도에서 탈락한 수가 많아졌음을 볼 수 있는데, 여기에서 이후 학생들의 진로에 대해서 밝히고 있다. 이를 보면 게이오의숙을 졸업하거나 중퇴한 뒤에 미국에 거듭 유학한 자가 8명[54]이라고 제시하고 있어, 일본 유학 후 미주 지역으로 가는 경우도 종종 있었던 것으로 파악된다.

한편 다음의 자료는 1907년 7월 당시 국가별 유학생 관비를 제시하고 있다는 점이 특징적이다.

【 해외유학생비(海外留學生費) 】

北京電에 日 學部의 昨年度 官費留學生費決算報告를 據혼 則 英國에 三萬三千二百兩, 法國에 一萬四千八百兩, 德國에 八千六百兩, 俄國에 三千百兩, 美國에 一千五百兩, 白耳義에 一千四百兩, 日本에 五萬九千百兩을 送交ᄒ얏다 ᄒ고 又 學部에셔 任置혼 金額은 俄淸銀行에 四十七萬一百兩, 香上銀行에 六十七萬一千二百五十三兩, 正金銀行에 十一萬千三百八十八兩이라더라.

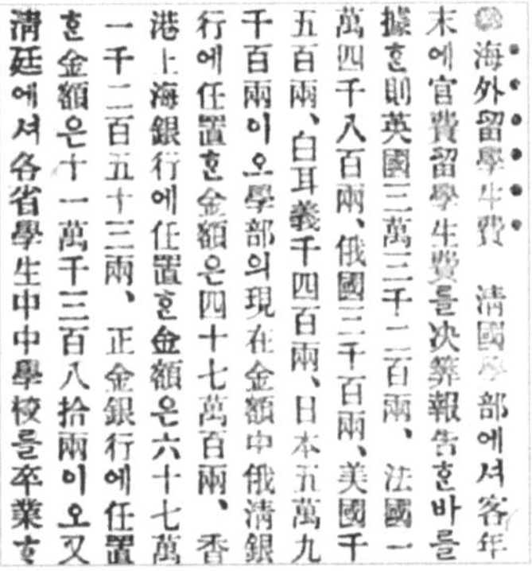

〈그림 17〉「해외유학생비」(『황성신문』, 1907.10.09)

> **번역** 북경전 소식에서, 학부의 작년도 관비유학생비 결산보고를 밝혔는데 영국에 삼만 삼천 이백냥, 프랑스에 일만 사천 팔백냥, 독일에 팔천 육백냥, 러시아에 삼천 백냥, 미국에 일천 오백냥, 벨기에에 일천 사백냥, 일본에 오만 구천 백냥을 보냈다 하고 또 학부에서 은행에 맡긴

---

54)「유학생 진로」(『한국사연구휘보』 제136호).

금액은 아청은행에 사십 칠만 일백냥, 향상은행에 육십 칠만 일천 이백 오십 삼냥, 정금은행에 십일만 천 삼백 팔십 팔냥이라더라

— 『황성신문』, 1907.10.09

위의 액수는 관비 유학비로서 일본(59,100냥), 영국(33,200냥), 러시아 (3,100냥), 프랑스(14,800냥), 독일(8,600냥), 벨기에(1,400냥) 등으로 제시되고 있다. 일본 지역의 학비가 가장 높게 나타나는데 이것은 일본 지역 유학생 수가 그만큼 많았음을 의미한다. 기타 러시아 지역과 프랑스, 독일, 벨기에 등의 학비는 그에 비해 적게 나타나고 있는데, 당시 화폐 가치 등의 문제도 있을 수 있겠으나 이는 유학생 수의 정도를 반영하는 것이라고 할 수 있다. 표에 제시된 수치는 이를 뒷받침하기도 한다. 다시 말해 유럽 지역의 유학생은 명목만 유지하는 정도였다고 할 수 있다.

2. 유학생 단체의 계몽 활동

2.1. 학회보 발간과 저술 활동

앞선 1장에서 살펴본 바, 근대 계몽기 국가별 유학생 분포도에서 가장 높은 수치를 보인 곳은 일본 지역이었다. 또한 이 시기에 유학생 단체가 결성되고 조직적인 활동이 전개되었던 지역도 일본만이었다고 해도 과언이 아니다. 동북아시나 미주 지역은 일제 강점기에 들어서서야 증가세를 보이며 유학생 결사체도 이 시기에야 이르러서 성립되었다. 그러므로 근대 계몽기 유학생의 계몽활동은 일본 유학생들의 몫이기도 했다. 이에 여기에서는 일본 지역 유학생 단체를 중심으로 계몽활동의 전개상을 살피고자 한다. 유학생 단체의 계몽활동은 크게, 학문

활동, 국내외 지식 전파, 토론회와 연설회 개최 및 교육 활동 등으로 요약된다.

먼저 학문 활동은 학회보 발간과 저술 활동이라 할 수 있다. 일본 유학생 단체들은 대부분 기관지 성격의 학보를 발행하였다. 당시유학생들이 발간한 학보를 정리해 보면, 친목회회보(親睦會會報)[대조선인일본유학생친목회], 제국청년회회보(帝國靑年會會報)[제국청년회], 태극학보(太極學報)[태극학회], 낙동친목회회보(洛東親睦會會報)[낙동친목회], 공수학보(共修學報)[공수학회], 대한유학생회학보(大韓留學生會學報), 대한학회월보(大韓學會月報)[대한학회], 대한흥학보(大韓興學報)[대한흥학회] 등이다.55)

단체별 학회보 발간 상황을 보면, 특히 태극학보는 27호까지(1,000~2,000부), 대한학회월보는 9호까지(1,000~1,500부), 대한흥학보는 13호까지(2,000~2,500부) 발행된 학보로 여타 학회보가 3~6회 발간에 그친 데 비해 호수도 출판 부수도 높은 수치로 나타나는 학회보들이다.56) 태극학회는 일본 유학생 단체의 분열기에 가장 다수의 회원을 가졌던 단체였고, 학회보 발간도 왕성했던 것으로 보여진다. 또한 군소 유학생 단체의 집결을 시도했던 대한학회나 대한흥학회도 유학생들의 연합 단체라

〈그림 18〉『태극학보』제1호 표지(고려대학교 도서관 소장)

는 점에서 발간도 활발했으며, 특히 대한흥학보는 일본 유학생들이 총집결된 결사체라는 점에서 월등히 많은 호수를 발간했음을 볼 수 있다. 학회보 발행 경비는 유학생들은 의연금과 일부 유지들의 찬성금(贊成金)으로 마련되었다.

---

55) 이에 대해서는 본 총서 제1권 '학회보 편'을 참고할 수 있다.

56) 기타 학보 발간 상황은 낙동친목회회보(4호까지 1,000부), 공수학보(5호까지 1,000부), 대한유학생학보(3호까지 1,000부)이며 제국청년회회보는 정보는 미상이다(김명옥, 1982: 31).

【 태극학보의연인씨명(太極學報義捐人氏名) 】

太極學報義捐人氏名 韓致愈氏 五拾圓 張志台氏 五拾圓 李潤柱氏 參拾圓
文一平氏 參拾圓 蔡奎丙氏 卄壹圓 五拾錢 金瀅穆氏 貳拾圓 金淵穆氏 拾圓
柳東秀氏 拾圓金 志侃氏 五圓 金志偭氏 五圓 朴相洛氏 五圓 崔錫夏氏 五圓
全永爵氏 五圓 表振模氏 五圓 金載汶氏 拾圓 朴仁植氏 五圓 李道熙氏 五圓
姜麟祐氏 五圓 白成鳳氏 五圓 申成鎬氏 (…중략…) 姜成基氏 五拾錢 歸省ᄒ
얏던 本會員 金載汶氏ᄂᆞᆫ 今月 二十八日에 東京에 再來ᄒ다.

번역 태극학보 의연 명단 한치유씨 오십원 장지태씨 오십원 리윤주씨
삼십원 문일평씨 삼십원 채규병씨 이십 일원 오십전 김형목씨 이
십원 김연목씨 십원 류동수씨 십원 김지간씨 오원 김지한씨 오원 박상락
씨 오원 최양하씨 오원 전영작씨 오원 표진모씨 오원 김재문씨 십원 박인
식씨 오원 이도희씨 오원 강린우씨 오원 백성봉씨 오원 (…중략…) 강성
기씨 오십전 귀성ᄒ얏던 본회원 김재문씨ᄂᆞᆫ 금월 이십팔일에 동경에 다
시 돌아오다.

—『태극학보』 제1호, 1906.08.24, 51~52쪽

위 인용문은『태극학보』제1호 말미에 수록된 의연 명단으로 총 35
명에 이르는데, 회원들이 십시일반(十匙一飯)으로 비용을 모아 학회보를
발간했음을 볼 수 있다. 여타 학회보에서도 잡지 발간 시 이와 같이
회원들의 후원금 명단을 제시하고 있기도 하다. 그뿐만 아니라 아래의
예문을 보면 일부 유지들의 찬조금도 더해졌음을 알 수 있다.

이 잡지를 내는 데는 유지들의 찬성금(贊成金)이 있었는데 그 내역은,
의화군(義和君) 이강(李堈) 100원(圓), 윤치오(尹致旿) 50원, 고영희(高永喜)
40원, 김사순(金思純) 20원, 이태식(李台植) 유성준(兪星濬) 안영수(安寧洙)
조의문(趙義聞) 권동진(權東鎭) 이희두(李熙斗) 10원, 한영원(韓永源) 유찬
(劉燦) 현은(玄檼) 5원으로 합계 285원이다. 그리고 특별찬성으로 일본의

사상가요 교육가인 후꾸자와(福澤諭吉 1834~1901)가 300원을 내놓았으
며, 그밖에도 20여 명의 일본인이 416원을 찬조하여 총계 716원이었다.

—최덕교(2004), 『한국잡지백년』 1, 현암사, 169쪽

위의 내용은 『친목회회보』 제1호가 발간되었을 당시, 찬성금을 냈던
유지들의 후원금 상황을 보여주고 있다. 이렇듯 학회보는 학생들의 자
비와 유지들의 찬조비에 의해 발간되었던 것이다. 특히 유학생들은 학
비 충당에도 충분치 못했던 경제적 여건 속에서도 학보를 발간하는 데
학비 일부를 보조한 것은 바로 애국계몽적 차원에서 이루어진 것이라
할 수 있다.[57]

각 유학생 단체의 학회보 발행 목적은 유학생 자신들이 직접 쓴 글들
로, 자신들이 습득한 지식을 회원 상호간에 교환하는 데 있었다. 그러
나 이보다 더 큰 의미는 본국 국민의 지식계발을 돕자는 데 있었다.

【 대한유학생회학보취지서(大韓留學生會學報趣旨書) 】

而我六七百人이 聞一則記一하고 學一則演一ᄒ야 以筆爲口ᄒ고 以文爲言
ᄒ야 輸入世界之文明ᄒ야 供絡國家之實力이 是本會目的之廣義也오. 與二千
萬家族社會로 同歸考也니 是本會會報之成立이 成立於閔忠正公一幕追弔之
日也라. 嗚呼라 豈偶然也哉아.

<u>번역</u>　우리 600~700명은 하나를 들으면 하나를 기억하고, 하나를 배우
면 하나를 연출하여 붓을 입으로 삼고 글을 말로 삼아 세계의 문
명을 수입하여 국가의 실력을 공급하는 것이 바로 본회 목적의 넓은 뜻이
요, 2천만 가족사회와 더불어 함께 귀착하는 것이니

—『대한유학생회학보』 제1호, 1쪽

---

57) 金淇周(1991: 74).

위와 같은 목적은 여타 학회보 발간 취지서에서도 유사하게 나타나 있기도 하다. 일례로 『친목회회보』 창간호 〈회지(會旨)〉에서는 "본회 회보 발행의 목적은, 우리가 타국에 유학하되 원근에 거주하여 서로 만나기가 어렵다. (…중략…) 서로의 사정을 통하여 친목을 두텁게 하고 더불어 지식을 교환하기 위함이다"[58]라고 밝혔으며, 『태극학보』 제1호 '태극학보 발간의 서'에서는 "때때로 연설 강연 혹은 토론 등으로 학식을 교환 연마하여 후일 활발한 활동을 위한 준비를 게을리 아니하고, 틈틈이 각자 학습한 전문 지식과 보통 지식으로 논문을 쓰고 번역을 하여 우리 동포 국민의 지식을 개발하는 데 작은 도움이 되고자 하는 작은 정성에서 나온 것이니, 이것이 본보가 창간되는 좋은 운수를 만난 것이다"라고 쓰고 있으며,[59] 『공수학보』 제1호 〈緒言〉에서도 "매월 몇 번 씩 모여 학우의 의를 돈독히 하고, 상부상조하여 서로 도움 되기를 도모하여 강연과 토론으로 피차의 지식을 교환하며 해외 여러 학자의 학술을 자료삼아 국내의 동포에게 보여주기 위해, 연구한 학문과 토론을 편집하여 학보를 발행하기에 이른 것이다."[60]라고 제시했다. 이 외기타 학회보 발간 목적 또한 열거한 내용과 대동소이하다. 이것은 앞서 살핀 각 학회의 설립 취지와 연결되는 내용이라고 할 수 있다.

그러면 실제 각 학회보가 담고 있는 내용들은 무엇인지, 가장 많은

---

58) "본회 회보 발행의 목적은, 오인(吾人)이 타방(他邦)에 유학하되 원근(遠近)에 교주(僑住)하여 용음(容音)이 낙락(落落)한지라 (…중략…) 피아(彼我)의 사정을 통하여 친목을 돈후(敦厚)히 하고 겸하여 지식을 교환함을 위함이라"(「회지」, 『친목회회회보』 제1호, 1896. 01.31).

59) "時時 演說 講演 或 討論 等으로써 學識을 交換研磨ᄒᆞ야 他日 雄飛의 準備를 不怠ᄒᆞ고 學暇를 利用ᄒᆞ야는 各自 學習ᄒᆞᄂᆞᆫ 바 專門普通으로 論作之飜譯之ᄒᆞ야 我同胞國民의 智識을 開發ᄒᆞᄂᆞᆫ 一分의 助力이 되고져 ᄒᆞᄂᆞᆫ 微誠에 出홈이니 此는 本報가 創刊되ᄂᆞᆫ 盛運에 達흔 者인ㅣ져"(「태극학보 발간의 서」, 『태극학보』 제1호, 1906.08.24).

60) "曩日에 共修會를 組織ᄒᆞ야 每月에 幾回식 會ᄒᆞ야 學友의 誼를 相敎ᄒᆞ고 麗澤의 益을 相資ᄒᆞ기를 準備ᄒᆞ야 (번역) 지난 번에 공수회를 조직하여 매월 1회씩 모여 학우의 정을 두텁게 하고, 학우끼리 서로 도와 학문과 품성을 서로 돕기를 준비하여"(「서언」, 『공수학보』 제1호, 1907.01.31).

부수를 발행했던 『태극학보』의 창간호 목차의 예를 통하여 개략적이나마 살피고자 한다.

〈표 3〉『태극학보』 제1호 목차

번호	분야	제목	필자
1		太極學報 發刊의 序(태극학보 발간의 서)	
2		國家論(국가론)	會員 崔錫夏 (회원 최석하)
3		我國敎育界의 現象을 觀ㅎ고 普通敎育의 急務를 論홈 (아국교육계의 현상을 관하고 보통교육의 급무를 논함)	編輯人 張膺震 (편집인 장응진)
4		獻身的 情神(寄書)(헌신적 정신-기서)	大夢生 崔南善 (대몽생 최남선)
5		宗敎維持方針이 在經學家 速先開化 附祝歌(寄書) (종교유지방침이 재경학가 속선개화 부축가(기서)	麟皐生 柳承欽 (인고생 류승흠)
6		無學의 不幸이라(무학이 불행이라)	會員 全永爵 (회원 전영작)
7	논설	社會敎育(사회교육)	會員 蔡奎丙 (회원 채규병)
8		告我二千萬同胞(寄書)(고아이천만동포-기서)	工學士 尙灝 (공학사 상호)
9		石油(석유)	會員 申成鎬 (회원 신성호)
10		녀즈교휵	會員 金洛泳 (회원 김낙영)
11		奮起어다 우리 同胞靑年(분기어다 우리 동포청년)	會員 表振摸 (회원 표진모)
12		太極學會 總說 上(태극학회 총설 상)	留學生監督 韓致愈 (유학생감독 한치유)
13		賀太極學報之創始(하태극학보지창시)	工學士 尙灝 (공학사 상호)
14		贊說(찬설)	友古生 崔麟 (우고생 최린)
15	잡저	贊說(찬설)	東菴生 李承瑾 (동암생 이승근)
16		賀在米國共立協會(하재미국공립협회)	雲樵生 池成沈 (운초생 지성침)
17		贊說(찬설)	雲樵生 池成沈 (운초생 지성침)

254

번호	분야		제목	필자
18	학술		空氣說 (공기설)	編輯人 張膺震 (편집인 장응진)
19			水蒸氣의 變化 (수증기의 변화)	會員 金志侃 (회원 김지간)
20			石炭 (석회)	會員 張志台 (회원 장지태)
21			衛生 (寄書) (위생-기서)	柳隱生 康秉鈺 (유은생 강병옥)
22			松蛄蟖 (松蟲) 驅除 及 豫防法 (송고사(송충) 구제 급 예방법)	會員 金瀅穆 (회원 김형목)
23			造林學之必要 (조림학지필요)	會員 金鎭初 (회원 김진초)
24	문예	시	聞蟬 (문선)	會員 金淵穆 (회원 김연목)
25			賀太極學報, 偶吟 (하태극학보, 우음)	雲樵生 池成沈 (운초생 지성침)
26		문예기타	忠告歌 (충고가)	會員 張啓澤 (회원 장계택)
27			東京一日의 生活 (동경일일의 생활)	會員 李潤柱 (회원 이윤주)
28	세태비평		隨感隨筆 (수감수필)	會員 朴相洛 (會員 朴相洛)
29	소식		醫師 安商浩氏의 來歷 (의사 안상호씨의 내력)	
30			工科大學卒業生 尙灝氏 (공과대학졸업생 상호씨)	
31			會員消息 (회원소식)	
32			本會會員名錄 (본회회원명록)	
33	사고·편집후기		太極學報義捐人氏名 (태극학보의연인씨명)	

　위의 『태극학보』 목차는 1906년 8월 창간호에 제시된 것으로, 편집인 겸 발행인은 장응진(張膺震)과 김낙영(金洛泳), 발간 목적은 학식교환, 동포국민의 지식개발 등이라 밝히고 있다. 그 편집 체제를 보면 논설, 잡저, 학술, 문예, 세태비평, 소식 등으로 나타나는데, 특히 논설이 다수를 차지하고 있다. 3호까지는 위와 같은 체재를 유지하고 있으나 4~11호는 강단학원(講壇學園), 잡록(雜錄), 12~21호는 논단(論壇), 강단(講壇), 학원(學園), 문예, 잡록, 22~25호는 논단, 강단, 학원, 사조, 문예, 잡록,

26호는 논단, 강단, 학원, 문예, 잡보 등과 같이 체재의 변화를 보이고 논단과 강단, 학원 등은 성격이 비슷한 글로, 이를 보면 『태극학보』는 논설 쪽에 큰 비중을 두었다고 할 수 있다. 제재 면에서 보면 교육, 사상, 위생, 국가(정치, 경찰, 국제, 조세), 경제, 자연과학, 문예, 종교, 음악, 상업, 농업 등 다양한 방면을 다루고 있으며, 회원들이 집필진이었으며, 중심 필자는 전대 편집인을 담당했던 장응진(張膺震)[1~15호], 창간호에서 종간호까지 인쇄를 맡았던 김지간(金志侃)[1~5호, 15~26호], 19부터 26호까지 편집인이었던 김낙영(金洛泳)[6~19호], 김진초(金鎭初)[1~17호], 박용희(朴容喜)[14~15호] 등이다. 이 외 자주 필진으로 드러나는 경우는 문일평(文一平), 한치진(韓致愈), 최석하(崔錫夏), 김영작(全永爵), 장계택(張啓澤), 이동초(李東初) 등이다.61)

한편 『태극학보』 창간호 집필 내용을 제재면에서 정리해 보면 다음과 같이 드러난다.

〈표 4〉 『태극학보』 제1호 제재별 분류

번호	제재	제목
1	국가	국가론
		분기어다 우리 동포청년
		고아이천만동포
		하재미국공립협회
2	교육	아국교육계의 현상을 관하고 보통교육의 급무를 논함
		무학이 불행이라
		사회교육
		녀ᄌ교흉
3	사상	헌신적 정신
4	종교	종교유지방침이 재경학가 속선개화 부축가

---

61) 조남현(2012), 『한국문학잡지사상사』, 서울대학교출판원, 45~46쪽.

번호	제재	제목
5	자연과학	석유
		공기설
		수증기의 변화
		석회
		조림학지필요
6	위생	위생
		송고사(송충) 구제 급 예방법
		문선(시)
7	문학	하태극학보, 우음(시)
		동경일일의 생활(시)
		충고가(문예·기타)
		수감수필(수필)

위의 제재별 분류에서는 창간호라는 점에서 취지나 축사 등의 내용은 제외시켰다. 제재는 국가, 교육, 사상, 위생, 종교, 자연과학, 위생, 문학 등으로 나눌 수 있다. 제재면에서는 국가, 교육, 자연과학 관련 내용이 지배적인 담론으로 다루어지고 있다. 특히 교육에서는 보통교육, 사회교육, 여자교육 등으로 대상별 교육에 대한 논의가 게재되었다는 점이 주목된다. 또한 여기에서 김낙영(金洛泳)이 쓴 논설 '녀자교휵'은 여타 목차의 글과는 쓰기 방식이 차별된다는 점에서 특징적이라 하겠다.

【 녀ᄌ교휵 】

어린 ᄋ희의 셩픔을 ᄀᄅ치ᄂ 거시 젼혀 그 어머니의게 잇ᄉ즉 어머니된 이ᄂ 뭇당히 뎍당ᄒ 학문을 비호워야 홀 터힌 고로 뎌 문명를 틔셔 모든 나라들이 녀인의 권셰를 놉혀주며 고등ᄒ 함문뎡도로 녀학교를 만히 셜립ᄒ여 왼 나라 녀ᄌ를 구름ᄀᆺ치 모호와 이훗뒤의 어진 어머니와 어진 안히가 되여 이러케 듕대ᄒ 소임을 감당홀만 ᄒ게 가라치니 오날 어린 계집ᄋ희들은 이훗뒤 ᄌ손의 어머니라. 지금 이 녀ᄌ들을 교휵식이지 아니ᄒ면 이ᄂ

쟝릭의 나라 샤회를 멸망식히는 것과 다름이 업슬지라. 이 말이 비록 과ㅎ고 외람흔 듯ㅎ나 그럿치 아니ㅎ니 집안은 곳 샤회의 긔쵸오 ᄌ녀ᄂ 즉 집안의 근본이라 만일 ᄌ손이 픽악ㅎ면 집안이 불힝ㅎ고 샤회가 멸망ㅎ리니 엇지 무셥지 아니ㅎ리오. 쟝릭 문명의 긔쵸를 맛혼 부인의 즉분을 잘 짓히게 ㅎᄂ 것은 오늘 여러 부모신되 이의 녀ᄌ교휵을 힘쓰ᄂ디 잇ᄉ즉 여러 부모ᄭ셔 이ᄀ치 중혼 소임을 두 엇기에 매엿ᄂ지라.

—『태극학보』 제1호, 1906.08.24, 41~42쪽

위의 글은 여자교육의 중요성을 언급하고 있는 내용이라 할 수 있다. 즉 국가와 사회의 흥망은 바로 가정교육에 있으며, 이 가정교육은 바로 여성교육에 있다는 주장이다. 그것은 여성들이 어머니가 되어 자녀교육을 하기 때문이라는 것이다. 이러한 주장은 근대 계몽기 교육 관련 담론에서도 자주 드러나는 바이기도 한다. 그런데 이 자료에서 주목되는 점은 기술적인 측면이다. 『태극학보』뿐만 아니라 여타 학회보의 기술 방식은 국한문혼용체라 할 수 있다. 그런데 실제로는 조사나 술어 외에 모두 한자로 표기되어 있어 식자층이 아니면 독해하기 힘든 내용이라고 할 수 있다. 그런데 논설 '녀자교휵'은 순국문 표기로 쓰여져 있다. 이것은 바로 독자층에 대한 배려라고 할 수 있다. 즉 앞서 학회 결성 취지나 학회보 창간 목적에서도 드러나고 있지만, 회원 상호 간의 지식교류뿐만 아니라 국민계도라는 측면에서 일반 독자들도 염두에 둔 데서 취한 기술 방식이라고 볼 수 있다.

또한 위 표에서 주목되는 것은 바로 학문 담론이라 할 수 있다. 총서 제1권에서 밝힌 학술 담론 분포에서도 드러나듯이, 26호까지 각 분야별로 학문 담론이 다루어지고 있어, 그야말로 근대 학문에 대한 다양한 지식을 담고 있는 학회보라 할 수 있다. 본고에서는 『태극학보』의 창간호 목차만으로 그 성격의 일단을 살펴보았지만 여타 학회보 또한 이와 유사한 구성과 제재들을 이루어져 있기도 하다. 조남현(2012)에서 밝힌

'사상적 요체'를 참조하여 주요 학회보의 특기할 만한 내용을 정리하면 아래와 같이 요약된다.

〈표 5〉 재일 유학생 학회보의 주요 내용(조남현, 2012: 3~138 참조)

번호	학회보	주요 내용
1	친목회회보	김용제(교육 실업 장려론), 문원란(서경시, 계절시, 행사시 등의 한시 소개)
2	태극학보	최남선(헌신적 정신론), 김낙영(여성교육 중시론), 장응진(의무론, 국민교육진흥책, 생존경쟁법칙론, 고학론, 사회이론), 문일평(지유론), 최석하('조선혼', 강전(국문우수성), 최석하(한국인물론, 영웅론), 이동초(양민주의론), 이광수(한글전용론), 문일평(애국청년위기론), 이광수(대한민족쇠망 4대원인론), 장응진(개화사상 소설 〈다정다한〉, 부패관리 참회소설 〈월하의 자백〉), 이규철(동경유학생 소설 〈무하양〉), 이기(한국비판 소설 〈항설〉)
3	대한유학생회회보	유승흠(수구파, 개화파, 양비론), 한흥교(한자숭상 폐단론, 국한문 혼용체 이상론, 공기·지리학·국제공법·화학·지구학 등 소개), 강전, 한치유(최익현 추모시), 이형우(국민단결론), 김기옥(선각자론), 항용교(자녀교육중시론), 진학문(노름꾼소설)
4	대한학회월보	이동초(다방면의 변화촉구론), 최명환(근면 촉구시), 최남선(국문시의 자유예찬, 평등주의 지향, 국민의 소리), 문상우(조혼폐해론, 4대 현대사조론), 고원훈(3대 주의론), 우양생(일본인 애국심, 기민성론), 교훈시, 계몽시, 인생시, 정형시 등의 한시
5	대한흥학보	조용은(한국인 병폐론), 강전(계급적 습관 타파론과 붕당적 혼인 금지론, "황태자 전하 천세" 표기), 한흥교(자강론, 국민의 과학적 활동론, 악예의 3대 조건론), 이광수(정육론, 재일조선유학생 분류론), 홍명희, 최남선, 한흥교 외 베델 추모시, 진학문(사상토론소설 〈요조오한〉), 김원극(연극궁정론), 최남선(국토사랑시 〈태백산가〉), 이광수(〈무정〉), 서정한시, 애국시, 일본기행문

『태극학보』는 앞서 살핀 바 생략하고 기타 각 학회보의 특징을 언급하면, '대조선일본유학생친목회'의 기관지였던 『친목회회보』는 친목돈후와 지식교환을 목표 발행된 학회보로 편집인은 최상돈, 김용제, 원응상, 발행인은 김용제 등이다. 체재는 회지/사설/논설/잡보/연설/문원/내보/이보/회사기 등으로 구성되었고, 위에서 밝힌 김용제의 교육론과 문원란에 제시된 문예 외에도, 개화론, 우국론, 권학론, 정치론, 국민론 등의 담론이 다수 다루어지고 있다. 다음 『대한유학생회학보』의 발행

인은 유승흠, 편집인은 최남선 등으로 창간 정신을 세계 문명의 수입, 국가 실력의 양성이라고 밝히고 있다. 〈표 5〉 3에 제시된 필자들의 논의들에서도 일부 드러났지만, 앞선 학회보와 유사한 내용들을 다루고 있음을 볼 수 있다. 『대한학회월보』 발행인은 김기환, 편집인은 유승흠, 강전 등미, 주요 필자로는 문상우, 채기두, 고원훈, 강매, 최남선 등을 들 수 있다. 특히 이 학회보의 창간사에서는 유학생회를 단합을 그 무엇보다 강조하고 있으며, 〈표 5〉 4의 예시 외에도 국가론, 학문론, 경제론, 교육론, 조혼금지론, 우생론, 일본론, 윤리론 등의 논의들이 다수 거론되고 있다.

『대한흥학보』의 발행인은 고원훈, 편집인은 강전, 이승근, 조용은, 이득연 등이다. 앞선 살펴본 바 있지만, 대한흥학회는 대한학회, 태극학회, 공수학회, 연학회의 연합 단체이다. 이를 반영하듯, 이 학회보에는 교육, 농업, 경제, 학회, 과학, 민족, 문예 분야 등에서 상당수의 글들이 수록되고 있다. 특히 강전의 경우는 논설 지면의 최다 필자로 드러나고 있다는 점도 특징적이다. 한편 문학 부문의 글이 다른 학회보에 비해 지면을 많이 할애하고 있다는 점이 주목된다. 즉 〈표 5〉에도 제시한 바, 홍명희, 최남선, 한흥교 등의 베델 추모시, 진학문의 사상토론소설인 '요조오한', 김원극의 '연극긍정론', 최남선의 국토사랑시인 '태백산가', 이광수의 '무정', 기타 서정한시, 애국시, 일본기행문 등 다수의 문학 관련 글들이 실려 있다.[62]

한편 대한흥학회는 '보설(報說)'에서 회원들에게 15가지 희망 사항을 제시하고 있어서 주목된다. 보설 내용 중 희망 사항만 정리해 보면 다음과 같다.

---

[62] 조남현(2012) 참조. 『친목회회보』(3쪽), 『태극학보』(55쪽), 『대한유학생회학보』(74쪽), 『대한학회월보』(81쪽), 『대한흥학보』(138쪽) 참조.

【 보설(報說) 】

1. 침착하고 씩씩한 영웅호걸을 구하며[沈着雄厚흔 英豪를 求ᄒ며], 2. 충성스럽고 용맹하며 의로운 쾌남을 바라며[忠勇義烈의 快男을 望ᄒ며], 3. 통달함을 연마하고 민첩하여 쓸모있는 사람됨을 좋아하며[鍊達通敏흔 材局을 歡ᄒ며], 4. 박식함이 극에 달하고 시대의 의무에 힘쓰는 선비를 존경하며[博極時務의 士을 敬ᄒ며], 5. 자립자강을 유지하며[自立自强의 操를 持ᄒ며], 6. 굳세고 강인한 절개를 증가시카며[活潑剛毅의 節을 培ᄒ며], 7. 윤리와 원칙이 있는 법도를 존중하며[有倫有則의 儀를 尊ᄒ며], 8. 자국의 아름다움과 자질을 보호하며[自國質素의 美를 保ᄒ며], 9. 근검절약의 규칙을 세우며[勤儉節約의 規를 立ᄒ며], 10. 곳곳에서 베풀며[井井方方의 擧를 施ᄒ며], 11. 진실하고 순박한 의에 이르며[眞摯淳樸의 意를 致ᄒ며], 12. 평화롭고 아량있는 마음을 기르며[平和慈諒의 心을 養ᄒ며], 13. 대중을 향한 사람을 넓히며[汎愛大衆의 量을 擴ᄒ며], 14. 항상 인내하며 방책을 강구하며[恒久忍耐의 策을 講ᄒ며], 15. 공명하고 성실함의 근본을 견디며 힘씀이니[公正誠實의 大本을 克務홈이니]'

—『대한흥학보』 제1호, 1909.01.27, 4~5쪽

위의 제시된 15가지 사항은 대한흥학회 회원에게 바라는 요청 내용이라 할 수 잇다. 이 글의 말미에서는 이러한 사항들이 학회의 정신이자 학회보의 사상이라고 강조하면서, 이를 바탕으로 회원들의 학업 정진과 국민의 실력향상을 기해야 한다고 강조하기노 했다.[63]

이상 각 학회의 학회보를 통해 유학생들의 저술 활동을 살펴보았다. 앞선 국가별 유학생 상황에서도 살펴본 바, 근대계몽기 유학생 단체는 한인 학생이 다수 밀집했던 일본에서만 이루어졌다고 할 수 있다. 이에 학회보 발간도 일본 지역 중심으로 살펴보았다. 보다시피 각 단체의

---

63) 「보설(報說)」(『대한흥학보』 제1호, 1909.01.27, 4~5쪽).

학회보에는 다양한 학문론과 문예물, 논설 등이 수록되었다. 학회의 이합집산의 과정에서 필진들이 겹치는 현상을 보이기도 하는데, 이렇듯 유학지에서 학문의 장, 문예의 장을 공유했던 유학생들은 당대 학문 교류와 이에 따른 학문 증진을 기하였을 것으로 보인다. 나아가 이는 국내외 한인 사회에 전파되기도 한다. 또한 필진 명단에서도 드러난 바, 이들 유학생은 졸업 후 각계 분야에서 주도격 위치를 담당했던 인물이기도 하다. 그런 점에서 학회보 발간은 당대 한인 유학생계 뿐만 아니라 이후 국내 학문 발전에 지대한 영향력을 끼쳤다는 데 의의가 크다 하겠다.

2.2. 국내외 한인 사회로의 지식 보급

아래의 자료들은 일본에서 발간된 학회보가 국내는 물론 멀리 미주 지역에까지 전해졌음을 보여주는 글들이다.

【 일본 류학ᄒᄂ 죠선 학도들이 친목회를 시작ᄒᆡ 】

일본 유학ᄒᄂ 죠선 학도들이 친목회를 모화 거긔 유학ᄒᄂ 학도 중에셔 일년에 ᄒ번식 년보를 출판ᄒᆡ 여러권을 친구들의게 보내엿ᄂᄃᆡ 우리 신문샤에 뎨일 뎨이호가 왓ᄂᄌ라 이척을 근일에 우리가 자셔히 넑어 본즉 그속에 미우 지각 잇ᄂ 말도 만히 잇고 말을 넑어 보면 죠선 학도들도 분ᄒ ᄆ음이 나셔 죠선을 문명 진보ᄒᄀ ᄒᄅᄂ ᄆ음도 잇ᄂ것 ᄀ고 ᄌᄀ 님군을 ᄉ랑ᄒ고 도탄에 든 동포 형뎨를 구완히줄 싱각도 잇ᄂ것 ᄀᄒᆫ지라 (…중략…) 이담에 본국에 도라 오거드면 다만 ᄌᄀ 몸들만 잘 될 싱각을 말고 죠션 인민의 본보기가 되야 이 무식ᄒ고 불샹ᄒ 인민들을 건지고 그인민의 션싱이 모도 될 쥬의를 가지고 학문을 셩취ᄒ거드면 우리가 그사름들을 춤ᄉ랑 ᄒᆯ터이요 그사름들도 우리를 친구로 싱각ᄒᄀᄅ ᄇ라노라

―『독립신문』, 1896.09.22

위의 내용은 보도 일자상『친목회회보』를 대상으로 한 글이라 할
수 있는데, 독립신문사에 학회보가 전해졌음을 보여준다. "이칙을 근
일에 우리가 자셔히 넑어 본즉 그쇽에 믹우 지각 잇는 말도 만히 잇고
말을 넑어 보면 죠션 학도들도 분ㅎ 믹음이 나셔 죠션을 문명 진보ㅎ
게 ㅎ랴는 믹음도 잇는것 ᄀᆞᆺ고"라는 말은 일종의 광고성 내용이라 할
수 있는데, 유학생들이 집필한 글들이 국내 독자들에게도 유의미하다
는 내용을 암암리에 담고 있는 것이라 할 수 있다. 이를 방증하듯이
학보들의 발간 시기에는 신문에 아래와 같은 광고들이 지속적으로 실
리기도 했다.

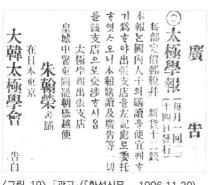

〈그림 19〉「광고」(『황성신문』, 1906.11.20)

〈그림 20〉
「在日本東京
各各學報到着」
(『대한매일신보』,
1907.06.18)

　廣告 ◎太極學報{每月一回二十四日發行} 每部定價郵稅幷 新貨十二錢. 本
報는 國內人士의 購讀을 便宜케ᄒ기 爲ᄒ야 出張支店을 左記處로 委托ᄒ엿
스오니 本報購讀及廣告等一切를 該支店으로 交涉ᄒ시옵. 太極學報出張支
店. 朱翰榮書舖. 在日本東京 大韓太極學會 告白

　번역　광고 ◎ 태극학보{매월 일회 이십사일발행} 매부 정가와 우편료를
부가함. 신권[新貨] 십이전. 본 학회보는 국내 인사의 구독을 편의
케 하기 위하여 출장 지점을 왼쪽에 기록한 곳으로 위탁하였사오니 학회
보 구독 및 광고 등 일체를 해당 지점에 연락하시오. 태극학보 출장 지점.

주한영서포. 재일본동경 대한태극학회 알림

―'광고', 『황성신문』, 1906.11.20

위의 인용문은 『태극학보』의 광고로써 국내에 출장소(주한영서포)를 두고 학회보를 판매했음을 보여준다. 발간은 매월 24일경이며, 가격에는 우편료를 부가시키고 출장소는 '주한영서포'라 밝히고 있다. 이와 같이 각 학회보 발간 즈음에는 『황성신문』, 『독립신문』, 『대한매일신보』 등 국내 신문에서 학회보에 대한 간단한 안내를 덧붙이며 지속적으로 광고를 게재하고 있다.[64]

【 대한유학생회학보(大韓留學生會學報) 】

大韓留學生會學報 每月一回第一日曜發行 日本東京에 在ᄒ 我韓國留學生이 合心倂力ᄒ야 總成一會ᄒ야 學業相勸ᄒ며 患厄相救홈은 朝野의 讚美를 已受홈이어니와 自本月爲始ᄒ야 學報를 發行ᄒ야 我學生의 團結心을 一層鞏固케 ᄒ며 本國人士와 愛國同情을 貫通케 홈을 企圖ᄒ오니 有志諸公은 速速請購ᄒ십 論說 雄辯擺雲 學術 簡明易致 譯叢及雜俎 古今東西奇事高談

번역 대한유학생회 학보 매월 일회 첫 번째 일요일 발행. 일본 동경에 있는 우리 한국 유학생이 마음을 합하고 협력하여 한 회를 총결성하여 학업을 서로 권하며 어려운 일을 서로 도움은 정부와 민간에서 이미 칭송한 바 있거니와, 매월 자신들의 자본으로 월보를 발행하여 우리 학생계의 단결심을 일층공고케 하며 본국 인사와 애국 동정을 널리 통하게 함을 기도하오니 뜻있는 여러 사람들은 속히 청구하시오. 론설 웅변 학술 간명하고 쉬운 이치 역대 최고 잡지 고금동서의 기사(奇事) 고담(高談)

―『황성신문』, 1907.02.08

---

64) 「일본 잇ᄂ 죠션 싱도 친목회 회보 뎨삼호가」(『독립신문』, 1896.11.07), 「일본 잇ᄂ 죠션 유학싱의 친목회 뎨 ᄉ호 회보가 왓ᄂ듸」(『독립신문』, 1897.04.08), 「일본 류학ᄒᄂ 죠션 학원들이 학업을 힘써」(『독립신문』, 1896.11.10) 외 다수.

264

【 특별광고(特別廣告) 】

現我國民의 日本國東京에셔 留學ᄒᄂᆫ 僉員이 太極學會를 設立ᄒ고 學問上有益事業을 實行홈에 對ᄒ야 吾人이 一口贊同이기 玆에 發起ᄒ오니 有志僉彦은 齊聲捐助ᄒ심을 萬望 光武十年十一月 三日 發起人 兪星濬 羅壽淵 盧白麟 權鳳洙 魚瑢善 趙齊桓 元應常 張 燾 兪承兼 石鎭衡

번역 현재 일본 동경에서 유학하는 이들이 태극학회를 설립하고 학문상 유익한 사업을 실행함에 대하여 우리가 한 목소리로 찬동하는 지금. (태극학보를) 발간하니 뜻있는 여러분은 소리를 가지런히 하고 서로 힘을 돕기를 심을 간절히 바람. 광무 십년 십일월 삼일 발기인 유성준 나수연 노백린 권봉수 어용선 조제환 원응상 장도 유승겸 석진형

—『황성신문』, 1906.11.23

보다시피 국내 신문에서는 때로는 특별 광고를 통해서도 학회보 구독을 독려하고 있는데, 이뿐만 아니라 미주 지역 한인 사회까지 전해지고 있었다는 점이 주목된다.

【 대한정신 】

일본에 류학ᄒᄂᆫ 한국학싱들이 정신을 합ᄒ야 각종 회를 혁파ᄒ고 다시 큰 단톄를 조직ᄒ야 대한학회하고ᄒ고 월보를 발간ᄒᄂᆫ디 고명ᄒᆫ 학술노 언론이 강기ᄒ야보ᄂᆫ쟈로 ᄒ야금 애국사상이 감발케 ᄒ얏더라

—『공립신보』, 1908.04.22

일본에 류학ᄒᄂᆫ 학싱의 단톄로 조직된 대한흥학회에셔 발간ᄒᄂᆫ고로 대한흥학보 뎨一호가 본샤에 릭도ᄒ얏ᄂᆫ다디 건전ᄒᆫ 필법과 주밀ᄒᆫ 톄지ᄂᆫ 아한 잡지계의 특별ᄒᆫ 광치를 발ᄒ더라

—'감하긔즁', 『신한민보』, 1909.04.21

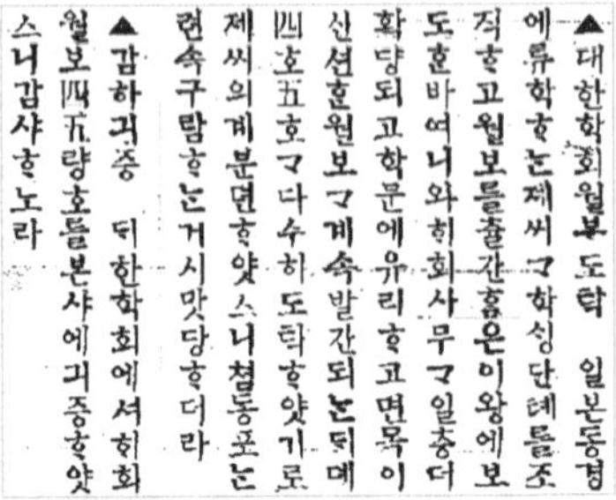

▲대한학회월보 도착 일본동경
에류학ᄒᆞᄂᆞᆫ제씨ᄀᆞ학ᄉᆡᆼ단톄를조
직ᄒᆞ고월보를출간ᄒᆞᆷ은이왕에보
도ᄒᆞᆫ바여니와히회사무ᄀᆞ일층더
확댱되고학문에유리ᄒᆞ고면목이
신션ᄒᆞᆫ월보ᄀᆞ계속발간되ᄂᆞᆫᄃᆡ메
四호五호ᄀᆞ다수히도착ᄒᆞ얏기로
제씨의계분면ᄒᆞ얏ᄉᆞ니쳠동ᄌᆞᄂᆞᆫ
련속구람ᄒᆞᄂᆞᆫ거시맛당ᄒᆞ더라
▲감하귀중 대한학회에셔히회
월보四五량호를본샤에긔증ᄒᆞ얏
ᄉᆞ니감샤ᄒᆞ노라

〈그림 21〉「대한학회월보 도착」
(『공립신보』, 1908.09.09)

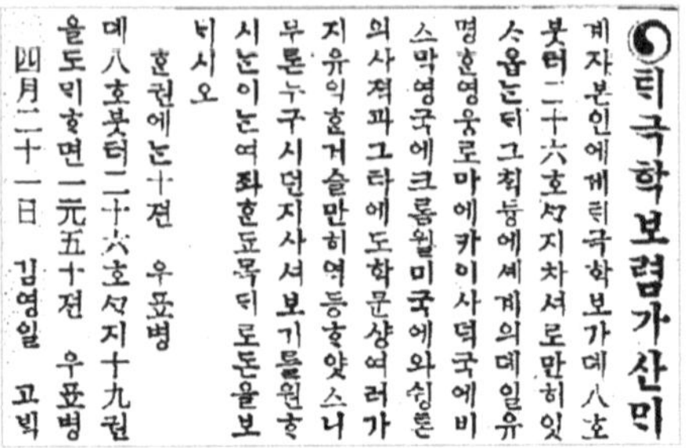

ᄐᆡ극학보렴가산ᄆᆡ
계자본인에계ᄐᆡ극학보가뎨八호
붓터二十六호ᄭᆞ지차셔로만히잇
ᄉᆞ옵ᄂᆞᆫᄃᆡ그칙ᄂᆡᆼ에셰계의뎨일유
명ᄒᆞᆫ영웅로마에카이사뎌국에비
ᄉᆞ막영국에크롬웰미국에와싱톤
의사젹파그타에도학문샹여러가
지유익ᄒᆞᆫ거슬만히역등ᄒᆞ얏ᄉᆞ니
무론누구시던지사셔보기를원ᄒᆞ
시ᄂᆞᆫ이ᄂᆞᆫ여좌ᄒᆞᆫ됴목ᄃᆡ로돈을보
ᄂᆡ시오
ᄒᆞᆫ권에ᄂᆞᆫ十젼 우표병
뎨八호붓터二十六호ᄭᆞ지十九권
을도미ᄒᆞ면一元五十젼 우표병
四月二十一日 김영일 고ᄇᆡᆨ

〈그림 22〉「태극학보 염가산매」
(『신한민보』, 1909.05.12)

위의 내용은 일본 유학생 단체가 학회보를 발간할 때마다 동포 사회에 이를 기증했음을 보여주며, 〈그림 21〉과 〈그림 22〉처럼, 신문사에서도 국내와 마찬가지로 광고를 게재하였음을 알 수 했다.[65] 이렇듯 일본 유학생계 학회보는 국내는 물론 국외 미주 지역 한인 사회에까지 알려지고, 광고를 통해 구독의 창을 열고 있었음을 볼 수 있다. 이것은 학회보에 게재된 학문 담론 및 사회 문제에 대한 논의, 문학과 예술 활동 등의 성과물이 한인 전반 사회에 전파되고 있었음을 반영하는 것이라 할 수 있다.

한편 근대 계몽기에는 일본 외의 여타 국가로 진출한 유학생은 그 수가 적고 단체를 결성할 만큼 조직화되지 않았다. 유학생 단체가 생기기 시작한 일제 강점기 이후부터이며 이 시기부터 유학생의 출판물들을 볼 수 있게 된다. 참고로 미주지역의 경우를 예로 들면 다음과 같은 출판 활동을 정리하면 아래와 〈표 6〉[66]과 같이 요약된다.

---

65) 「太極學報特色」(『공립신보』, 1906.10.22), 「태극학보 구독」(『신한민보』, 1908.03.18), 「대한학회월보 도착」(『공립신보』, 1908.09.09), 「태극학보 염가산매」(『신한민보』, 1909.05.12), 「廣告」(『신한민보』(1910.03.23) 등.

66) 김원용(1958), 「반도에 기다인재를 내인 영·미·로·일 유학사」, 『삼천리』 제5권 제1호, 1933.01.01, 22~29쪽 참조.

〈표 6〉 미주 지역 유학생계 출판 활동

번호	출판물	발간시기	단체	활동 인물 및 특징
1	학생보(學生報)	1914.10.05	하와이 한인학생친목회	주필 조성환(曹成煥), 최초의 미주 지역 유학생 잡지, 1년 지속
2	소년한국(少年韓國, YoungKorea) 한국공론(韓國公論)	1919.01.25	컬럼버스 한인학생회	주필 박진섭(朴振燮), 오하이오 지역. 한국통신부 기관 잡지, 월간
3	코리아, 리뷰	1919.03 이후	오하이오 주립대학 및, 웨슬레안 대학생	이병두(李柄斗), 이춘호(李春昊), 김현구(金鉉九), 박길용(朴吉用) 등이 참여. 영문 잡지
4	코리안 스튜던트 블레튼	1921.12.15	하와이 호놀룰루 학생회	강영각(姜永珏)의 주선, 주필은 박진섭(朴晋燮)·황창하(黃昌夏)·허진업(許振業)·이철원(李哲源) 등이 역임. 1년에 2회 6년 발간
5	우라키	1924.03.01	북미 한인유학생총회	이태성(李泰成)의 주선, 3호부터 서재필(徐載弼) 경영. 필진 염광섭(廉光燮), 전경무(田慶武), 오한영(吳漢泳), 김도연(金度演), 김활란(金活蘭), 송복신(宋福信), 유형기(柳澄基), 장세훈(張世薰), 장이욱(張利郁), 황창하(黃昌夏), 조희염(曹喜炎), 신동초(申東超) 외. 1년에 2차 3년 동안 발행, 국한문
6	한인학생연감	1937.03.01	하와이 호놀룰루 기독학생회	한인 학생들의 기독교정신 배양 목적

위와 같이 미주 지역 유학생은 1910년대 들어서서야 출판 활동을 보이며, 김활란, 송복신 등의 여성 등도 이에 참여했다는 점은 일본 학회보와 차이점을 갖는 점이기도 하다.

2.3. 토론회·연설회 개최 및 교육 활동

2.3.1. 토론회 및 연설회 개최

일본 지역 한인 유학생은 언론 출판 활동 외에 토론회 및 강연회 등
도 개최하였는데, 특히 연설회는 매 행사 때마다 열려 횟수가 잦았던
것으로 보인다. 그 활동 상황은 학회보를 통해 드러나고 있는데, 유학
생 단체별로 토론 및 강연회 내용을 정리해 보면 〈표 7〉[67]과 같다.

〈표 7〉 재일 유학생 주요 토론회 및 강연회 개최 사항

단체	출처	일시	강연 및 토론 내용
태극학회 (태극학보)	〈안창호씨 환영급 김석항씨 송별회〉(제7호)	1907.02	안창호(한국의 현상황 및 유학생의 각오, 유학생계 시찰에 대한 요점 칭 학생의 향후 나아갈 바를 연설), 김석항(학생들에 대한 격려사)
	〈양씨환영회〉(제10호)	1907.05	안창호(본국 사정 설명 및 실업계의 경제적 공황에 대한 연설), 정운복(유학생의 학업과 품행을 권면하는 연설회)
	〈회사요록〉(제11호)	1907.06	일본내무성 관찰사 민영식 연설회
	〈기념성회〉(제13호)	1907.09	김흥량, 김영작, 최석하(태극학회의 역사와 국내 동포가 유학생에게 기대하는 내용을 연설)
	〈회사요록〉(제25호)	1908.09	3회 창립기념회에서 김수철, 김원극, 김현식 등이 〈본회의 전진희망〉이라는 주제로 연설
대한학생회 (대학유학생 회보)	〈임시총회록〉(제호)	1906.09.13	고종의 만수성절에 임시총회를 개최하고 감독부 의식 후 축하 연설회
	〈임시총회록〉(제1호)	1906.11.28	감독부에서 민충정공 순절기념추도회를 열고 한치진의 추도문 낭독 후 여러 회원의 연설
	〈안창호씨 송별회〉(제2호)	1907.02.10	고 최익현의 추도회 행사 후 공립협회 학무원 안창호의 연설(청년의 한국인에 대한 책임의식, 청년의 투철한 자유사상에 대한 필요성)
	〈안창호씨 송별회〉(제2호)	1907.02.10	토론회를 다음 회의부터 실시하기로 결정. 평의원 유태노에게 업무를 전담
	〈연합친목회회록〉(제3호)	1907.03.10	대한유학생회 주최 연합친목회 개최. 각 단체 대표의 단합에 대한 연설회

---

67) 김기주(1991: 99~104) 참조.

단체	출처	일시	강연 및 토론 내용
대한학회	〈토론개회〉(제1호)	1908 일자 미상	〈한국의 장래〉라는 논제로 최석하, 이은우, 이승근 등이 변사로 성황을 이룸
	〈전문토론〉(제1호)	1908 일자 미상	법률, 경제 등 학술토론회 매주 개최
	〈제5회 정기총회〉	1908.09.13	추기 특별 대연설회. 최석하의 〈천하대세와 한국〉, 김영작의 〈척식회사의 관계〉, 채기두의 〈재일본유학생의 주의〉 등 연설회, 이인직의 연설
	〈졸업식축식〉	1908 미상	유학생 감독과 재학생의 축사를 통한 연설회
	〈환영신해학생회성황〉	1908 미상	졸업생과 신입 유학생의 답사를 통한 연설회
대한흥학회	〈오대연합〉(제3호)	1909.04.18	명치대학교(채기두, 김진용), 법정대학교(한용, 김현수), 일본대학교(김영기, 강경엽), 조도전대학교정광조, 김창수), 중앙대학교(이은우, 홍순형), 5대 대학 대표학생 연설회

위 학회보에 제시된 내용을 보면, 주로 연설회 개최가 지배적이며 토론회는 대한학회의 경우에만 드러나고 있다. 여타 학회도 토론회를 기획하는 경우도 보이나 실제 토론회 소식은 게재하지 않고 있다.[68] 특히 대한학회는 초기부터 토론을 중시한 학회로 학회세칙을 보면 다음과 같이 나타나 있다.

【 대한학회세칙(大韓學會細則) 】

大韓學會細則 第一條 原則 第二條 智德啓發의 目的을 達ᄒ기 爲ᄒ야 左開事項에 分홈.

一. 月報刊行及書籍著述或飜譯,

二. 討論及體育

三. 患難相救哀慶相問

68) 「제이회정기평의회」(『대한흥학보』 제2호, 1909.04.20), 71쪽; 「제오회정기평의회회록」(『대한흥학보』 제4호, 1909.06.20), 66쪽; 「대한흥학회개정세칙」(『대한흥학보』 제13호, 1909.05.20, 53쪽).

번역 대한학회세칙 제일조 원칙 제이조 지덕계발의 목적에 도달하기 위하여 왼쪽과 같은 사항으로 나문.

일. 월보 간행 및 서적 저술 혹 번역,

이. 토론 및 체육

삼. 환난 시 서로 구하며 경조사에 서로 방문

—『대한학회월보』 제7호, 1908.09.25

위에 제시된 바와 같이 조직 편제 중에 토론부가 설치되어 있었으며, 부장 1명과 부원 4명이 소속되어 있다. 이는 성립 초기부터 토론회에 대한 관심이 지대했음을 보여준다. 토론회 관련 내용에서 주목되는 내용은『대한학회월보』제1호에 수록된 토론회 내용으로 〈토론개회〉에서는 〈한국의 장래〉라는 논제로 최석하, 이은우, 이승근 등이 연사로 토론에 참여하여 성황을 이루었다고 밝히고 있다.[69] 한편 〈전문토론〉에서는 토론부 주관으로 학술 토론회도 열렸다고 한다. 각 전문학교에서 수학하는 학생들끼리 법률, 경제상의 문제를 가지고 매주 일요일에 토론회를 개최하였는데, 학술상 상당한 효과를 얻을 것이라고 기대하고 있었다. 이는 유사한 분야를 전공하는 학생들끼리 상호 학업 권장을 위한 전문토론회였을 것으로 추정된다.[70]

한편 〈표 7〉에 제시된 연설회 중 주목되는 내용은 대학흥학회 주체로 5개 대학 유학생의 연합연설회가 대대적으로 개최되었다는 점이다.

【 휘보(彙報) 】

五大聯合 隆熙 三年 四月 十八日에 五大學聯合 演說會를 麴町區 監督部 內에 開催홀식 是日也에 天朗氣晴ᄒ고 日暖風恬이라 (…중략…) 上午 時鍾

---

69) 「토론개회」(『대한학회월보』 제1호, 1908.02.25), 「토론개회」(『대한학회월보』 제1호, 1908. 02.25).

70) 金淇周(1991: 101).

이 九點을 旣報에 司會 李承瑾氏가 隨起登壇ᄒ야 開會趣旨를 向衆陳述ᄒ고 各校 辯士가 次第 登壇ᄒ야 痛快言論으로 激切敷演ᄒ니

번역 오대연합 융회 3년 4월 18일에 5개 대학 연합 연설회를 국정구(麴町區) 감독부 내에서 개최했는데, 그날은 하늘이 맑고 공기는 쾌청하며 날씨는 따뜻하고 바람도 고요하였다. (…중략…) 오전 9시를 알리는 종이 울리자 사회 이승근 씨가 단에 올라 청중을 향하여 개회 취지를 진술하고, 그 다음에 각교 변사가 단에 올라 통쾌한 언변으로 격정적으로 연설을 펼쳤으니.

—『대한흥학보』 제3호, 1909.05.20, 63쪽

위에 제시된 내용은 『대한흥학보』 제3호에 수록된 〈휘보〉 내용으로, 이를 통해 연합회 연설회에 참여한 대학별 연사 및 연제를 정리하면 다음과 같다.

▲ 명치대학교(明治大學校): 채기두(蔡基斗) 〈이십세기(二十世紀)의 장래(將來)〉, 김진용(金晉庸)이 〈법률(法律)은 아한(我韓)의 급무(急務)〉 ▲ 법정대학교(法政大學校): 한용(韓溶) 〈독립심(獨立心)을 양성(養成)ᄒᄂᆫ 백남(栢南)〉, 김형수(金顯洙) 〈자유재어자득(自由在於自得)〉 ▲ 일본대학교(日本大學校): 김영기(金永基) 〈욱일청구(旭日靑邱)〉, 강경엽(姜敬燁) 〈아등(我等)의 목적(目的)은 불평(不平)을 정복(征服)홈에 재(在)홈〉 ▲ 조도전대학(早稻田大學): 정광조(鄭廣朝) 〈미정(未定)〉, 김창수(金昌洙) 〈국가부패(國家興廢)는 재어국민애국심(在於國民愛國心) 여하(如何)〉 ▲ 중앙대학교(中央大學校): 이은우(李恩雨) 〈인(人)의 가치(價值)〉, 홍순형(洪淳亨) 〈국민(國民)의 성(聲)〉

—'휘보(彙報)', 『대한흥학보』 제3호, 1909.05.20, 63~64쪽

보다시피 5개 대학에서 각각 2명의 연사가 선발되어 연사로 나섰음

을 알 수 있다. 논제는 주로 민족정신을 고양시키는 내용이라는 점도 주목된다. 이러한 연설회는 기타 대규모 집회 때마다 수반되는 행사로써 활발하게 전개되었다. 그러나 일제 강점기기가 개최되는 빈도가 대폭 감소하게 된다. 이것은 일제의 검열이 강화된 데서 비롯된 것이라 할 수 있다.71) 위의 연합회 논제에서도 드러나지만 토론회나 연설회는 민중계몽이라는 측면에서 민족의식을 고취시키는 내용이 지배적이이었다. 그것은 유학생 단체 설립 목적을 실현시키는 일종의 민족운동에 해당된 것이기도 했다. 그러므로 병탄 즈음에 들어서면서 이러한 움직임은 모두 제재(制裁) 대상이 된 것이라 할 수 있다.

2.3.2. 교육 활동

한편 유학생 단체는 학교를 경영하며 교육 활동을 전개하기도 했다. 특히 일본에 처음 유입된 한인 학생들은 언어 문제로 학업이 어려움이 있었는데, 이에 기존의 유학생회에서 학교를 설립하고 어학교육에 앞장선 것이다. 그리고 그 교육 기관은 바로 태극학교(太極學校), 광무학교(光武學校), 동인의숙(同寅義塾) 등이었다.

【 본회(本會)의 제삼회(第三回) 기념(紀念) 】

今本會의 創立이 前四年 九月十五日에 在ᄒ도다. 其 發起之始也이 二三 學友가 本國의 新來留學生 語學預備ᄒ기를 爲ᄒ야 太極學校라 名稱ᄒ고 殆 近週年을 敎授ᄒ다가 該 語學生徒가 修業을 畢了ᄒ 後인즉

|번역| 지금 본회의 창립이 4년전 9월 15일에 있었다. 그 발기의 시작에 2~3 학우가 본국에서 새로 들어오는 유학생의 어학을 예비시키기 위하여 태극학교라 명칭하고, 근 몇 년을 교육하여 해당 학생이 수료를

---

71) 김명옥(1982: 42).

마친 후인데

— 『태극학보』 제25호, 1908.10.24

위에 제시된 내용은 태극학회의 경우로서, 창립 초기부터 '태극학교'라는 이름으로 일종의 어학강습소를 설립하고, 새로이 유학 오는 한인 학생들에게 어학(일본어)을 교수했다는 내용이다.

〈그림 23〉 태극학교 졸업증(한국독립운동사 정보시스템 소장자료 http://search.i815.or. kr, 자료번호: 1-001679-001)

【 해외학교(海外學校) 】

現我大韓之太極學校가 設立於日本之東京ㅎ니 卽光武九年에 平安道留學生崔光玉金東元金永祚鄭寅鎬朴永魯金鉉軾郭龍周諸氏가 醵金創設者라 該校目的은 我韓人士之初渡日本者가 不解言語則就學之地에 有岨於難入之端故로 使初渡者로 先學日語于此校ㅎ야 以爲留學之初導也니

번역 현재 우리 대한의 태극학교가 일본 동경에 설립되니, 즉 광무 9년에 평안도 유학생 최광옥 김동원 김영조 정인호 박영로 김현식 곽용주 등이 설립자이다 해당 학교의 목적은 일본에 처음 도착한 우리 한인 학생이 언어를 이해하지 못해 취학하는 데 어려움이 있는 고로 일어를 미리 배운 선배들이 처음 온 자를 가르치는 학교이다

— 『대한매일신보』, 1906.03.31

제시된 바에 따르면, 태극학교는 1905년 초기에 평안도 출신 유학생인 최광옥(崔光玉), 김동원(金東元), 김영조(金永祚), 정인호(鄭寅鎬), 박영노(朴永魯), 김현식(金鉉軾), 곽용주(郭龍周) 등이 경비를 모아 설립한 어학교습소였다. 인용구에도 드러나 있지만, 어학난(語學難)을 해결해 주

기 위하여 선배 유학생들이 힘을 모은 것이다. 초기 강습소에는 김낙영(金洛泳), 오석유(吳錫裕), 이윤주(李潤柱), 손영국(孫榮國), 신상호(申相浩), 문일평(文一平) 등이었으며, 장응진(張膺震), 박용선(朴容善) 등이 교사로 활동하였다.[72]

광무학교 또한 태극학교와 유사한 성격을 지닌 강습소로 1905년 11월 이한경(李韓卿), 임규(林圭) 등이 설립하였다.

【 광무학교(光武學校)의 歷事及盛況(역사급성황) 】

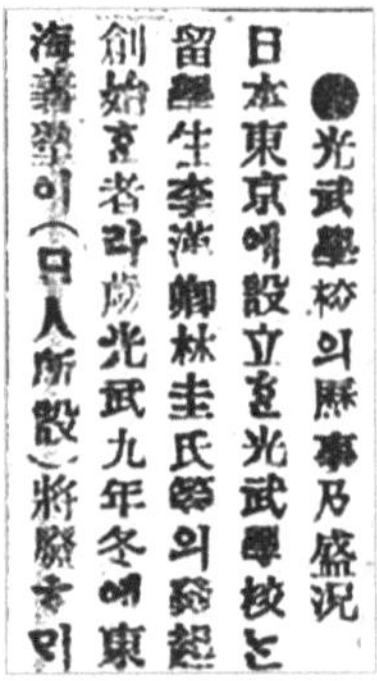

李林諸氏가 本學校를 創設호시 公使趙民熙氏를 校長으로 定호고 林圭는 敎師되고 李漢卿은 校監되야 多般事務를 經之營之호야 東京府에 交涉호야 認許을 請혼 後에 芝區에 民家들 賃得호야 校場을 權定호고 日人敎師二人을 加爲顧聘호야 敎授를 從事케호얏더니 (…중략…) 今此朴勝彬崔麟李昌煥李亨雨尙灝諸氏等三十餘人이 發起贊同호야 光武學會을 組織호야 其一切事務를 擔任호고 敎師를 擇定호야 諸般學科層更一張시흘 敎師二人은 雇聘으로 其他는 學會員중各所長自願호야 分科擔當호니 敎師는 如左 日語文法 地理 圖畵 林圭 城田俊平 修身 法律 經濟 社會槩說 中央大學法科生 朴勝 彬衛 生理 慈惠病院醫長 安商浩 理化 學早稻田大學 政治科生 李亨雨 籌術 專修大學 經濟科生 韓相意 讀本 體操 明治大學法科生 李昌煥 歷史 早稻田大學 地理 歷史科生 崔南善 博物 正則 預備學校算理化科生 金壽榮

〈그림 24〉「광무학교의 역사급성황」(『대한매일신보』, 1906.11.08)

> **번역** 이임 등 제씨가 본 학교를 창설하니 공사 조민희씨를 교장으로 정하고 임규는 교사로 이한경은 교감으로 정하여 제반 사무를 경영하며 운영하니 동경부에 교섭하여 인가를 청한 후에 민가 한켠에 의탁하

---

72) 金淇周(1991: 105).

여 학교를 임시로 정하고 일인 교사 2명을 청하여 교수를 종사케 하였는데 (…중략…) 박승빈 최린리 창환리 형우상 호제씨 등 30여명이 발기하여 광무학회를 조직하여 그 일절 사무를 담당하고 교사를 택하여 정하고, 제반 학과를 한층 더 개선할 교사 2명은 초빙하고 기타는 학회 회원 중에 자원하여 분과를 담당하니 교사는 왼쪽과 같다. 일어문법 지리 도화 임규 성전준평(城田俊平) 수신 법률 경제 사회개설 중앙대학법과생 박승 빈위 생리 자혜병원의장 안상호 이화 학조도전대학 정치과생 이형우 산술 전수대학 경제과생 한상의 독본 체조 명치대학 법과생 이창환 역사 조도전대학 지리 역사과생 최남선 박물 정칙 예비학교 산이화과생 김도영

—『대한매일신보』, 1906.11.08

위의 기사문을 보면 광무학회의 성립은 박승빈(朴勝彬), 최린(崔麟), 이창환(李昌煥), 이형우(李亨雨), 상호(尙灝) 등 30여 명이 발기한 것으로 되어 있는데, 이들은 바로 광무학회 수료생이기도 했다는 점이 주목된다. 또한 이 글에서는 구체적인 교수 과목을 밝히고 있어 강습소의 구체적인 교육 내용을 살필 수 있다.

〈표 8〉 광무학교 교수 내용(「광무학교의 역사급성황」, 『대한매일신보』, 1906.11.08)

과목	필자	소속
일어문법, 지리, 도화	임규(林圭), 성전준평(城田俊平)	
수신, 법률, 경제, 사회개설	박승빈	중앙대학교(中央大學校) 법과
위생	안상호安商浩	자혜병원의장(慈惠病院醫長)
이화학	이형우李亨雨	조도전대학교(早稻田大學校) 정치과
산술	한상의韓相意	전수대학교(專修大學校) 경제과
독본, 체조	리창환李昌煥	明治大學法科
역사	최남선(崔南善)/김도영(金燾榮)	조도전대학교(早稻田大學校) 지리역사과/박물정칙예비학교(博物正則預備學校) 산이화과

제시된 〈표 8〉은 교사와 교육 내용을 정리한 것으로, 이를 보면 일어 문법, 지리, 도화, 수신, 법률, 경제, 사회개설, 위생, 이화학, 산술, 독본, 체조, 역사 등 어학 외에 다양한 과목을 교육했음을 알 수 있다. 신입 유학생들이 이 기관을 거쳐 일본 전문학교에 진학한 것을 보면,[73] 강습소는 전문적인 교육기관으로 가기 전에 여타 과목의 기초교육을 시행하는 기능을 담당했다고 할 수 있다. 동인의숙(同寅義塾) 또한 위 두 학교와 같은 목적으로 설립된 학교로 교수 과목도 유사하였다. 그러면서도 각기 다른 학교로 존립한 것은 유학생 거주 지역이 산재되어 있었기 때문이다. 그러나 각 학교마다 재정적인 부족과 교사진 부족 등의 문제로 연합문제가 제기되었다.

【 삼교연합(三校聯合) 】

三校聯合 東京에 在ᄒ 韓人 太極 光武 同寅 三學校는 今秋브터 聯合ᄒ기 爲ᄒ야 本月 初에 各 學校任員들이 會同協議ᄒ야 合同ᄒ기로 決定ᄒ고 學校位置ᄂ 神田區西小川町 二丁目 五番地 大韓基督敎靑年會館으로 假定ᄒ고 合成校名은 靑年學院이라 稱ᄒ야 一邊으로 諸般設備를 行ᄒ며 一邊으로 生徒를 募集ᄒᄂᄃ 應集生徒數가 四十餘名이라. 本月 十六日에 開校式을 擧行ᄒ고 十七日브터 開學ᄒ엿ᄂᄃ 班級을 甲乙 兩種으로 分ᄒ야 甲種科目은 英語, 日本語, 日本文法, 會話, 讀本, 書取, 數學, 歷史, 地理, 修身 等이요 乙種科目은 英語, 日本語, 文法, 書取, 讀本會話, 修身, 算術이라. 敎師ᄂ 魚允斌, 林圭, 韓相愚, 姜大喆, 尹台鎭 等 諸氏가 敎鞭을 執ᄒ고 熱心敎授ᄒᄆ 將就의 望이 多ᄒ더라.

| 번역 | 삼교연합 동경에 있는 한인 태극 광무 동인 세 학교는 금년 가을부터 연합하기 위하여 이번 달 초에 각 학교 임원들이 모여 협의 |

---

73) "同胞의 義를 講하고 學術의 妙를 論"(「태극학회총설 중」, 『태극학보』 제2호, 1906.09.24, 1쪽).

하여 합동하기로 결정하고 학교 위치는 신전구서소천정(神田區西小川町) 2정목 5번지 대한기독교청년회관으로 임시로 정하고 학교명은 청년학원이라 칭하여 한편으로는 제반 설비를 갖추며 한편으로는 학생을 모집하는데 모인 학생 수가 40여 명이라. 이번 달 16일에 개교식을 거행하고 17일부터 개학하였는데 반을 갑을 2반으로 분리하여 갑반 과목은 영어, 일본어, 일본문법, 회화, 독본, 서법, 수학, 역사, 지리, 수신 등이요 을은반 과목은 영어, 일본어, 문법, 서법, 독본회화, 수신, 산술이라. 교사는 어윤빈, 임규, 한상우, 강대철, 윤태진 등이 교사진으로 열심히 교육하니 일장월취할 전망이 크다더라.

—『태극학보』 제13호, 1907.09.24, 61쪽

위의 글에서는 1907년 9월 각 학교 임원들이 협의하여 삼교를 합교(合校)하기로 결정을 내린 상황을 드러내고 있다. 동년 9월 16일에 '청년학원(靑年學院)'이라는 교명으로 개학하기에 이른다. 교사진은 어윤빈(魚允斌), 임규(林圭), 한상우(韓相愚), 강대철(姜大喆), 윤태진(尹台鎭) 등이었고, 갑반과 을반으로 나누어 교육을 실시하였다. 갑반은 영어, 일본어, 일본문법, 회화, 독본, 서취(書取), 수학, 역사, 지리, 수신 등으로, 을반은 영어, 일본어, 문법, 서취, 독본회화, 수신, 산술 등으로 나타나고 있는데, 과목 내용이 완전히 구분되는 것이 아닌 점을 보면 수준별 교육을 위한 분반이었다고 판단된다.

이상에서 살펴본 바, 일본 지역 유학생 단체는 저술 활동을 통한 학업 정진과 지식 전파, 토론과 연설을 통한 민족운동, 유학생 대상의 교육 활동 등 다양한 활동을 전개했음을 볼 수 있다. 기타 이들은 본국 학생을 위한 강습회 개최, 체육활동, 애국지사에 대한 추도회 등을 행했고, 또한 앞서 대한흥학회 활동에서도 드러나지만, 항일운동에 앞장서 국권 회복의 선봉대 역할을 했다.[74] 이 글에서는 이러한 기타 활동은 지면상 자세히 다루지 않았으나, 이러한 제반 활동을 통해서 민족

지도자로서의 토대를 다졌다고 할 수 있다. 나아가 이후 졸업 후 국내로 귀국하여 다양한 분야에 진출하여 그 업적을 내고 계몽 선두에서 활약하게 된다.

3. 근대 계몽기 유학생 활동과 그 의의

지금까지 각 지역 유학생의 성격(일본 지역, 중국 지역, 미주 및 기타 지역)과 유학생의 계몽 활동에 대해 고찰하였다. 그 결과를 요약하면 논의를 마치고자 한다. 한말 유학생 파견은 시대적·국가적 요청에 의해 이루어진 것이라 할 수 있다. 한말 지식인들은 국가를 보존하려면 서구의 학문을 익힐 필요가 있다는 문제의식을 지니고 있었다. 그러나 국내에서는 이를 교육할만한 기관이 없는 상황이었다. 이에 정부에서는 1880년대부터 중국과 일본에 유람단을 파견하고 해외, 특히 일본에 유학생을 다수 파견하게 되었다. 이는 직접 서양 지역으로 유학생을 파견하는 데까지 나아가지 못한 상황이었기 때문이다. 대신 이미 서구 학문이 들어와 있는 일본 유학이 권장되고 있는 상황이었던 것이다. 미주나 유럽 등의 지역으로 유학생 진출이 활발해진 시기는 이후 일제 강점기로서, 일본화한 서구 학문을 직수입하자는 움직임과 함께 이루어지게 된다.

한편 일본 유학생들은 유학생 상호간의 상부상조, 연설이나 강연, 토론 등을 통한 지식의 연마, 동포의 민지계발을 위한 학회지 출판 등을 목적으로 단체를 결성하기도 했다. 결사체를 조직하게 된 것은 1880년대 초기부터였다. 1881년대의 유학생은 불과 몇 사람이 비공식적으로 파견되었을 뿐이었기 때문에 그 수나 세력에 있어서 집단화할 힘을 갖

---

74) 김명옥(1982: 43).

고 있지 못하였으며 따라서 어떠한 조직이나 활동은 없었다. 그러나 갑오개혁 이후의 국책전환으로 구한말 최대 규모라 할 수 있는 200명 이상의 유학생이 일본에 파견되며, 이후 비로소 유학생 조직이 생겨났다. 이것은 다름 아닌 바로 '대조선인일본유학생친목회(大朝鮮人日本留學生親睦會)'였다. 그 후신으로 '제국청년회(帝國靑年會)'가 있었으나 이렇다 할 업적을 내지 못하고 해산되었다.[75] 러일전쟁 발발 직후인 1904년 다수의 관비유학생의 파견과 1905~06년에 사비유학생이 증가하면서, '조선유학생회(朝鮮留學生會)', '태극학회(太極學會)', '유학생구락부(留學生俱樂部)', '공수학회(共修學會)', '한금청년회(漢錦靑年會)', '동인학회(同寅學會)', '낙동친목회(洛東親睦會)', '호남학회(湖南學會)', '광무학회(光武學會)', '광무학우회(光武學友會)' 등 다수의 단체가 성립되고 적극적인 학회 활동을 전개하였다.

그러나 위에 열거한 학회들은 출신 지역이나 관비·사비별로 각각 친목 도모를 다지는 데 주목적을 두고 있었으며, 지역성이 강하다는 점에서 일본 내 유학생 전체를 결속하는 데는 어려움이 많았다. 이러한 문제점을 타개하고자 1907년에는 '대한유학생회(大韓留學生會)'가 조직되었고, 이의 창립으로 일본에 있는 관비·사비 유학생 천여명을 결집코자 시도했으나 이를 극복하지 못하였다. 그러나 이후 1908년 '대한학생회(大韓學生會)'를 거쳐 1909년 '대한흥학회(大韓興學會)'가 설립되면서 유학생 총 단체로써 그 역할을 담당하게 되었다. 유학생 단체는 초기에는 친목회가 목직이있지만, 갈수록 한·일 양국 산의 관계가 심삭해지자 유학생들의 자각도 높아져 가게 된다.

한편 근대 계몽기에 일본 유학이 잦았던 것은 지리적인 근접성과 더불어 높은 근대화 수준 등에서 비롯된 것이라 할 수 있다. 그런데 이

---

75) 「초기의 유학생 파견과 항일운동」
    (『독립운동사』, 일본해외공훈전사자료관 http://e-gonghun.mpva.go.kr).

시기에는 일본 다음으로 유학생 수가 많았던 지역은 미국이었고, 중국 지역과 러시아 지역은 그 수가 저조한 편이었다. 간헐적인 자료들을 통해 재구해 보면, 근대 계몽기 중국 유학은 19세기 말, 윤치호(尹致昊)가 소주(蘇州) 지역 동오대학(東吳大學)에 입학한 시기를 기점으로 잡고 있다. 또한 상해 지역 금릉대학(金陵神學)은 초기 유학지로 주요한 학교로서, 대표적인 유학생으로는 여운형(呂運亨), 김홍서(金弘叙), 김현식(金絃軾), 서병호(徐丙浩), 현창운(玄昌運), 신국권(申國權) 등과 그 외 여러 명의 유학생이 있었다고 제시되고 있다. 그러나 일제 강점기 전까지는 중국 유학생은 소수여서 일본처럼 유학생 사회처럼 단체를 형성할 정도는 아니었다. 그러나 병탄된 1910년대 초기부터 상해 일원에는 중국과 구미지역의 대학에 유학하려는 한인이 적지 않게 모여들었다. 이러한 현상은 한인들의 높은 교육열에 기인한 바 크지만, 당시 중국혁명의 진전에 따라 혁명의 중심지인 상해지역으로 진출한 데서도 기인한 것이다. 유학생 교류가 활발해진 시기는 3·1운동 이후부터로, 이를 기점으로 상해, 남경, 북경 등지로 유학하는 학생 수가 증가하게 된다. 그에 따라 이 시기에나 유학생 단체들이 결성되는데, 남경 지역의 '학우회(學友會)'와 유호 지역의 '한인학생(會學韓人學生會)', '남경여자청년회(南京女子靑年會)', '상해학생연예단(上海學生演藝團)', '항주한인유학생(杭州韓人留學生)', '구강학생회(九江學生會)', '소주유오학생(蘇州留吳學生)', '고려청년회(高麗靑年會)', '신대한청년회(新大韓同盟會)', '대한독립청년단(大韓獨立靑年團)' 등이 조직된다. 본고에서는 근대 계몽기를 유학생 단체를 대상으로 함으로 이 부분은 약술하여 다루기도 했다.

한편 미주 지역 유학생의 경우는 관비 지원을 받는 학생 수효가 일본에 비해 극히 소수였으며, 사비 지원이나 자비 등으로 유학하는 경우가 많았다. 그 결과 미주 지역 한인 학생들의 유학은 일본 지역과 비교해 학비 지원도 열악한 가운데 고학생으로서 학업을 이어가는 경우가 많았음을 볼 수 있었다. 근대 계몽기 초기 유학생으로는 유길준(兪吉濬),

서광범(徐光範), 박영효(朴泳孝), 서재필(徐載弼), 김규식(金奎植), 윤치호(尹致昊), 백상규(白象圭), 이대위(李大爲), 안창호(安昌浩) 등을 들었으며, 이후 이강(李剛), 신성구, 신흥우(申興雨), 박용만(朴容萬), 이승만(李承晚), 백일규(白日圭), 임두화(林斗化), 이원익(李元翼), 정한경(鄭翰景), 강영승(姜永承), 강영대(姜永大), 차이석(車利錫), 송헌주(宋憲澍), 임정구(林正九), 양주삼(梁柱三) 등으로서 초기 유학생은 한일합방으로 인해 대부분 귀국하지 못하고 미국에 영주하게 된다. 열거된 인물들은 미주 지역 한인 사회의 정치, 경제, 문화, 교육 등의 방면에서 지도자격 인물로서 알려져 있는데, 바로 이들은 1차 시기 유학생들이었던 것이다.

미주 지역 또한 유학생 단체의 결성은 1910년 초기부터로서, 1913년 6월 4일에 네브라스카주 헤스팅스 지방에서 박용만(朴容萬)이 조직한 학생회가 미국 유학생회의 시초였다. 유학생회는 학생들의 연락 및 친목, 학문 교류가 목적이었다. 이로부터 각 지방에 학생단체가 조직되었는데, 결속력을 갖지 못했다. 그러나 분립된 유학생 단체들은 1921년 4월 30일에 '북미한인유학생총회(北美韓人留學生總會)'로 결집되기에 이른다. 이 유학생회는 1927년 3월 2일에 유학생총회의 명칭을 변경하여 '북미대한인유학생회(北美大韓人留學生會)'라고 칭하면서 결속력이 더욱 다져졌는데, 이 시기에는 재학생 수도 255명에 이르렀으며, 이들이 모두 유학생회에 참가하여 통합된 체재를 취했다. 특히 이와 같이 여러 단체가 '북미한인유학생회(北美韓人留學生會)'로 통일 단체를 형성하게 된 배경에는 1919년에 3.1운동의 영향력도 적지 않았다. 이 사건으로 인해 도미 유학수가 격증하게 되면서 유학생 단체의 총결집을 촉진하게 된 것이다. 또한 이들은 재미한인의 사회 건설과 조국 광복운동을 후원하였는데, 정치적 운동과 단체 발전에 헌신 봉사한 사람이 많고, 1930년 이후에는 사회의 중추 세력이 되었다.

보다시피 일본, 중국 지역에 이어 미주 지역 유학생 상황에 대하여 살펴보았다. 기타 지역에 대해서는 유학생 수치만 제시되는 경우로 유학생에 대한 정보가 잘 드러나지 않고 있다. 간헐적이나마 전해지는 초기 자료들을 보면 러시아 및 유럽국의 유학생은 극히 소수로 드러나 명목만 유지하는 정도였다고 할 수 있다.

한편 일본 지역 유학생 단체를 중심으로 계몽 활동의 전개상을 살펴 보면, 유학생 단체의 계몽활동은 크게, 학문 활동, 국내외 지식 전파, 토론회와 연설회 개최 및 교육 활동 등으로 요약된다. 먼저 학문 활동은 학회보 발간과 저술 활동이라 할 수 있다. 일본 유학생 단체들은 대부분 기관지 성격의 학보를 발행하였다. 당시유학생들이 발간한 학보를 정리해 보면, 친목회회보(親睦會會報)[대조선인일본유학생친목회], 제국청년회회보(帝國靑年會會報)[제국청년회], 태극학보(太極學報)[태극학회], 낙동친목회회보(洛東親睦會會報)[낙동친목회], 공수학보(共修學報)[공수학회], 대한유학생회학보(大韓留學生會學報), 대한학회월보(大韓學會月報)[대한학회], 대한흥학보(大韓興學報)[대한흥학회] 등이다. 각 유학생 단체의 학회보 발행 목적은 유학생 자신들이 직접 쓴 글들로, 자신들이 습득한 지식을 회원 상호간에 교환하는 데 있었다. 그러나 이보다 더 큰 의미는 본국 국민의 지식계발을 돕자는 데 있었다.

저술 활동을 보면, 각 단체의 학회보에는 다양한 학문론과 문예물, 논설 등이 수록되었다. 학회의 이합집산의 과정에서 필진들이 겹치는 현상을 보이기도 하는데, 이렇듯 유학지에서 학문의 장, 문예의 장을 공유했던 유학생들은 당대 학문 교류와 이에 따른 학문 증진을 기하였을 것으로 보인다. 한편 일본 유학생계 학회보는 국내는 물론 국외 미주 지역 한인 사회에까지 알려지고, 광고를 통해 구독의 창을 열고 있었음을 볼 수 있다. 이것은 학회보에 게재된 학문 담론 및 사회 문제에 대한 논의, 문학과 예술 활동 등의 성과물이 한인 전반 사회에 전파되고 있었음을 반영하는 것이라 할 수 있다.

일본 지역 한인 유학생은 언론 출판 활동 외에 토론회 및 강연회 등도 개최하였는데, 특히 연설회는 매 행사 때마다 열려 횟수가 잦았던 것으로 보인다. 특히 연설회는 대규모 집회 때마다 수반되는 행사로써 활발하게 전개되었다. 그러나 일제 강점기기가 개최되는 빈도가 대폭 감소하게 된다. 이것은 일제의 검열이 강화된 데서 비롯된 것이라 할 수 있다. 토론회나 연설회 주제는 민중계몽이라는 측면에서 민족의식을 고취시키는 내용이 지배적이이었다. 그것은 유학생 단체 설립 목적을 실현시키는 일종의 민족운동에 해당된 것이기도 했다. 그러므로 일제 강점기 즈음에 들어서면서 이러한 움직임은 모두 제재(制裁) 대상이 된다. 한편 유학생 단체는 학교를 경영하며 교육 활동을 전개하기도 했다. 특히 일본에 처음 유입된 한인 학생들은 언어 문제로 학업이 어려움이 있었는데, 이에 기존의 유학생회에서 학교를 설립하고 어학교육에 앞장선 것이다. 그리고 그 교육 기관은 바로 태극학교(太極學校), 광무학교(光武學校), 동인의숙(同寅義塾) 등이었다.

강습소는 전문적인 교육기관으로 가기 전에 여타 과목의 기초교육을 시행하는 기능을 담당했다고 할 수 있다. 동인의숙(同寅義塾) 또한 위 두 학교와 같은 목적으로 설립된 학교로 교수 과목도 유사하였다. 그러면서도 각기 다른 학교로 존립한 것은 유학생 거주 지역이 산재되어 있었기 때문이다. 그러나 각 학교마다 재정적인 부족과 교사진 부족 등의 문제로 연합문제가 제기되었다. 1907년 9월 각 학교 임원들이 협의하여 삼교를 합교(合校)하기로 결정을 내린 것으로 동년 9월 16일에 '청년학원(靑年學院)'이라는 교명으로 개학하기에 이른다.

이상에서 살펴본 바, 일본 지역 유학생 단체는 서술 활동을 통한 학업 정진과 지식 전파, 토론과 연설을 통한 민족운동, 유학생 대상의 교육 활동 등 다양한 활동을 전개했음을 볼 수 있다. 기타 이들은 본국 학생을 위한 강습회 개최, 체육활동, 애국지사에 대한 추도회 등을 행했고, 또한 항일운동에 앞장 서 국권 회복의 선봉대 역할을 했다. 본고에서는 이러한 기타 활동은 지면상 자세히 다루지 않았으나, 이러한 제반 활동을 통해서 민족 지도자로서의 토대를 다졌다고 할 수 있다.

나아가 이후 졸업 후 국내로 귀국하여 다양한 분야에 진출하여 그 업적
을 내면서 계몽의 선두주자로 활동하게 된다.

제5장 일제 강점기의 유학 담론 변화

서민정

1. 일제 강점기 유학과 그 의미

1.1. 일제 강점기의 유학생 정책

개항 이후 정부의 시찰단과 유학생 파견은 일본으로는 1881년 신사유람단(紳士遊覽團)에서 시작되었고, 미국으로는 1883년 보빙사(報聘使)에서 시작되었다. 주로는 일본에 집중되었는데, 정부에서 직접적으로 서구문물을 수용하기 위해 미국에도 유학생을 파견하기도 하였다. 그러나 이 시기 미국 유학생 대부분의 경우는 일본 유학생 중 일부가 조선의 정치적 사정에 따라 미국으로 도피하거나[1] 미국인 선교사의 주도

---

[1] 박찬승(2001: 103)에 따르면, 개화파 정권이 파견한 일본 유학생 중 김헌식(金憲植), 이범수(李範壽), 임병구(林炳龜), 여병현(呂炳鉉), 이하영(李廈榮), 안정식(安禎植), 박희병(朴羲秉), 이희철(李喜轍) 등은 아관파천 이후 '역적의 손에 의해 파견된 유학생'이란 낙인이 찍히고 학비 송금이 중단되자 미래를 우려하여 미국으로 도주·유학하였다고 한다.

아래 이루어진 유학이었다.[2] 이후 갑신정변, 아관파천, 러일전쟁 등의 역사적 사건으로 유학이 잠시 주춤하다가,[3] 1905년 을사조약 체결 이후 유학생은 다시 급증하였다가 1910년 일제 강점기를 맞이하면서 조선인의 유학은 전혀 다른 국면을 맞이하게 되었다.

1895년부터 시작된 관비 유학생 제도는 통감시대부터 본격적인 통제 대상이 되기 시작했다. 1907년 3월 9일 학부령 제3호로 공포된 '일본유학생 규정'은 이를 잘 말해준다.

【 學部令 第三號 學部所關 日本留學生規程 】

第一條 留學生은 日本國에 留學홈이 必要흔 學術 技藝를 履修케 흐기 爲흐야 身體 學力 及 品行을 檢定흐야 適當홈으로 認定흔 者에 對흐야 學部大臣이 此를 命홈이라.

但 官立高等學校나 又此와 同等 程度 以上의 官立學校 卒業生에 對흐야는 學力試驗을 不行홈도 在홈이라.

第二條 留學生의 履修 學科 在留地 學校 及 留學期日은 學部大臣이 此를 指定홈이라. (…中略…)

第十九條 留學生 監督은 私費 留學生에 關흐야 不美홈으로 認흐는 時는 其 事實을 學部大臣에게 報告홈이라.

번역 제1조 유학생은 일본국에 유학할 필요가 있는 학술 기예를 이수하게 하기 위해 신체, 학력 및 품행을 검정하여 적당하다고 인정한 자에게 학부대신이 이를 명함

제2조 유학생의 이수 학과 재류지 및 유학 기일은 학부대신이 이를 지

---

2) 허동현(2004)에 따르면 1899년부터 1909년까지 미국 유학생은 모두 사비 유학생으로 총 64명이었다. 이중 75% 이상이 대학을 졸업했고 5명은 박사학위를 취득하였다. 이와 같이 미국 유학은 상당히 성공적이었지만 절반 이상이 미국에 영주하였다.

3) 1900년대에 들어오면서 정부는 관비 유학생의 파견 대상 국가를 확대하기 위해 영국, 프랑스, 러시아 등에 유학생을 파견할 계획을 세웠는데, 그러한 계획에 따라 1903년 러시아에 13명의 유학생을 파견하기도 하였다. 그러나 1904년 러일전쟁 이후 지속될 수 없었다.

정함 (…중략…)

　제19조 유학생 감독은 사비 유학생에 관해 불미하다고 인정할 때 그
사실을 학부대신에게 보고함

　이 규정에 따르면 유학생 파견은 학부대신의 검정을 통하도록 되어
있고, 1907년부터는 관비 유학생뿐만 아니라 사비 유학생까지도 통제
대상으로 삼고 있음을 알 수 있다. 이 규정은 1908년 9월 3일 개정된
뒤, 일제 강점기 1911년 6월 27일에 '조선총독부 유학생 규정(朝鮮總督府
留學生 規程)'으로 바뀌었다.[4] 이 규정 또한 관비 유학생뿐만 아니라 사
비 유학생에게도 적용되는 규정으로, 이에 의하면 모든 유학생은 유학
전에 입학할 학교, 이수할 학과, 입학 시기 등을 적은 이력서를 지방장
관(도장관)을 경유하여 조선총독부에 신고해야 하였다. 그리고 학자금
에 관해서는 보증인을 필요로 하였고 유학비용 부담에는 연대보증이
필수였다. 이후 '유학생 규정'은 다음과 같이 개정되면서 더 까다로워
졌다고 할 수 있다. 다음을 살펴보자.

【 朝鮮總督府 留學生 規程 】

　第一條 官費 留學生은 特히 內地 留學을 必要로 ᄒᄂᆫ 學術 技藝를 履修케
ᄒ기 爲ᄒ야 朝鮮總督의 指定ᄒᄂᆫ 官立 或은 公立學校, 傳習所나 又ᄂᆫ 講習
所의 卒業者가 校長이나 或은 所長의 推薦에 係ᄒᄂᆫ 品行이 方正ᄒ야 學力
이 優等ᄒ고 身體가 健全ᄒᆫ 者에 對ᄒ야 <u>朝鮮總督이 命홈. 朝鮮總督은 必要</u>
가 有타 認ᄒᄂᆫ 째ᄂᆫ 前項 以外의 者에 對ᄒ야 品行, 學力과 及 身體의 檢定
을 行ᄒ고 官費 留學生을 命ᄒ기 有홈

　第二條 官費 留學生의 履修 學科, 入學홀 學校와 及 留學 期間은 <u>朝鮮總督</u>
<u>이 指定홈</u> (…中略…)

---

4) 『朝鮮總督府官報』 明治247號, 1911.6.27.

第十六條 留學生 監督은 朝鮮總督의 命을 承ᄒ야 <u>官費 留學生과 私費 留學生을 保護 監督홈</u>

第十七條 私費로써 內地에 留學코쟈 ᄒ는 者는 豫히 其 履修學科, 入學홀 學校, 入學과 出發의 時期를 具ᄒ야 履歷書를 添附ᄒ고 地方長官을 經由ᄒ야 朝鮮總督에게 申告홈이 可홈

第十八條 私費 留學生이 內地에 到着혼 째는 其 居所, 履修學科, 入學홀 學校, 入學時期를 具ᄒ야 履歷書를 添附ᄒ고 留學生 監督에게 申告홈이 可홈. 留學生 監督이 前項의 申告를 受ᄒ야 適當타 認홀 째는 其 入學홀 學校長에 對ᄒ야 入學의 節次를 홈이 可홈. 前二項의 規定은 私費 留學生이 履修學科 或은 入學홀 學校를 變更커나 又는 退學 或은 轉學코쟈 ᄒ는 境遇에 準用홈

第十九條 第十條의 規定은 私費 留學生에게 準用홈

第二十條 私費 留學生이 卒業혼 째는 履歷書, 學業成績表를 添附ᄒ야 留學生 監督에게 申告홈이 可홈

第二十一條 留學生 監督은 朝鮮總督의 認可를 受ᄒ야 留學生의 監督에 關ᄒ는 細則을 設홈을 得홈 (附則 省略)

번역 제1조 관비 유학생은 특히 내지 유학을 필요로 하는 학술, 기예를 이수케 하기 위해 조선총독이 지정하는 관립, 혹은 공립학교, 전습소 또는 강습소의 졸업자가 교장이나 혹은 소장의 추천에 관계된 품행이 방정하여 학력이 우등하고 신체가 건전한 자에 대해 조선총독이 명함. 조선총독은 필요하다고 인정할 때 전항 이외의 자에 대해 품행, 학력 및 신체 검정을 행하고 관비 유학생으로 명할 수 있음

제2조 관비 유학생의 이수 학과, 입학할 학교 및 유학 기간은 조선총독이 지정함 (…중략…)

제16조 유학생 감독은 조선총독의 명을 받아 관비 유학생과 사비 유학생을 보호 감독함

제17조 사비로 내지에 유학하고자 하는 자는 미리 그 이수학과, 입학할

학교, 입학과 출발의 시기를 갖추어 이력서를 첨부하고, 지방장관을 경유하여 조선총독에게 신고함이 가함

제18조 사비 유학생이 내지에 도착한 때는 그 거소, 이수학과, 입학할 학교, 입학 시기를 갖추어 이력서를 첨부하고, 유학생 감독에게 신고함이 가함. 유학생 감독이 전항의 신고를 받아 적당하다고 인정할 때는 그 입학할 학교장에게 입학 절차를 시행하는 것이 가함. 전2항의 규정은 사비 유학생이 이수학과, 혹은 입학할 학교를 변경하거나 혹은 퇴학, 전학하고자 하는 경우에도 준용함

제19조 제10조의 규정은 사비 유학생에게 준용함

제20조 사비 유학생이 졸업한 때는 이력서, 학업성적표를 첨부하여 유학생 감독에게 신고함이 가함

제21조 유학생 감독은 조선총독의 인가를 받아 유학생의 감독에 관한 세칙을 둘 수 있음 (부칙 생략)

—『조선총독부관보』 제241호, 1911.6.20

유학생 규정은 21조 부칙 6조 총25조로 구성된 규정이다. 이 규정에서 15조까지는 관비 유학생 규정이며, 16조는 유학생 감독, 제17조부터 21조까지는 사비 유학생에 대한 규정이다. 이 규정에 따르면 일본에 파견된 유학생은 모두 조선총독의 소관에 놓여 있었다. 조선총독은 유학생 감독을 임명하고, 관비 유학생 파견뿐만 아니라 사비 유학생의 유학 활동과 관련된 모든 사항을 통제할 수 있었다. 비록 신고제일지라도 사비 유학생들도 거소, 학업 과정, 졸업 후의 행적 등을 모두 신고하도록 하였다. 이 규정과 관련된 유학생 감독 규정은 다음과 같다.

【 朝鮮總督府 留學生 監督에 關ᄒᆞᆫ 規程 】

第一條 留學生 監督은 官費 留學生의 入學ᄒᆞᆫ 學校의 名稱, 所在地와 學則을 朝鮮總督에게 報告홈이 可홈. 但 學則은 旣히 報告ᄒᆞᆫ 學校에 對ᄒᆞ야ᄂᆞᆫ

省略홈을 得홈

第二條 留學生 監督은 每年 二回 以上 官費 留學生의 學業成績과 品行을 調査ᄒ야 朝鮮總督에게 報告홈이 可홈. 但 其進級과 及 卒業은 그 째마다 報告홈이 可홈 (…中略…)

第八條 留學生 監督은 私費 留學生이 其品行이 不良커나 或은 疾病 又는 學業의 成績이 不良흔 까닭에 成業홀 期望이 無타 認흔 째는 事實을 詳具ᄒ야 朝鮮總督에게 報告홈이 可홈

번역 제1조 유학생 감독은 관비 유학생이 입학한 학교의 명칭, 소재지와 학칙을 조선총독에게 보고해야 함. 단 학칙은 이미 보고한 학교에 대해서는 생략할 수 있음

제2조 유학생 감독은 매년 2회 이상 관비 유학생의 학업성적과 품행을 조사하여 조선총독에게 보고해야 함. 단 진급과 졸업은 그때마다 보고해야 함. (…중략…)

제8조 유학생 감독은 사비 유학생이 품행이 불량하거나 질병 또는 학업의 성적이 불량하기 때문에 성업할 기망이 없다고 인정될 때는 사실을 상세히 갖추어 조선총독에게 보고해야 함

—『조선총독부관보』 제241호, 1911.6.20

이 규칙은 제10조와 부칙으로 구성되었는데, 유학생 감독의 주된 임무가 관비 유학생과 사비 유학생의 품행과 성적을 조사하여 보고하는 데 있음을 보여준다. 이는 일제 강점기 일본 유학이 그만큼 통제를 받고 있음을 의미하는데, 여기서 말하는 '품행'은 유학생의 사상과 밀접한 관련이 있다. 조선총독부의 『시정연보(施政年譜)』(1912)에서는 유학생 감독으로 일본인과 조선인 각각 한 명씩을 동경에 두었다고 보고한 바 있는데, 유학생 감독은 매년 2회 이상 학생들의 학업 성적과 품행을 조사 보고하도록 하였다. 1911년 기준 유학생 상황은 다음과 같다.

【 留學生 】

明治 四十四年度末 現在 官費 內地 留學生ハ 總員 四十四名ニシテ 其ノ履歷學科別ハ 政治一, 法律一, 農業十三, 蠶業四, 工業八, 商業四, 醫學七, 水産一, 師範四, 英語一名ナリ 私費 內地留學生ハ 其ノ數 約四百ヲ 算シ 東京ヲ 主トシ 各地ニ散在セリ.

번역 메이지 44년도(1911) 현재 관비 내지 유학생은 총원 44명으로 그 이력학과는 정치 1, 법률 1, 농업 13, 잠업 4, 공업 8, 상업 4, 의학 7, 수산 1, 사범 4, 영어 1명이며, 사비 내지 유학생은 그 수가 약 4백 명으로 추산되는데 동경에 주로 거주하고 각지에 산재해 있다.

—조선총독부(1912), 『시정연보(施政年譜)』,
조선총독부 관방 총무국 인쇄소(朝鮮總督府 官房 總務局 印刷所)[5]

이에 비해 『매일신보』 1911년 12월 22일자 기사에 따르면 이해 관비 유학생은 25명 정도로 나타난다.[6] 이 기사를 통해 볼 때, 관비 유학생은 대부분 의학, 공업 분야에 파견되었으며, 일부 농업, 사범 분야에 파견된 사람들도 있다. 또한 『매일신보』 1913년 11월 20일자의 기사에 따르면, 이 시기 관비 유학생은 48명, 사비 유학생은 621명으로 나타나는데, 이에 따르면 사비 유학생이 급증하고 있음을 알 수 있다.[7]

---

5) 조선총독부(1912), 『시정연보(施政年譜)』, 조선총독부 관방 총무국 인쇄소(朝鮮總督府 官房 總務局 印刷所), 국학자료원 영인본.

6) 『매일신보』, 1911.12.22, 잡보. "在內地 朝鮮 留學生은 韓國 時代로브터 繼續ㅎ야 官費로서 派遣된 朝鮮人 留學生은 現在 二十五名인듸 其 所屬學籍은 明治大學 一人, 東京高等工業 二人, 同高商 三人, 帝大 七人, 熊本第五高等學校 一人, 福岡醫大 一人, 熊本高等工業 二人, 東京甲種農林學校 一人, 千葉醫專 三人, 東京高等師範 三人, 大阪高等工業 一人이오, 且本年에 更히 十七名을 派遣ㅎ얏느듸 其學籍 報告는 姑未到來ㅎ얏더라."

7) 『매일신보』, 1913.11.20, 잡보, 「內地 留學生의 現狀」. 이 기사는 조선총독부 조사를 근거로 각 출신 지역별 일본 유학생 수를 보도한 기사이다. 당시 경기 출신 227명, 경상남도 95명, 기타 34명이며, 함북, 강원, 충북은 7~8명에 불과하며, 재학하는 곳은 도쿄 534명, 지방 34명, 관비 유학생은 48명으로 전공 과목은 농업 15명, 공업과 의학 12명, 사비 유학생은 621명으로 전공은 보통학 172명, 법률 143명, 종교와 상업의 이수자는 12명에 불과하다고 보도하였다.

강점 직후 유학생이 급증한 것은 이 시기 조선의 교육 시설이 충분하지 못한 점, 문명 진보를 위해 일본 학문을 배워야 한다는 논리 등이 배경이 되었다. 다음을 살펴보자.

【 勸告 留學生 】

嗚呼ㅣ라. 留學生 諸君이여. 諸君이 父母를 離ㅎ며 墳墓를 棄ㅎ고 子子一身으로 幾千里 重浪을 渡ㅎ야 旅店에 栖屑(서설)ㅎ니 所求가 何物이며 諸君의 父母昆弟가 諸君을 愛ㅎ며 諸君을 護ㅎ야 暫離치 못ㅎ다가 諸君을 遠送ㅎ야 思ㅎ야도 不見ㅎ며 思ㅎ야도 不聞ㅎ니 所求가 何物이며 政府에서 諸君을 揀選ㅎ야 巨大의 費用을 不惜ㅎ고 內地에 遊學케 ㅎ니 所求가 亦何物인가. 諸君이 父母를 離ㅎ고 墳墓를 棄흠도 是學問을 爲흠이오, 諸君의 父母昆弟가 愛護의 情을 斷ㅎ고 諸君을 送흠도 是學問을 爲흠이오, 政府에셔 巨大의 費를 不惜ㅎ고 諸君을 送흠도 亦是 學問을 爲흠이라. (…中略…) 嗚呼ㅣ라 諸君이 此와 如흔 重大흔 責任을 擔負ㅎ고 二十世紀 今日에 立ㅎ얏스니 諸君이 個個 意識이 果然 如何ㅎ뇨. 諸君이 此 學問을 習ㅎ야 內地의 文明을 吸收홀지오, 諸君이 此 學問을 習ㅎ야 故土의 知識을 啓發홀지오, 諸君이 此 學問을 習ㅎ야 諸君의 身家를 繁昌홀지오, 諸君이 此 學問을 習ㅎ야 諸君 千載의 榮耀 名譽를 作홀지니, 諸君이 宜히 此 學問을 專心ㅎ며 此 學問을 專力ㅎ야 到 彼岸의 目的을 達홀지라. 若 諸君이 徒히 虛往虛來ㅎ야 或 外華에 沈目ㅎ거나 或 蕩搖에 盡心ㅎ거나 ㅎ야 一個 輕薄을 自成ㅎ면 (…中略…) 諸君을 送흔 本意가 泡花에 歸홀지니 諸君의 一身에만 良貝를 作홀 쑨 안이라 諸君의 父母 昆弟도 自然 失望홀지오 政府도 亦是 失望홀지니

번역 오호라. 유학생 제군이여. 제군이 부모를 떠나며 조상을 버리고 혈혈 일신으로 몇 천리 거듭된 풍랑을 건너 여점에 도착하니 구하는 바가 무엇이며, 제군의 부모 곤제가 제군을 사랑하고 제군을 지켜 잠시도 떠나지 못하다가 제군을 멀리 보내고 생각해도 보지 못하며 생각해도 듣지 못하니 구하는 바가 무엇이며, 정부에서 제군을 간선하여 거대한

비용을 아끼지 않고 내지에 유학하게 하니 구하는 바가 또한 무엇인가. 제군이 부모를 떠나고 분묘를 버리는 것도 학문을 위함이요, 제군의 부모 곤제가 애호의 정을 끊고 제군을 보낸 것도 학문을 위함이요, 정부에서 거대의 비용을 아끼지 않고 제군을 보낸 것도 역시 학문을 위한 것이다. (…중략…) 아아. 제군이 이와 같은 중대한 책임을 담부하고 20세기 금일에 서 있으니, 제군의 개개인 의식이 어떠한가. 제군이 이 학문을 익혀 일본의 문명을 흡수할 것이요, 제군이 이 학문을 익혀 고토의 지식을 계발할 것이요, 제군이 이 학문을 익혀 제군 자신과 가정을 번창하게 할 것이요, 제군이 이 학문을 익혀 천년 영화와 명예를 지을 것이니, 제군이 마땅히 이 학문을 전심하며, 이 학문을 전력하여 피안에 이르는 목적에 도달해야 할 것이다. 만약 제군이 헛되이 왕래하여 혹시 외화(外華)에 빠져들거나 혹 방탕에 마음을 다하거나 하여 일개 경박함에 이른다면 (…중략…) 제군을 보낸 본뜻이 물거품으로 돌아갈 것이니, 제군의 일신만 낭패할 것이 아니라 제군의 부모 곤제도 자연 실망할 것이요, 정부도 역시 실망할 것이니

—(논설), 『매일신보』, 1911.7.16

이 논설에서는 근대 계몽기와 달라진 유학 담론이 등장한다. 일제 강점기의 유학 담론에서는 학문 진보를 통한 국가 발전보다 '일본 문명 흡수', '신가의 번창', '명예' 등을 목표로 한 학문 담론이 전개된다. 이는 식민 통치기 조선의 식민화가 문명화되지 못한 때문이라는 논리와 함께, 근대 계몽기 '민족'과 '대아'를 위한 학문보다 '일신'을 위한 학문, 성공을 위한 학문이 필요함을 강조할 필요가 있었기 때문으로 풀이된다. 이는 식민 지배의 합리화와 맞물린다. 이러한 분위기에서 매일신보사에서는 1911년 8월 12일부터 10월 24일까지 '동경유학안내(東京留學案內)'를 특집으로 게재하기도 하였다. 이 유학 안내의 목적은 다음과 같다.

青年 學生의 最히 愼重을 要호는 者는 學校의 選擇에 在호니 年來에 東京에 留學호는 諸氏가 其 學校의 內容과 其他 事情에 精通치 못홈으로 以호야 弊害가 往往言之혼지라. 故로 本社에셔 此를 遺憾으로 호야 自今으로 在京 各學校의 學則, 校風 其他 上京의 準備, 旅行 中 身邊의 警戒, 着京 後의 注意, 其他 留學에 關혼 詳細 事項을 一般에게 紹介코져 호노라.

번역 청년 학생이 가장 신중해야 할 것은 학교의 선택에 있으니, 연래 동경에 유학하는 여러 사람이 그 학교의 내용과 기타 사정에 정통하지 못해 폐해가 왕왕 말이 나왔으니, 그러므로 본사에서 이를 유감으로 여겨 지금부터 동경 각 학교의 학칙, 교풍, 기타 상경 준비, 여행 중 신변 경계, 동경 도착 후 주의사항, 기타 유학에 관한 상세한 사항을 일반에게 소개하고자 한다.

—『매일신보』, 1911.8.13

이 특집의 목적은 일본 동경 각 학교의 교칙, 교풍, 유학 준비 사항 등을 안내하는 데 있다. 신문사에서 이를 준비한 것은 당시의 유학에 관한 여론뿐만 아니라, 정책적인 차원이나 경제적인 차원에서 유학생 파견이 필요했기 때문으로 보인다. 이 특집에 소개된 학교는 '동경제국대학(東京帝國大學)'(8월 12일~8월 20일), '와세다대학부(早稻田大學部)'(8월 22일~ 8월 26일), '게이오의숙(慶應義塾)'(8월 27일~9월 2일), '메이지대학(明治大學)'(9월 3일, 9월 8일~9일), '일본대학(日本大學)'(9월 10일~9월 15일), '법정대학(法政大學)'(9월 16일~9월 19일), '중앙대학(中央大學)'(9월 20일~9월 22일, 26일), '전수학교(專修學校)'(9월 27일~9월 29일), '동경협회전문학교(東京協會專門學校)'(9월 30일), '와세다대학문학부(早稻田大學文學部)'(10월 6일), '국학원대학부(國學院大學部)'(10월 7일), '국학원대학 연구부'(18월 8일), '동양대학(東洋大學)'(10월 10일~10월 11일), '신궁황학관(神宮皇學館)'(10월 12일), '입교대학원입교대학(入敎大學院入敎大學)'(10월 13일), '메이지대학 문학부'(10월 14일), '동경고등사범학교(東京高等師範學校)'(10월 15일), '일본대학고등사범부'(10월 20일), '동경부사범학교(東京府師範學校)'(10월 22일~10월 24일) 등 19개소에 이른다. 이 가운데는 같은 재단의 부속 기관이 포함된 경우도 있지만, 고등 교육기관을 중심으로 유학 안내를 한 점은 이 시기 유학 담론이 문명화, 일신의 성공 등을 장려하는 풍토에서 이루어진 것으로 보인다.

유학생 급증에 따른 조선총독부의 통제 정책도 그 강도가 높아졌는데, 앞의 '유학생 규정'에 근거하여, 일본에 기숙사를 만들고[8] 유학생 감독으로 하여금 관비·사비 유학생을 모두 통제하도록 하였다. 다음을 살펴보자.

【 朝鮮 留學生의 現狀, 荒木 留學生 監督 談 】

抑制코자 ᄒ야도 抑制가 難ᄒ 靑雲의 志를 抱ᄒ고 鄕關을 離ᄒ야 遼히 海를 渡ᄒ야 日本 內地에 留學코저 芨을 負ᄒ고 渡往ᄒ야 現今 東京에 在住ᄒᄂ 者가 五百四十六名이오, 地方에 在住ᄒᄂ 者가 百四十九名 計六百八十五名이라. (…中略…) 留學生이 年年 增加ᄒ은 敬賀ᄒ 事이나 渡來 時機를 考치 아니ᄒ고 突然히 渡來ᄒ 結果 春秋 二季 卽 四月 九月의 新學期를 逸ᄒ고 遂히 其間은 公然히 高價의 下宿料를 支拂하며 時日을 冗費ᄒᄂ 事가 有ᄒ은 頗히 不利益ᄒ 事이라. 然而 渡來ᄒ 學生으로 語學이 充分치 못ᄒ야 入學ᄒ야 講義를 聞ᄒ 時에 其 講義의 意味를 徹底치 못ᄒᄂ 事도 或 有ᄒ니 志를 立ᄒ고 留學코저 ᄒᆯ진ᄃᆡ 先히 朝鮮에서 充分히 日本語를 學得ᄒ이 可ᄒ며 又 學生이 都會地에 在ᄒ 者와 地方에 在ᄒ 者와 何者의 成績이 優良ᄒ가 ᄒ며, 余ᄂ 朝鮮 留學生은 都會에서 勉學ᄒᄂ 者에 限ᄒ여 近來 惡風潮된 都市 學生 華美浮薄을 倣倣ᄒ야 곳 此에 感染되야 前途를 誤ᄒᄂ 者ㅣ 有ᄒ은 實로 寒心ᄒᆯ 事이라. 此點에 就ᄒ야ᄂ 貴重ᄒ 子弟를 遠히 遊

---

8) 『매일신보』, 1912.5.24, 잡보, 「유학생 기숙사 낙성」.

學케 홀 境遇에 善히 其事情을 察ㅎ야 思慮分別이 有흔 者는 已어니와 思想에 未固흔 靑年에 對ㅎ야는 반다시 適當흔 箇所를 擇ㅎ야 入學케 홈이 本人에게 幸福일 샏 아니라 當然히 그 父母에게 盡力홀 義務오, 又 苦學홀 目的으로 渡來흔 者도 有ㅎ나 今 東京에는 此等의 種類가 多數홈으로 勞働者의 供給은 需要를 超過ㅎ야 到底히 目的을 達키 困難홈으로 此 結果 悲境에 陷ㅎ야 非常흔 苦楚를 當ㅎ는 事가 多흔지라. 然이나 意志가 미우 鞏固흔 者이면 絶對로 不可能흔 事는 안이라. 現에 仁川으로브터 來흔 者로 晝는 學校에 往ㅎ고 夜는 腕車를 輓ㅎ야 學費를 得ㅎ야 京華商業學校에 通學ㅎ는 者도 有ㅎ니 此는 千人 中 一二人의 事로 一般이 傚倣키 難흔 것이라. 本年 四月브터 寄宿舍의 舍則을 改正ㅎ야 以前보다 頗히 嚴重히 監督ㅎ기로 한 바 現在에는 八十名을 收容홀 만ㅎ며 余는 勿論이오 又 舍監을 置ㅎ야 嚴督ㅎ는 中인즉 本人 等은 多少 窮屈홀지나 將來의 幸福은 確保될지라. 諸父兄은 可成的 其 子弟를 寄宿舍에 托ㅎ기를 願ㅎ노라.

번역 억제하고자 해도 억제가 어려운 청운의 뜻을 품고, 고향을 떠나 멀리 바다를 건너 일본 내지에 유학하고자 짐을 지고 바다를 건너 지금 동경에 거주하는 사람이 564명이요, 지방에 거주하는 자가 149명, 합계 685명이다. (…중략…) 유학생이 해마다 증가하는 것은 축하할 일이나 건너오는 시기를 살피지 않고 갑자기 건너온 결과 봄가을 두 계절, 즉 4월과 9월의 신학기를 보내고 그 기간 쓸데없이 고가의 하숙료를 지불하며 시일을 허비하는 일이 있음은 자못 불이익한 일이다. 그러나 도래한 학생이 어학이 충분하지 못해 입학하여 강의를 들을 때, 그 강의의 의미를 철저하게 이해하지 못하는 일도 있으니, 뜻을 세워 유학하고자 한다면 먼저 조선에서 충분히 일본어를 학득해야 하며, 또 학생이 도회지에 거주하는 자와 지방에 거주하는 자가 누가 성적이 좋은가 하여, 나는 조선 유학생이 도회에 한정되지만 근대 악풍조된 도시 학생의 화미부박 모방하여 곧 이에 진염되어 진도를 그릇되게 하는 자가 있으니, 실로 한심한 일이다. 이에 대해 귀중한 자제를 멀리 유학하게 할 경우, 마땅히 그 사정을 살펴 사려분별이 있는 자는 문제가 없지만, 사상이 확고하지 않은 청년에게는 반드시 그 적당한 장소를 가려 입학하게 하는 것이 본인의 행복일 뿐 아니라, 당연히 그 부모가 진력해야 할 의무이다. 또 고학을 목적으로 도래한 자도 있지만 지금 동경에는 이런 사람이 매우 많아 노동자 공급이 수요를 초과하여 도저히 목적을 달성하기 어려우므로, 그 결과 비참한 지경에 빠지는 고초를 당하는 일이 많다. 그러나 의지가 매우 공고한 사람이면 절대 불가능한 일은 아니다. 현재 인천에서 온 자로 낮에는 학교에 가고 밤에는 인력거를 끌어 학비를 벌어 경화상업학교에 통학하는 자도 있으니, 이는 천 명 중 한두 사람의 일이므로, 일반인이 배우기는 곤란하다. 본년 4월부터 기숙사 사칙을 개정하여 이전보다 자못 엄중히 감독하기로 하였으니, 현재 80명을 수용할 만하며, 나는 물론 사감을 두어 엄중히 감독하는 중인데, 본인 등은 다소 궁졸할지 모르나 장래 행복은 확보될 것이다. 제 부형은 가급적 그 자제를 기숙사에 맡기기를 바란다.
—(사설) 『매일신보』, 1914.5.10

기숙사 감독의 담화로 이루어진 이 사설은 이 시기 유학생 정책의 단면을 보여준다. 이 시기 유학생 가운데 상당수는 사비 유학생이었으며, 관비 유학생이나 사비 유학생 모두 '유학생 기숙사'를 이용할 수 있었다. 이 사설은 기숙사에 학생을 유치하기 위한 담화의 성격을 띠고 있으나, 당시 유학생 감독이 필요한 주된 이유는 '유학생의 어학 능력(일본어 사용 능력) 부족', '화미부박(華美浮薄)'으로 표현된 풍기문란, '사상의 미고(未固)' 등이었다. 그러나 이는 표면상의 이유일 뿐, 본질적으로는 기숙사 수용과 관련된 경제적인 문제, 이를 통한 유학생들의 의식 통제 등이 내재되어 있던 셈이다.

이와 함께 유학생 문제에서 중시된 것은 '학자금 문제'였다. 이 문제는 근대 계몽기부터 지속되어 왔던 것으로, 1907년 재일 유학생의 '단지 사건(斷指事件)' 등도 학자금과 밀접한 관련을 맺고 있다. 이러한 차원에서 조선총독부에서는 유학생 규정을 개정하여 학자금에 대한 연대보증제를 도입하고, 감독 규정을 강화하여 재일 유학생들의 학업을 전면적으로 감시·통제하고자 노력하였다. 이러한 조선총독부의 유학 통제 상황은 1920년대에도 지속된 것으로 보이는데 이에 대해 '대한민국 임시정부'에서는 1922년 3월 '태평양회의에 제출한 대한민국 요구서'[9]에서 조선총독의 한인 교육 정책과 유학생 정책에 대해 다음과 같이 표현하였다.

【 太平洋會議에 提出한 大韓民國臨時政府의 要求書(三) 】

二十七 韓人敎育의 滅絶: 日本人은 韓國을 合倂한 後 一千九百六十九個所의 韓人敎育機關을 閉鎖하고 그 理由를 行政上 必要 處分이라 說明하다. 一九一九年 統計에 依하면 韓國 內의 私立學校數 七百五十三이라 하나 純全한 韓人의 經營은 極少數이며 此等 學校는 擧皆 嚴酷한 監督下에서 僅히 朝夕의 命을 保할 뿐이라 朝鮮總督은 韓國 內에서 韓人이 敎育에 從事함을 一種 陰謀로 認做하야 韓人은 勿論이오 歐美人이라도 此에 有意하는 者는 仇視하며 甚至於 自國人까지도 此를 經營하는 者는 不良者로 指目하야 期會만 有하면 放逐하나니 韓人의 幾萬의 所謂 治安犯罪者는 그 居半이 曾前의 敎育關係者이오 子弟를 韓人學校에 送한 父兄까지도 此를 日皇에 逆함이라 하야 行動을 監視하며 生業을 威脅하나니라.

二十八 朝鮮總督의 韓人敎育策: 朝鮮總督은 韓人에게 莫大한 敎育費를

---

9) 이 요구서는 1921년 11월 21일부터 1922년 2월 6일까지 미국 워싱턴에서 개최된 '태평양회의'에 제출하기 위해 작성한 것이다. 이 요구서는 상해 임시정부에서 간행한 『독립신문』 1922년 1월 1일, 2월 20일, 3월 1일, 3월 20일자 4회에 걸쳐 수록되었다. 상해 임시정부의 『독립신문』은 임시정부에서 1919년 8월 21일에 창간된 신문으로 『독립(獨立)』이라는 제호로 21호까지 발행하였으며, 1919년 10월 25일자 제22호부터 『독립신문』으로 개제하였다. 제호는 본디 한자였는데, 1924년 1월 1일자 제169호부터는 「독립신문」이라고 한글로 표기했다. 초대 사장(주필)에 이광수, 출판부장(편집국장) 주요한, 영업국장 이영렬이었다. 이 신문은 독립운동의 진행상을 중국에 알리기 위해 1922년 7월 부록으로 「중외보(中外報)」를 간행하여 무료로 배포하였다. 현재 독립기념관에서 자료를 서비스하고 있으며, 여기 옮긴 자료도 독립기념관의 자료이다.

徵收하야 三十萬의 日本 移殖民을 爲하야는 五萬人 以上을 敎育하고 優良한 中小學校 四百餘校를 設하엿고 二千萬 韓人의 子弟를 爲하야는 艱辛히 八萬人을 容納할 만 한 劣陋한 普通學校 四百六十校를 置하엇슬 뿐이오 또한 高等普通學校(中等程度도 不足)는 別設한 女子敎育機關을 幷하야 一千五百人을 收容하기 不足한 六個所를 有할 뿐이라. 初等敎育은 年限은 四年이오, 每週 二十六七 時間의 敎授는 全部가 日本語의 敎習이라. 日語 十時間, 算術 六時間, 漢文 及 其他 六時間 等의 形式上 分排가 有하나 漢文까지도 日語로 敎授하며 그 敎授 材料난 全然히 虛僞와 捏造로 作하야 韓族이 日本族의 支族이라 하여 韓國이 日本國에 依하야 暴虐한 外國의 殺害를 免하엿다 하난니 日皇 及 其使者에게 忠事험이 人된 者의 最大 職分이라 하며 四千三百年 前에 誕生한 朝鮮의 國祖 檀君이 二千五百年에 生하엿다는 日本 國祖 神武天皇의 親弟라 하고 千餘年 間 文化 學受의 事跡을 撰하야 征服된 俘虜에게 學習하엿노라 함이 그 例들의 一이며, 中等敎育은 年限은 三年 或 四年이오 普通學校의 一階를 進한 者로 理科, 實業科 外에 비로소 每週 一二時間의 歷史 地理를 加한 者이나 그 所謂 歷史 敎科書는 革命, 自由, 獨立 等의 文字를 削除한 것이오, 다만 日本帝國의 威光을 誇矜한 것이라. 此外의 專門敎育은 日本人 本位의 四個 職業專門學校에 特別科로 設하야 韓人을 敎育하는 것이니 法律, 醫學, 農業, 工業의 名實不相符한 者인 中 法律學校는 單히 通譯 書記를 養成할 뿐이오, 學科의 制限과 內容의 貧弱은 勿論이라.

二十九 海外 留學禁止와 憲兵의 日本 留學生 監督: 朝鮮總督은 韓人의 海外 留學을 嚴禁하나니 이는 韓人에게 世界文明을 防遏코져 하는 愚策이라. 이를 違反하는 者난 刑罰하며 日本에 留學하는 者도 苛酷한 制限을 加하고 許諾하되 憲兵 大尉로 留學生 監督을 任하야 學校 及 學科의 選擇을 干涉하며 그 行動을 嚴密히 監視하야 彼意에 反하면 學業을 中止케 하고 歸國 後에도 그 一生을 制限하나니라.

번역 27. 한인교육의 절멸: 일본인은 한국을 병합한 후 1969개 소의 한인 교육기관을 폐쇄하고, 그 이유를 행정상 필요 처분이라고 설명했다. 1919년 통계에 따르면 한국 내 사립학교 수가 753개라 하나, 순전한 한인이 경영하는 것은 극소수이며, 이들 학교는 대부분 엄혹한 감독 하에서 겨우 조선의 명을 보전할 뿐이다. 조선총독은 한국 내에서 한인이 교육에 종사하는 것을 일종의 음모로 간주하여, 한인은 물론이요, 구미인까지도 이에 뜻을 둔 자는 원수처럼 여기며, 심지어 자국인까지도 이를 경영하는 자는 불량자로 지목하여 기회만 있으면 쫓아내니, 한인의 수많은 이른바 치안범죄자는 그 거반이 일찍이 교육 관계자요, 자제를 한인학교에 보낸 부형까지도 이를 일황에게 거역한 것이라고 하여 행동을 감시하며 생업을 위협한다.

28. 조선총독의 한인 교육정책: 조선총독은 한인에게 막대한 교육비를 징수하여 30만 일본 이식민을 위해서는 5만명 이상을 교육하고, 우량한 중소학교 400여 개를 설치하였고, 2천만 한인 자제를 위해서는 간신히 8만인을 수용할 만한 열등 저급한 보통학교 460개 학교를 설치하였을 뿐이요, 또한 고등보통학교(중등 정도도 안 됨)는 특별히 설치한 여자교육기관을 합쳐 1500인을 수용하기도 부족한 6개 소만 있을 뿐이다. 초등교육은 연한 4년이요, 매주 26시간의 교수는 전부가 일본어 교습이다. 일어 10시간, 산술 6시간, 한문 및 기타 6시간 등 형식상 분배가 있으나, 한문까지도 일본어로 교수하며, 그 교수 재료는 모두 허위와 날조로 만들어졌으니, 한민족이 일본족에서 나온 민족이라고 하여 한국이 일본국에 의해 포학한 외국의 학살을 면했다고 하니, 일황 및 그 사역인들에게 충성하는 것이 사람됨의 최대 직분이라고 하며, 4천 3백 년 전 탄생한 조선의 국조 단군이 2500년에 탄생했다는 일본 국조 신무천황의 친동생이라고 하고, 천여 년간 문화 학수의 사적을 발췌하여 정복된 포로에게 학습하였다고 하는 그 예들이 하나이며, 중등교육 연한은 3년 혹 4년이요, 보통학교에서 한 계단 진급한 것으로 이과, 실업과 외에 비로소 매주 한두 시간 지리 역사를 더한 것이나, 그 소위 역사 교과서는 혁명, 자유, 독립 등 문자를 삭제한 것이요, 다만 일본 제국의 위광을 과장한 것이다. 이외 전문 교육은 일본인

본위의 4개 직업 전문학교에 특별과를 설치하여 한인을 교육하는 것이니, 법률, 의학, 농업, 공업의 명실이 일치하지 않는 것인 중 법률학교는 단히 통역 서기만 양성할 뿐이요, 학과의 제한과 내용이 빈약한 것은 물론이다.

　29. 해외 유학생 금지와 헌병의 일본 유학생 감독: 조선총독은 한인의 해외 유학을 엄금하니, 이는 한인에게 세계 문명을 막고자 하는 어리석은 정책이다. 이를 위반하는 자는 형벌하며, 일본에 유학하는 자도 가혹한 제한을 가하고, 허학하되 헌병 대위로 유학생 감독을 임명하여 학교 및 학과의 선택을 간섭하며, 그 행동을 엄밀히 감시하여 저들의 뜻에 반하면 학업을 중지하게 하고, 귀국 후에도 그 일생을 제한한단.

　　　　　　　　　　　　　　　　―『독립신문』(상해 임시정부), 1922.3.1

　1920년대 상황에서 조선총독이 조선인 교육을 통제한 상황을 집약한 이 요구서에는 일본을 제외한 해외 유학 금지, 일본인 유학생에 대한 감시와 감독 상황이 잘 반영되어 있다. 이와 같은 상황에서 1919년 3.1운동과 1920년 사이토 마코토(齋藤實)의 소위 문화정치 하에서 유학생 정책도 일부 변화되었다.[10] 조선총독부의 문화정치는 문화적 제도의 혁신에 의해 조선인을 유도하고 이끌어서 행복과 이익의 증진을 꾀하고 정치적, 사회적 대우에서 내지인과 동일하게 취급할 것을 표방하는 것이었다. 이는 3·1독립운동의 폭압적 진압에 대한 국제 여론의 비판을 무마하면서 3·1독립 운동 이후 확인된 조선인의 민족적 의지를 잠재우고 보나 안정적이고 시속적인 동화를 관철하기 위한 목적을 갖고 있었다. 즉 1919년 3·1운동을 계기로 조선 내의 교육 상황이 급변하자 조선총독부는 1922년 2월 4일 '조선교육령' 개정 이전인 1920년 11

10) 정미량(2007: 39)에 따르면 3.1운동이 일어났던 1919년 이후 총독부의 유학 완화책을 계기로 사비유학생들에 대한 각종 제약이 철폐되자 유학생들의 수는 급속히 증가하여 1920년을 고비로 1000명대를 넘게 되었으며, 1920년대 말 전체 유학생 수는 5000명대에 육박했다고 한다.

월 6일에 우선 유학생 관련 규정을 개정하여 발표하고, 유학생 후원사업도 수정했다. 유학생 후원 사업은 조선총독부가 조선을 동화시키고자 시행했던 여러 교육 정책 중에서도 비교적 빠르게 대처했던 부분이었다. 이러한 맥락에서 조선 총독부는 일본 내의 사비 유학생을 포섭하여 친일세력으로 육성하기 위해 이들의 유학비용을 지원하는 '재내지 급비생 규정(在內地給費生規程)'을 제정, 공포하기도 하였다. 이는 조선에서 학생을 선발하여 일본에 파견하던 방식을 폐지하고 일본에서 사비로 유학하고 있는 조선인 학생을 이른바 급비생(給費生)으로 선발하여 지원하는 것이었다.

이러한 상황에서도 1920년대 해외 유학생은 일본, 중국, 미국을 중심으로 급증하였다. 『동아일보』 1924년 12월 7일자 기사에 따르면, 이 시기 유학생은 일본 3,500명, 중국 500명, 미국 200명 등 약 3156여 명[11]으로 보도된 바 있다.

海外 留學生 狀況을 各國別로 보면 日本 3,500名, 中國 500名, 美國 200名, 獨逸 13名, 佛蘭西 5名, 英國 3名, 이태리 1名, 蘇聯 3名, 南美 2名, 하와이 30名, 카나다 1名으로 도합 3,156名이다.

| 번역 | 해외 유학생 상황을 각국 별로 보면 일본 3,500명, 중국 500명, 미국 200명, 독일 13명, 프랑스 5명, 영국 3명, 이태리 1명, 소련 3명, 남미 2명, 하와이 30명, 캐나다 1명으로 모두 3,156명이다. |

—『동아일보』, 1924.12.7

이처럼 유학생이 증가하면서, 유학생을 통한 계몽운동도 활성화되기 시작했다. 특히 1910년부터 1920년대 초까지의 유학 담론에서 계몽운

---

11) 동아일보의 기사가 오류가 일 수도 있으나, 당시 유학생들의 상황을 보면, 유길준과 같이 일본과 미국 유학을 모두 한 것과 같이 한 학생이 여러 국가를 유학할 수도 있기 때문에 전체 인원 취합이 국가별 인원의 합과는 차이가 있는 것으로 보인다.

동의 주체자로서 유학생의 역할이 증대되고 있음을 확인할 수 있다.

1.2. 유학 담론의 변화

근대 계몽기 유학 담론은 새로운 문물의 도입, 학문 발전이 국가적 필요나 개인적 필요를 전제하더라도 '문명 진보'가 '민족'과 '대아'를 위한 것임을 주장하는 경우가 많았다. 이에 비해, 식민 통치 하에서는 그러한 목적의 유학과 함께 자유로운 세계에 대한 동경과 근대화된 국가에 대한 동경으로 변질되는 경우가 많다. 그러한 과정에서 조국의 정세 등에 대해 걱정과 관심을 가지고 있었기 때문에 그들은 그들이 배운 신문물을 조국에 어떤 방식으로 기여하거나 본인의 미래를 위해 어떤 방식으로 활용할 수 있을 것인가에 대해 관심이 있을 수밖에 없었다. 이러한 사조는 식민 통치기 이른바 '실력주의' 또는 '수양론'을 기반으로 한 '계몽 이데올로기'를 산출한다. 다음을 살펴보자.

【 日本 留學生史, 第四: 學生 思潮의 變遷 】
　留學生의 思潮 變遷함은 頗히 複雜한지라. 本來 靑年 學生의 心志는 水와 如히 圓器에 入하면 圓하고 角器에 入하면 角하야 引好的 變幻이 多하거널 더군다나 留學生은 朝鮮 時勢와 日本 思潮의 變遷을 싸라 堅固한 作態가 無할새 朝鮮 잇든 마음이 日本에 來하야 變하고 日本 잇든 마음이 다시 歸國하면 又 一變하야 대종을 잡을 슈가 업는지라. 然이나 普通 潮流를 見하면 以下 三次로 變하얏더라. 第一次 光武 八年 以前 留學生의 思想을 觀하면 黑洞 半島에 井蛙가치 坐하얏다가 瞥眼間 外地에 出하야 山川 風景과 自由 活動을 見하니 仙鄕에 入함과 如한지라. 本來 國史를 不知하야 自信力이 無한 中에 外國 文明에 迷惑하야 內로는 自卑心이 有하고 外는 外懼心이 生한지라. (…中略…) 第二次 興學會 時代 學生의 思潮를 見하면 其程度가 一變하야 事業心도 生하고 自信力도 生하며 勉强의 風土도 少起한지라. 然이나 此를

外觀으로 보면 比較的 開進한 듯하나 其 實地上 裏面을 窺하면 不然한지라. 五學會가 起하야 教育을 振興코쟈 하는 바람에 虛榮心이 膨脹하므로브터 事業心이 生한 바라. 然則 虛榮의 思想이 엇지 實地의 價値를 顧할이오. (…中略…) 第三次 現今 學生의 思潮는 何如오. 今日은 以前보다 매우 過異한 點이 有하야 <u>實力主義로 熱心 勉强하는 者가 多하며 쏘한 眞實한 精神을 修養하는 風이 流行할</u> 쑨 안이라, 相愛相扶하는 義를 尙하니 實로 今日 學生의 思潮는 奇異한 成績이 多하도다. 然이나 <u>小說 哲學的 趣味를 尋하야 文弱에 流하는 弊가 行함은 現今 學生의 弱點이라.</u> 是는 學理를 探究함과 時勢의 影響으로 其風이 生한 듯하나 予의 觀察로 言하면 斯國 思潮에 同化가 된 쥴로 信하노니, 此가 今日 大感覺의 處라. 諸己에 反求하야 活潑한 精神과 冒險의 行動을 務치 안으면 大博士가 되야 노벨 賞을 得한다 하야도 根本的 問題에 對하야는 利益됨이 少無하고 도리혀 害點이 될이니 豈 不自覺也오.

번역 유학생의 사조 변천은 자못 복잡하다. 본래 청년 학생의 심지는 물과 같아 둥근 그릇에 담으면 둥글고, 모난 그릇에 담으면 모나서 좋아하는 대로 변환이 많은데 더욱이 유학생은 조선의 시세와 일본 사조의 변천을 따라 견고한 작태가 없으므로 조선에 있던 마음이 일본에 와서 변하고, 일본에서 있던 마음이 다시 귀국하면 또 변하여 대중을 잡을 수 없다. 그러나 보통 조류를 보면 이하 세 차례로 변하였다. 제일차 광무 8년 이전 유학생 사상을 보면 암흑 동굴 같은 반도에 우물 안 개구리처럼 앉았다가 갑자기 외지에 나와 산천 풍경과 자유 활동을 보니 선경에 들어감과 같으니, 본래 국사를 알지 못해 자신력이 없는 중 외국 문명에 미혹하여 안으로는 자기 비하심이 있고, 밖으로는 외구심이 생겨났다. (…중략…) 제2차 홍학회 시대 학생 사조를 보면 그 정도가 일변하여 사업심도 생기고 자신력도 생기며 면강의 풍토도 조금 일어났다. 그러나 이를 외관으로 보면 비교적 개진한 듯하나, 그 실제상 이면을 보면 그렇지 않다. 5학회가 일어나 교육을 진흥코자 하는 바람에 허영심이 팽창함으로부터 사업심이 생긴 것이다. 그러므로 허영의 사상이 어찌 실지의 가치를 돌아보겠는가. (…중략…) 제3차 지금 학생의 사조는 어떠한가. 금일은 이전보다 매우 다른 점이 있어, 실력주의로 열심 면강하는 자가 많으며, 또한 진실한 정신을 수양하는 기풍이 유행할 뿐 아니라, 상애상부하는 의리를 숭상하니 실로 금일 학생의 사조는 볼만한 성적이 많다. 그러나 소설, 철학적 취미를 찾아 문약(文弱)에 흐르는 폐단이 유행함은 지금 학생의 약점이다. 이는 학리를 탐구함과 시세의 영향으로 기 풍조가 만들어진 듯하나. 나의 관찰로 말하면 이 나라 사조에 동화가 된 것으로 믿으니, 이것이 금일 대감각하는 점이다. 자기로부터 반성하여 구하고 활발한 정신과 모험의 행동을 힘쓰지 않으면 큰 박사가 되어 노벨상을 받는다 해도 근본적 문제에 대해서는 이익됨이 없고 도리어 해로운 점이 될 것이니 어찌 스스로 각성하지 않으리오.

—'일본 유학생사', 『학지광』 제6호, 1916.7

일제 강점기 재일 유학생들이 추구하는 일차적 가치는 '실력주의', 또는 '실용주의'이다. '일본 유학생사'에 대한 최초의 기록인 이 논문에서는 일본 유학의 유래와 역사를 '광무 8년 이전', '5학회 시대', '금일(일제 강점기)'의 세 시기로 나누고, 각 시기마다 유학생의 사조가 달라졌다고 기술한다. 여기서 '금일의 유학생'에 대해서는 긍정적 평가를 내리고 있으나, 그것은 이른바 '실력주의', '실리주의'의 관점에서 일부 유학생들의 학업 태도를 평가한 것이다. 이러한 평가는 안확(1915)의 '금일 유학생은 여하(如何)'에서도 찾아볼 수 있다.

【 今日 留學生은 何如 】

(…中略…) 今日에 至하야는 留學生界의 潮流를 觀察하건대 其態度가 迥異ᄒ야 勿論 學術의 進步ᄂ 前者보다 賢하거니와 其德義 其品行이 實로 刮目相對라. 果然 社會의 歡迎할 眞人이 今日에 多出하겟도다. 余가 觀察한 結果 留學生의 善點을 言할진대 前日 不信任하든 朝鮮 內地 人士는 或 子가

留學生을 辯護한다 할지나 然이나 事實에 就하야는 僞言키도 不能하며 欺瞞을 被할 者도 亦然하도다. 勿論 些少한 不足한 點이 有함이 안임은 안이로되 多大數의 趨勢를 볼진대 實로 感服할 점이 多하니 今에 其 特點을 擧言하면 下와 如한지라. (一) 英語熱이 盛하야 文明의 源泉을 探하며 學術의 眞理를 探究함에 精力을 加하니 故로 神經衰弱病에 罹하는 者가 不少한지라. 此로 觀하면 眞正한 學生이 多함을 可知오, (二) 歷史를 探究하야 自己 長處를 發코자 할새 偉人의 言行 或 祖先의 異蹟을 愛重히 넉이어 著書 又 演說 中에라도 此에 對하야는 極力 硏磨를 加하며 (三) 自用을 節儉하야 苦學生을 幇助할새 每朔 五圓 或 二三圓 甚至二三十錢이라도 各出其力하야 損補하는 者가 多하야

번역 금일에 이르러 유학생계의 조류를 관찰하면 그 태도가 매우 달라 물론 학술의 진보는 전보다 우수하거니와 그 덕의 품행이 실로 괄목상대할 만하다. 과연 사회가 환영할 진인이 금일 많이 나타날 것이다. 내가 관찰한 결과 유학생의 좋은 점을 말하면, 전일 불신임하던 조선 내지 인사는 혹 그대가 유학생을 변호한다고 할 것이나, 그러나 사실에 대해 거짓말하기도 불가능하며, 기만을 입을 자도 또한 그러하다. 물론 사소한 부족한 점이 있지 않은 것은 아니나 대다수 추세를 보면 실로 감복할 점이 많으니, 그 특점을 열거하여 말하면 아래와 같다. (1) 영어열이 성하여 문명의 원천을 탐구하며, 학술의 진리를 탐구함에 정력을 더하니 그러므로 신경쇠약병에 걸리는 자가 적지 않다. 이로 보면 진정한 학생이 많음을 알 수 있고, (2) 역사를 탐구하여 자기 장점을 발휘하고자 할 때 위인의 언행 혹 조상의 이적을 애중히 여겨 저저 및 연설 중이라도 이에 대해 극력 연마하며, (3) 자기 스스로 쓸 것을 절약하여 고학생을 돕고자 할 때 매월 5원 혹 2~3원 심지어 2~30전이라도 각기 힘껏 내어 손보하는 자가 많아서

—안확, '금일 유학생(今日 留學生)은 하여(何如)',
『학지광』 제4호, 1915.2

안확이 말한 '영어열', '역사 탐구', '자용 절검'은 모든 유학생에게 해당하는 것은 아니지만, 실용주의, 실력주의와 함께, 일제 강점기 유학생 담론이 변화하고 있음을 보여준다. 근대 계몽기 애국 담론과는 달리 실리주의가 강조되는 까닭은, 유학생 감독 체제 하에서 민족 담론이 생성되기 어려웠기 때문이다. 이러한 상황에서 『학지광』의 유학 담론 가운데는 '실력주의'를 강조하는 풍토가 일반적이었다. 이 점은 제6호의 '오제(吾儕)의 장래 문제'를 논한 검산촌인(檢山村人)이라는 필명의 논설도 마찬가지이다. 이 논설에서는 유학생 30년사를 해부하면서, '어학주의시대(語學主義時代)', '부동주의시대(浮動主義時代)', '실력주의시대(實力主義時代)', '귀일주의시대(歸一主義時代)'로 나누고, 경술(1910년) 이후의 시대를 실력주의 시대, 당시 유학생들이 믿고 있는 '귀국 후 계몽을 실천하는 주의'를 '귀일주의'라고 명명하였다. 여기서 실력주의는 제반 학술 지식, 곧 정치·법률·농공상 기타 학문을 공부하여 각자 특색을 발휘하고, 각종 사업을 전개해야 한다는 주장이다. 이에 비해 귀일주의는 유학의 결과 귀국하여 완몽자를 각성케 해야 한다는 논리이다.

【 歸一主義 時代 】

우리 留學生의 最終 目的은 何人을 勿論ᄒ고 다 同一ᄒ지니, 即 博學廣問을 抱負ᄒ고 歸國ᄒ야 本國에 아직 頑蒙未起者들을 覺醒케 ᄒ며, 放蕩遊戲의 靑年들을 指導ᄒ며 來問者를 親接ᄒ여 國民 道德의 腐敗을 回復케 홈이 우리 留學生의 責任이라. 是가 緒頭에 言한 바 吾儕의 將來 問題니 우리는 如何히 ᄒ면 歸一主義를 實踐ᄒ며 發現ᄒ리오.

第一은 心理上 統一이니 우리 民族의 心理를 解部ᄒ건듸 千態萬象이라. 或 强硬흔 듯ᄒ나 柔順ᄒ며 或 感情的인 듯ᄒ나 溫和ᄒ며 長久흔 듯ᄒ며 直短ᄒ며 有心흔 듯ᄒ나 無心ᄒ나니 勿論 支那의 儒教 影響이 不少ᄒ고 舊習이 固着흔 바나 特別흔 心理를 確求키 難ᄒ도다. 是故로 如何히 ᄒ면 一般 人心을 統一ᄒ며 歸一的 行動을 能爲케 ᄒ리오. 百年大計를 一朝一夕에

는 實行키 未能ᄒ나 今日부터 始作ᄒ면 最後의 目的을 達ᄒ기는 어렵지 아니ᄒ나니 眼前에 大問題오 大事業이 此에셔 優先홈이 更無ᄒ리로다. 將來의 새 朝鮮을 세움도 우리의 責務이며 滅亡 中에 永葬홈도 우리의 任責이니 覺醒ᄒ여야 ᄒ깃고 忍耐ᄒ여야 ᄒ깃고 冒險ᄒ여야 ᄒ깃고 暗中飛躍ᄒ여야 ᄒ깃스니 그리ᄒ랴 ᄒ면 엇지하든지 心理上 統一이 最急先務로다.

(第二) 國民教育의 必要이니 吾人은 國民의 教育 義務를 有혼지라. 普通 教育이라 ᄒ면 學校教育 外에는 無혼 줄로 思考ᄒ나 決코 그러치 아니ᄒ니 農民을 對ᄒ면 農業에 關혼 智識을 言給ᄒ며 商人을 對ᄒ면 商業에 關혼 智識을 言及ᄒ며 其他 諸般 事業者를 對ᄒ면 各方面에 亘ᄒ야 演注ᄒ면 可ᄒᄂ니 엇지 學校 講習에 限ᄒ리오. 一般 國民的 教育을 互相 普及케 ᄒ지 아니치 못ᄒ리로다. 是가 所謂 國民教育이니 被教育者의 程度를 從ᄒ야 一分 一毫라도 利益홀 것 갓ᄒ면 說誘ᄒ며 指導針이 되야 國民教育 從事에 不已홀지어다.

번역 우리 유학생의 최종 목적은 누구를 물론하고 다 같을 것이니, 곧 널리 배우고 넓게 물어 포부를 지고 귀국하여 본국에 아직 완몽하여 일어나지 못한 자들을 각성하게 하며, 방탕유희하는 청년들을 지도하며, 묻고자 오는 자들 친히 접하여 국민 도덕의 부패를 회복하게 하는 것이 우리 유학생의 책임이다. 이것이 서두에 말한 바 우리의 장래 문제이니, 우리는 어떻게 하면 귀일주의를 실천하며 발현할 수 있겠는가.

제일은 심리상 통일이니 우리 민족의 심리를 해부하면 천태만상이다. 혹 강경한 듯하나 유순하며 혹 감정적인 듯하나 온화하며, 장구한 듯하나 직단하며, 유심한 듯하나 무심하니 물론 중국 유교의 영향이 적지 않고, 구습이 고착한 바나 특별히 심리를 확구하기 어렵다. 그렇기 때문에 어떻게 하면 일반 인심을 통일하며, 귀일적 행동을 능히 할 수 있겠는가. 백년 대계를 일조일석에 실행키 어려우나 금일부터 시작하면 최후의 목적을 달성하기 어렵지 않으니, 안전에 큰 문제요 대사업이 이보다 먼저인 것은 다시 없다. 장래의 새 조선을 세움도 우리의 책무이며 멸망 중 영원히 장례 지내는 것도 우리의 맡은 바니 각성해야 하겠고 인내해야 하겠고 모험해야 하겠고 암중 비약해야 하겠으니, 그렇게 하려면 어찌하든지 심리상 통일이 가장 급선무이다.

제이는 국민교육의 필요니, 우리는 국민을 교육할 의무를 갖고 있다. 보통 교육이라 하면 학교교육 이외는 없는 줄로 생각하나 결코 그렇지 않으니, 농민을 대하면 농업에 관한 지식을 말하고 제공하며, 상인을 대하면 상업에 관한 지식을 제공하고, 기타 제반 사업자를 대하면 각 방면에 미쳐 주의하고 제공하면 되니 어찌 학교 강습에 한하겠는가. 일반 국민적 교육을 서로 보급케 하지 않으면 안 될 것이다. 이것이 소위 국민교육이니 피교육자의 정도를 따라 조금이라도 이로울 것 같으면 설유하며 지도의 지침이 되어 국민교육에 종사할 따름이다.

—검촌산인(檢山村人), '오제(吾儕)의 장래 문제(將來問題)',
『학지광』 제6호, 1915.7

이 논설에서 '귀일(歸一)'은 통일의 의미를 갖는다. 이른바 새 조선을 건설하기 위해 고국으로 돌아가 계몽운동에 투신해야 함을 주장하는 논설이다. 그러나 계몽의 대상인 '완몽미기자', '방탕 유희하는 청년'을 포함하여 '국민 도덕'이 부패한 것으로 규정한 점은 일제 강점기 식민 통치의 이데올로기와 크게 다르지 않다. 이 점은 유학생 계몽운동이 갖고 있는 근원적 한계일 수 있다. 그럼에도 일제 강점기 유학생 담론에서 계몽운동이 본격적으로 제창된 것은 주목할 일이다.

이와 같은 의식은 1920년대 이후 다양한 이데올로기와 합쳐지면서 유학생들의 사상적 경향을 분화시킨다. 즉 1910년대 '민족주의적' 의식으로 비슷한 양상을 보이던 유학생들의 사상적 경향은 1920년대를 지나면서 그들이 경험한 나라에 따라 민족주의라는 범주 안에서 자유주의나 사회주의적 사상이 가미되는 등 사상적, 의식적 분화가 일어났다. 이것은 식민지 내에서의 개조론과 문화운동과 관련되면서 그 이전과는 다른 방식의 계몽 운동이 일어나는 계기가 되었다. 1933년 1월 1일자 『삼천리』 제5권 제1호에 '반도(半島)에 기다인재(幾多人材)를 내인 영미로일(英·美·露·日) 유학사(留學史)'는 그 때까지 조선인 유학의 양상과 유학생들의 활동, 의식에 대해 전체적인 양상을 살펴볼 수 있는 글이다. 여기서 일본 유학생에 대한 글은 '동경 유학생(東京 留學生)과 그 활약(活躍)'라는 제목으로 글을 쓴 황석우(黃錫禹)[12]가, 미국 유학생에 대한 글은 오천석(吳天錫)[13]이 '미국 유학생사(米國留學生史)'라는 제목으로 집필하였는데, 이 글에서 국가별 유학생들의 의식의 차이를 확인할 수 있다.

이와 같은 흐름에서 일제 강점기의 유학생 활동이 갖는 특징 중 하나는 일본 이외에 독일(이극로 등), 프랑스, 영국, 미국 등으로 외연이 넓어졌다는 특징이 있다. 서구 근대와 직접 접촉한 조선 지식인(유학생)들은 그들을 수용하면서 동시에 일본의 정치적, 군사적 공격에 대항하여 저항적 민족주의를 형성하였다. 즉 개항기 조선은 문호를 개방하여 자본주의를 배우고 자율적으로 산업혁명과 시민혁명을 이루어낸 국민국가를 수립하고 부국강병을 통해 독립을 유지해야만 했다. 그러나 식민지를 경험하고 정치적, 경제적 이해관계에 대해 저항하였다. 문화적 접근에서도 사실상 서구세계가 식민사회를 열등한 타자로 재현하는데 서양의 헤게모니가 거의 그대로 수용된 것이다. 이러한 흐름에서 각 지역의 유학생 실태와 계몽 담론을 좀 더 구체적으로 살펴볼 필요가 있다.

---

12) 황석우(黃錫禹)는 1913년 8월 와세다대학(早稻田大學) 정치경제과에 입학하였으나 곧 퇴학한 일본 유학생 출신의 문인이다. 이에 대해서는 한국사데이터베이스 한국근현대인물자료(http://db.history.go.kr)를 참고할 수 있다.

13) 오천석(吳天錫)은 『우라키』 제4호(1930년 06월 14일)의 기사 '미국 문명개관(美國文明槪觀): 미국의 교육계'의 필자로 나오는데 거기서 '콜롬비아 사범대학 오천석(師範大學 吳天錫)'으로 소개하였다.

2. 재일 조선 유학생14)의 계몽 담론과 실천

2.1. 일본 유학과 근대 체험

김성학(1996: 1)에 따르면, 일제 강점기에 일제의 유학정책에 의해 일본으로 떠난 신지식인 층은 1910년대 약 500~700명에 이르렀고 1920년대 급증하기 시작하여 1930년대 중반까지 3천~5천명에 달했고 1938년 1만 명을 돌파, 1942년 약 3만명에 육박했다고 한다. 앞에서도 고찰한 바와 같이 물론 일제 강점기 전에도 일본 유학생이 있었다. 특히 1904년 대한제국 정부에서 파견한 유학생 50명이 도쿄 부립 1중과 와세다 실업학교에 입학하였는데, 일제 강점기 동안 근대 문물의 소개 등 선구자 역할을 한 육당 최남선과 천도교의 최린도 여기에 속한다. 그리고 1905년 을사조약의 체결과 함께 많은 유학생들이 일본으로 건너갔는데 이때부터는 관비유학생(官費留學生)뿐만 아니라 대비유학생(代費留學生)과 사비유학생(私費留學生)이 등장하였다.15) 이에 대한 황석우(1933)의 설명을 살펴보자.

【 東京 留學生과 그 活躍 】
東京에서 조선인 유학생은 丙子修好條約 체결이후 곳 1881년(明治 14년)의 沈相鶴, 高永喜, 魚允中, 洪英植, 趙秉稷, 朴定陽 등 紳士大官들로 조직

---

14) 정미량(2008)에 따르면 개화기부터 일제 강점기 시기 동안, 일본에서 유학하는 조선인 학생은 다양한 용어로 지칭되었다고 한다. 조선인들은 그들을 주로 '동경유학생', '일본유학생'이라고 불렀는데, 일본인들은 대한제국 이전 시기에는 '조선유학생', 대한제국 시기에는 '한국유학생', 일제 강점 이후에는 다시 '조선유학생'이라고 명명했다. 한편 일제 강점기 동안, 조선총독부에서 일정한 액수의 장학금을 지원하는 재일조선유학생의 법률적 명칭은, 1922년 이전에는 '관비생(官費生)' 그 이후에는 '재내지급비생(在內地給費生)'이었다고 한다.

15) 일제 강점기 전의 일본유학 상황에 대해서는 앞서 서술한 『학지광』 제4호의 「일본유학생사」, 황석우(1933)의 「東京 留學生과 그 活躍」(『삼천리』 제5권 제1호)가 대표적이다.

된 日本문물시찰단이 잇고 그 익년의 修身使 朴泳孝, 同副使 金晩植 及 隨員 金玉均, 徐光範, 閔泳翊 등의 일본행이 잇슨 뒤에 생긴 者라 하겟다. 이 紳士視察團 及 朴泳孝 일행은 실로 日本留學生史上의 선행적 지도자라 하겟다. (…중략…) 彼 甲申政變에 일본유학의 士官隊가 희생된 이후에는 朝鮮人의 일본유학생이 嚴禁杜絶되여 잇섯다 한다. 그러다가 을미년(1896년, 明治 29년)의 朴泳孝 內部大臣時代에 魚充迪, 魚潭, 元應常, 芦伯麟, 劉文煥, 張燾, 趙澤鉉, 權承樣 등 138의 정부유학생이 派送되엿다 한다. (…중략…) 이것이 甲申政變 이후의 정부파견의 제1회 유학생이엿다 한다. 그 후 개인의 사비유학생도 次次 잇서갓다 한다. (…중략…) 同 1904년(明治 37년) 10월에 당시 學部大臣 李載克 及 同隨員 朴榮喆의 인솔하에 崔麟, 柳承欽, 李昌煥 등 50명의 제2회의 정부유학생이 渡日하엿다 한다. 此年에 朴勝彬도 私費生으로 日本에 건너갓다 한다. 박씨의 渡日하든 때에 日本유학생기관으로서 朝鮮留學生會가 잇섯다한다. (…중략…) 彼 蔡基斗, 崔麟, 高元勳, 柳承欽, 李恩雨, 李昌煥의 등 所云 28인 영웅과 崔南善, 洪命憙, 李光洙 등의 3才子가 나든것도 이때일인가 한다.

번역 동경에서 조선인 유학생은 병자수호조약 체결이후 곳 1881년(명치 14년)의 침상학, 고영희, 어충중, 홍영식, 조병직, 박정양 등 신사대관들로 조직된 일본문물시찰단이 있고 그 다음해의 수신사 박영효, 동부사 김만식, 수원 김옥균, 서광범, 민영익 등의 일본행이 있은 뒤에 생긴 자라 하겠다. 이 신사시찰단 즉 박영효 일행은 실로 일본유학생사상의 선행적 지도자라 하겠다. (…중략…) 갑신정변에 일본 유학의 사관대가 희생된 이후에는 조선인의 일본유학생이 엄격하게 금지되었다 한다. 그러다가 을미년(1896년, 명치 29년)의 박영효 내부대신 시대에 어윤적, 어담, 원응상, 호백린, 류문환, 장도, 조택현, 권승양 등 138의 정부유학생이 파송되었다고 한다. (…중략…) 이것이 갑신정변 이후의 정부파견의 제1회 유학생이었다 한다. 그 후 개인의 사비유학생도 차차 있었다 한다. 1904년(명치 37년) 10월에 당시 학부대신 이재극, 동수원 박영철의 인솔하에 최린, 류승흠, 이창환 등 50명의 제2회의 정부유학생이 일본에 건너 갔다고 한다. 다음 해 박승빈도 사비생으로 일본에 건너갔는데, 그 때에 일본 유학생 기관으로 조선유학생회가 있었다고 한다. (…중략…) 채기두, 최린, 고원훈, 류승흠, 이은우, 이창환의 등 28인의 영웅과 최남선, 홍명희, 이광수 등의 3명의 수재가 나온 것도 이때의 일인가 한다.

　　—황석우, '동경 유학생과 그 활약', 『삼천리』 제5권 제1호, 1933.1

1905년부터 1909년까지 4년 간, 사비(私費) 또는 공비(公費)로 떠난 1천여 명의 일본 유학생들이 있었는데, 문학으로 계몽을 추구하고자 했던 춘원 이광수16)는 여기에 해당한다. 이광수는 천도교 교주였던 손병희의 지시에 의한 일진회 선발 유학생의 한 사람이었다. 여기서는 유학 시기는 일제 강점기는 아니지만 일제 강점기 직전에 유학을 다녀와서 일제 강점기 조선의 계몽담론을 이끌어 간 최남선, 이광수 등도 포함하여 논의할 것이다.

　일제 강점기 당시 일본 유학생들의 현황은 아래에서 볼 수 있는 바와 같이 『조선총독부관보』나 『매일신보』에 지속적으로 실리는데, 이러한 유학생들의 현황 조사는 조선인의 유학을 권장하기 위한 것이라기보다는 조선총독부에서 늘어나는 조선인 유학을 통제하는 방식이었다. 이러한 흐름에서 일본유학생들이 점점 많아지면서 그들은 일본에서 단체를 구성하고 그 단체에서는 학보를 발간하였는데, 김성학(1996)의 논의와 같이 이 시기 유학생들의 현실인식은 각종 유학생단체에서 발간되던 학보를 통하여 살펴볼 수 있다. 그리고 이러한 사실은 국내 신문에 어김없이 기사화되어 실릴 정도로 국내에서 해외유학생들에 대한 관심이 지대하였다. 특히 『동아일보』에서는 유학생 관련 기사를 빈번히 게재하였다.17) 1920년대 『동아일보』 기사 가운데 '유학생'을 키워드로 검

---

16) 이광수 자료에 대한 것은 김윤식(2008) 참조.

색하면 연간 90회 이상의 기사가 검색된다.

이 시기 유학생들에게 가장 필요했던 것은 지적 욕구였다. 일본 유학생들이 발간한 여러 회보들의 발간사를 분석한 안남일(2005)에 따르면, 『학우』발간사에서는 '욕망(慾望)'을 대표적 키워드로 내세워 욕망이 적은 한국 사회의 구태의 모습을 혁파하고 일제 강점기를 극복하기 위해 큰 욕망, 곧 지식욕을 갖추어 조선문화를 부흥시키고자 하는 열망을 보여주었다고 한다. 그리고 『회지』발간사에서는 "진리(眞理)"를 대표적 키워드로 내세워 우리가 몸담고 있는 학원에서 모든 사유체계를 과학적 방식으로 무장하여 자유로운 학문을 주장해서 우리 학도들은 진리를 탐구해야 한다고 역설하였다고 하였다. 또한 『회보』발간사에서는 "이상(理想)"을 대표적 키워드로 내세워 궁극적으로 동일한 환경 아래에서 전일체가 된 우리들이 각자의 전문분야에서 추구하는 이상을 탐구하고 목표에 도달하는 것이 가장 중요하다고 하였다. 그리고 『동창회회지』창간사에서는 "의식생활(意識生活)" 특히 "철인적 의식생활(哲人的意識生活)"을 대표적 키워드로 내세워 학구적인 실천생활에 매진하는 현실적 실천을 통해서 일제 강점기를 극복해나갈 것을 주장하였다고 한다.

위의 안남일(2005)에서 지적한 일본 유학생들의 각 회보에서 보여주는 의식은 결국 유학생들의 의식이라고 할 수 있다. 즉 일제 강점기 당시 일본 유학생들은 사회진화론(優勝劣敗, 適者生存, 自然淘汰 등의 개념)에 영향을 받아 현재의 국제정세를 제국주의 시대와 생존경쟁의 시대로 파악하고 있었다. 한국유학생들은 러일전쟁의 결과 일본의 침략적인 제국주의의 허구성과 기만성을 깨닫게 되어 일본 역시 동양의 평화를 유린할 제국주의 국가로 인식하게 되기도 한다. 이러한 인식은 일본

---

17) 1920년대 재일조선유학생들의 문화운동에 대한 자세한 논의는 정미량(2012: 14~16)을 참조.

에 대한 항일 의식을 본격화하게 만드는 원인으로 작용했다. 하지만 한국유학생들의 제국주의에 대한 인식은 철저하지 못하여 제국주의 침략을 받게 된 원인을 내부의 미개로 돌리는 패배주의적인 인식도 전개되었다.

2.2. 식민지 현실 인식과 귀국 후 활동

1920년대 문화운동은 국내 민족운동의 구조와 성격을 이해하거나 조선사회의 근대성을 파악하기 위한 연구의 일부로 중요하게 다루어지고 있다. 1920년대는 민족운동 제 세력 간에 사상적 분화가 가장 극렬하게 이루어졌던 시기였을 뿐 아니라 조선사회에 근대적 문명과 가치가 유입, 본격적으로 유행하기 시작한 시기이며, 이러한 현상과 가장 밀접히 연관되어 있는 집단 중의 하나가 문화운동의 주도세력이기 때문이다.

한편 일제 강점기 일본 유학생들의 계몽 담론을 이해하기 위해서는 유학생 각각의 의식이나 상황을 이해할 필요가 있는데, 『삼천리』 5권 1호(1933년 1월 1일)에 실린 황석우의 글에서 일제 강점기 직전인 1905년을 전후한 시기에 일본유학생의 대표적인 인물로 '박승빈, 최남선, 홍명희, 이광수' 등을 들고 있는데, 이 글에서 일제 강점기 당시 일본 유학생의 대체적인 상황과 활동도 참고할 수 있다. 황석우의 글에 따르면, 학우회의 기관지가 된 『학지광』 편찬의 책임을 변봉현, 장덕수 등이 맡았고, 이때의 동경유학생계의 문학청년으로는 최승구, 최두선, 진학문, 김려제 등이 있었는데, 이들을 미래 조선의 새 문단을 건설하는 터잡이의 계몽운동에 출현되는 인물이라 하면서 조선신흥문학 건설의 제1기 계몽시대의 선구자라고 하였다. 그리고 미술에는 김찬영, 나혜석 음악에는 김영환 등을 거론하였다. 그 외 화가 김관호가 일가를 이루었음을 언급하고 현상충, 이광수가 사회평론 및 수필문에 두각을 나타내었다고 하였다. 이러한 인물들 덕분에 학우회가 점점 건실해졌고, "피(彼) 각 부문의 과학적 진리에 입각하야 조선민족(朝鮮民族)의 갱생 방침(甦生方針) 그 지도 방침(指導方針)을 학적(學的)으로 연구하려는 조선학회(朝鮮學會)가 이러난 것도 이 기운의 영향"에 의한 것이었음을 강조하였다.

위의 글에 제시된 인물들은 실제 일제 강점기 계몽 담론을 이끌어간 최남선, 이광수, 박승빈, 홍명희 등과 같은 대표적인 인물들이 포함되어 있다. 류시현(2009) 등에서도 언급되고 있는 바와 같이 한말시기 '신대한(新大韓)'을 건설할 주역으로 '신청년(新靑年)'이 주목되었고, 이들 '신청년'이 국민국가 수립에 기여할 근대적 지식을 얻는 주된 경로는 일본 유학이었다. 실제로 이들은 일본 유학기간에 습득한 근대적 지식을 그들 자신의 실천 활동에서 적용하고자 했고 이와 병행해서 뒷 세대 청년과 소년층에 출판 및 저술활동을 통해 그 내용을 전달하고자 했다. 이들 동경 유학생 가운데 1900년대 비슷한 시기에 일본 유학을 하고, 유학시절 언론과 문필활동을 활발하게 했던 홍명희, 최남선, 이광수에 대한 조선인 사회에서의 기대감 속에서 이들을 '동경삼재(東京三才)'[18]라고 불렀는데, 홍명희, 최남선, 이광수를 가리켰다. 일본 동경에서 유학했던 이들 3인은 학교, 서점, 도서관 등을 통한 근대의 경험을 바탕으로 귀국 후 다양한 분야에서 조선의 '문명화'를 이루는 영역에서 활동했다.

귀국 시점에 '홍명희'는 자연주의 문학 영역에서, '최남선'은 역사와 조선문화 영역에서, '이광수'는 문학과 사회 평론의 영역에서 장점을 지닌 존재였다. 이들의 본격적인 활동은 식민지 상황 속에서 이루어졌다. 귀국과정 및 국내에서의 이들의 활동 폭은 이러한 현실에 의해 제한되거나 굴절될 수밖에 없는 상황이었다. 이들은 일제에 의해 병합된 시기를 전후해서, 자신들의 역할을 스스로 부여하고 교육과 언론 영역

---

18) 삼천리 5권 1호(1933년 1월 1일)에 실린 황석우의 글 '東京 留學生과 그 活躍' 참조.

에서 활동을 전개했다.

하지만 일본에서 습득한 근대적 사고와 물질적 영역의 성과를 조선에서 실현하기 어려웠다. 이러한 시대적 상황 속에서 이들은 윗세대의 도움을 받지 못한 존재로서 자신들을 규정하면서 방황과 고난을 겪기도 했다. 그럼에도 불구하고, 일본 유학시절 경험했던 민족주의적 각성을 토대로, 이들은 1919년 전민족적 항일운동인 3·1운동의 과정에서 주역의 역할을 담당했다.[19] 알려진 바와 같이 최남선은 민족대표로 3.1운동의 독립선언서를 작성하였고, 이광수는 2.8 독립선언서를 작성하였다.

【 崔南善 氏 假出獄 】

崔南善氏 假出獄, 독립선언서를 지은 륙당 최남선씨 작일정오 경성감옥으로부터 방면

재작년 삼월에 독립운동의 수령으로 독립선언서의 다수한 문서를 지은 최남선(崔南善)씨가 이개년반 징역의 선고를 밧고 경성 감옥에서 복역중임은 세상이 다아는바이어니와 작일정오에 씨는 가출옥(假出獄)이 되얏는데 씨를 내여보내는 그 감옥에서는 인모전(蘭牟田) 뎐옥 이하 여러 관원이 모히여 협의한 후 열한시 삼십분 경에 뎐옥은 씨를 조소(調所)로 불러 가출옥을 언도하고 진촌 교회사(津村 敎誨師)의 례사가 잇슨 후 다시 조소에서 붉은 역복을 벗고 두루마기를 가라입은 후 응접실로 나와서 반가히 맞는 친형 최창선(崔昌善) 친제 최두선(崔斗善) 씨와 친우에게 일일

---

19) 1920년대 조선 사회에 대한 '분열'을 획책했던 일제의 '문화정치' 속에서 이들은 각기 다른 정치적 선택을 하게 된다. 이광수는 '타협적' 민족주의자의 일원으로 일제가 '허락'하는 범위 안에서의 '자치'를 주장하는 방향으로 전환했으며, 최남선은 단군과 '불함문화론' 연구를 통해 일본인 학자의 조선에 관한 연구에 학문적으로 대결하고자 했으나 '비정치적' 학문 연구는 점차 일본 관학자의 입장을 옹호하는 방향으로 나아갔다. 반면 사회주의 사상 연구와 사상단체 참여에 적극적이었던 홍명희는 '비타협적' 민족주의자의 일원으로 1920년대 후반 민족 통일전선의 일환인 신간회 활동에 지도부로 참여했다. 일제 강점기 민족주의의 분화에 대한 설명은 박찬승(2000), 박찬승(2004) 참조.

이 악수를 교환한 후 감옥에서 보든 삼십여 권의 책을 싸가지고 옥문을
나섰다.

—『동아일보』, 1921.10.19

이들은 3·1운동을 전후 한 시기, 당시 민족운동가 대부분이 그러했
듯이, 망명과 투옥을 경험했다. 이광수는 중국 상해(上海)에 가서 대한
민국 임시정부에 참가해서 그 기관지인 『독립신문』의 책임자를 지냈
다. 당시 『독립신문』에 게재된 논설 가운데 상당수가 이광수가 집필한
것이고, 이를 통해 볼 때 상해시절의 이광수는 '절대 독립'과 독립전쟁
노선을 지닌 안창호와 입장을 같이 했다. 따라서 귀국 후 이광수가
1920년대 주장한 '준비론', '실력양성론'의 입장은 일제의 '문화정치'란
시대적 상황의 산물이라고 볼 수 있다. 한편 최남선과 홍명희는 수감생
활을 통해 향후 민족운동의 방향성을 재정립하는 계기로 삼았다. 최남
선은 수감기간 일제와 학문적 대결을 준비하는 '조선학' 연구의 토대를
구상했고, 홍명희는 출옥 후 언론활동과 함께 민족운동의 가장 선진적
인 사상단체에 적극 참여하여 신사상을 학습 소개하고자 했다.

한편 선행 연구에서도 고찰하였듯이 타협적 민족주의와 비타협적 민
족주의 사이의 간극은 사회주의에 관한 인식과 이를 통한 민족통일전
선에 관한 입장 차이에서 비롯되었다. 그런데 민족주의 계열의 수양동
우회 기관지인 『동광』에 지속적으로 사회주의를 소개하는 기사가 연재
혹은 기고되었으며, 1920년대 초반 최남선 역시 잡지 『동명』을 통해
신사상의 일환으로 사회주의 사상의 소개에 적극적이었다.

하지만 1920년대 중반 이후 이광수와 『동광』의 편집진은 민족주의
계열의 '정치적', '경제적' 운동이 침체되는 상황에서 그 원인을 사회주
의에서 찾았으며, 최남선은 조선적 특수성을 연구하는 '조선학' 연구에
대비되는 조선인 사회주의자들의 '국제주의'를 비판했다. 즉 이광수와
최남선은 당대 조선 사회에서 경쟁 대립해야 하는 볼셰비즘과 조선인

사회주의자의 활동에 대립의 각을 세웠다고 볼 수 있다. 그런데 최남선과 이광수 사이에는 '통일전선'에 관한 생각에서 차이를 보였다. 타협적 민족주의의 경향을 지닌 이광수는 통전에 관해 비판적인 입장을 지녔다면 최남선은 통전이 지닌 민족운동에서의 기대 효과를 긍정적으로 이해하고자 했다. 이러한 차이가 신간회 활동에 적극 참여했던 홍명희가 비록 정치적 차이가 있음을 인정하면서도 최남선과 '교유관계'를 지속할 수 있었던 이유가 되었다.

최남선[20]은 두 번에 걸쳐 일본 유학을 한 것으로 알려져 있다. 김윤식(1981: 41~49)에 따르면 그의 유학생활은 갖가지 사건에 연루되어 길지 않았다고 한다. 그러나 최남선은 일본 유학을 통해서 근대 문물을 보고 익힐 수 있는 기회를 빨리 가지게 되었고, 그에 따라 선각자 의식을 가지게 되면서 개화기의 현실을 이끌어 나가는 역할을 하게 되었다. 일본 유학을 마치고 최남선이 가장 먼저 한 일은 소위 교양주의의 전파와 확산이었다. 그가 강조한 교양주의란 역사철학적인 맥락에서 보면, 거의 계몽주의와 흡사한 것이다. 일본에서 돌아온 육당이 가장 먼저 관심을 기울인 분야도 탈미신화의 영역이었다. 근대로의 길로 나아가기 위해서는, 곧 조선이 근대국가로 나아가기 위해서는 중세적 미몽의 상태에서 시급히 벗어나야 하는 것임을 그는 누구보다도 잘 알고 있었다. 그러려면 인민 대중을 교양시켜야 하고, 근대사상을 전파시켜야 했다. 그리하여 그가 일차적으로 동원했던 것은 대중을 교화할 매체의 동원이었다. 육당이 『소년』과 『청춘』과 같은 잡지뿐만 아니라 다양한 서적을 출판한 것은 이런 이유 때문이다. 인간의 인식을 확장시키기 위해서는 지식이 필요했고, 그 지식을 보급하기 위한 매개로서 매체만큼 좋은 수단도 없었다. 매체는 최남선에게 무지한 민중을 개화의 장으

---

20) 최남선의 작품의 분석을 통한 계몽의식과 조선주의에 대한 인식에 대한 연구는 송기한(2010: 421~446) 참조.

로 끌어낼 수 있는 훌륭한 장이었고, 자신이 개화이념과 계몽의 이념을 전파시킬 수 있는 좋은 무대였다. 잡지를 비롯한 서적 출판이 계몽을 위한 아우라였다면, 이를 이끌어가는 주체가 무엇일까에 대한 고민도 필연적으로 수반될 터이다. 말하자면 이런 환경을 이끌어나갈 변혁의 주체 또한 당연히 필요했을 것이다. 최남선[21]은 일본에서 받은 근대학 문론의 방법으로 조선의 역사, 지리, 문학에 관한 연구, 즉 "조선학(朝鮮學)" 연구를 했고 이를 통해 일본인 학자가 주장한 식민사관에 맞서고자 했다. 계몽을 통해 조선인을 선호하여 계몽하고자 한 근대 기획은 일제의 식민지적 근대 기획에 압도당하기도 했다.[22]

한편, 최남선, 이광수, 홍명희 이외에도 많은 일본 유학생들은 조선으로 돌아와서 그들이 경험한 근대의 기획을 식민지 조선에 실현하고자 하였다. 그 대표적인 것인 농촌 연구와 그에 따른 계몽이었다. 1928년 06월13일자 『동아일보』 기사에는 '일본유학생(日本留學生) 농우연맹 조직(農友聯盟組織), 조선농촌을 연구'라는 제목의 기사가 실려 있다. 이를 살펴보자.

【 日本留學生 農友聯盟組織, 조선농촌을 연구 】

지난 오월이십칠일에 일본에 유하는 청년들로 재일본조선농우련맹(在日本朝鮮農友聯盟)을 조직하얏다는 바 결의사항과 위원 씨명은 다음과 갓다더라.

하기순강건(夏期巡講件), 지방 농업 상태 조사건(地方農業狀態調査件), 하기 농민강좌 개최건(夏期農民講座 開催件), 조선 농촌(朝鮮農村)의 특수성(特殊性)을 조사·연구(調查研究)키로 함. 집행위원: 강종무(姜琮武, 駒場農大), 조병시(趙昺始, 東京農大), 김억만(金億萬, 東京農藝), 김주건(金周健,

---

21) 최남선의 '근대'에 대한 인식과 '조선학(朝鮮學)'에 대한 자세한 설명과 류시현(2005) 참조.
22) 일본에서 조선인 유학생들의 유학생 단체와 활동에 대한 것은 박찬승(2004: 99~151)을 참조할 수 있다.

千葉高園), 배일환(裵一煥, 麻布獸醫), 위원대표 강종무.

농우연맹회는 1928년부터 1929년까지 활발히 전국 강연을 행했던 단체이다. 이러한 단체는 매우 많은데, 1920년대 전반기부터 전국 순회 강연을 목표로 조직된 단체의 상당수가 재일 유학생 출신이 관여한 것으로 보인다. 유학생의 순회 강연은 조선총독부의 감시와 통제 대상이었는데, 심지어 일본인이 중심이 된 단체의 강연일지라도 강연 내용에서 반일감정과 관련된 것은 제재의 대상이었다. 다음을 살펴보자.

【 日本大學生 講演會 】

東京 各大學 日本人으로 組織된 朝鮮巡廻講演會는 七月 三十日 下午 三時 釜山商業會議所 樓上에서 開催한 바 日鮮人 來聽者가 百餘名에 達하얏도다. 開會辭가 有한 後 慶大生 吉山 君이 登壇하야 世界의 平和와 民族 自決이라는 演題로 日鮮人의 長短과 世界 民族의 近日 思想 變調 關係와 윌손 大統領의 主唱하는 民族自決主義 等을 說明하고 慶大生 梅川田明壽 君은 吾人의 使命이라는 演題로 古今을 不問하고 日鮮은 兄弟國이라 彼此 密接 關係가 有하니 決코 兩者가 互相 蔑視 排斥함이 不可한지라. 日韓合邦의 本旨도 亦 東洋平和를 永遠히 維持하며 朝鮮人의 幸福을 圖함에 在한 以上에는 日本人은 島國 根性을 바리고 現代 風潮와 正義 人道를 尊重히 하야 今日의 世界는 到處에 排日聲이 藉藉한 此時를 當하야 特히 反省할 必要가 有하다 論하고 其後 朝鮮人인 李東華 君의 五年만의 歸朝, 寺田 君의 武士精神으로 見한 互相의 融和, 秋田一郎 君의 釜山 埠頭의 所感論이 有한 後 當地 實業家 金鍾範 君이 起하야 日鮮人 融和는 外面과 內容의 不符合이라는 二三의 實例를 擧하야 其 理由를 論한즉 (一) 現總督府 當局者는 一視同仁인 朝鮮의 本位라 하는 美語로 外飾을 하나 其實은 不然하야 殖民地 政策, 日本人 本位를 終不改焉하야 朝鮮人에 對한 誠意가 缺함과 (二) 在鮮 日本人이 朝鮮의 人格을 蔑視하는 點과 (三) 近日 朝鮮 警備機關이 擴張

되는 同時 一面마다 一駐在所가 設置된 結果 警官의 大多數는 朝鮮의 民情
風俗을 了解치 못하고 다만 面에 對한 取締만 嚴重히 하야 良民保護機關이
反히 苦痛 機關이 된 感이 不無한지라. 到處에 警官에 對한 朝鮮人의 反感
이 多치 아니타 할 수 업슨즉 由此觀之하면 日鮮의 融和는 何時에 現實될
는지 警察 官憲에 對하야 吾人의 痛切한 所感의 一二를 述코저 한다 하고
發言코자 하는 同時에 警官은 中止를 命하야 仍히 下午 六時에 停會하얏는
대 同一行은 同夜에 大邱로 向하야 出發하얏다더라.

번역 동경 각 대학 일본인으로 조직된 조선 순회 강연회는 7월 30일
하오 3시 부산 상업회의소 누상에서 개최되었는데, 일선인 내청
자가 백여 명에 달하였다. 개회사가 있은 후 경대생 길산 군이 등단하여
세계의 평화와 민족 자결이라는 강연 제목으로 일선인의 장단과 세계 민
족의 근일 사상 변조 관계와 윌슨 대통령이 주창하는 민족자결주의 등을
설명하고, 경대생 매천전명수 군은 오인의 사명이라는 연설 제목으로 고
금을 불문하고 일선은 형제국이어서 피차 밀접한 관계가 있으니, 결코
양자가 서로 멸시 배척하는 것은 불가하니, 일한합방의 본지도 또한 동양
평화를 영원히 유지하며 조선인의 행복을 도모하는 데 있는 이상, 일본인
은 섬나라 근성을 버리고 현대 풍조와 정의 인도를 존중히 하여 금일 세
계는 도처에 배일의 목소리가 자자한 이 때를 당하여 특히 반성할 필요가
있다고 논하고, 그 후 조선인 이동화 군의 5년만의 귀조, 사전 군의 무사
정신으로 본 서로의 융화, 추전일랑 군의 부산 부두의 소감론이 있은 후,
당지 실업가 김종범 군이 일어나 일선인 융화는 외면과 내면이 불합한
한두 실례를 들어 그 이유를 논하니, (1) 현 총독부 당국자는 일시동인인
조선의 본위라는 미사여구로 수식을 하나 실제는 그렇지 않아서 식민지
정책, 일본인 본위를 끝내 고치지 않고 조선인에 대한 성의가 부족하며,
(2) 조선에 체류하는 일본인이 조선인의 인격을 멸시하는 점과, (3) 근일
조선 경비기관이 확장되는 동시 일면마다 한 개의 주재소가 설치된 결과,
경관 대다수는 조선의 민정과 풍속을 이해하지 못하고 다만 면에 대한

단속만 엄중히 하여 양민 보호기관이 도리어 고통 기관이 된 감이 없지 않다. 도처에 경관에 대한 조선인의 반감이 많지 않다고 할 수 없으니, 그 이유를 보면 일선 융화는 언제 실현될지 경관 관헌에 대해 우리의 통절한 소감 한둘을 말하고자 한다 하고 발언하고자 하는 동시에 경관은 중지를 명하여 이에 하오 6시 정회하였는데, 이 일행은 이날 대구로 향해 출발했다고 한다.

—『동아일보』, 1920.8.4

이 기사에서는 일본 각 대학생들이 '조선순회강연회'를 조직하고, 각처에 순회 강연을 하고 있음을 알 수 있다. 흥미로운 점은 일본인 학생단에 조선인이 끼어 있고, 이들도 순회 강연에 참여하고 있다는 사실이다. 이들의 강연 내용은 식민 정책과 부합하는 '일선융화', '일시동인' 등이다. 민족자결주의에 대한 설명 또한 식민 지배 논리의 연장선에서 이루어졌음을 말할 것도 없다. 이러한 강연에서 김종범이 일어나 일선 융화 정책의 허실을 비판하자 일본 경관이 중지를 명했음을 확인할 수 있는데, 이는 일제 강점기 식민 정부의 계몽운동 통제 정책이 어느 정도였는지를 극명히 보여준다. 이 시기 각종 강연회에는 반드시 일본인 경관이 감시했고, 강연 내용에서 식민 정책을 비판하거나 배일 감정이 섞여 있을 경우에는 이를 중지시키거나 강제 해산하도록 하였다. 이러한 상황에서 일제 강점기의 각종 강연을 비롯한 계몽운동은 그 자체로서 명백한 한계를 갖는 운동이 될 수밖에 없었다.

이러한 상황에서도 여성 계몽운동에는 주목할 만한 변화가 생겨난다. 1910~20년대 식민지 조선에 고등교육이 여의치 않아 이를 희망하는 학생들은 주로 일본으로 유학하였다.[23] 그 가운데 여학생들은 1920

---

23) 백옥경(2009: 3~4)에 따르면, 일본에 유학한 최초의 조선인 여자유학생의 등장은 정확하게 밝혀지진 않았지만 대략 1890년대 후반부터 시작되었다. 다만 1890년대 후반의 여자유학생에 대해서는 단편적인 기록만이 남아 있어 1896년에 박표옥, 1898년에 윤정원

년대에 들어 급속하게 증대하였고, 주로 직업전문 교육을 수학하였다. 초기 여자 유학생의 대부분은 사회진출을 목적으로 유학하였으며, 그들은 귀국 후 사회 각 방면에서 여성계몽을 주도하였다. 그런 가운데 이러한 현상에서 벗어나는 방법 중 하나로 일본으로 유학을 시도한 여성들이 1910년대 후반부터 조금씩 등장하기 시작하였다. 일본에 유학한 여성은 신문화와 신지식을 얻어 귀국 후 조선 사회에 큰 영향을 주게 되었다. 그들은 귀국 후 사회에 진출하면서 자유연애, 이혼 등 여러 근대적인 새로운 가치관을 소개하였기 때문에 이른바 "신여성"이라고 불리며 조선사회에서 큰 주목을 받았다. 그들은 당시의 사상적 동향 속에서 민족 문제, 여성 문제 등을 고민하였고, 크게 계몽주의와 사회주의[24]의 두 계열로 구분되었다.

백옥경(2009)에 따르면, 당시 일본은 이른바 다이쇼(大正) 데모크러시에 의해서 다양한 사상이 들어오는 가운데 지금까지 방치되고 있던 민권의 신장이 요구되었던 시기였다. 여성 사이에서 시작된 이른바 "모성보호운동논쟁"을 계기로 정치적 권리가 없었던 일본여성들은 부인참정권을 획득하기 위해서 단체를 결성하고 활동을 전개하고 있었다. 이러한 일본여성운동의 흐름은 조선인 여자유학생들이 여성문제에 대한 의식을 발전시켜 나가는데 직간접적으로 많은 영향을 주었다. 일본의 여성운동의 영향을 받으면서 여자 유학생들의 의식도 달라지기 시작하였다.

특히 이경수(2009)에서 논의한 바와 같이, 여자유학생이 1920년에 결성한 여자 흥학회는 『여자계』 4호에서 지금까지 남자들의 도움을 얻으면서 발행해 온 자신들의 자세를 반성하며 독자적인 발간체제를 갖추

등의 유학 사실이 확인될 뿐이다. 그러나 1910년대에 들어가서 여자유학생 수는 증가하였다. 증가의 큰 요인은 조선 내에서 받을 수 있는 교육이 한계가 있었기 때문이었다고 한다.

24) 재일유학생의 사회주의 사상의 수용에 대한 것은 박종린(2008) 참조.

는 한편 적극적으로 여성해방에 대한 글을 실었다. 그들은 잡지 발행뿐만 아니라 조선에서 강연회를 하는 등 계몽활동을 전개하였다. 그들은 계몽활동을 통해 여성해방을 위해서는 여성의 비인격적인 대우로부터 우선 해방되어야 할 것을 강조하였다.

이들 여자 일본 유학생들은 귀국 후 사회진출을 하고 계몽활동을 계속하였다. 그들이 계몽운동의 대상은 주로 가정 속의 여성이었는데 그 이유는 여전히 억압을 받고 있는 조선여성들의 현실을 보았기 때문이었다. 그들은 여성들의 자립, 남녀평등, 나아가서는 생활개선 등 여러 가지 방법으로 가정 내의 여성들의 의식을 바꿀 노력을 하였지만 가정 속의 여성계몽에 집중하고 있던 계몽주의 여성해방론은 억압의 근본에 대한 문제점을 지적하지 못하였고 결과적으로 가정 내만의 여성계몽론에 머무르고 말았다.

이러한 계몽주의 여성해방론의 한계를 극복하려고 한 것이 사회주의 계열의 여성해방론이었다. 본격적으로 사회주의사상을 여자유학생이 수용하기 시작한 것은 1920년대 후반부터였다. 1920년대 동안 3월회, 동경조선여자청년동맹, 근우회 동경지회가 사회주의의 영향을 받은 여자유학생들에 의해서 창립되었다. 당초 사회주의사상 단체로서 활동을 처음 시작한 것은 3월회였지만 점차 단체 간에 연합을 통해서 커지게 되었고, 그 과정에서 성립된 근우회 동경지회를 통해 여성해방론도 발전하게 되었다.

1928년에 창립된 근우회 동경지회는 사회주의계열의 단체에 의해서 결성된 지회였기 때문에 본부보다 정치적 성향이 강했다. 동경지회와 본부 사이에 활동 방침의 차이가 명확히 드러나게 된 것은 1928년의 전국대회 개최에 대해서 동경지회가 본부의 타협적 모습을 비판했을 때부터였다. 이러한 대립 구조는 여성해방론에서도 명확하게 나타났다. 동경지회는 우선적인 실천과제로 여성계몽을 추구하였던 본부와는 달리 그들은 계몽운동과 계급투쟁을 동시에 실시해야 한다고 보았다.

동경지회가 계급적으로 철저한 투쟁을 요구한 것은 조선여성들이 타파해야 하는 구습은 자본주의 구조로부터 나오며 따라서 계급투쟁 없이 여성해방은 근본적으로 불가능하다고 인식했기 때문이었다. 따라서 그들은 눈앞의 구습타파만을 추구하는 근우회 본부의 타협적인 운동방침으로는 민족해방은커녕 여성해방도 불가능하다고 주장하며 비타협적 여성해방운동론을 전개하였다.

이상과 같이 1920년대의 여자 일본 유학생은 다이쇼 데모크라시라는 민권 신장의 분위기 가운데서 유학하면서 사상적으로도 큰 영향을 받았다. 그런 상황 아래 1920년대의 여자유학생이 중심이 되어 결성된 여성단체는 1928년에 근우회 동경지회라는 형태로서 결실을 맺었다. 결국 일제에 대한 투쟁이 강했던 동경지회는 탄압에 견디지 못하고 자연 소멸되었다. 그러나 이렇게 강한 태도를 전개한 것은 1920년대 일본에 있는 여자유학생이 여성해방론을 발전·전개시킨 결과였고 여자유학생의 활약은 민족해방을 목표로 한 독립운동 속에서 큰 의의가 있었다고 볼 수 있다. 이와 같이 일본에 유학한 여성 유학생들은 사회주의에 집중한 경우가 많은데 이것이 미국에 유학한 여성 유학생들과 구별되는 부분이다.

3. 미국과 유럽 지역의 유학생

3.1. 구미 유학과 계몽운동

한국인의 미국 유학은 대미 수교 이듬해인 1883년 9월 조선정부의 외교사절 보빙사(報聘使) 일행의 수행원으로 따라간 유길준이 최초의 관비 유학생으로 볼 수 있다. 이후 1885년 서광범, 서재필, 1886년 변수 등 갑신정변으로 망명객의 신세가 된 인사들의 망명 유학이 있었고,

1888년 윤치호가 중국 유학을 거쳐 미 남감리회 선교부의 주선으로 미국 땅을 밟으면서부터는 주로 기독교 선교사를 매개로 한 미국 유학이 간헐적으로 계속되었다.[25]

근대 계몽기 이후 구미(歐米) 유학은 근대 학문의 본원지에 직접 유학하여 학문할 것을 권하는 차원에서 본격적으로 주장된다. 다음은 1908년 샌프란시스코에서 발행된 『공립신보』의 사설이다.

【 我青年可遊學歐美 】

자 十년 이릭로 국닉 샹하가 국가의 문명이 신학문에 잇는 줄을 씨닷고 청년 자뎨를 외국에 파송ㅎ야 공부ㅎ는 쟈 十슈百인에 닉리지 안이ㅎ나 다 구미 렬국은 길이 멀고 학문이 어렵고 졍경이 밋지 못ㅎ다 ㅎ야 혼 번 가 류학ㅎ기를 힘쓰지 안이ㅎ고 다만 일본은 부쥬가 갓고 글이 갓고 인종이 ᄀ홈으로 학문을 셩취ㅎ기 쉽다 ㅎ야 학문을 토론ㅎ는 쟈 언필칭 일본을 말ㅎ고 학문을 비우고져 ㅎ는 쟈 동ㅎ면 문득 일본을 향ㅎ니 이것이 사셰와 졍형에 그럴 쯧ㅎ나 그 가온딕 크게 불가흔 리티가 잇스니 일본은 四十년닉 신진흔 나라이라. 오날 졍티 법률 샹업 공업 군계를 다 구미 렬국을 취법ㅎ얏스나 아직 완젼ㅎ다 홀 수 업고 기타 뎐릭 고유흔 풍속 습관 종교는 아직 미긔흔 뎡묘에 쳐흔 쟈 불가승수라. 비ㅎ건딕 그림을 아모리 잘 그려도 본형만 ᄀ지 못ㅎ고 그림자가 아모리 분명ㅎ여도 원례만 ᄀ지 못ㅎᄂ니 일본은 오날 졍법이 자국력사의 뎐릭흔 연혁이 안이오 다만 구미 렬국을 의지ㅎ야 모범흔 것이나 그림과 그림자를 면치

---

25) 알려진 바와 같이 윤치호(尹致昊)는 1880년대 이미 일본 명치(明治) 초기 계몽사상가로 유명한 나까무라 마사나오의 동인사(同人社)에 입학하였고, 서재필도 1883년 게이오 의숙에 입학하는 등 일본 유학의 경험이 있었다. 황석우(黃錫禹)의 '東京 留學生과 그 活躍'라는 삼천리 제5권 제1호(1933년 01월01일) 의 기사 중에 "史記에 癸未年(1883년, 明治 16년)에 金玉均의 손에 의하야 朴應學, 徐載昌 등 13인의 武官유학생이 인솔되여 갓다고 한다. 此 일행중의 徐載昌은 금일 在米의 徐載弼박사의 實兄이라 한다. 일설에는 徐載弼도 此 일행에 介在하엿다고 한다."라는 글에서도 서재필이 일본에서 유학했음을 확인할 수 있다.

못홀지라. 엇지 구미 렬국과 ᄀᆞᆺ치 완전무결ᄒ다 ᄒ리오. (…중략…) 구미 렬국은 문명이 나고 잘아고 존ᄒᆞᆫ 싸이라. 사사건건에 ᄒᆞᆫ 번 듯고 ᄒᆞᆫ 번 보고 ᄒᆞᆫ 번 말ᄒᄂᆞᆫ 것이 다 우리의 모범이오 교휵이라 대기 말ᄒᆞ건ᄃᆡ 영 국은 졍티의 근원이며 상업의 듕심이며 ᄒᆡ군의 뎨일이오 법국은 자유의 조상이며 법률의 근거며 화려의 도회요 덕국은 학술의 근원이며 륙군의 듕심이며 디방자티의 뎨일이오 미국은 민쥬의 조샹이며 물산 풍부의 뎨 일이며 졔조 건츅의 도회라. 이외에도 종교 풍쇽 습관이 ᄒᆞ나도 신쳔지 아니ᄒᆞᆫ 거시 업도다. 아젼졔 졔국에 싱댱ᄒᆞᆫ 쟈로 ᄒᆞ여금 ᄒᆞᆫ번 이 싸에 류학ᄒᆞ면 졍신이 쾌활ᄒ고 이목이 신션ᄒᆞ야 일종 탈ᄐᆡ환형ᄒᆞᆫ 싀사름을 양셩ᄒᄂᆞᆫ도다. 오날 우리의 급급이 힘쓸 것은 일왈 젼문과학이오 직왈 젼문과학이라. 국민의 쳥년된 쟈 자비ᄒᆞᆯ 지력이 잇ᄂᆞᆫ 쟈ᄂᆞᆫ 영법덕으로 가 류학ᄒᆞᆯ 것이오 자비ᄒᆞᆯ 지력이 업ᄂᆞᆫ 쟈ᄂᆞᆫ 미쥬로 와셔 류학흠이 맛당ᄒᆞ 도다.

—'우리나라 쳥년은 구미 각국에 유학흠이 가홈',
『공립신보』, 1908.7.8, 桑港(샌프란시스코)

이 논리는 일본 중심의 유학보다 구미 유학이 필요한 이유를 잘 보여 준다. 곧 일본의 학문은 구미에 비해 완전하다고 할 수 없으며, 일본은 그들로부터 학문을 배운 나라이다. 그렇기 때문에 구미 유학이 반드시 필요하다는 논리이다. 이러한 논리는 1920년대에도 나타난다. 다음을 살펴보자.

【 歐米 留學을 勸하노라. 】
新學期에 臨하야 日本 文明史를 檢討하면 其進化 發達의 幾個原理가 特 出하나 其中 一은 遣外 留學生制라 할 것이니 新羅와 百濟가 物質的 精神的 諸般 學術을 傳한 以後로 日本의 自勉하야 或 隋에 或 唐에 或 明에 親히 留學을 派遣하야 仲介를 待하지 아니하고 直接 文化 本源地에 就하야 그

寶貨를 探査하며 그 精粹를 輸入하얏스며 至於 明治 維新하야는 特히 '知識을 넓히 世界에 求할 것'을 興國의 對策으로 決定하야 或英 或米 或佛 或獨에 陸續不絶히 留學生을 派遣하야 그 文化取來에 寧日이 無하얏스니 (…中略…) 明治 維新 當時의 日本의 文化 狀態와 朝鮮의 그것과를 比較하여 보면 別般의 優劣이 無하얏스나 今日에 至하야는 一은 世界 列强에 參伍하야 世界의 運命을 支配하고 一은 讀者의 所知하는 바와 如한 狀態에 屬하얏스니 換言하면 一은 天에 至한 듯하고 一은 墮하야 地에 陷한 듯하도다. (…中略…) 吾人은 今日 各地 卒業生에 對하야 個人的으로는 大器晩成의 遠大한 抱負를 持하기를 希望하얏거니와 이에 此機에 際하야 特히 提唱하고자 하는 바는 歐米의 留學이니 此는 勿論 學費 關係와 그 他 事情으로 萬人에게 均一하게 希望할 수는 업스며 또한 此로서 其他 地에 留學하는 것을 反對하는 것은 아니라 오히려 더욱히 그 旺盛하기를 希望하거니와 事情의 許하는 대로는 多數한 人士가 歐米에 就하야 直接 文化를 輸入하기를 希望하노니 大槪 그 理由는 左와 如하도다. (一) 歐米의 文明은 그 系統이 獨特하야 東洋의 그것과는 判異한 點이 多하도다. 짜라 이를 直接으로 輸入하는 것과 이를 或 地를 通하야 間接으로 輸入하는 것과는 그 結果에 多大한 相違가 有하니 假令 例를 擧하면 日本에 輸入된 歐米文化는 日本에 適合하도록 融和된 것이라. 換言하면 歐米文化는 日本에 入하야 日本化가 된 것이로다. (…中略…) (二) 文化를 歐米로부터 直接 輸入하는 것은 그 關係가 治然이 經濟關係를 歐米와 直接 相結하는 것과 如하니 此로 因하야 歐米와 交通될 바이 多할지며, 짜라 歐米의 事情에 精通할 바이 多할 쑨 아니라 그 影響하는 바 朝鮮 社會의 改革도 多大한 便利를 得할 것이라. (三) 目下 世界 狀態를 觀察하건대 文明의 本源이 歐米에 在할 쑨 아니라 活躍의 覇權을 쏘한 歐米가 掌握하얏스니 此 事情에 精通치 아니하고 이에 對한 方策을 定하랴 함은 暗中에 摸索함과 如하야 能히 功을 成하지 못할 것은 知者를 待하야 비로소 알 바이 아니라 古人은 云하되 知彼知己라 하얏도다. (四) 朝鮮人의 世界的 散布이니 今日 英美가 能히 强大하며 富함은 何에

因함이뇨. 世界 各地에 善히 分布한 所致라. 吾人은 朝鮮人이 自此 以後로 朝鮮 內地에만 躊躇하지 말고 天下의 各方面으로 活躍하기를 希望하노니 朝鮮人이 將次 무엇으로써 此 活躍을 可히 期할고. 爲先 彼의 文化를 輸入함으로써 此를 期할지며 留學生으로써 先驅를 作함이 可하도다.

번역 신학기에 임해 일본 문명사를 검토하면 그 진화 발달에 몇 개의 원리가 특출하나 그 중 하나는 견외 유학생 제도라고 할 것이다. 신라와 백제가 물질적, 정신적 제반 학술을 전한 이후 일본이 스스로 힘써 혹 수나라에 혹 당에 혹은 명에 친히 유학을 파견하여 중개를 하지 않고 직접 문화의 본원지에 대해 그 보화를 탐사하며, 그 정수를 수입하였으며, 메이지 유신에 이르러는 특히 '지식을 널리 세계에 구할 것'을 흥국의 대책으로 결정하여, 혹은 영국에 혹은 미국에 혹은 프랑스에 혹은 독일에 끊임없이 유학생을 파견하여, 그 문화를 취해 오기에 쉬는 날이 없었으니 (⋯중략⋯) 메이지 유신 당시의 일본 문화의 상태와 조선의 그 것을 비교해 보면 별반 우열이 없었으나 금일에 이르러 하나는 세계 열강에 참여하여 세계의 운명을 지배하고, 하나는 독자가 아는 바와 같은 상태에 속했으니, 환언하면 하나는 하늘에 닿은 듯하고 하나는 떨어져 땅에 빠진 듯하다. (⋯중략⋯) 우리는 금일 각지 졸업생에 대해 개인적으로는 대기만성의 원대한 포부를 갖기를 희망했거니와 이 기회에 특히 부르짖고자 하는 바는 구미의 유학이니, 이는 물론 학비와 기타 사정으로 모든 사람에고 똑같이 희망할 수는 없으며, 또한 이로 기타 지역에 유학하는 것을 반대하는 것이 아니라, 오히려 더 왕성해지를 희망하나 사정이 허락되는 대로 많은 인사가 구미에서 직접 문화를 수입해 오기를 희망하니, 대개 그 이유는 다음과 같다. (1) 구미의 문명은 그 계통이 독특하여 동양과는 판이한 점이 많다. 따라서 이를 직접 수입하는 것과 혹 다른 지역을 통해 간접으로 수입하는 것은 그 결과에 큰 차이가 있으니, 가령 일본에 수입된 구미문화는 일본에 적합하도록 융화된 것이다. 환언하면 구미문화는 일본에 들어와 일본화가 된 것이다. (⋯중략⋯) (2) 문화를 구미로부터 직접 수입하는 것은 그 관계가 마치 경제관계를 구미와 직접 맺는 것과 같으니, 이로 인해 구미와 교통될 바가 많으며, 따라서 구미의 사정에 정통하게 되는 바가 많을 뿐 아니라 그 영향에 따라 조선 사회 개혁에도 많은 편리를 얻게 될 것이다. (3) 지금 세계 상태를 관찰하면 문명의 본원이 구미에 있을 뿐만 아니라 활약의 패권도 구미가 장악했으니, 이 사정에 정통하지 않고 이에 대한 방책을 정하려고 하는 것은 암중에 모색하는 것과 같아 능히 공을 이루지 못할 것은 지자를 기다려야 할 일이 아니다. 고인이 말하기를 지피지기라고 하였다. (4) 조선인이 세계적으로 퍼져야 하니 금일 영미가 능히 강대하며 부유한 것은 어디에 원인이 있는가. 세계 각지에 널리 퍼져 있는 까닭이다. 우리는 조선인이 이후로 조선 내지에만 쭈그리지 말고 천하 각지역에 활약하기를 희망하니, 조선인이 장차 무엇으로 이 활약을 기약하겠는가. 우선 저들의 문화를 수입하는 것으로 이를 기약할 것이며, 유학생이 먼저 활동하는 것이 필요하다.

—(논설) '구미 유학을 권하노라', 『동아일보』, 1921.3.24

이 논설은 1920년대 구미 유학의 필요성을 제기한 흥미로운 논설이다. 일반적으로 유학(留學)이 필요한 이유는 '문명 교류', '지식광구(智識廣求)'에 있었다. 이러한 논리는 근대 계몽기에도 빈번히 찾아볼 수 있었는데, 1920년대 구미 유학 담론에서는 메이지 시기 일본과 같이, 구미 문화를 직접 수입해야 하며, 이를 바탕으로 구미와 직접 교통(交通)하여 조선 사회 개혁에 이바지해야 하고, 세계정세에서 구미가 패권을 장악하고 있음을 유의하며, 천하 각지에 조선인이 산포(散布)할 수 있도록 해야 한다는 논리를 내세우고 있다.

유학 담론이 본격화되면서 구체적인 유학 방법이나 유학생의 생활에 대한 관심도 높아졌다. 『동아일보』 1921년 11월 21일~22일에 걸쳐 실린 재미 최영욱(崔泳旭)[26]의 기고문 '미국 유학(米國留學)에 대(對)하여'에서는 미국에서 고학(苦學)하며 유학 생활을 할 수 있는 방법을 구체적으로 제시하고, 유학생으로서 가져야 할 마음가짐에 대해 충고하고 있다.

【 米國 留學에 對하야(二) 】

特히 여러분에게 忠告하오니 아즉 中學校도 畢了 못하엿스면 엇더한 나라든지 外國 留學을 뜻하지 말 것이외다. 時間上 關係로 仔細히는 말삼지 못하여도 外國에 留學하겟다는 것은 적어도 두 가지 意味를 包含한 것이외다. <u>첫재는 高等한 學識을 엇겟다는 것이오, 둘재는 내의 엇은 것으로 적어도 우리나라의 文明에 貢獻하겟다는 것이 아니오니까</u>. 내의 自疑하는 바는 우리나라에서 中學도 卒業치 못하고 米國에서 中學, 大學, 專門科를 마친 사람이 얼마나 우리나라의 文明에 貢獻하겟냐는 것이외다. 웨 그런고 하니 中學 程度의 學力도 업스면 米國 學校에서 工夫하는 그것을 消化할 能力이 업슬 것이외다. 다시 말하면 <u>朝鮮文化로 化치 못할 것이외다</u>.

번역

특히 여러분에게 충고하니, 아직 중학교도 마치지 못했다면, 어떤 나라든지 외국 유학을 뜻하지 말 것입니다. 시간 관계상 자세히 말씀하지는 못해도 외국에 유학하겠다는 것은 적어도 두 가지 의미를 포함한 것입니다. 첫째는 고등한 학식을 얻겠다는 것이요, 둘째는 내가 얻은 것으로 적어도 우리나라 문명에 공헌하겠다는 것이 아닙니까. 내가 의심하는 바는 우리나라에서 중학도 졸업하지 못하고 미국에서 중학, 대학, 전문과를 마친 사람이 얼마나 우리나라의 문명에 공헌하겠느냐는 것입니다. 왜 그런가 하면 중학 정도의 학력도 없으면 미국 학교에서 공부하는 그것을 소화할 능력이 없을 것입니다. 다시 말하면 조선문화가 되지 못할 것입니다.

—최영욱, '미국 유학에 대하여', 『동아일보』, 1922.11.22

---

26) 『동아일보』, 1921.4.1. 최영욱은 1921년 미국 워싱턴 대학, 시카고 대학, 뉴욕 의학연구소에서 공부하기 위해 3년을 목표로 유학을 떠났으며, 1926년 경 귀국한 것으로 보인다. 미국에 도착한 뒤 여러 차례 미국 유학에 관한 기고문을 보내왔으며, 1930년대에는 '조선기독교청년회 호남지방부'에서 세브란스 전문학교의 교장인 올리버 에비슨(Oliver R. Avison, 한국명 魚丕信, 1860~1956)의 후원을 받아 농촌계몽활동을 전개했던 인물이다.

이 기고문에서도 유학생의 책임은 '고등 학식을 얻는 것'과 '조선 문화에 공헌하는 것' 두 가지가 제시되었다. 미국 유학이 일반인의 생각처럼 쉽지 않다는 것과 실제 미국에서 공부하기 위해 필요한 조건을 강조하는 내용으로 구성된 이 기고문은 1920년대 구미 유학의 계몽 담론을 잘 반영한다. 최영욱의 사례에서 보듯, 이 시기 미국 유학생은 선교사의 후원을 받는 경우가 많았다. 이들은 미국에서 수학(修學)한 뒤, 국내에 돌아와 각종 계몽활동의 선구적 역할을 담당한 경우가 많았는데, 『동아일보』 1933년 10월 27일자 '농촌청년지도(農村靑年指導)의 농업실습소설치(農業實習所 設置)'라는 기사에는 최영욱이 세브란스 의학전문학교 교장이었던 올리버 에비슨(한국명 어비신, 魚丕信)의 후원을 받아 농촌계몽활동을 전개하고 있음을 확인할 수 있다.

　이러한 맥락에서 1920년대 북미 유학생 잡지였던 『우라키』를 살펴볼 필요가 있다. 이 잡지는 1925년부터 1936년 사이 제7호까지 발행된 북미조선유학생회의 기관지로, 일제 강점기 미국 유학생의 실태를 가장 잘 보여준다. 김희곤(1998)에 따르면 개별적으로 이루어지던 미국 유학이 1910년대 한인 유학생의 증가와 함께 단체 결성으로 이어졌다. 『우라키』 제1호(1925.9) 이병두(李柄斗)의 '미주 유학생 급 유학생회 약사'에 따르면, 1919년을 기준으로 미국 대학 및 전문학교에 유학한 학생 수는 77명으로 늘어났다. 이들은 1918년 오하이오 주립대학을 중심으로 한인 유학생회를 조직하기로 하고, 1919년 1월 1일 이 학교 재학생들을 중심으로 유학생회를 조직하였다. 이 유학생회는 1923년 중부 지역 시카고로 본부를 옮기고, 『학생보』를 출간하기로 하였다. 그 후 서부 지역과 하와이 지역 학생까지 본회에 참가하여 미국 전역의 유학생 조직으로 발전하였다.27) 『우라키』 창간 당시 미국 유학생회를 이끌었던 중

---

27) 김희곤(1998), 「북미 유학생 잡지 『우라키』 연구」, 『복현사림』 21, 경북사학회, 1097~1119쪽.

심 인물로는 전경무(田慶武, 대리 회장 겸 부회장), 이명우(李明雨, 총무), 오천석(吳天錫, 편집부장), 김도연(金度演, 부원) 등이 있었는데, 이 가운데 오천석은 귀국 후 조선 교육계의 계몽 활동에 주도적인 인물이 되었다. 이들뿐만 아니라 1926년 이사부 부이사장 장덕수(張德秀), 1928년 임원진의 체육부장 윤치영(尹致暎), 서기 이정근(李正根), 부원 한경직(韓景職) 등은 일제 강점기와 광복 이후 한국 사회에 큰 영향을 준 대표적인 인물들이다.

'우라키'는 로키(Rockey) 산맥을 가리키는 말로 제2호(1926.9) 편집후기에서는 이 잡지를 발간하는 이유를 다음과 같이 밝혔다.

【 편집후기[28] 】

1. 우라키는 북미 대륙의 척골(脊骨)이다. 따라서 북미에 있는 우리 유학생총회를 우라키 3자가 잘 표상(表象)할 수 있다는 것이다.

2. 영어 본의(本意)대로 암석이 많다 함이니, 북미에 유학하는 우리 학생들의 험악한 노정을 우라키란 말이 잘 묘사한다는 것이다.

3. 본지의 특징을 말함이니, 본지는 우리카 산과 같은 순결(純潔), 장엄(莊嚴), 인내(忍耐) 등의 기상을 흠모한다는 말이다. 그래서 우리 기자들은 유미학생잡지(留美學生雜誌)의 이름을 우라키라고 불렀다.

편집 후기에 등장하는 것과 같이, 이 잡지는 기관지로서의 성격도 강하지만, 미국 동포들을 대상으로 한 계몽적 성향이 강했다. 특히 국내에 보급하게 하고, 다수의 계몽적 논설을 수록하며, 유학 예비자에게 필요한 정보를 제공하고자 하였다.

『우라키』를 통해 본 미국 유학생들의 계몽 담론에서 주목할 부분은 '과학에 대한 관심'이라고 할 수 있다. 과학에 대한 이론적 관심과 아울

---

28) 김희곤(1998: 1106)에서 재인용.

러 미국 유학생들은 과학 기술이 산업에 구체적으로 어떻게 이용되는 가에 대한 관심 또한 상당했다. 이론이 실제 산업에 어떻게 적용되는 가, 배운 지식을 조선을 위해 어떻게 써야 하는가에 대한 현실적인 당 면과제가 그들에게 과학을 이론이 아니라 기술로 접근 하게 한 원인이 되었다. 과학을 통해 배운 선진 지식을 조선의 낙후한 현실을 발전시킬 수 있는 실제적인 산업 발달의 핵심 기술로 이용하려고 했었기에 과학 만이 잘살 수 있는 유일한 방편이 된다는 인식과 모든 것은 과학에 의 해 결정된다는 과학 만능주의는 자연스러운 사고가 되었다. 다음을 살 펴보자.

【 塵業의 科學的 經營에 對한 考察 】

科學的 經營方法은 精力과 原料와 時間을 될 수 잇는데 지?지, 經濟하야 만흔 效果를 엇는 것이다. 換言하여 말하면 置費를 除去하고 A力과 機械力 으로써, 生塵을 더욱 만히 하여 世界에 富를 增植하는 것이다. 이 方法을 應 用하야 모든 것을 科學的으로 빠究하고 分解하여 傳來하여오던 不明確 한 不合理한 規律을 버리고 새 方法을 採用함으로 科學의 美를 發揮하여 塵業 界의 成就를 企圖하는 것이다.

> **번역** 과학적 경영방법은 정력과 원료와 시간을 될 수 있는데 지?지, 경 제하여 많은 효과를 얻는 것이다. 환언하여 말하면 치비를 제거하 고 ?력과 기계력으로써, 생진을 더욱 많이 하여 세계에 부를 증식하는 것이디. 이 방법을 응용하야 모든 깃을 과학적으로 닌구하고 분해하여 전래하여 오던 불명확한 불합리한 규율을 버리고 새 방법을 탐용함으로 과학의 미를 발휘하여 진업계의 성취를 기도하는 것이다.

—김도연, '진업(塵業)의 과학적 경영(科學的 經營)에 대한 고찰(考察)',

『우라키』 1호, 98쪽29)

---

29) 한림대학교 아시아문화연구소(1999), 『북미조선학생총회, 『우라키』 제1호~제3호(1925~

가난한 조선이 잘살기 위해 어떻게 해야 하는가를 설명하고 있는 이 글에서 '과학'이란 말은 경제에 많은 효과를 발휘하는 구체적인 경영 방법을 의미한다. 그것은 "정력과 원료와 시간을 될 수 있는 데로 경제적으로 활용하여 많은 효과를 얻는" 방법이다. 공장을 경영하는 과학적 방법을 잘 응용하고 모든 것을 '과학적'으로 연구하여 조선이 지니고 있던 전통적인 방법들, 즉 불명확하고 불합리한 규율을 버리고 선진적이고 '과학적인' 방법을 채용해야만 잘 살 수 있다. 아름다운 것과 추한 것의 이분법적인 대비는 서양과 조선 또는 서양의 것과 동양의 것으로 확대되며 이 과정에는 가치의 고저가 존재한다. 서양은 과학적이고, 동양은 비과학적이다. 미국은 과학적이고, 조선은 비과학적이다. 과학적이기 때문에 명확하고 합리적이다. 과학적이기 때문에 아름답다. 과학은 잘살 수 있는 유일한 방법이자 원리이다. 『우라키』 편집진은 1936년 7호에서 조선의 저명 인사에게 "내가 만일 미국 유학(米國留學)을 한다면"이라는 설문 조사를 실시하여 다음과 같이 조사 내용을 실었다.

【 내가 萬一 米國 留學을 한다면 】
ㄱ. 송진우: 내가 만일 米國留學을 한다면 나는 自然科學의 어느 한 部分을 배와가지고 오겠습니다. 그 理由는 여러말 쓸 것 없이 自明한 일이 아닙니까? 朝鮮에 와서 應用할 수 있는 業이나 化學 朝鮮이 時急히 要求하는 科學的 技術을 배우겠습니다.

번역 내가 만일 미국유학을 한다면 나는 자연과학의 어느 한 부분을 배워 가지고 오겠습니다. 그 이유는 여러말 쓸 것 없이 자명한 일이 아닙니까? 조선에 와서 응용할 수 있는 업이나 화학 조선이 시급히 요구하는 과학적 기술을 배우겠습니다.

　　　　—송진우, '자연과학(自然科學)을 학득(學得)', 『우라키』 7호, 49쪽

_____

1928)』, 한림대학교출판부.

ㄴ. 박홍식: 自然科學의 發達과 商業-所謂 비지네쓰에 있어서 그 組織과 統一와 科學的 經營 方法 등은 米國文明이 世界에 對한 獨特한 點이라고 생각됩니다.

> **번역** 자연과학의 발달과 상업-소위 비즈니스에 있어서 그 조직과 통일과 과학적 경영 방법 등은 미국문명이 세계에 대한 독특한 점이라고 생각됩니다.

　　　　　—박홍식, '내가 만일 미국유학을 한다면', 『우라키』 7호, 50쪽[30]

위의 글을 바탕으로 보면, 과학 또는 과학적이라는 말이 상업, 경영(비지네쓰)과 함께 쓰인다. 자연과학이 공업이나 화학과 결합하여 응용과학으로만 이해된다. 과학은 공업 기술로 치환되고 효율 높은 경영 방법으로 바뀐다. 더 나은 국가로 발전하기 위해서는 과학과 과학적 사고가 필요하다는 주장을 하고 있다. 이러한 과학적 방법은 결국 미국적인 것과 연결되어 결국 과학적 사고는 미국적 사고와 행동을 요구하게 되는 것이다. 그래서 과학이 조선을 구할 유일한 방법임을 강조하게 되고 미국적의 사고와 방법론이 무비판적으로 수용되기에 이른다.

【 우라키 主張 】

모든 平常 生活에 科學을 석거야 할 것이다. 敎師는 敎授에 學生은 工夫에 實業家는 實業에 運動家는 運動에 社會事業家는 社會에 政治家는 政治에 어 머니는 子息에게-모든 勞動과 職業에 科學을 석거야 할 것이다.

> **번역** 모든 평상 생활에 과학을 섞어야 할 것이다. 교사는 교수에 학생은 공부에 실업가는 실업에 운동가는 운동에 사회사업가는 사회에 정치가는 정치에 어머니는 자식에게-모든 노동과 직업에 과학을 섞어

---

30) 한림대학교 아시아문화연구소(1999), 『우라키 2, 제4호~제7호(1930~1936)』, 한림대학교 출판부.

야 할 것이다.

—'우라키 주장', 『우라키』 3호, 54쪽

북미 유학생 잡지인 『우라키』의 계몽 교육 담론에서 과학과 맞물려 유학생들에게 큰 영향을 미쳤던 진화론적 사고방식은 인종의 유전적 특징에 대한 관심과 함께 몸의 중요성을 부각시켰다. 이에 맞추어 음식과 질병과 건강의 관계에 대한 글과 건강해지기 위해서 운동을 해야 한다는 글이 게재되었다. 올림픽을 취재한 글이라든가, 미국 학생 틀의 체육 수업과 미국의 스포츠에 대한 소개 글 등이 모두 몸의 중요성을 말하고 있다.

【 美國의 體育界 】

美國은 ( ) 歐洲大戰 뒤로 世界를 壓倒하는 第一富强國이 되엿다. 그 原因은 여러 方面에 잇다고 할 수 잇스나 나는 그 原因이 體育에 잇다고 敢言한다. (…중략…) 其中에도 體力이 第一一要하다. (…중략…) 그럼으로 '健全한 精神은 健全한 身體에 萬한다'는 (虛言)이 안이라 當然한 原理다.

번역 미국은 ( ) 구주대전 뒤로 세계를 압도하는 제일부강국이 되였다. 그 원인은 여러 방면에 있다고 할 수 있으나 나는 그 원인이 체육에 있다고 감히 말한다. (…중략…) 그 중에도 체력이 제일 중요하다. (…중략…) 그럼으로 '건전한 정신은 건전한 신체에 만한다'는 허언이 아니라 당연한 원리다.

—신기준, '미국의 체육계', 『우라키』 2호, 120쪽

미국이 세계 대전 이후 최강국이 될 수 있었던 원인이 국민의 체력을 세계 최강으로 만든 체육에 있기 때문에 조선도 힘있는 나라가 되기 위해 국민을 건강하게 하기 위해 의사가 해야 할 일이 열거되고 있다. '신체'와 '청결' 개념이 쌍을 이룬다. 김희곤(1998)에 따르면, 『우라키』

6호에는 편집진의 주장이 실려 있는데, 미국 유학생들인 '우리'의 현실을 돌아보고 이에 '우리'의 임무를 살피고 의지를 새롭게 다지자는 선언이 이 글의 내용이자 목적이라고 할 수 있다. 세계 공황과 식민지라는 시대적 상황을 뚫고 나가기 위해서 조선의 청년 학생들은 더욱 힘차게 전진해야 한다는 의지를 고양시키는 이 글에서 편집진은 자신들의 의도를 효과적으로 달성하기 위해서 연설문의 어조를 사용했다고 한다. 이와 같이 일제 강점기 미국을 유학한 조선인 유학생에게 '미국'은 절대적 기준이며 닮고 싶은 대상이었다. 이러한 배경에서 미국 유학생은 점진적으로 증가했는데, 1933년 2월 4일 『동아일보』 기사에 따르면 미국 유학 조선인이 135명 정도였다고 한다.[31]

3.2. 유럽 지역 유학생

일제 강점기 유학생들이 미국 다음으로 관심을 가진 나라는 독일이다. 1920년대 노자영(盧子泳)의 '교육 진흥론(敎育振興論)'에서는 "우리 중(中)에는 외국 유학(外國 留學)하는 사람도 많이 있어야 하겠다. 곧 과학(科學)의 전문 연구소(專門 硏究所)를 위하여 독일(獨逸)에, 문학과 사상의 진수(眞髓)를 뚫기 위해 특히 아라사(俄羅斯)에, 미술의 정교(精巧)를 배우기 위하여 이태리(伊太利)와 불란서(佛蘭西)에, 정치와 경제를 배우기 위하여 영국(英國)에 종교와 도덕의 진미(眞味)를 체득하기 위하여 미국(美國)에, 동양문화(東洋文化)의 근본을 철저(徹底)히 연구하기 위하여 일본(日本), 중국(中國), 인도(印度)에 다수(多數)한 유학생이 있어야 하겠다."라고 주장한다.[32] 이 표현에서 알 수 있듯이, 이 시기 지식인들은

---

31) 『동아일보』, 1933.2.4. "總督府의 調査 결과 美國 留學 朝鮮人 總數가 1百35人으로 集計되고 專攻科目은 다음과 같다. 神學 26, 工學 26, 文學 25, 教育 25, 農學 5, 新聞學 3, 醫學 23, 理學 2. (번역) 총독부의 조사 결과 미국 류학 조선인 총수가 1백35인으로 집계되고 전공과목은 다음과 같다. 신학 26, 공학 26, 문학 25, 교육 25, 농학 5, 신문학 3, 의학 23, 이학 2."

'독일은 과학의 나라, 러시아는 문학과 사상의 나라. 이탈리아와 프랑스는 미술의 나라'라는 인식을 갖고 있었다. 특히 독일의 과학주의는 철학적 배경을 전제로 한 것이어서, 철학을 공부하고자 하는 유학생들이 많았다. 이러한 인식 하에서 독일 유학생이 늘어나기 시작했다. 예를 들어 『동아일보』 1921년 6월 22일자 '개성의 해외 유학생'이라는 기사를 보면, 당시 개성 지역의 유학생 가운데 일본 유학생 48명, 미국 유학생 6명, 중국 4명, 독일 1명, 프랑스 1명의 유학생이 있었음을 확인할 수 있다. 1920년대 초 독일 유학생으로는 해주 출신 공인태(孔仁泰), 일본 동양대 철학과를 졸업한 김현준(金賢俊), 전남 광주 출신의 정상호(鄭相好) 등 다수가 있었는데, 이들은 국내 선교사 학교를 졸업했거나 일본 유학생 출신이었다. 특히 최두선(崔斗善)과 같이, 국내에서 교육·언론 등의 계몽운동을 이끌었던 지식인들도 독일 유학을 떠났는데, 그 이유는 철학 연구에 있었다. 다음을 살펴보자.

【 校長으로 學生된 喜悅, 즁앙고등보통학교댱 최두선 씨 어제 아츰 독일 유학의 길 써나 】

조선 청년계에 텬재의 일홈 놉흔 조도전 대학 문학사 최두선(早稻田大學 文學士 崔斗善) 씨는 작일 오전 열시에 남대문 발 렬차로 독일 류학의 길을 써낫다. 씨는 일즉이 조선에서 휘문고등보통학교를 졸업하고 일본에 류학하야 조도전 대학 철학과를 첫재로 졸업하고 귀국한 후에 다년 즁앙고등보통학교댱으로 교육에 공헌이 자못 만핫셧는데 씨는 평소부터 연구하야 보고자 하든 텰학을 공부할 목뎍으로 금번 독일 유학을 써나게 되엿다. 남대문 뎡거댱에는 씨의 백형 최창선(崔昌善) 씨와 일즉이 독립선언서 긔초자로 문명이 텬하에 진동한 씨의 즁형 최남선(崔南善) 씨를 위시하야 사회 각 계급의 명사 백여명이 씨의 전도를 축하하는 만세를 불러

---

32) 노자영(1920), 교육진흥론(2), 『동아일보』, 1920.9.11.

전송하얏는데 원래 성질이 온건한 씨는 매우 침착한 태도로, "원래 아는 것이 무엇 잇슴닛가. 독일 간 후에는 일년 동안은 말을 준비할 터이오, 공부는 털학을 연구할 터이며, 감상은 별것이 업고 <u>다만 사회의 계루를 벗고 다시 학싱되는 것</u>만 깃브다."고 가부야히 웃더라.

—『동아일보』, 1922.5.15

이 기사에서는 1920년대 독일 유학을 떠나는 풍경을 사실적으로 보여준다. 최두선은 최남선의 동생으로 일본 와세다대 철학과를 졸업하고, 중앙고보 교장으로 근무했다. 그는 1925년 10월 독일 유학을 마치고 귀국하여, 다시 중앙고보 교장으로 취임했으며, 같은 달 김준연, 김현철, 이돈화 등과 함께 '조선농민사(朝鮮農民社)'를 창립하고, 농민 계몽 운동을 전개하였다.

1920년대 시작된 독일 유학은 그 숫자가 급증한 것으로 보인다. 1925년 8월 15일 동아일보사 베를린 특파원 이용관(李用灌)의 보고에 의하면 1920년 이후 독일 유학생수는 60명에 달한 것으로 파악된다. 이 기사에 따르면 당시 베를린에는 조선인구락부가 존재했고, 독일 유학생 상당수가 경제학, 의학, 철학 등을 공부했음을 보여준다.

【 歐羅巴 究竟-伯林 】

이곳에 倒着할 쌔 모든 것이 반가워 故鄕에 온 感想이 낫슴니다. 電車를 타든지 商店에 들어가든지 料理店에 가든지 모든 것이 三年前 狀態와 다를 것이 업고 다만 變更된 것은 우리들 여럿이 귀해하든 朝鮮人俱樂部 主人의 싸님이 어느 틈에 成長하야 한 令孃이 된 것입니다. 이 俱樂部에서는 여러 學友가 매일 뫼혀서 食事와 遊戱를 가치 하더니 이것도 學費 困難과 學友 數爻의 減少를 因하야 維持하지 못하게 된 것은 우리 一般의 遺憾입니다. 現在 伯林 附近과 이곳에 잇는 留學生 數爻는 十餘人인데 발서 伯林大學에서 卒業試驗을 準備하시는 이가 四五人이오 그 外에는 아직 語學 準備에

勉勵하시는 이쁜입니다. 經濟學과 醫學 研究하시는 이가 大部分이요, 그
外에는 哲學, 生物學, 音樂을 研究하시는 이 몇 분입니다. 그러나 書籍의
價格이 暴騰하야 敎科書와 參考書를 購買함에 困難이 莫甚하다 합니다.

번역 이곳에 도착할 때 모든 것이 반가워서 고향에 온 느낌이 났습니
다. 전차를 타든지 상점에 들어가든지 요리점에 가든지 모든 것이
3년 전 상태와 다를 것이 없고, 바뀐 것은 우리들 여럿이 귀여워하던 조선
인구락부 주인의 따님이 어느 틈에 성장하여 영양(令孃)이 된 것입니다.
이 구락부에서는 여러 학우가 매일 모여 식사와 놀이를 함께 하더니, 이
것도 학비가 곤란하고 학우 수효가 감소함에 따라 유지하지 못하게 된
것은 우리 모두 유감이 됩니다. 현재 베를린 부근과 이곳에 있는 유학생
수효는 10여 인인데 벌써 베를린대학에서 졸업시험을 준비하는 분이 4~5
인이요, 그 외에는 아직 어학 준비에 힘쓰는 이뿐입니다. 경제학과 의학을
연구하는 분이 대부분이요, 그 외에는 철학, 생물학, 음악을 연구하는 이
가 몇 분입니다. 그러나 서적의 가격이 폭등하여 교과서와 참고서를 구매
하는 데 곤란이 막심하다고 합니다.

—『동아일보』, 1925.8.13

현재까지 독일 유학생의 역사에 관한 체계적인 기술이 충분하지 않
기 때문에,[33] 일제 강점기 독일 유학생 숫자가 어느 정도 증가했는지를
밝히는 것은 쉽지 않다. 그러나 우미영(2013)에서 논의한 김준연(金俊
淵), 박승철(朴勝喆), 김현준(金賢準), 계정식(桂貞植), 도유호(都宥浩) 등 5

---

[33] 독일 유학생의 역사에 관한 통시적인 연구물은 현재까지 발견되지 않는다. 다만 최종고
(1983)의 『한독교섭사』(홍성사), 우미영(2013)의 '근대 지식 청년과 도구(渡歐) 40여일의
문화지정학'(『어문연구』 41(4), 한국어문교육연구회) 등의 독일 유학생과 관련된 연구가
있고, 곽승미(2006), 김경남(2013) 등의 독일 기행문과 관련된 연구가 발견된다. 특히 김
준연(1922)의 '독일 가는 길에'(『동아일보』, 1922.1.30~2.5), 김현준(1922)의 '독일 가는
길에'(『신생활』 제9호), 박승철(1922)의 '독일 가는 길에'(『개벽』 제21호~제24호), 계정식
(1926)의 '인도양과 지중해 도구 수기'(『동아일보』, 1926.7.17~8.9), '독유잡기'(『동아일보』,
1926.11.19~23) 등은 이 시기 독일 유학의 모습을 담고 있다.

명은 1930년대 계몽운동을 이끈 중심인물이 되었다. 법학을 전공했던 김준연(金俊淵)은 귀국 후 1927년 엠엘당(ML黨) 사건으로 체포되어 7년 간 수감되었으며, 동아일보사 하기대학 강사로 활동하였고, 역사학을 전공했던 박승철은 1930년대 빈민 구제 활동에 참여한 것으로 보이며, 법학 전공자였던 김현준은 문화 보급 운동 차원에서 '조선출판사'를 창 립하였다. 음악 전공자였던 계정식은 박사논문을 쓴 뒤 귀국하여 '조선 음악 연구'에 매진한다고 선언했으나 친일 행적을 보인 인물로 알려져 있으며, 도유호는 일본 동경상과대학을 졸업하고, 중국 북경시 연경대 학 문학원에서 영문과에 입학했으나, 독일 유학 시절 사회철학 및 역사 학을 공부하고 1940년 귀국한 뒤 광복 이후 북한의 고고학 발전에 기여 한 인물이다. 이뿐만 아니라 국어학자 이극로(李克魯)도 1920년 상해 동 제대학(同濟大學)을 졸업하고 독일로 건너가 1927년 베를린대학 철학부 를 졸업하였다. 이들의 유학생활에 대해서는 일제 강점기 잡지에 '인상 기(印象記)' 형식으로 게재된 경우가 많은데, 『학등(學燈)』 제31호(1935. 12)에 게재된 '해외유학인상기'에서 그는 독일 학생들이 국난기(國難期) 에 '학문으로 세계를 정복한다.'는 신념을 갖고 있었으며, '상무정신'을 갖고 있었다고 회고한다. 이러한 회상기는 인상을 기반으로 한 것이지 만, 서구 유학생들이 식민지 조선 민중에게 희망을 불어넣고 민족의 장래를 위해 헌신해야 한다는 의식을 갖게 한 것으로 볼 수 있다. 독일 이외의 유럽 지역 유학생으로는 조선어학회 회원이었던 김선기(金善 琪)의 프랑스 유학 활동, 1934년 경도제국대학 출신의 불문학 전공자였 던 엄세영이 프랑스 정부가 일본 문부성에 초청한 유학생에 선발되어 파견되었다는 기록이 나타나나, 그의 행적이 명확하지는 않다.

4. 유학생과 계몽담론

4.1. 유학생의 민중 운동

일제 강점기 유학생들은 계몽운동의 주체자로서 자임하였다. 근대
계몽기부터 시작된 '하휴강연활동(夏休 講演活動)' 등은 점차 조직화되었
고, 1920년대에는 유학생과 관련된 각종 단체가 전국적인 순회강연을
실시하기도 하였다. 앞서 살펴본 동경 학우회의 순회강연은 대표적인
민중 계몽운동의 하나이다.

【 學友會 巡廻 講演 】

東京에 留學하는 朝鮮 靑年으로 組織된 學友會는 그 主催로 今般 夏期放
學을 利用하야 朝鮮 全道 各地에 巡廻講演을 行하기로 決定한 바 그 辯士와
日程과 場所는 本報에 임의 報道하엿거니와 이제 吾人은 그 意義를 潛思함
에 尤益深長함을 覺하야 玆에 特히 一言으로써 全社會의 愛護와 同情을 希
望하는 同時에 同團에 對하야 一大 成功을 祝하며 將來 如此한 企圖를 繼續
不止하기를 請하고자 하노라. (…中略…) 東京 留學生은 그 多數는 朝鮮 內
地에서 相當한 基礎的 知識을 修하고 渡海入東하야 一層 學問을 硏鑽하야
슬 싼 아니라 世界의 大勢를 通하며 思潮를 體得하야 將次 朝鮮 民族의
前進할 바 途를 覺悟하얏슬 터이니 그 材 엇지 朝鮮文化 增進에 더욱 適當
하지 아니한고. 實로 文化運動의 先鋒隊라 稱하겟도다. 故로 吾人은 今次
巡廻講演團을 朝鮮 文化運動의 第一陣이라 하노라. (…中略…) 同時에 同團
에 對하야 바라는 바를 一言하건대, (一) 그 巡廻講演의 出戰 期限이 二三週
日의 短時에 不過하나 그러나 그 行程은 甚히 危險하니 當初에 目的한 바
'文化運動', '學術講演'이라는 旗幟하에 平溫한 말과 順順한 調로 '人民의게
로'라는 意味 깁혼 標語를 念頭에 一刻이나 離치 말고 奮鬪하기를 切願하
며 (二) 同團의 後陣에는 或 靑年會 或은 勞働會 或은 禁酒會 或은 學生會

或은 講演會 等 名般 文化團이 森林갓치 靜立하야 그 足跡을 從하야 前進하랴 북과 나팔을 準備하얏스니 留學生 諸君의 一行一動은 後陣 各 團体의게 絶對한 影響을 及하는지라. 吾人은 諸君이 愼重한 態度로 釜山브터 卽 朝鮮의 一角으로브터 義州까지 卽 朝鮮의 他 一角까지 無事히 또 健全히 文化 宣戰에 成하야 그 自體의 利益을 收할 쑨 아니라 後陣에게 諸般 好響을 垂한 后 그립든 鄕里 山川의 아름다운 품속에 품기어 悠悠自適하야 써 民族의 將來를 爲하야 浩然의 氣를 養하기를 바라노라.

번역 동경에 유학하는 조선 청년으로 조직된 학우회는 그 주최로 이번 하기방학을 이용하여 조선 전도 각지에 순회강연을 행하기로 결정하였으니, 그 변사와 일정과 장소는 본보에 이미 보도하였으나 이제 우리는 그 의의를 깊이 생각하여 더욱 심장함을 느껴 이에 특히 일언으로 전 사회의 애호와 동정을 희망하는 동시에 이 단체에 대해 일대 성공을 축하하며 장래 이러한 기도를 계속 멈추지 말기를 청하고자 한다. (…중략…) 동경 유학생은 그 다수는 조선 내지에서 상당한 기초 지식을 닦고 도해하여 일본에 들어가 한층 학문을 연찬하였을 뿐 아니라, 세계 대세를 통하며, 사조를 체득하여 장차 조선 민족의 나아갈 길을 깨달았을 것이니, 그 재주 어찌 조선문화 증진에 더욱 적당하지 않겠는가. 실로 문화운동의 선봉대라고 칭할 만하다. 그러므로 우리는 이번 순회강연단을 조선 문화 운동의 제일진이라고 하고자 한다. (…중략…) 동시에 이 단체에 대해 바라는 바를 일언하건대, (1) 순회강연의 출전 기한이 2~3주일 짧은 시간에 불과하나 그 여행 과정은 심히 위험하니 당초에 목적한 바 '문화운동', '학술강연'이라는 기치 하에 평온한 말과 순순한 어조로 '인민에게로'라는 의미 깊은 표어를 염두하여 조금이라도 잊지 말며, 분투하기를 간절히 원하며, (2) 이 단체의 후진에는 청년회, 노동회, 금주회, 학생회, 강연단 등 여러 이름의 문화단이 삼림같이 정립하여 그 자취를 따라 전진하려고 북과 나팔을 준비하였으니, 유학생 제군의 일행일동은 후진 각 단체에게 절대적인 영향을 미친다. 우리는 제군이 신중한 태도로 부산부터 즉 조선을 한 쪽 구석에서 의주까지 즉 조선의 다른 쪽 구석가지 무사히 또 건전히 문화 선전을 이루어 그 자체의 이익을 거둘 뿐만 아니라, 후진에게 제반 좋은 영향을 드리운 후 그립던 향리 산천의 아름다운 품속에 품겨 유유자적하여 민족의 장래를 위해 호연의 기상을 기르기를 바란다.

—『동아일보』, 1920.6.29

이 논설에서는 동경 유학생회의 전국 순회강연이 조선 민족의 앞길을 열어주는 문화운동이며, 민족운동임을 뚜렷이 하고, 유학생들의 위상이 이 시기 각 문화운동 단체의 모범이자, 선구가 되어야 하는 이유를 명시하고 있다. 이 논설에 나타난 바와 같이, 1920년대에는 각종 계몽단체가 조직되어 전국 순회강연을 펼쳤는데, 단체의 유형이나 구성원들을 모두 열거하기 힘들 정도로 많았다. 예를 들어 고학생을 지원하기 위한 '갈돕회', '고학생친목회' 등이 있고, 이 논설에 등장하는 '노동회', '청년회', '금주회' 등의 이름을 갖고 있는 단체도 매우 많았다. 동아일보사와 개벽사를 중심으로 한 문화 운동도 대표적인 계몽운동의 하나이다. 이러한 상황에서 유학생에게 거는 민중의 기대는 그만큼 큰 것이었다.

이 점에서 유학생은 계몽운동의 선구적 역할을 자임했는데, 『학지광』 제29호(1930.4)에 실려 있는 '하기순회 강연기'에는 이러한 의식이 잘 드러나 있다. 이 강연기의 앞부분은 1930년대 유학생회가 소생한 과정을 기술하고 있는데, 이때 '소생'이란 말을 쓴 것은, 1925년 '치안유지법' 공포 이후 각종 사회운동을 탄압하는 과정에서 유학생회의 활동도 일시 중단되었다가 다시 강연회를 개최하게 되었기 때문에 붙인 표현이다. 다음을 살펴보자.

【 夏期 巡廻講演期 】

今年 夏期巡廻講演의 經過를 報告하는 筆頭에 나는 몬저 우리 學友會가

甦生(소생)하게 된 事實에 大略을 써야 할 必要가 잇슬가 한다. 田中 內閣의 所謂 積極政策은 其 어느데보단도 無産運動 彈壓에 그 效果가 만엇다는 것은 田中 內閣의 손에서 峻嚴한 治安維持法이 改正되엿고, 그 法이 直時로 三.一五 事件, 四.一六 事件을 結果내고야 말엇거니와 우리들에게 對한 彈×은 벌서부터 그보담도 加重하엿다는 것은 내 말을 빌지 안코도 너나가 다 體驗하고 잇는 事實이다. 그것은 발서 昨年 ○○××黨 事件[34]이란 부름 밋테 우리들의 同志의 大多數 先輩의 太半이 아직도 囹圄에 呻吟하고 잇슴을 보고 잇나니, 그 颱風이 우리 全運動線上에 停滯를 주고 말엇다. (…中略…) 現下 우리 朝鮮의 事情으로는 學生運動이 社會運動의 部隊的 役割을 가지고 잇게 된 形態이다. 그러면 우리 學友會라는 것이 東京留學生의 統制的 團体로서 그 社會的 意義가 잇서야 하게 되엿고, 單純한 親睦團体로써는 그 存在가 無意味하게 된 줄 안다. 이만한 理由가 임이 囹圄 中에 잇는 先輩들노부터 論議가 된 것이요, 同時에 그 組織綱領 問題가 具體的으로 變更됨이엿스나 그 實現을 보지 못하고 말엇섯다. 이 問題가 今番 學友會 甦生에 잇서서 論議가 되엇스나 또한 아직 表面에 發現은 되지 못하엿다. 그러나 如上의 理論은 各分子가 認識하고 잇슬 쑨 안이라 事實에 잇서서 學友會가 鬪爭的 役割을 다하고 잇다. 이와 갓흔 事實이 夏期巡講의 意義를 規定하엿다. 夏期巡講은 今年이 그 始初가 안이엇다. 年中行事에 하나로 年年히 하여 나러왓다. 이 年中行事가 今年에도 敷行되는데 不過하다고 할 수 잇는 것이다. 今年부터의 이 年中行事는 如上의 學友會의 甦生的 事

---

34) 이 사건은 이른바 '엠엘당(ML당) 사건'으로 불리는 '제3차 조선공산당 사건'을 지칭한 것으로 볼 수 있다. 조선공산당은 1925년 4월 17일 창건된 후 수차례 검거와 해산, 재조직을 거듭하였는데, 그 중 제4차 공산당 사건으로 불리는 엠엘당 사건은 1927년 5월 근우회가 발족된 후 1928년 2월에 김준연 등 34명이 구속된 사건을 말한다. 이 사건 이후 7월에 170여명이 구속되었고, 9월에 간도공산당사건과 함께 엠엘당은 조선총독부에 의해 강제 해산되었다. 이 사건의 주모자로 알려진 김준연은 동경제대 법학부를 졸업하고 2년간 독일 베를린대학에서 유학했던 인물이며, 온낙중(溫樂中)도 와세다대학을 졸업한 인물로, 상당수의 가담자가 재일유학생 출신이거나 유학 중의 인물들이었다. 『동아일보』 1930년 9월 5일부터 9월 10일까지 이 사건에 대한 판결문이 게재되어 있다.

實과 아울너 그 意義를 달니하게 되엇다는 것이다. 從來 學友會의 夏期巡講은 日本人 學生들의 縣人會로써의 所爲와 달음이 업섯다. 故國 訪問이라는 것과 演士 自身들의 訓練的 機會로써의 目的에 置中되엿든 것이엿다. 學生運動은 現階段에 잇서서 獨自的 存在가 안이다. 社會運動과 同一한 体係 밋테 움즉이고 잇스며 境遇에 싸라 社會運動의 從屬的 關係에 잇기도 하고, 社會運動의 發端的 原因이 되기도 한다. 學生運動이 이만한 社會性을 具有하고 잇슴으로부터 學生運動 團体이여야 하게 된 學友會의 夏期巡講도 如上의 意義가 잇서야 할 것이며, 쏘 이만한 意義로써 今年에 夏期巡講을 決行하기로 그 意圖를 革新하야 演士와 밋 方法을 세윗다.

번역 금년 하기 순회강연의 경과를 보고하는 필두에 나는 먼저 우리 학우회가 소생하게 된 사실을 대략 써야 할 필요가 있다고 생각한다. 다나카 내각의 소위 적극정책은 그 어느 때보다도 무산운동 탄압에 효과가 많았다는 사실은 다나카 내각의 손에 준엄한 치안유지법이 개정되었고, 그 법이 곧 3.15 사건, 4.16 사건을 만들어 내고 말았으니 우리에 대한 탄압은 벌써 그보다 가중되었다는 것은 내가 말하지 않더라도 모두가 체험하고 있는 사실이다. 그것은 벌써 작년 그것은 벌써 작년 ○○×× 당 사건이란 이름 아래 우리들의 동지 대다수 선배 태반이 아직도 영어에 신음하고 있음을 보고 있으니, 그 태풍이 우리 전 운동선상의 정체를 가져다 주고 말았다. (…중략…) 현재 우리 조선의 사정으로는 학생운동이 사회운동의 부대적 역할을 갖고 있게 된 형태이다. 그러면 우리 학우회라는 것이 동경 유학생의 통제적 단체로 그 사회적 의의가 있어야 하며, 단순한 친목단체로는 그 존재가 무의미하게 될 줄 안다. 이만한 이유는 이미 감옥에 있는 선배들로부터 논의가 되었으며, 동시에 그 조직강령 문제가 구체적으로 변경되었으나 아직 실현을 보지 못했다. 이 문제가 이번 학우회 소생에서 의논이 되었으나, 또한 아직 겉으로 발표되지는 못했다. 그러나 이상과 같은 이론은 각 분자가 인식하고 있을 뿐 아니라 사실 학우회가 투쟁적 역할을 다하고 있다. 이와 같은 사실이 하기순강의

의의를 규정하였다. 하기순강은 금년이 그 시초가 아니다. 연중행사의 하나로 해마다 하여 왔다. 이 연중행사가 금년에도 실행되는데 불과하다고 할 수 있는 것이다. 금년부터 이 연중행사는 이와 같은 학우회의 소생적 사실과 아울러 그 의의를 달리하게 되었다는 것이다. 종래 학우회의 하기순강은 일본인 학생들의 현인회로 행하는 것과 다름이 없었다. 고국 방문이라는 것과 연사 자신의 훈련 기회로써의 목적에 치중했던 것이다. 학생운동은 현단계에서 독자적 존재가 아니다. 사회운동과 동일한 체계 밑에 움직이고 있으며, 경우에 따라 사회운동의 종속적 관계에 있기도 하고, 사회운동의 발단적 원인이 되기도 한다. 학생운동이 이만한 사회성을 갖추고 있으므로 학생운동 단체여야 할 학우회의 하기순강도 위와 같은 의의가 있어야 할 것이며, 또 이만한 의미로 금년에 하기순강을 결행하기로 그 의도를 혁신하여 연사와 방법을 세웠다.

　　　　—이인창(李仁昌), '하기순회강연기', 『학지광』 제29호, 1930.4

이 강연기에서 이인창은 학생운동이 사회운동과 동일한 체계에서 움직여야 하며, 사회운동의 하위 개념으로 인식될 수도 있고, 사회운동을 일으키는 발단이 될 수도 있다고 규정하였다. 하기순강은 사회운동을 일으키는 핵심적인 수단이다. 이 점에서 학우회는 단순한 친목단체가 아니며, 종래 일본인 학생들의 현인회(일본 학생들이 출신 현에 따라 모임을 갖는 것)와 같은 것이어서는 안 된다는 주장이다. 이러한 차원에서 계몽운동의 주체로서 유학생들의 역할에 대한 문제는 1930년대 이후에도 끊임없이 제기되었다.

【 文化革新을 提唱함: 새로운 生活은 새로운 思想에서 】
　朝鮮에 新文化가 輸入된 지 벌서 半世紀가 차려 한다. 以來 朝鮮 半島에는 우리 할아버지들이 꿈도 못 꾸든 왼갖 文明利器가 輸入되어 왔다. 따라서 朝鮮人의 生活은 겉으로만은 現代化하고 便利해진 것이 事實이다. 뿐만 아니라 朝鮮 各地에 新敎育을 베프는 學校가 設立되고 出版業이 急激 發達되어 新聞, 雜誌, 書籍이 普及되어 가며, 日本 歐米 等地로의 留學生이 輩出하엿다. 이 모든 現象은 實로 敬賀할 일이다. 그러나 우리가 한번 朝鮮人의 現代生活을 解部해 보면 우리는 오직 新文化의 것 껍데기만을 輸入한 것으로 그 眞髓를 理解하지도 못하며 消化하지도 못한 것이라고 보여진다. 新文化의 特點은 '科學的'이라는 세 글자에 잇다. 現代文化는 곳 科學的 思索으로부터 出發해 가지고 科學的 生活 形態를 形成함에 그 眞價가 잇는 것이다. (…中略…) 그뿐이랴. 所謂 思想運動을 한다는 智識分子들 中에도 그 多大數는 그 形態만 新思潮를 표방햇슬 싸름으로 그 根本的 思想 及 行動에 잇서서는 二百年 前의 四色黨爭을 그대로 引繼하얏다는 事實을 우리는 넘우나 만히 經驗하얏다. (…中略…) 우리는 文化의 革新을 主唱한다. 民族運動, 政治運動, 經濟運動 其他 왼갓 運動이 새로운 基礎 우에 서는 때라야 비로소 그 進展을 볼 수 잇고, 活躍을 볼 수 잇고, 成功을 볼 수 잇는 것이다. 文化의 革新, 思想의 革新, 偉大한 事業을 爲하야 勇敢히 팔 것고 나설 靑年 勇士들을 기대하야 마지 않는다.

번역 조선에 신문화가 수입된 지 벌써 반세기가 차려 한다. 이래 조선 반도에는 우리 할아버지들이 꿈도 못 꾸던 온갖 문명이기가 수입되어 왔다. 따라서 조선인은 생활은 겉으로만 현대화하고 편리해진 것이 사실이다. 그뿐만 아니라 조선 각지 신교육을 실시하는 학교가 설립되고 출판업이 급격히 발달하여 신문, 잡지, 서적이 보급되어 가며, 일본, 구미 등지로 유학생이 나가게 되었다. 이 모든 현상은 실로 축하할 일이다. 그러나 우리가 한번 조선인의 현대생활을 해부해 보면, 우리는 오직 신문화의 겉껍데기만 수입한 것으로, 그 진수를 이해하지도 못하고 소화하지도 못한 것으로 보인다. 신문화의 특징은 '과학적'이라는 세 글자에 있다. 현대문화는 곧 과학적 사색으로부터 출발하여 과학적 생활 형태를 형성하는 데 그 진가가 있는 것이다. (…중략…) 그뿐인가. 소위 사상운동을 한다는 지식분자들 중에도 그 대다수는 그 형태만 신사조를 표방했을 뿐, 그 근본적 사상 및 행동에서는 2백년 전 사색당쟁을 그대로 계승했다는 사실을 우리는 너무나 많이 경험하였다. (…중략…) 우리는 문화의 혁신을 주창한다. 민족운동, 정치운동, 경제운동 기타 모든 운동이 새로운 기초 위에 서는 때여야 비로소 그 진전을 볼 수 있고 활약을 볼 수 있고, 성공을 볼 수 있는 것이다. 문화의 혁신, 사상의 혁신, 위대한 사업을 위해 용감히 팔 걷고 나설 청년 용사들을 기대하여 마지않는다.

—『동아일보』, 1932.4.18

문화 혁신을 주장하는 이 논설은 동아일보 창간 당시부터 주창해 온 '문화 건설론'의 연장에서 쓰인 글이다. 여기서 주목할 것은 신문화와 관련된 주도 세력이 '유학생'과 관련되며, 현단계 조선의 지식수준이 '과학적'이지 못하다는 비평이다. '과학주의'는 근대적 지식이 형성되는 시기부터 도입되어, 일제 강점기 유행처럼 번진 사조이다. 이 논설에서는 이 시기 학생운동을 비롯한 지식계급의 사조가 비과학적이고 당파적이라고 비판한 것이다. 이는 1930년대 식민 통치 하에서 각종 사회운동이 부진한 것을 비판하고자 하는 의도를 담고 있으나, 본질적으로는 식민 상황에서의 계몽운동이 갖는 한계를 반영하는 것으로 해석될 수 있는 논설이다.

4.2. 계몽운동의 가능성과 한계

일제 강점기 계몽운동의 주체로서 유학생, 지식인 그룹의 역할을 규명하기 위해서는 다양한 변수를 고려해야 한다. 그 가운데 대표적인 것은 이들에 의해 근대 학문이 도입된 상황이다. 이 점은 유학생뿐만 아니라 경성제국대학을 중심으로 한 지식인 그룹도 마찬가지일 것이다. 신주백(2014)에서 일제 강점기 인문학이 제도화되는 과정에서의 한계를 규명한 바 있듯이,[35] 유학생의 계몽운동에서도 가능성과 한계는 비교적 명백하다. 그것은 유학생에게 요구되는 책임의식과 실제로 그 책임을 수행할 여건이 조성되어 있는가, 또는 그것을 수행하였는가의 문제로 요약할 수 있다.

일제 강점기 사회 지도자로서 유학생에게 요구하는 책임은 '신문화의 계도자'이자, '신조선의 건설'이다. 시대에 따라 다소의 차이는 보이지만, 『학지광』 제29호(1930.4) 주태도(朱泰道)의 논설은 이를 잘 보여 준다.

【 學之光의 歷史的 使命 】

開闢 以後 朝鮮이 對外的으로 派送한 留學生은 中國이 嚆矢일 것이나, 그는 舊文化 輸入에 貢獻者라고 볼 수가 잇서도 <u>新文化 所謂 西洋文化의 餘波를 受하게 된 新學文과 新文化의 輸入을 爲한 留學生의 派送은 日本 留學生을 嚆矢</u>로 볼 수가 잇슬 것이다. 이 日本 留學生 中에도 日本의 首部이요, 文化의 中心인 東京留學生이 그 量에 잇서서도, 그 質에 잇서서도 相當한 效果를 우리 民族에게 發顯하얏다는 것은 避치 못할 事實이다. 그러타고 <u>東京 留學生 全部가 우리 民族에게 實益 잇는 結果를 주엇다고는 말할 수가 업스나 質과 量에 잇서서</u> 어느 便으로던지 東京 留學生의 相當한 地位를 占領하고 잇는 것만은 事實이다. 이 東京에 잇서서 吾人 民族과 卽接關係가 적지 안은 모든 日本의 文化는 三年 乃至 五六年의 留學으로 因하야 充分치는 못하다 할지라도 어느 程度까지의 體驗과 活敎訓 밋헤서 充分히 硏究하여스리라고 밋는다. <u>東洋에 이서서 西洋文化 輸入의 根源이 된 東京의 學術界는 모든 点으로 보아서 貧弱한 朝鮮의 學術界와 思想界에</u>

---

35) 신주백(2014), 『한국 근현대 인문학의 제도화』, 소명출판. 이 책에서는 1926년 경성제대 법문학부의 설립 이후 일본인 학자와 그들 밑에서 수학한 조선인 학생들의 학문에 대해 자세히 규명한 바 있다. 이들에 의해 '조선학'이 학문적 연구 대상이 되고, 과학 담론이 활성화된 것은 틀림없는 사실이다. 그러나 이들의 학문이 그들의 스승으로부터 자유롭지 못했고, 시대 현실을 뛰어넘는 것도 쉽지 않았음은 제도화된 인문학이 갖고 있는 본질적 한계이다.

指導的 役割을 하는 곳으로 充分히 볼 수가 잇는 것이다. 東京을 그렇케 볼 수가 잇는 것슨 東京에 留學하는 우리 學生界가 그만한 役割을 東京에서는 勿論이요, 朝鮮 內地로 輸入하고 잇는 것은 吾人이 누구나 否定치 못할 事實이라고 할 수가 잇슬 것이다.

번역 개벽 이후 조선이 대외적으로 파송한 유학생은 중국이 효시일 것이나, 그것은 구문화 수입의 공헌자라고 볼 수는 있어도 신문화, 소외 서양문화의 여파를 받게 된 신학문과 신문화의 수입을 위한 유학생의 파송은 일본 유학생을 효시로 볼 수가 있을 것이다. 이 일본 유학생 중에도 일본의 수도요 문화의 중심지인 동경 유학생이 그 양에서도, 그 질에서도 상당한 효과를 우리 민족에게 드러냈다는 것은 피하지 못할 사실이다. 그렇다고 동경 유학생 전부가 우리 민족에게 실익 있는 결과를 주었다고는 말할 수 없다. 그러나 질과 양에서 어느 편이든지 동경 유학생이 상당한 지위를 차지하고 있는 것은 사실이다. 이 동경에서 우리 민족과 직접 관계가 적지 않은 모든 일본 문화는 3년 내지 5~6년 유학으로 충분하지는 안하도 할지라도 어느 정도가지 체험과 살아 있는 교훈 밑에서 충분히 연구했으리라고 믿는다. 동양에서 서양문화 수입의 근원이 된 동경 학술계는 모든 점에서 빈약한 조선의 학술계, 사상계에 지도적 역할을 하는 곳으로 볼 수 있다. 동경을 그렇게 볼 수 있는 것은 동경에 유학하는 우리 학생계가 그만한 역할을 동경에서는 물론, 조선 내지로 수입하고 있는 것은 우리가 누구나 부정하지 못할 사실이라고 할 수 있을 것이다.
—주태도, '학지광의 역사적 사명', 『학지광』 제29호, 1930.4

이 논설에서는 재일 유학생의 가능성과 한계를 모두 보여준다. 이 논설에 나타난 바와 같이, 이 시기 유학생은 '신문화의 수입자', '신학문'을 통한 '조선 학술계의 지도자'로서의 역할을 담당하였다. 이 역할은 이 논설에 빈번히 등장하는 바와 같이, '우리 민족'에게 '실익'을 주기 위한 것이어야 한다. 이 논설에 나타난 바와 같이, 재일 유학생들이

이 역할을 양적으로, 또는 질적으로 수행해 온 것도 사실이다. 그럼에도 이 논설에서는 '신문화=서구문화'를 등식화하고, '서구 → 일본 → 조선'으로의 문화 수입을 계열화하여, 학문과 문화의 우열관계를 확립시켰다.

　학술의 양적인 면이나 질적인 면에서의 발전 상황도 좀 더 다차원적으로 규명해야 할 과제이다. 이 문제는 일제 강점기 각 학문 분야별 연구가 필요한 과제이나,36) 양적인 면에서 일제 강점기 일본어로 저술된 학술서(일본인이 저술한 것이든, 조선인이 저술한 것이든)가 범람했고, 국문으로 저술한 저서가 많지 않았다는 점에서 학술 발전 정도가 충분했다는 근거는 찾기 어렵다. 이러한 상황에서 1930년대 이른바 '조선학' 열풍이 불기 시작했지만, 이 또한 '조선'이 부재하는 '조선학', 곧 과학적 방법론만을 강조한 조선학이 추구되는 경향도 있었다. 이처럼 유학생을 통한 조선의 학술 발전이 그 자체로서 한계를 가질 수밖에 없는 것은 식민지 시대 상황이 전제되어 있기 때문일 것이다. 이에 대해 주태도(1930)의 논설에서는 다음과 같이 서술한다.

【 學之光의 歷史的 使命 】

　東京에 이서서 研學하는 學生으로 現制度가 構成식힌 法網에 걸니워 辛苦하는 사람은 그 얼마이며 矛盾된 社會를 咀呪하고 그 改革을 絶叫하는 靑年 學徒는 얼마일 것이냐. 海溢과 갓지 몰녀드는 不安의 旋風은 事情업시 불어오고 잇다. 同 資本家 階級의 組織的 搾取, 旣成 學者의 意識的, 反動 無産者 階級의 極度의 失業과 流離가 모든 社會的 缺陷, 이것이 現下 社會相의 大書特記할 好材料이라고 볼 수가 잇다. 이와 갓흔 材料의 矛盾的 現象을 眞化식히며 美化식히자는 良心을 속이지 안는 곳에 學文을 硏究할 價値와

---

36) 일제 강점기의 분야별 학문 발전 상황에 대한 논의는 아직까지 충분한 것으로 보이지 않는다. 국어학, 국문학, 역사학, 철학, 과학 등 개별 학문 분야마다 이 시기의 학문을 검토한 사례를 많이 있지만, 종합적인 논의가 이루어진 경우는 찾아보기 어렵다.

學文의 眞理가 包含되여 잇는 것이다. (…中略…) 나는 學之光에 對해서 이 글을 쓰게 될 적에 한便 自身 等의 辯護도 갖고 한 便으로 論刺的 攻擊도 갓흐나 如何튼 學之光과 學友會는 永永히 <u>우리 民族 社會에 발을 끈을 수 업는 因緣을 가지고 잇스며</u>, 아즉까지의 <u>歷史</u>와 今後의 <u>歷史</u>가 길이길이 니어서 <u>朝鮮 民族의 學生 運動史上</u>에 一 <u>異點을 發顯</u>하리라고 밋는다. 四海 大方 諸賢이여. 歷史的 學之光의 使命을 對內的으로, 學友會 會員 自身 等이 活動할 것은 勿論이려니와 이 歷史的 學之光의 使命을 다하는 데 끈임업는 도움과 鞭撻과 指導가 끈치지 안코 이서지이다라고 빌고 拙筆을 놋나이 다.

번역 동경에서 연학하는 학생으로 현제도가 구성한 법망에 걸려 신고 하는 사람은 얼마나 되며, 모순된 사회를 저주하고 개혁을 절규하 는 청년 학도는 얼마나 될 것인가. 해일과 같이 몰려드는 불안의 선풍은 사정없이 불어오고 있다. 자본가 계급의 조직적 착취, 기성 학자의 무의 식, 반동 무산자 계급의 극도의 실업과 유리가 모든 사회적 결함, 이것이 현재 사회상 대서특기할 좋은 재료라고 볼 수 있다. 이와 같은 재료의 모순적 현상을 참된 것으로 바꾸며 미화시키는, 양심을 속이지 않는 곳에 학문을 연구할 가치와 학문의 진리가 포함되어 있는 것이다. (…중략…) 나는 학지광에 대해 이 글을 쓰면서 한편으로 자신을 변호하는 것도 같고, 한편으로 자극적 공격도 같지만 어떻든 학지광과 학우회는 영원히 우리 민족 사회에 발을 끊을 수 없는 인연을 갖고 있으며, 지금까지의 역사와 앞으로의 역사가 길이 이어서 조선 민족의 학생 운동사에 하나의 특이한 점을 드러낼 것이라고 믿는다. 사해의 대가 제현이여. 역사적 학지광의 사명을 대내적으로, 학우회 회원 자신 등이 활동할 것은 물론 이 역사적 학지광의 사명을 다하도록 끊임없는 도움과 편달과 지도가 끊임없이 있 기를 바라고 빌며 졸필을 놓는다.

　　　　　—주태도, '학지광의 역사적 사명', 『학지광』 제29호, 1930.4

학지광을 다시 발간하면서 유학생회와 기관지가 갖고 있는 의미를 '조선 민족 사회', '조선 학생 운동의 역사'와 관련지어 논설한 이 글은 유학생의 사명이 조선의 사회운동, 조선의 학문 발전과 밀접한 관련을 맺고 있음을 보여준다. 그럼에도 이 사명은 '현제도가 구성한 법망', '모순된 사회', '기성 학자의 무의식' 등과 같은 각종 사회적 결함에 따라 적절히 수행되기 어려운 상황이었다. 실제로 1930년대 재일 유학생은 제4차 조선공산당 사건(엠엘당) 이후 급격히 감소한 것으로 보고된다. 이러한 상황에서 유학생(또는 조선 내의 모든 학생)들에게 '민중 계몽'의 이데올로기가 보편화되기 시작한다. '브나로드 운동'으로 일컬어지는 농촌계몽활동은 문자보급과 지식 전파 등을 목표로 한 운동이지만, 그 자체가 식민지 상황에서 각종 통제를 받으며 이루어진 운동이었다.

【 歸鄕 學生들과 地方 靑年에게: 브나로드 運動에 參加하라 】

夏休를 當하면 留學生들이 故鄕으로 돌아온다. 辰橋 地方에도 歸鄕 留學生들이 깃븐 마음으로 學窓에서 그리든 故鄕을 차저들 것이다. (…中略…) 諸君들이 故鄕에 돌아와 처음 눈에 띄우는 것이 文盲地獄에서 彷徨하는 群衆들일 것이다. 學校는 업지 안으나 그들은 學校에 가지 못하게 되는 것이다. 훌륭한 校舍를 지을 쌔 그들은 지게 지고 가서 賦役을 하고 學校費니 무어니 내라는 것 다 내엇지만 그 學校는 넉넉한 집안의 子弟들이 안니면 배우기 어려운 곳이다. 그들은 배우지 못한 까닭에 여러 가지 苦痛을 바드며 쏘는 눌리는 가련한 生活을 免치 못한다. 歸鄕할 學生 諸君! 아니 先覺한 地方 靑年 諸君아! 諸君은 이런 것을 보고 저들의 無知와 文盲을 嘲笑와 蔑視로만 보고 말 것인가! 쏘는 '吾不關焉'이라는 傍觀的 態度만 取할 것인가. 아니다. 諸君들에게는 저들의 文盲을 退治시켜야 할 重且大한 使命이 잇는 것이다. 우리는 留學生 諸君들과 地方 有志 靑年 諸君들에게 要求할 것이 적지 않으나 우선 文盲退治의 所任을 賦課시킨다.

번역 여름 방학을 당하면 유학생들이 고향으로 돌아온다. 진교 지방에도 귀향 유학생들이 기쁜 마음으로 학창에서 그리던 고향을 찾아들 것이다. (…중략…) 제군들이 고향에 돌아와 처음 눈에 뜨이는 것이 문맹 지옥에서 방황하는 군중들일 것이다. 학교는 없지 않으나, 그들은 학교에 가지 못하게 된 것이다. 훌륭한 학교 건물을 지을 때, 그들은 지게 지고 가서 부역을 하고, 학교비니 무엇이니 내라는 것은 다 냈지만 그 학교는 넉넉한 집안의 자제들이 아니면 배우기 어려운 곳이다. 그들은 배우지 못한 까닭에 여러 가지 고통을 받으며, 또는 눌리는 가련한 생활을 면치 못한다. 귀향할 학생 제군, 아니 선각한 지방 청년 제군아. 제군은 이런 것을 보고 저들의 무지와 문맹을 조소와 멸시로만 보고 말 것인가. 또는 나와 상관없는 일이라는 방관적 태도만 취할 것인가. 아니다 제군들에게는 저들의 문맹을 퇴치시켜야 할 중차대한 사명이 있는 것이다. 우리는 유학생 제군들과 지방 유지 청년 제군들에게 요구할 것이 적지 않으나, 우선 문맹퇴치의 소임을 부과시킨다.

—『동아일보』, 1932.6.28

이 논설에 등장하는 '유학생'은 해외 유학생만 지칭하는 개념은 아니다. 해당 지방에서 외지로 유학을 간 학생들까지 포괄하는 개념이지만, 당시 학생들에게 부과된 일차적 소임이 문맹퇴치였음을 보여주는 자료이다. 이러한 문맹퇴치 담론은 일제 강점기 학생 계몽 담론의 가장 중요한 문제였다. 이는 1930년대 학생 대중을 대상으로 한 잡지에서 흔히 찾아볼 수 있는데, 예를 들어 개벽사의 『학생』이나 한성도서출판주식회사의 『학등』 등이 대표적이다. 『학생』 제2권 제7호(1932.7)의 '하기휴가로 귀향하는 학생에게 보내는 부탁'에서는 안재홍이 '노동·교양·답사'라는 주제로 당부의 글을 남겼고, 김기전이 '많은 사람과 접촉(接觸)하시오'라는 제목의 글을 남겼다. 이 두 편의 글에서도 일차적으로 당부하는 것은 문맹퇴치를 위한 계몽운동이다. 이뿐만 아니라 김병준(金

秉濬)의 '두 가지 희망', 유광렬(柳光烈)의 '여섯 가지 부탁' 등에도 문맹 퇴치 담론은 빠지지 않았으며, '귀향하는 이에게의 선물'이라는 제목 아래 방정환(方定煥)의 '아동문제 강연 자료', 서춘(徐椿)의 '경제문제 강연 자료', 박사직(朴思稷)의 '농촌 문제 강연 자료' 등을 게재하기도 하였다. 이러한 강연 자료는 학생 계몽운동 자료일 뿐 아니라, 구체적인 계몽의 지침이기도 하다.

이처럼 일제 강점기 학생은 지식 계급으로서 계몽의 주체자이자 또한 교도(敎導)의 대상으로 간주되었다. 특히 1930년대 이르러 학생들의 사상 경향에 대한 논란이 빈번히 등장하는데, 이는 일제 강점기의 혼란상을 반영하는 담론이다. 식민 통치하에서의 사상 논쟁은 일본과 러시아를 통해 들어온 사회주의, 공산주의 이데올로기와 관련된 것들이 많았고, 유학 경험에 따라 시대 현실을 바라보는 관점에도 큰 차이가 나타났기 때문으로 보인다. 『삼천리』 제5권 제9호(1933.9) 창랑객의 '친미파·친러파 세력설'에서는 미국 유학생 출신의 사상 경향을 다음과 같이 정리하고 있다.

【 思想上은 엇더한가? 】

그 다음은 思想上이란 각도로부터 전망하여보면 舊韓國時代에는 親露派 親日派 親淸派가 잇드시 親米派가 결성되어 多數한 인재와 견실한 지반을 가지고, 韓國政界와 사회에 巨然한 세력을 이룬 때가 잇섯다, 즉 親米熱이 全盛하기는 徐載弼氏의 來朝와 獨立協會 創立當時리라. 그때 獨立新聞을 간행하고, 靑年會를 設하고 기독교를 전포하며 開化演說을 하든 것이 대개 米國文明의 謳歌가 그 대부분이엇다, 그 당시의 親米派의 지도자로는 徐載弼, 徐光範, 尹致昊, 安昌浩, 李商在, 李承晩, 申興雨 等이엇다, 以來 親米派의 要人들은 不絶히 데모크래식한 미국문명의 유입을 꾀하야 유학생의 파견을 不怠히 하엿고 또 自覺잇는 청소년으로 스사로 渡米留學하는 자가 多數케 하엿다, 뿐만 아니라 米國의 治下에 살기를 즐겨하야 영영 渡米居

住하는 자도 多數히 나왓는데, 현재 米國잇는 白衣同胞 數가 약 3천, 布哇其他에 3천의 多數를 數하고 잇다. 유학생으로써 중요한 인물은 <u>李承晚, 尹致昊, 金奎植, 吳兢善, 申興雨, 梁柱三, 朴容萬, 吳天錫, 廉光燮, 朴仁德, 金마리아, 黃愛施德, 卞榮魯, 安昌浩, 金東成, 李春昊, 金鉉九, 金度演, 金活蘭, 張世雲, 鄭漢景</u> 氏等이라. 親米派의 세력을 數함에 잇서 중요하게 주의하여햐 할 일은 米國領地안에 잇는 조선인 단체의 존재와 활동이다. 즉 布哇의 李承晚氏의 同志會, 北米의 國民會, 留學生會, XX民報, 우라키社, 及 학교와 교회 등이다, 그러나 이것은 詳說하기를 피하노라.

번역 <u>사상상</u>은 엇더한가? 그 다음은 사상상이란 각도로부터 전망하여 보면 구한국시대에는 친로파 친일파 친청파가 있듯이 친미파가 결성되어 다수한 인재와 견실한 지반을 가지고, 한국정계와 사회에 거연한 세력을 이룬 때가 있었다. 즉 친미열이 전성하기는 <u>서재필씨의 내조와 독립협회 창립당시리라.</u> 그때 독립신문을 간행하고, 청년회를 설하고 기독교를 전포하며 개화연설을 하던 것이 대개 미국문명의 구가가 그 대부분이었다. 그 당시의 친미파의 지도자로는 서재필, 서광범, 윤치호, 안창호, 이상재, 이승만, 신홍우 등이었다, 이래 친미파의 요인들은 부절히 데모크래식한 미국문명의 유입을 꾀하여 유학생의 파견을 불태히 하였고 또 자각있는 청소년으로 스스로 도미유학하는 자가 다수케 하였다. 뿐만 아니라 미국의 치하에 살기를 즐겨하여 영영 도미거주하는 자도 다수히 나왔는데, 현재 미국있는 백의동포 수가 약 3천, 하와이 기타에 3천의 다수를 수하고 있다. 유학생으로써 중요한 인물은 <u>이승만, 윤치호, 김규식, 오긍선, 신홍우, 양주삼, 박용만, 오천석, 염광섭, 박인덕, 김마리아, 황애시덕, 변영로, 안창호, 김동성, 이춘호, 김현구, 김도연, 김활란, 장세운, 정한경</u> 씨 등이다. 친미파의 세력을 셈함에 있어서 중요하게 주의하여야 할 일은 미국영지안에 있는 조선인 단체의 존재와 활동이다. 즉 하와이의 이승만씨의 동지회, 북미의 국민회, 류학생회, XX민보, 우라키사, 급 학교와 교회 등이다. 그러나 이것은 상설하기를 피하노라.

위의 글에 따르면 구한말 친로파, 친일차, 친청파가 있듯이 일제 강점기 당시 '친미파'가 존재하고 그들이 세력을 형성하고 있음을 알 수 있다. 그리고 이들 친미파들은 '민주주의'적인 미국문화의 유입을 시도하였고 이에 따라 많은 청소년들이 미국으로 유학을 갔음을 설명하고 있다. 그러나 여기서 일본 유학생과 차이점은 미국유학생들은 주로 유학 이후에도 미국에 계속 살고 있다는 것이다. 흥미로운 것은 이 기사에서 '친로파'의 사상 경향에 대한 설명이 삭제되었다는 사실이다. "친로파의 세력이 얼마나 될는고. 이것은 대단히 광범하고 또 여러 가지 사정으로 충분히 지적하기가 거북스럽다. 그러기에 다만 소재만 열거하려 한다."고 하면서 80행에 달하는 분량이 생략되었다. 이처럼 생략된 것은 1933년 당시 사회주의 사상의 근거지로 여겨진 러시아 유학파의 사상 경향이 검열에 따라 삭제된 것으로 보인다.

이러한 경향에서 일제 강점기 계몽운동에 대한 식민 정부의 통제 또한 계몽운동의 한계로 작용한다. 동아일보사에서 전개한 농촌 계몽운동 3년의 성과를 결산한 임병철(1933)의 '계몽운동의 업적과 금년의 준비'[37])에서는 계몽운동이 양적으로 팽창하고 있음을 보여준다. 그럼에도 '대원이 주의해야 할 몇 가지'를 다음과 같이 서술한다.

【 今年의 새 準備와 隊員의 注意 몃 가지 】
(1) 학생(學生)들이 여름 동안 가가와 123을 가르치는 것을 동아일보사(東亞日報社)에서는 브나로드 운동(運動)이라 하엿는데 이 명칭(名稱)은 로어(露語)이므로 만일(萬一)이라도 오해(誤解)받기 쉽고 또 알어듣기에 불편(不便)이 잇다고 하여 계몽운동(啓蒙運動)이라고 개명(改名)을 하기로 하엿다. (2) 처음부터 선언(宣言)한 바이지마는 사상운동(思想運動)이라든지 기타(其他) 어떠한 주의(主義) 선전(宣戰)의 수단(手段)으로써 이것을 이용(利

---

37) 임병철(1933), 「계몽운동의 업적과 금년의 준비」, 『신동아』 제7권 제7호, 1933.7.

用)하지 말고 이 계몽운동(啓蒙運動)은 언문과 수자(數字) 가르치는 것만에 끝이자는 것이다. 이는 이 운동(運動)의 철칙(鐵則)이다. (3) 지방(地方)에 따라 금지(禁止) 혹(或)은 인가(認可) 얻으라는 명령(命令)이 당국(當局)으로부터 잇는데 이에 대(對)하야 상부(上部)와 교섭(交涉)하여 유감(遺憾) 없도록 하자는 것, (4) 도회(都會)보다도 농촌(農村), 벽촌(僻村)으로 가서 학교(學校) 맛을 못 보는 아동(兒童)들에게 글자를 가르치도록 하자는 것, (5) 예년(例年)에는 한글 원본(原本)을 늦게 배급(配給)하여 방학(放學) 때 못 가지고 간다든지 하는 일이 잇스므로 금년(今年)에는 유월 중(六月 中)에 배급(配給)하도록 하라는 등(等)의 요망(要望)이 잇섯다. 우리는 이 중(中)에서 깊이 이해(理解)해야 할 것은 정치(政治), 경제(經濟), 사상(思想) 이 모든 방면(方面)의 이야기는 일언(一言)도 말아야 한다. 설마 이야기한다고 해야 이해(理解)도 못할뿐더러, 큰 사업(事業)에 지장(持障)이 잇슬 것이다. 그리고 금지(禁止)에 대(對)하여는 지방(地方)과 개인(個人)을 따라 여러 가지 사정(事情)이 잇을 것이다. 그러나 지방(地方) 유지(有志)들의 지도(指導)를 구(求)하며 일하기 전(前)에 당국(當局)의 양해(諒解)를 구(求)하라. 그리고 각농촌(各農村)에 기성(旣成)된 진흥회(振興會), 교회(敎會) 같은 기관(機關)의 원조(援助)를 받어 단순(單純)히 글자만 가르치면 우리의 목적(目的)은 달(達)하리라고 믿는다.

—임병철, '계몽운동의 업적과 금년의 준비',
『신동아』 제7권 제7호, 1933.7

이 기사를 통해 확인할 수 있는 것은, '브나로드 운동'으로 명명된 계몽운동이 '문자 보급 운동'만을 의미하는 것이었으며, 그 자체가 민중보다 우위에 있는 지식인들, 학생들의 낭만적 계몽운동이었다는 사실이다. 민중과 거리가 있는 러시아 어를 사용한 점도 저널리즘의 선정성을 반영하는 것이었겠지만, 식민 상황 하에서의 농촌 계몽이 문자 보급으로 한정되고, 그 자체도 식민 당국과 타협하는 상황에서 전개될

수밖에 없으며, '정치, 경제, 사상, 주의' 등에 대해서는 조금도 말해서
는 안 됨을 표방하고 있음은 식민 통치의 통제를 의식한 것일지라도,
농민은 이야기해도 이해하지도 못할 것이라는 전제는 한편으로는 지식
인(학생)들의 선민 의식, 우월의식을 반영한 것일 수도 있음을 의미한
다. 이러한 배경에서 1930년대 각종 수양론(修養論), 인격론(人格論)을 주
장하는 지식인들이 많아졌고, 그것이 또한 계몽운동의 이론적 기반으
로 작용할 경우가 많았음은 일제 강점기 지식인들의 계몽운동이 갖는
한계 가운데 하나일 것이다.

참고문헌

1. 기본자료

○ 근대 학회보: 『親睦會會報』, 『太極學報』, 『公修學報』, 『大韓留學生會學報』, 『同寅學報』, 『洛東親睦會學報』, 『大韓學會會報』, 『大韓興學報』
○ 근대 신문: 『皇城新聞』(1898~1910), 『독립신문』(1905~1899), 『大韓每日申報』(1904~1910), 『공립신보』(1909~1910), 『신한민보』(1920~1945), 『東亞日報』(1920~1945), 『朝鮮日步』(1920~1945)

2. 논저

김기주(2004), 「개항기 조선 정부의 대일유학정책」, 『한국 근현대사 연구』 29, 한국근현대사학회, 113~137쪽.
さねとう けいしゅう(1960), 『中國人 日本 留學史』, 東京: くろしお出版.
강원모(1999), 「혜강 최한기(惠岡 崔漢綺)의 윤리 교육론(倫理敎育論) 연구」, 충남대학교 박사논문.
강재언·김정미 외 편저, 김정희 역(1984), 『한국 근대사회와 사상』, 중원문화.
고범서(1992), 『가치관연구』, 나남출판.
곽승미(2006), 「세계의 위계화와 식민지주의의 자기응시」, 『한국문화연구』 11, 이화여자대학교 한국문화연구원, 245~275쪽.
구자익(2010), 「최한기의 기학에 있어서 소통과 통합의 사회론」, 경상대학교 박사논문.

구태환(2006), 「최한기의 운화론적 인체관과 변통의 윤리론」, 숭실대학교 박사논문.

권오영(1994), 「혜강 최한기의 학문과 사상 연구」, 한국정신문화연구원 박사논문.

금장태(1993), 『동서교섭과 근대 한국사상』, 성균관대학교출판부.

김기주(1993), 『한말 재일한국유학생의 민족운동』, 느티나무.

金淇周(1991), 「舊韓末 在日韓國留學生의 民族運動 硏究」, 전남대학교 박사논문.

김명규(2001), 「1910년대 도일 유학생의 사회사상」, 『사학연구』 64, 한국사학회, 91~125쪽.

김명옥(1982), 「韓末 太極學會에 關한 一考察」, 이화여자대학교 석사논문.

김문식(2009), 『조선 후기 지식인의 대외인식』, 새문사.

김병규(1997), 「혜강 최한기의 경장사상(更張思想) 연구」, 한국교원대학교 박사논문.

김성은(2009), 「1920~30년대 여자 미국유학생의 실태와 인식」, 『역사와 경계』 72, 부산경남사학회, 183~238쪽.

김성은(2011), 「1930년대 황애덕의 농촌사업과 여성운동」, 『한국기독교와 역사』 35, 한국기독교역사연구소, 141~180쪽.

김성은(2012ㄱ), 「1920~30년대 미국유학 여성지식인의 현실인식과 사회활동」, 서강대학교 박사논문.

김성은(2012ㄴ), 「1930년대 임영신의 여성교육관과 중앙보육학교」, 『한국민족운동사연구』 71, 한국민족운동사학회, 209~254쪽.

김성학(1996), 「일제시대 해외유학생 집단의 교육연구활동과 서구교육학 도입」, 『교육학연구』 35(5), 한국교육학회, 1~24쪽.

김소영(2011), 「재일조선유학생들의 '국민론'과 '애국론' : 『親睦會會報』(1896 ~1898) 내용 분석을 중심으로」, 『한국민족운동사연구』 66, 한국민족운동사학회, 5~48쪽.

김숙경(2013),「혜강 최한기(惠岡 崔漢綺)의 기학(氣學)에 나타난 사학 수용 (西學 受容)과 변용에 관한 연구」, 성균관대학교 박사논문.

김영민(2007),「근대적 유학제도의 확립과 해외 유학생의 문학,문화 활동 연구」,『현대문학의 연구』32, 한국문학연구학회, 297~338쪽.

김영작(2006),『한말 내셔널리즘: 사상과 현실』, 백산서당.

김옥균 원저, 조일문 역(1984),『갑신일록』, 건국대출판부.

김용현(1995),「최한기의 서양 과학 수용과 철학 형성」, 고려대학교 박사논문.

김원모(1998),「하와이 한국 이민과 민족운동」,『미국사연구』8, 한국미국 사학회, 187~219쪽.

김원용(1958),『재미한인오십년사』, USA: Readly, Calif.

김윤선(2010),「『帝國新聞』에 나타난 美國留學과 留學生寄書(便紙) 硏究:近 代啓蒙談論의 樣相과 글쓰기의 變化를 中心으로」,『어문연구』38(1), 한국어문교육연구회.

김윤식(1981),『(속)한국근대작가논고』, 일지사.

김윤식(2008),『이광수와 그의 시대』권1~2, 솔출판사(3쇄).

김인석(2001),「최한기의 기학(氣學)에 관한 연구: 이학(理學) 극복의 측면 을 중심으로」, 건국대학교 박사논문.

김인택(2011),「『친목회회보(親睦會會報)』의 재독(再讀) (1):『친목회』의 존재 조건을 중심으로」,『사이』5, 국제한국문학문화학회, 51~79쪽.

김정인 외(1995),『한국독립운동의 역사(17): 1910년대 국외항일운동』, 한 국독립기념관,

김창범(2004),『미주 한인 100년사』, 코람데오.

김현경(2006),「근대교육의 확산과 유학의 제도화 1881~1945」,『사회와 역 사』70, 한국사회사학회, 3~31쪽.

김희곤(1998),「북미유학생잡지『우라키』연구」,『복현사림』21(1), 경북사 학회, 1097~1119쪽.

노혜정(2003), 「최한기의 지리사상 연구: 『지구전요(地球典要)』를 중심으로」, 서울대학교 박사논문.

다카하시 고하치로·나가하라 게이지·오이시 가이치로, 차태석·김리진 역(1981), 『일본근대사론』, 지식산업사.

류생진(2005), 「혜강 최한기(惠岡 崔漢綺)의 추측론(推測論) 연구」, 강원대학교 박사논문.

류시현(2005), 「崔南善의 ‘近代’ 認識과 ‘朝鮮學’ 研究」, 고려대학교 박사논문.

류형만(1986), 「최한기의 사회개혁사상과 복지사상에 관한 연구」, 대구대학교 박사논문.

맹문재(2010), 「근대 문학에 나타난 유학생들의 미국인식: 『우라키』에 실린 작품을 중심으로」, 『동서비교문학저널』 23, 한국동서비교문학학회, 105~128쪽.

문일평(1939), 「대미관계50년사」, 『호암전집』 1, 조선일보사.

민족문화추진회(1968), 『국역율곡집』 1~2, 민족문화추진회.

민족문화추진회(1977), 『국역 해행총재』 10~11, 민족문화문고간행회.

민족문화추진회(1977), 『국역성호사설』, 민족문화추진회.

박안승(1999), 「1890년대 후반 도일 유학생의 현실 인식」, 『역사와 현실』 31, 한국역사연구회.

박영학(1990), 『동학운동의 공시구조』, 나남출판.

박은숙(2015), 「김윤식과 원세개·이홍장·주복의 교류(1881~1887)」, 『한국사학보』 61, 고려사학회, 523~553쪽.

박종린(2008), 「1910년대 재일유학생의 사회주의사상 수용과 ‘김철수 그룹’」, 『史林』 30, 수선사학회, 153~172쪽.

박찬승(2000), 「일제 지배하 한국 민족주의의 형성과 분화」, 『한국독립운동사연구』 15, 독립기념관 한국독립운동연구소, 35~95쪽.

박찬승(2000), 「1890년대 후반 관비유학생의 도일유학」, 『한일공동연구총서』 3, 고려대학교 아세아문제연구소, 75~128쪽.

박찬승(2004), 「1920年代 渡日留學生과 그 사상적 동향」, 『한국근현대사연구』 30, 한국근현대사학회.

朴鶴哲(1998), 「舊韓末 在日 韓國 留學生에 관한 考察」, 전남대학교 석사논문.

박환(2008), 『러시아 한인 유적답사기』, 국학자료원.

박희병(2003), 『운화와 근대: 최한기 사상에 대한 음미』, 돌베개.

방경곤(2009), 「볼츠만(Boltzmann)과 최한기(崔漢綺)의 물질관 비교 연구: 엔트로피와 氣」, 경북대학교 박사논문.

백옥경(2009), 「근대 한국여성의 일본유학과 여성현실인식: 1910년대를 중심으로」, 『이화사학연구』 39, 이화사학연구소, 1~28쪽.

변종화(1982), 「1883년의 한국 사절단의 보스튼 방문과 한미 과학기술 교류의 발단」, 『한국과학사학회지』 4(1), 한국과학사학회.

서욱수(2000), 「혜강 최한기의 인식 이론(認識 理論) 연구」, 부산대학교 박사논문.

서은경(2011), 「1910년대 유학생 잡지와 근대소설의 전개과정」, 연세대학교 박사논문.

蘇峰 德富猪一郎, 平泉澄 校訂(1963), 『近世日本國民史: 內外交涉編』, 東京: 近世日本國民史刊行會.

손병욱(1993), 「혜강 최한기 기학의 연구」, 고려대학교 박사논문.

손염홍(2003ㄱ), 「1920년대 前半 北京地域의 韓人社會와 民族運動」, 국민대학교 석사논문.

손염홍(2003ㄴ), 「1920년대 전반 북경지역 한인의 생활상과 민족교육」, 『북악사론』 10, 북악사학회, 351~382쪽.

송기한(2010), 「최남선의 계몽의 기획과 글쓰기 연구」, 『한민족어문학』 57, 한민족어문학회, 421~446쪽.

수요역사연구회(2005), 『일제의 식민지 지배정책과 매일신보』, 두리미디어.

신용하(1975), 『독립협회와 만민공동회』, 한국일보사.

신용하(2005), 『한국 근대 지성사 연구』, 서울대학교출판부.

신원봉(1993), 「혜강의 기화적 세계관(氣化的 世界觀)과 그 윤리적 함의(倫理的 含義)」, 한국정신문화연구원 박사논문.

신지영(2010), 「한국 근대의 연설·좌담회 연구」, 연세대학교 석사논문.

신헌국(1963), 『학례유범』(직당집 별책 3권 1책), 연활자본.

안남일(2008), 「『우라키』 수록 소설 연구」, 『한국학연구』 29, 고려대학교 한국학연구소, 83~100쪽.

앨런 스윈지우드 저, 박성수 역(1987), 『사회사상사』, 문예출판사.

梁啓超(1902), 『飮氷室文集』, 上海: 廣智書局.

오선민(2014), 「북미 유학생 영어인식의 정치성」, 『이화어문논집』 32, 이화어문학회, 117~150쪽.

오영섭(1999), 『화서학파의 사상과 민족운동』, 국학자료원.

우미영(2013), 「근대 지식 청년과 渡歐 40여 일의 문화지정학」, 『어문연구』 41(4), 한국어문교육연구회, 247~278쪽.

유길준전서간행위원회(1971), 『유길준전서』 4, 일조각.

유동준(1987), 『유길준전』, 일조각.

유영익(1990), 『갑오경장연구』, 일조각.

윤금선(2012), 『상실과 회복 디아스포라의 무대』, 연극과인간.

윤금선(2014), 「재미 한인의 국어교육 기관과 국어 교과서 연구: 일제 강점기 미주 본토 지역을 중심으로」, 『배달말』 55, 배달말학회.

윤병섭(1971), 『개화운동과 갑신정변』, 삼성문화재단.

尹恩子(2014), 「20세기 초 中國留學과 '金陵'의 韓人 유학생(1912~1927)」, 『중국근현대사연구』 64, 중국근현대사학회, 117~148쪽.

이건창 저, 이덕일·이준영 해역(2015), 『당의통략(黨議通略)』, 자유문고.

이경수(2009), 「1910~20년대 재일본조선유학생 친목회지에 나타난 신여성담론: 『학지광』과 『여자계』를 중심으로」, 『한국학연구』 31, 고려대학교 한국학연구소, 187~212쪽.

이계형(2008), 「1904~1910년 대한제국 관비 일본유학생의 성격 변화」, 『한국

독립운동사연구』 31, 독립기념관 한국독립운동연구소, 189~240쪽.

이광린(1969), 『한국개화사연구』, 일조각.

이광린(1979), 『한국개화사상연구』, 일조각.

이광린(1986), 『한국 개화사의 제문제』, 일조각.

이광린·신용하(1984), 『사료로 본 한국문화사: 근대편』, 일지사.

이권희(2013), 『근대 일본의 국민국가 형성과 교육』, 케이포북스.

이만열(1980), 『박은식』, 한길사.

이상의(2011), 「일제하 미국유학생의 자본주의 근대화론과 노동관」, 『歷史
　　教育』 119, 역사교육연구회, 127~166쪽.

이상일(2006), 「김윤식의 개화자강론과 영선사 사행(使行)」, 『한국문화연
　　구』 11, 이화여자대학교 한국문화연구원, 93~115쪽.

이완재(1989), 『초기 개화사상연구』, 민족문화사.

이우성(1995), 『실시학사산고』, 창작과비평사.

이윤미(2006), 『한국의 근대와 교육: 서구적 근대성을 넘어』, 문음사.

이주석(1997), 「혜강 최한기(惠岡 崔漢綺)의 기일원설(氣一元說) 중심(中心)
　　의 교육사상(敎育思想)」, 전남대학교 박사논문.

이지(2012), 「최한기의 기학(氣學): 유가 형이상학의 실용론」, 이화여자대
　　학교 박사논문.

이철(2008), 「1910년대 후반 도쿄 유학생의 문화 인식과 실천: 『기독청년』
　　을 중심으로」, 『한국문학연구』 35, 동국대학교문학학술원 한국문학
　　연구소, 321~353쪽.

이태훈(2013), 「한말 일본유학생들의 자기인식과 계몽논리: 1900년대 일
　　본유학생을 중심으로」, 『한국사상사학』 45, 한국사상사학회, 1~43쪽.

이행훈(2004), 「최한기의 운화론적 세계관(運化論的 世界觀)과 근대성(近代
　　性)에 관한 연구」, 성균관대학교 박사논문.

이현구(1993), 「최한기(崔漢綺) 기학(氣學)의 성립(成立)과 체계(體系)에 관
　　한 연구: 서양 근대과학의 유입과 조선 후기 유학의 변용」, 성균관

대학교 박사논문.

이혜경(2002), 『천하관과 근대화론: 양계초를 중심으로』, 문학과지성사.

이화여자대학교 한국문화연구원(2007), 『근대계몽기 지식의 굴절과 현실적 심화』, 소명출판.

이효정(2015), 「수신사 및 조사시찰단 기록의 범주와 유형」, 『동북아 문화연구』 45, 동북아시아문화학회, 113~128쪽.

인하대학교 한국학연구소 편(2009), 『동아시아, 개항을 보는 제3의 눈』, 인하대학교출판부.

인하대학교 한국학연구소(2012), 『동아시아 개항도시의 형성과 네트워크』, 글로벌콘텐츠.

임준환(1999), 「혜강 최한기의 운화적 교육사상(運化的 敎育思想) 연구」, 단국대학교 박사논문.

장규식(2005), 「일제하 미국 유학생의 근대지식 수용과 국민국가 구상」, 『한국 근현대사 연구』 34, 한국근현대사학회, 121~156쪽,

장규식(2006), 「일제하 미국유학생의 서구 근대체험과 미국문명 인식」, 『한국사연구』 133, 한국사연구회, 141~173쪽.

전광용(1980), 「〈독립신문〉에 나타난 近代的 意識: 논설을 중심으로」, 『국어국문학』 84, 국어국문학회, 3~45쪽.

정관(1984), 「구한말 재일본 한국유학생단체 운동」, 『대구사학』 25, 대구사학회, 133~162쪽.

정관(1995), 『구한말기 민족계몽운동 연구』, 형설출판사.

정미량(2007), 「1920년대 재일조선유학생의 자유주의적 문화운동론 연구: 『학지광(學之光)』의 분석을 중심으로」, 『사회와 역사』 74, 한국사회사학회, 35~74쪽.

정미량(2008), 「1920년대 일제의 재일조선유학생 후원사업과 그 성격」, 『한국교육사학』 30(1), 한국교육사학회, 61~89쪽.

정미량(2012), 『1920년대 재일조선유학생의 문화운동』, 지식산업사.

정병준(2009), 「일제하 한국여성의 미국유학과 근대경험」, 『梨花史學硏究』 39, 梨花女子大學校 史學硏究所, 29~99쪽.

정종현(2013), 「경도의 조선유학생 잡지 연구」, 『민족문화연구』 59, 고려대학교 민족문화연구원, 467~514쪽.

정화영(1986), 「최한기의 실학적 교육사상」, 한양대학교 박사논문.

조남현(2012), 『한국문학잡지사상사』, 서울대학교출판원.

조동섭(1995), 「최한기의 『인정(人政)』의 구조(構造)와 인사행정(人事行政) 논리(論理)」, 서울대학교 박사논문.

조형래(2006), 「학회(學會), 유토피아의 미니어처: 근대계몽기의 지역학회 및 유학생 단체를 통해서 본 지역성과 고향 의식」, 『한국문학연구』 31, 동국대학교 한국문학연구소, 71~109쪽.

차배근 외(2002), 『우리 신문 100년』, 현암사.

차배근(2000), 『開化期日本留學生들의 言論出版活動硏究 1: 1884~1898』, 서울대학교출판부.

채석용(2006), 「최한기 사회철학의 이론적 토대와 형성과정: 유교적 사회 규범의 탈성리학적 재구성」, 한국학중앙연구원 박사논문.

최기영(1997), 『한국 근대 계몽운동시대』, 일조각.

최덕교 편저(2004), 『한국잡지백년』 1, 현암사.

최영(1997), 『근대 한국의 지식인과 그 사상』, 문학과지성사.

최영철·허재영(2014), 「개항 이후 학제 도입 이전까지의 한국 근대 학문론 과 어문 문제: 『한성순보』와 『한성주보』를 중심으로」, 『인문과학연구』 40, 강원대학교 인문과학연구소, 181~207쪽.

최종고(1983), 『한독교섭사』, 홍성사.

한림대학교 아시아문화연구소(1999), 「북미조선학생총회」, 『우라키』 제1호~제3호(1925~1928)』, 한림대학교출판부.

한림대학교 아시아문화연구소(1999), 「북미조선학생총회」, 『우라키』 제4호~제7호(1930~1933)』, 한림대학교출판부.

한시중(1988), 「國權回復運動期」, 『한국독립운동사연구』 2, 독립기념관.

한치진(1932), 『논리학개론』, 철학연구사.

한치진(1932), 『사회학개론』, 철학연구사.

한치진(1932), 『신심리학개론』, 철학연구사.

한치진(1932), 『인생과 우주』, 철학연구사.

허동현(2000), 『近代韓日關係史研究: 朝士視察團의 日本觀과 國家構想』, 국학자료원.

허동현(2002), 「朝士視察團(1881)의 일본 경험에 보이는 근대의 특성」, 『한국사상사학』 19, 한국사상사학회, 507~537쪽.

허동현(2004), 「개화기(1883~1905) 미국유학생과 민족운동」, 『한국민족운동사연구』 38, 한국민족운동사학회, 39~63쪽.

허동현(2006), 「19세기 한·일 양국의 근대 서구 문물 수용 양태 비교 연구: 朝士視察團과 이와쿠라(岩倉)사절단을 중심으로」, 『동양고전연구』 24, 동양고전학회, 257~280쪽.

허재영(2013), 『한국 근대의 학문론과 어문 교육』, 지식과교양.

황경숙(1993), 「혜강 최한기의 사회사상 연구」, 성신여자대학교 박사논문.

황원구(1976), 『동아세아사 연구』, 일조각.

황재문(2013), 「雲養 金允植의 中國 認識: 領選使 활동 시기를 중심으로」, 『고전과 해석』 15, 고전문학한문학연구학회, 7~34쪽.

황지영(2010), 「1910년대 잡지의 특성과 유학생 글쓰기: 學之光을 중심으로」, 연세대학교 석사논문.